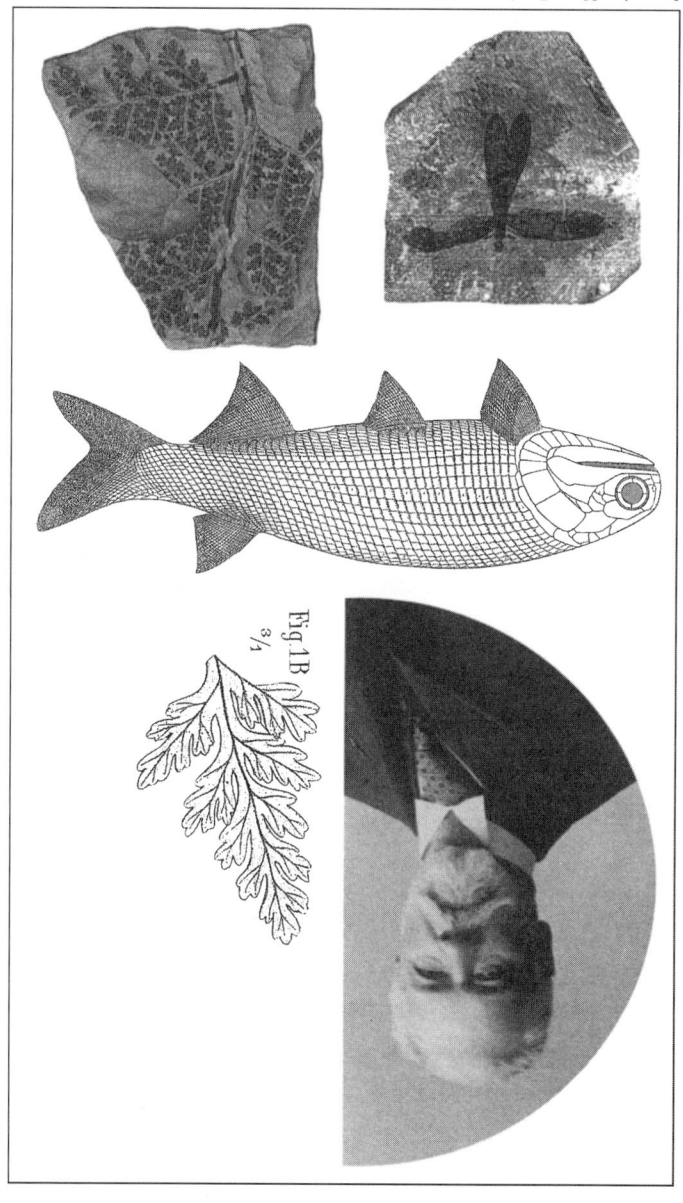

Légende : Henri Fayol Sphenopteris fayoli Stenoneura fayoli
Elaveria fayoli (synonyme de Commentrya traquairi)
Sphenopteris fayoli

アンリ・ファヨールの世界

ジャン‐ルイ・ポーセル編著

佐々木恒男監訳

文眞堂

Henri Fayol
Inventeur des outils de gestion
by
Jean-Louis Peaucelle
This Japanese edition has been translated from the original French publication
Henri Fayol, Inventeur des outils de gestion.
Textes originaux et recherches actuelles, copyright © Editions Economica, Paris, 2003.
Japanese translation rights arranged with Editions Economica, Paris
through Tuttle-Mori Agency, Inc., Tokyo

日本語版への序文

　私は，佐々木恒男教授がアンリ・ファヨールに関するフランス語の本書の日本語訳の仕事を引き受けられたことを，非常に光栄に存じます。彼の大いなる貢献，正確な貢献に私は感動しました。今日，佐々木教授監訳による本書の日本語訳を見るのは，この上なく名誉なことです。私はまず，間接的な方法で，彼を知りました。私がファヨールの子孫たちを訪問し始めた時，彼らは佐々木教授の訪問を先に受けたことを覚えていました。彼の訪問は，彼らの記憶のなかに刻み込まれていたのです。その当時，私は，ファヨールは興味を惹く人物ではないと考えていました。なぜなら，フランスの研究者は誰も，実際，ファヨール文庫で研究していなかったからです。私は間違っていましたが，それは幸運な誤りでした。

　佐々木教授が私に大きな影響を与えましたので，私は彼に敬意を表したい。私は歴史家の教育は受けていませんが，歴史家が行うことを真似して，私にとって興味があるように思われることを研究する歴史研究に固有の方法は理解しています。佐々木教授はまた，私の当初の疑問に結びつく詳細な関心事についても，私に影響を及ぼしました。私はまず，ある問題に関心を持ちました。それは，ファヨールが1916年に行ったことに関係しています。この年は，フランスで第1次世界大戦の最も激しい戦闘が行われた年でした。この年はまた，『産業ならびに一般の管理』が出版された年でもありました。いつでもそうですが，多くの死者でもって，われわれは静かに，どのように書くことができるのでしょうか。したがって，私の仮説は，彼の著作の影響を検証することにあります。私は，このことだけに止めたい。ファヨール文庫で，私は第1次世界大戦に関することしか調べませんでした。ずっと後になって，私はこの選択を後悔しました。私は多くの資料を読み返

さねばなりませんでしたが，このことが，本書第4章で提示するテキストについて，早急に結論を出すのを可能にしました。

したがって，先ずはじめに1つの疑問を，そして次には正確さを，であります。テキストではそれ以外のことについては言及しません。それらをその時代とコンテクストのなかに位置づけし直す。引用されたものが最初の問題に対する解答を提供する限りにおいて，それらを演出するだけで，解決はしません。私はまた警察の調べのように，ファヨール文庫の資料を注意深く，足繁く通って調べ，その不安定さ，部分的な仮説の形成，そして最後にはっきりとなる結論を形成しました。したがって，科学的な著作は，ヘルキュール・ポワロがアガサ・クリスティーの小説の最後のところで謎解きをするようなものでなければなりません。

アンリ・ファヨールについて私が行った研究の全過程において，私は個人的な身近さを感じています。私はファヨールと同じように鉱山技師で，鉱山と製鉄の技術がこの研究の動機に私を馴染ませました。私はこれら2つの産業で研究しましたが，これらの産業はフランスで消滅しそうでしたので，私は自分のキャリアをここで始めることはしませんでした。フランスの最後の炭坑は昨年，閉鎖されました。私は，今日，需要の多い情報の分野に入り，情報に関する学位論文を提出しました。それは，情報技術者としての自身の実践の理論化でありました。この方法は，ファヨールが強く求めた方法，即ちアクション・リサーチの方法（本書第12章参照）と似ていました。現代の情報の大物教授たちが，私の理論に対して軽蔑しか抱かなかったということでも，私はファヨールに近親感を感じています。この理論は，経営情報システムを理解するために，UMKという名で知られているアメリカの方法に対応するものであり，それは私の学位論文の10年後に現れたものです。情報を教える私のキャリアもまた，妨げられました。私はマネジメントの教授になろうとして，試験を受けました。私を信頼してくれた同僚たちに，感謝しています。私は自分の研究をマネジメント，情報管理，情報の利益の識別に向け，次いでマネジメント思想史に向けました。このようなことが思いがけずも，私をアンリ・ファヨールに向かわせました。

私の父親が確かに，私をこの道に導きました。彼はファヨールの息子と同じ年に生まれ，ほぼ同じ時代に亡くなりました。彼は製鉄業で技師となり，産業省で技師となりました。無意識のうちに，彼は私にコマンボール社の全ての工場の名前を伝えていました。彼はまたファヨール主義者でした。彼は1925年にファヨールの会議を手伝い，彼の著作を買い求めていました。それ故，私は確かに，私の時代に，ファヨールの専門家になるべく運命付けられていたのです。

　過去を振り返ってみますと，多くの人々を驚かせるもの，それはいわれのない失敗です。今日，われわれが見るようなファヨール理論の正当性が，なぜフランスではそれほど成功しなかったのか。アングロ・サクソンの世界で彼の名前を知っていたアーウィック（Urwick）がいなかったら，われわれはファヨールを知らなかったでしょう。

　われわれはよく，「預言者，故郷に容れられず」という諺を引用します。これはキリスト教の『福音書』からの引用ですが，これは何も説明していません。

　ファヨールについてのこのオストラシズム（追放）は，テルミエ（Termier）によって付け加えられたある場面で明らかになりました。テルミエはフランス科学アカデミーの会員でした。彼は1925年に，ファヨールを讃えて催された祝宴に参加しました。彼は短い講演のなかで，1882年にパリ鉱山学校の地質学の2人の教授を案内してコマントリーを訪れた思い出を語りました。本書第3章で示されているような実験を全ての人が見学しました。ファヨールは彼の理論を説明しました。彼の最後の審判者は卒業生ではなく，教授たちでした。「マラール（Mallard）は非常に動揺していました。最も懐疑的なドゥ・シャンクールトワ（de Chancourtois）は最も抵抗しており，反対を表明していました」。ファヨールはそこで，「しばしば上手に返答しました」。われわれはまた，地質学の理論と実験について議論する3つの世代を見ます。最も年をとっているのが教授たちです。ドゥ・シャンクールトワは引退しており，マラールは49歳です。彼はサン・テチエンヌでファヨールの先生でした。実務家のファヨールは41歳でした。最後に，

「熱心に実験を眺め，聴いている」のは20歳の「卒業生の集団」でした。教授たちは，卒業生であるファヨールによって，知的にひっくり返されました。彼らは違っていました。マラールはファヨールの理論を知っており，1893年にフランス科学アカデミーによってドレース賞がファヨールに授与された時，彼はそれに関係していました。しかし，ドゥ・シャンクールトワは納得しておらず，そしてフランスの地質学者たちのコミュニケーションの悪さがアメリカのギルバート（Gilbert）の研究が知れ渡るのを容易にしました。それは多くのことを語らず，実験もしていない代物でした。

この非認知のメカニズムは非常に興味深いものです。それは役割の問題です。ある考え方が正しく知られるようになればなるほど，用語のマーケティングという意味で，その有名さはイメージで満足するようになります。現代人で言えば，ファヨールは企業の社長です。彼は鉱山に科学を招き入れることはできたが，教授たちと同じように研究する権利は持たなかった。科学の世界では，彼は異邦人であったのです。彼は学会に参加せず，教育のポストも持っていなかった。学者の能力を判定するのに，世間は学者が雇われている機関の有名さで計る。ファヨールはこの物指しでは認められません。彼はアマチュアでした。実業人が，有名な学校に勤める有名な学者よりもどれほど優れているか。全力を尽くして働くファヨールは，その時代にすでに存在した科学の専門化によってハンディーを負わされたのです。

日本では，ファヨールの考え方が大きな地位を占めていることが佐々木教授によって示されました。私は日本の経営の特徴を思い出そうと試みてみました。私は相似性を発見しました。最も重要なことは，責任感であるように思われます。ファヨールは，「良き管理者は責任を取る勇気を持ち，それを彼の周りに広めなければならない」（主著，26頁）といっております。フランスの社長は，彼らの企業でかなりの損失を蒙っていることがよくあります。しかし，彼らはまったく責任を感じていません。多くの間違いを犯しながら，彼らは引退を受け入れるための報酬を要求します。これに対して，航空機事故後の日航の社長の行動は非常に責任感のあるものでした。辞職し，近親者を失った家族を定期的に訪問するように取締役たちに求めました。こ

こに，全世界を驚かせた責任の勇気があります。ファヨールは彼に敬意を払うでしょう。

   2004 年 10 月 4 日

ジャン - ルイ・ポーセル

監訳者序文

　本書は畏友,ジャン‐ルイ・ポーセルの編著になるアンリ・ファヨール研究の書物 (Jean-Louis Peaucelle *et al., Henri Fayol : inventeur des outils de gestion, textes originaux et recherches actuelle*, Paris, Eonomica, 2003, 316 pages) の全訳である。原著タイトルの副題をそのまま訳せば,「管理用具の創造者,オリジナル・テキストと現代的研究」となるが,本書の全体的な構成,とりわけファヨールの主著『産業ならびに一般の管理』の第3部,4部の草稿発見という衝撃的な事実からすれば,「管理用具の創造者」という表現には些かの違和感を覚える。原書編集段階から参加した私は編著者との間でこの点に関して相当の議論を交わした上で,本訳書のタイトルを『アンリ・ファヨールの世界』(*Le monde d'Henri Fayol*) とした。
　本書を刊行する意義は,先ず以って原書がファヨールの母国,フランスではじめて刊行されたファヨール研究の書物であるということであり,その内容は包括的で,かつレベルも高い点にある。原書は二番煎じの単なるファヨール理論の研究ではなく,新しく発見された草稿を基に,学史研究,学説研究における原典の批判的検証 (テキスト・クリティーク) は如何にあるべきかを明確に示している。
　アンリ・ファヨールとは何者かについては,今更,くだくだしく説明するまでもない。アメリカのF. W.テイラーとならぶ経営学研究の創始者,管理過程学派の元祖,伝統的経営学の開祖など,いろいろに位置づけられるであろう。だが,本書でも言及されているように,一般的な知名度という点では,残念ながらファヨールはテイラーに及ばず,さらに研究者レベルでもフランス語という言語上のハンディー・キャップがあって,ファヨール研究はテイラー研究の後塵を拝し続け,今日に至っている。

しかしながら，わが国の経営学研究者には周知のように，本格的なファヨール研究は故山本安次郎博士の『フェイヨル管理論研究』(有斐閣，1955年)をもって嚆矢とするが，残念ながら日本語で書かれた書物であるために，海外では全くその存在すら知られていない。その後約30年の長い空白期間をおいて，拙著『アンリ・ファヨール：その人と経営戦略，そして経営の理論』(文眞堂，1984年)が刊行された。だが，その後が続かない。拙著も日本語で書かれているが，調査研究に協力してくれたファヨールの遺族の方々に対して御礼の意味で，その概略をフランス語で纏め，遺族に送付した。このタイプ打ち原稿 (ronéo) がファヨールの次女の三男ルイ・グランジェによって，ファヨール関係の資料を収集したファヨール文庫に入れられたらしい (Sasaki T., "Le pionnier du management contemporain: Henri Fayol, sa vie, son management stratégique et sa théorie du management," ronéo Tokyo en français, 1987, ファヨール文庫，整理番号 HF7)。原書編著者の「日本語版への序文」にあるように，彼はそれを読み，触発されて，ファヨール研究に立ち向かったようである。一介の経営学研究者としては，これに勝る名誉はない。

英語圏での研究を見れば，経営学史の専門雑誌 *Journal of Management History* が経営学史研究の泰斗 Daniel A. Wren の責任編集でファヨール特集号 (第1巻第3号，1995年) を組み，2002年には John C. Wood / Michael C. Wood が編集のファヨール論文集 (*Henri Fayol: Critical Evaluations in Business and Management*, 2 vols., London & New York, Routledge, 2002) が刊行されている。それに続いて，D. A. Wren / Sasaki T. の共同編集になる経営学の古典の復刻版シリーズ (Intellectual Legacy of Management Theory Series) の第3シリーズ (*Henri Fayol and the Process School*, 7 vols., London, Pickering & Chatto Publishers, 2004)，第1巻 (*Fayolism: Selected Papers on the Writings of Fayol*) として，ファヨールの論文集が刊行されている。なお，本書の原典である J.-L. Peaucelle の書物に触発されて，フランスでは経営史学の専門誌 *Entreprises et histoire* がファヨール特集号 (N°34, Paris, Editions Eska, décembre

2003, 実際の刊行は遅れて 2004 年 9 月）を編んでいる。

　ところで，周知のように，ファヨールの主著 *Administration industrielle et générale* (extrait du *Bulletin de la Societe de l'Industrie Minérale*, 3ᵉ livraison de 1916, Paris, Dunod et Pinat, first edition of book form, 1917）は，当初の構想としては4部構成であった。第1部は管理教育の必要性と可能性を明らかにすること，第2部は管理機能の内容と管理の一般原則を提示すること，第3部はこのような管理教育の内容の蓄積についてのファヨール自身の個人的な経験を示すこと，そして最後の第4部は第1次世界大戦から得られた管理教育の有用性を示すこと，であった。しかし，実際に刊行された上掲の論文と著書には第1部と第2部しかなく，第3部と4部は消失していた。

　この2つの部分はなぜ消失したのか。ファヨールが書かなかったのか，書けなかったのか，書いたが掲載できなかったのか。この謎を解く原資料が，原書の編著者である J.-L. ポーセルによって，ファヨール関係の資料を収集した資料館，ファヨール文庫（Fonds Fayol）で発見された。その幻の第3部の草稿が本書第5章であり，第4部の草稿を基にした推考が本書第4章で行われている。さらに，これら2つの草稿と，A. G. Bedeian によって収集され保管され，2002 年に D. A. Wren, J. D. Breeze, Bedeian の共同論文（上掲，第3シリーズ第1巻，*Fayolism*, pp.101-130 に所収）によって公開された 1908 年のファヨールの講演原稿などに基づいて，ポーセルは第6章で主著を徹底的に再検討している。これが本書刊行の主要な意義である。

　経営学のパイオニアーの1人であるジュール・アンリ・ファヨールのプロフィールについては，かつてはアンリ・ヴェルネーの 1925 年の著作『偉大なる技師，アンリ・ファヨール』(Henri Verney, *Le fondateur de la doctrine administrative, Henri Fayol, Discours pronounces au banquet du 7 juin 1925*, Paris Dunod, 1925) を引き写しただけのアーウィックの叙述 (Urwick, L., *Golden Book of Management*, 3 vols., London, Newman Neame, 1956) がまかり通っていた。鉱山技師で地質学研究者，そして企業

の経営者という三分法が通説であった。これでは思考し，行動するファヨールの姿は捉えきれない。鉱山技師で地質学研究者として，彼はどのような働きをしたのか。彼が主張したデルタの理論はどれほどの価値があったのか。このような問題を取り上げているのが，本書第3章である。また，大企業の経営者として成功したファヨールが晩年，要請されて公営企業の経営問題に関わるようになるが，彼がどの程度の貢献をなしえたのか，この問題は本書第7章で検証されている。ファヨールとテイラーという巨星は，奇しくも19世紀末から20世紀初頭にかけて活躍する同時代人である。フランス語を知らないテイラーがファヨールのことを知らないのは当然だが，テイラーの著作は直ぐにフランス語に訳され，読まれたから，ファヨールはテイラーのことを充分に知っていたはずである。ファヨールはテイラーの科学的管理法，テイラー・システムをどのように受け止め，反応したか。この問題は本書第2章で論じられている。第8章では，ファヨールが主張する管理の諸手段を巡って，批判的検討が行われている。そして，イギリス，日本，スペインでのファヨール理論の受容過程が本書第9，10，11の3つの章で述べられている。最後に第12章で，ファヨールの思考方法を貫く方法論的特徴をアクション・リサーチとの共通性に求め，その意義と限界を論じている。以上のように，本書はファヨールを多面的，多角的に捉えようとするものであり，単に管理方法を巡る諸問題に限定されるものではない。だからこそ，原書を翻訳する価値と意義があるのである。

　周知のように，テイラーの原資料は彼が学んだスチーブンス工科大学の資料館にある。バーナードやメイヨー関係の資料は，ハーバード大学のベーカー・ライブラリーに保管されている。これに対して，ファヨール関係の資料はパリのファヨール文庫にある。このファヨール文庫の存在については，1994年にすでに紹介されている。当時，武蔵大学図書館研究情報センター長であった私は，94年夏に発行された同大学の「図書館研究情報センターだより」(No.18, summer 1994)に「Fayolの蔵書の行方」なる駄文を寄せ，この文庫の由来を示した。生前からファヨールと深く結ばれ往来のあった次女マドレーヌと彼女の嫁ぎ先のグランジェ家の人たち，なかでも祖父ファ

ヨールに可愛がられたマドレーヌの三男，ルイ・グランジェがファヨール亡き後，その蔵書と資料，遺品を保管し，それを国の施設である Fondation Nationale des Science Politique (FNSP) に寄贈する契約が 1985 年に交わされた。寄贈された蔵書や資料は整理されて，Science-Po 管轄下の機関 Centre d'Histoire de l'Europe du Vingtieme Sciecle (CHEVS, 20 世紀ヨーロッパ史センター）のなかの経済・社会問題の部に，ファヨール文庫として収められている。所在地は 44, rue Four, 75006, Paris で，毎週，月曜日から金曜日まで，9:30-17:45，開館されている。経営学史に関心ある研究者は，パリ遊学の際，是非とも立ち寄るべきであろう。

原書が刊行されて直ぐに翻訳に取り掛かったが，諸般の事情で，出版までにかなりの時間がかかった。僅か 5 人の協働作業でさえ，そして達成目標を 2004 年 12 月と明示しても，協働作業は予定通りには捗らない。近代経営学が教える組織の 3 要素，協働の成立と存続の条件など，経営学の基礎は皆分かってはいるけど，行動知にはなかなかならず，協働は失敗しやすい。協働の成功の条件は翻訳チームのような小集団でも，私が学長を務める学生・教職員千数百人の小さな大学でも，従業員とその家族数万人の大企業でも，結局，同じだろう。最終校正を終えて，半ば虚脱状態で，協働とマネジメントの本質は何だろうかと考えを巡らすばかりである。

翻訳は横文字をただ縦に直すことではない。そこでは，前後関係を考え，主題に相応しい訳語の選択と創造が必要である。その意味では，翻訳は一種の創作である。読みやすい日本語と全体的な統一を心がけて，各章の分担者の珠玉の訳稿を監訳者の一存で変更したところが多い。したがって，あり得べき誤訳の責は，監訳者が負うことを明言しておきたい。読者諸賢のご批判を仰ぎたい。

最後に，活字離れが著しく，専門書の出版・販売が危機的状態にある今日，学術的には素晴らしいが，些かマニアックで市場性の薄い本書の出版を今回も引き受けていただいた株式会社文眞堂の前野眞太郎社長ならびに編集の労を取られた前野弘，隆，眞司の御兄弟に心からの御礼を申し上げる。また，本書の刊行に対して，青森学術文化振興財団から 2004 年度の出版助成

金が交付されていることを記して，深甚なる感謝の意を表したい。

2005年2月27日

19年振りの豪雪に埋もれた
学長公舎の書斎にて

佐々木恒男

目　　次

日本語版への序文
監訳者序文

第1章　100年後のファヨール
ジャン-ルイ・ポーセル

1. 本書の紹介 …………………………………………………… 1
2. ジュール・アンリ・ファヨールの生涯 ………………… 8
   (1) 出自と青少年期 ………………………………………… 8
   (2) 1861年から1914年までの期間 ……………………… 12
   (3) 戦時 …………………………………………………… 14
   (4) 戦後 …………………………………………………… 15
   (5) 死去 …………………………………………………… 16
   (6) 人生の成功と挫折 …………………………………… 17

注
表1

第2章　テイラーとの論争
ジャン-ルイ・ポーセル

1. 実践的問題解決のための科学的実験者としてのファヨール … 22
2. 炭鉱の切羽労働の組織者であるファヨール ……………… 26
   (1) 採炭夫の多能性 ………………………………………… 26
   (2) 炭鉱におけるテイラリズム化の試み ………………… 27
   (3) 労働の諸状況の相違点 ………………………………… 30

3．テイラーとの知恵比べ ……………………………………… 32
　　　　　(1) マネジメントの定義 ……………………………… 33
　　　　　(2) 賃金 ……………………………………………… 35
　　　　　(3) 時間測定 ………………………………………… 36
　　　　　(4) 近代化 …………………………………………… 37
　　　　　(5) テイラーの4原則 ……………………………… 37
　　　　　(6) 管理者の資質 …………………………………… 38
　　　　　(7) 職能的職長制度 ………………………………… 39
　　　　　(8) ハートネスの影響 ……………………………… 42
　　結論 ……………………………………………………………… 43
　　注
　　表1～2

第3章　地質学者，ファヨール
　　　　　　　　　　　　　　　　　　　ベルナール・ボードワン

　　1．ファヨールの地質学に関する発表 ………………………… 51
　　2．ファヨールが受容した考え方と，1880年頃の
　　　　知識の状況 …………………………………………………… 57
　　3．今日，誰が地質学者ファヨールを覚えているのか ……… 64
　　結論 ……………………………………………………………… 66
　　参考文献
　　図1～15
　　表1

第4章　ファヨールと第1次世界大戦
　　　　　　　　　　　　　　　　　　　ジャン-ルイ・ポーセル

　　1．『鉱業協会誌』の出版に関わる政治状況 ………………… 78
　　2．戦争の教訓 …………………………………………………… 82
　　　　　(1) ファヨールの戦争に関する情報 ……………… 83

(2)　ファヨールの公表された著作における戦争 ……… 88
　　　(3)　戦争に関するファヨールの未発表の著作 ………… 92
　　　(4)　戦争についてのファヨールの弟子の著作 ………… 95
　3．テイラー主義者との対立 ………………………………… 99
　　　(1)　賭け金 ……………………………………………… 99
　　　(2)　先行性をめぐる論争 ……………………………… 99
　　　(3)　テイラー主義者 ……………………………………100
　4．戦後 ………………………………………………………101
注
図1

第5章　主著第3部

アンリ・ファヨール

　1．私の管理者としてのデビュー …………………………………108
　2．コマントリー炭鉱の管理者としての管理職能 ……………110
　　　(1)　代理役 ………………………………………………113
　　　(2)　部長の週例会議 ……………………………………113
　　　(3)　将来計画 ……………………………………………113
　　　(4)　年度報告と月例報告 ………………………………114
　　　(5)　罰金制度の改善 ……………………………………114
　　　(6)　従業員の採用と養成のための方法 ………………114
　3．コマントリー・フルシャンボー・エ・ドゥカズヴィル社の
　　　社長の管理職能 …………………………………………………120
　4．コマントリー・フルシャンボー・エ・ドゥカズヴィル社の
　　　歴史的概要 ………………………………………………………123
　5．1888年の経験 …………………………………………………127
　6．営業の管理 ……………………………………………………131
　　　(1)　コマントリー・フルシャンボー・エ・
　　　　　ドゥカズヴィル社の実際の営業組織 ………………131

　　　　　(2)　指示価格 …………………………………133
　　　　　(3)　取引協定 …………………………………134
　　　　　(4)　消費者協同組合 …………………………135
　　7．政治との関係における産業の経営 ……………………137
　　8．宗教と学校との関係における産業の経営 ……………139
　　9．ストライキ ………………………………………………140
　　　　　(1)　1881年6月，コマントリーのストライキ ………141
　　　　　(2)　モンリュソンのストライキ ……………………143
　　10．労働組合 …………………………………………………146
　　11．コマントリーの炭鉱労働者世帯のモノグラフィー ………147
　　注
　　図 1〜9
　　表 1〜3

第6章　主著の紹介とコメント

ジャン-ルイ・ポーセル

　　1．私の個人的な観察と実験 ………………………………184
　　　　　(1)　私のはじめての管理業務 ………………………184
　　　　　(2)　コマントリー炭鉱の管理者の管理業務 …………185
　　　　　(3)　コマントリー・フルシャンボー・エ・
　　　　　　　ドゥカズヴィル社専務取締役の管理業務 ………188
　　　　　(4)　コマントリー・フルシャンボー・エ・
　　　　　　　ドゥカズヴィル社の歴史的概略 …………………189
　　　　　(5)　1888年の実験 ……………………………………190
　　2．商業部門の管理 …………………………………………192
　　　　　(1)　コマントリー・フルシャンボー社の
　　　　　　　商業組織の現状 ……………………………………192
　　　　　(2)　指示価格 …………………………………………192
　　　　　(3)　商業協約 …………………………………………192

　　　　(4)　消費者協同組合 …………………………………193
3．このセクションより先は，タイトルに番号が
　　つけられていない。…………………………………………194
　　　　(1)　政治との関連による産業の管理 ………………194
　　　　(2)　宗派や学派との関係における産業の管理 ………196
　　　　(3)　ストライキ …………………………………………197
　　　　(4)　労働組合 ……………………………………………200
　　　　(5)　コマントリーの鉱山労働者世帯の
　　　　　　モノグラフィー ……………………………………201
　　　　(6)　補遺 …………………………………………………201
　　　　(7)　管理と専務取締役 …………………………………202
4．第4部，戦争の教訓 …………………………………………202
5．前半2部の定本 ………………………………………………203
　　　　(1)　第1章　管理の定義，6つの類型化された
　　　　　　作業あるいは機能 …………………………………204
　　　　(2)　第2章　企業の価値を作り出す諸能力の
　　　　　　相対的重要性 ………………………………………206
　　　　(3)　第3章　管理教育の必要性と可能性 ……………207
　　　　(4)　第4章　管理の一般原則 …………………………208
　　　　(5)　第5章　5つの管理要素………………………………211
　　　　(6)　補遺 …………………………………………………219
6．思想が芽生えた日 ……………………………………………221
結論 …………………………………………………………………240
注
表1

第7章　公営企業の経営改革

ジャン-ノエル・ルティエール

1．鑑定に付されたタバコ企業 …………………………………247
　　(1)　大臣の要請 ……………………………………………247
　　(2)　委員会の反逆者，ファヨール ………………………248
2．無秩序のさまざまな原因 …………………………………250
　　(1)　過度の官僚化と管理不足 ……………………………251
　　(2)　労働者の問題と組合の問題 …………………………257
結論 ………………………………………………………………259
注

第8章　管理の用具

ジャン-ルイ・ポーセル

1．管理の用具という考え方を示すために選ばれた名称 ……266
2．ファヨールによって記述されたさまざまな管理の用具 …268
3．管理手段の詳細 ……………………………………………271
　　(1)　予測のための管理用具 ………………………………271
　　(2)　組織化のための管理用具，人的資源管理 …………277
　　(3)　命令と調整のための管理用具 ………………………281
　　(4)　統制のための管理用具 ………………………………284
　　(5)　ファヨールの考え方の発展 …………………………286
4．管理用具の隠蔽の理由 ……………………………………286
5．管理の用具の近代的特質 …………………………………290
注
図1
表1〜4

第9章　イギリスへの影響

トレーヴァー・ボインズ
イアン・G. スミス

1．ファヨールの著作の英訳 …………………………………300
2．イギリスの管理思想に及ぼしたファヨールの影響 ………303
　　(1)　一連の合理的な管理原則を開発しようとする
　　　　アーウィックの試み（1928年から1945年まで）…305
　　(2)　1945年以降 ………………………………………306
3．イギリスの管理実践に対するファヨールの影響 …………309
　　(1)　管理教育 ……………………………………………312
　　(2)　1970年代とその後 …………………………………314
4．ファヨールの著作の21世紀への妥当性 …………………315
結論 ……………………………………………………………317
注
第1次資料
参考文献

第10章　日本への影響

佐々木恒男

1．日本における経営学研究の前史 …………………………323
2．日本におけるマネジメント研究の曙 ……………………324
3．ファヨール研究のはじまり ………………………………325
4．ファヨール研究の本格化 …………………………………326
結論 ……………………………………………………………328
注

第11章　スペインへの影響
アルフォンス・カルロス・モラレス・グティエレス
ホセ・アントニオ・アリサ・モンテス

1．管理学説の企業への普及を研究するための方法論的
   戦略 ……………………………………………………331
   (1) 概念的特徴戦略 …………………………………331
   (2) 文化的・制度的戦略 ……………………………332
   (3) 分析の規模 ………………………………………335
2．ファヨールの思想と主要な管理モデルとの関係 ………336
3．ファヨールの著作のスペインにおける普及 ……………337
   (1) スペインの図書館におけるファヨールの足跡 ……337
   (2) 大学の教育プログラムにおけるファヨールの
       足跡 ………………………………………………340
   (3) 学術雑誌の参考文献の分析 ……………………342
   (4) ファヨールの思想への明示的な言及が
       ほとんどないことについての仮説 ………………345
4．スペインでのファヨールの著書の普及に関する
   制度的要因の分析 ……………………………………346
結論 …………………………………………………………347
注
参考文献
図 1〜2
表 1〜2

第12章　ファヨールとアクション・リサーチ
ジャン−ルイ・ポーセル

1．実験的な科学性に関するファヨールの主張 ……………357
2．ファヨールの個人的な観察と実験 ………………………360

(1) 足を痛めた馬 …………………………………360
　　　(2) コマントリー・フルシャンボー社の再建 …………363
　　　(3) 管理研究所（CEA）と事実の収集 ……………366
　3．アクション・リサーチ …………………………………369
　　　(1) 時間性のなかでの事実の選択 …………………370
　　　(2) 観察者 – 行動者 ……………………………372
　　　(3) 推論 ……………………………………374
　　　(4) 行動 ……………………………………375
　4．実験的な進め方の放棄 …………………………………376
　結論 ………………………………………………380
　注
　図 1～2

参考文献 ……………………………………………383
　1．ファヨールの著作一覧 ………………………………383
　2．ファヨールの主著の各国語での翻訳一覧 ………………385
　3．ファヨールに関する一般的な参考文献 …………………387
　4．公文書館の資料 ………………………………………390

事項索引 ……………………………………………391
人名索引 ……………………………………………398

執筆者紹介
訳者紹介
編著者紹介
監訳者紹介

第1章
100年後のファヨール

ジャン‐ルイ・ポーセル

　本書は多くの新しいことを含んでいる。ファヨールについて，彼が書き残したものに関する新解釈が行われ，最近の新しいテキストの発見が本書には含まれている。本書の各章は，ファヨールと彼の考え方についてこれまで認められていない側面を浮かび上がらせようとする研究の成果である。地質学者としてのファヨール，管理用具の発案者としてのファヨール，彼の多様な様相のいくつかがここでは取り上げられる。本書は，イギリス，スペイン，日本，フランスの研究者との協働の成果である。彼らは，各国でファヨールの考え方がどのように受け入れられたかを示している。また，本書は未刊のテキストを含んでいる。『産業ならびに一般の管理』の失われた第3部が全て，本書第5章で再生されている。1908年の講演の全テキストが，本書第6章で書き記されている。

　この第1章は，本書の構想をなすビジョンを示している。第1節では各章の主題を簡潔に説明し，第2節ではその他の章では取り上げられないファヨールの生涯を大筋で描く。

1．本書の紹介

　ファヨールは1900年，1908年，1916年に，そして1917年から25年までに規則的に，管理について述べている。25年以内にわれわれは企業の経営に関する彼の出版物の100年祭を祝うことができるだろう。彼を称えるに

は，管理の科学の発展によって十分に研究されたわれわれの言語によって，彼がいわんとしたことを再発見するのが有益である。この人物は驚くべき人である。まず，彼の考え方は古くさいもののように見える。しかし，よく考えてみると，彼の考え方は人びとをつねにそこに回帰させる古典のもつ頑丈で，流行遅れにならない側面をもっている。

　ファヨールをできるだけ明確に見ること，それは技師，地質学者，管理者，困難に直面している企業の経営者，華々しい成果をあげた企業の経営者，中心人物として生きた現実についての研究者，彼の考え方の宣伝者，といった彼のもつ多才な面で，彼を全体的に見ることである。その人は単純ではない。彼を十分に示すには，1冊の本では十分でないだろう。本書の願いは，1世紀過ぎたところで，この人物についてわれわれが知っていることを説明することである。簡単に，各章は次のような問いに対して答えようと試みている。

　彼の時代，鉱山技術はどのようにしてもたらされたのか。彼は具体的に，どのようにして彼の鉱山における組織的な活動を導いたのか。1916年に出版された彼の主著『産業ならびに一般の管理』は，どのようにして生み出されたのか。この著作は第3部と第4部を欠いている。第3部は見つけ出された。それは本書第5章に収録されており，その理解を助けるために，第6章に解説をつけている。ファヨールは彼の理論を改良するのを止めなかった。彼はタバコ専売の改革について助言している。この助言は，国営企業にとって適切なものであったのか。彼は変化し続けている。彼が消え去ってしまわない前に，彼の考え方の最近の状態はどうなのか。最後に，ファヨールは世界中で知られている。どれほどのゆっくりした歩みによってであろうか。外国の研究者たちは，イギリス，日本，スペインにおけるその歴史を辿ることを受け入れた。ファヨールは，彼の思考の進め方を事実に基づかせようとした。とりわけ，彼は「科学的」という言葉を我が物とはしなかった。ファヨールはどのようにして管理の科学の研究を思いついたのか。

　これら全ての問題が，本書に収められている。第2章はファヨールとテイラーの対立に当てられている。1916年，ファヨールは機能的管理という考

え方について，テイラーを激しく攻撃した。この対立は影を落とした。それは避けられないものであったのか。その発端を理解するために，2つの手がかりが提供される。その第1は，ファヨールが若い技師であったとき，彼はどのようにして炭鉱の作業を再組織化しようとしたのかを検討することである。この再組織化のために，テイラーがどうしたかをわれわれはよく知っているが，ファヨールがこの仕事をどうしたかを見ることは興味がある。その第2の観点は最初の知的な関係を知ることである。ファヨールはいかにして若いときに，テイラーの著作を読んだのか。幸運にも，家族がこの読書ノートを保存していた。われわれはまず概略を見，次いで対立が浮かび上がる。考え方が確立されようとしている。

　第3章は地質学者，観察者，そして実験者に変身した技師を見せる。沈澱学者ベルナール・ボードワン（Bernard Beaudoin）は19世紀の地質学の旧いテキストを変えることを受け入れた。そこでわれわれは，ファヨールが泥炭坑の変形による炭鉱の形成を受け入れてきた講義を拒否したのを見た。彼は別の理論，すなわちデルタの理論を打ち立てた。彼自身の観察を完成させるために，実験によってその理論を有効なものにした。彼はその理論を科学アカデミーによって認めさせた。確かに，このような考え方には前例はあったが，しかしファヨールはそれを鮮やかに示した。そして何よりも，彼の名前は今日，地質学者の記憶からは消え去っている。デルタの理論は少し後にそれを再発見したアメリカの地質学者ギルバート（G. K. Gilbert）の名と結び付いている。

　第4章は，1916年のファヨールの主著『産業ならびに一般の管理』の刊行が戦争とは無縁でないことを示している。この問題は，ファヨールについての私自身の研究を導いた最初の仮説に一致している。私の直感では，最も重要なこの書物の刊行年月日は，ベルダンの戦い（1916年2－12月）の大砲の騒音や，この第1次世界大戦といったコンテクストなしにはあり得なかった。ところが，このコンテクストは，ファヨールの解説者たちによってはこれまで決して言及されなかった。テキストの後のプランで，戦争はその刊行と執筆の条件に大きな影響を与えたのである。

第5章は1916年に出版されたこの有名な書物の補充であり,『産業ならびに一般の管理』の第3部である。ページの下の脚注の熱心な読者のみが,この書物は4部のうちの2部しかないということに気づいた。この時から,人々は欠けている2部を調べた。これらは失われたか,あるいは書かれなかったと,人々は信じた。全ての人々と同じように,私はこのことに注意していなかった。私がこのことを知ったとき,欠けているこれら2部を見つけ出すことに挑戦することになった。そして私は半分しか成功していない。私は第3部を発見した。それはここではじめて公開される。非常におもしろいこのテキストは,専門的で知的な自叙伝である。ファヨールは彼の理論を,それが実際にあったという事実によって正当化している。この第3部を知らせることは重要である。なぜなら,それは単純であり,ファヨールの論理の特徴を示しているからである。いつの日にか,第4部も見つかるだろう。それもまたその隠れ場からふいに立ち現れるだろう。それはおそらく,あっという間のことかもしれない。

第6章は『産業ならびに一般の管理』についての読書案内であり,この新しい第3部とよく知られている古い第1部と第2部の読書案内である。解説者はこれまでの章と,普通の版に現れるような古典的なテキストを平行して読んでいる。解説者は彼の人生と結びつけ,彼が書き残した他の物と関係づけることによって,ファヨールがいったことに逆らう。これら多くのこまごましたものが基本的な文書を照らし出す。それは,伝統的な読物の脇にある,少しばかり風化した壺である。この章は,ファヨールの各々の考え方があるいはそのノートにおいて,あるいは彼の著作において現れる時代に遡って終わる。今日まで未刊の,1908年のファヨールの講演の完全なテキストが,それは1916年のテキストの予示であることを示すために,この章の終わりに転載されている。

第1次世界大戦後,ファヨールは彼の学説の発展に力を注いだ。彼は2つの改革の仕事に参加した。その1つは郵便・電信・電話(PTT)であり,もう1つはタバコ製造についてであった。これら2つの場合,彼の助言が受け入れられていないということに,彼は文句を言った。彼は自らの忠告が妥

当であるかどうかを知ることに関心をもった。ミッシェル・ペスネル（Michel Pesnel, 1986）はすでにPTTに対するファヨールの勧告について詳述した。残念なことに，彼はその時代の郵便経営のコンテクストのなかにそれを位置づけなかった。ジャン－ノエル・ルティエール（Jean-Noël Retière）はタバコ専売に対するファヨールの任務を生き返らせるために，第7章を書いた。ナントのタバコ製造をすでに詳しく研究していたルティエールは1923年の報告に対して一瞥することを受け入れた。この公企業についての現代の研究による知見によれば，ファヨールの批判的な結論は非常に偏っているように思われる。そこには，われわれが今日積極的に評価する，タバコ製造の管理の数多くの側面が不足している。

　第8章は，ファヨールの考え方のなかの無視されている部分に光を当てている。1898年における彼の意見の初めから，彼の人生の終わりまで，彼は管理の用具についての考え方の非常に大きな重要性を認めていた。彼はこのような言葉によって，その考えを曲げなかったが，彼は同じようなメタファーを使った。彼は「管理の用具一式」という表現を作り出した。彼の信奉者も彼の論敵も，彼が何を問題にしているかを理解できなかった。後継者はこの「用具一式」を忘れてしまった。ずっと後になって，他の人たちが管理の良き実践の証拠を再発見した。それがわれわれの実際の「管理の用具一式」である。本章は，ほとんど全て知られているテキストのなかで，この非常に興味ある再発見に当てられている。それは非常に曖昧であるように思われるのだが，管理の理論の具体的な一部が問題である。

　ファヨールはフランスだけの人ではなかった。彼は全世界で知られている。この点で，有名なフランス人は多くはない。他の国々がいかにして彼の考え方を知るようになり，これらの国々の企業に彼の考え方がどのような影響を与えたのかを突き止めることが私を夢中にさせたように思われる。それは難しい挑戦であった。すぐれた研究者たちが非常に異なった3つの論文を書いているのは大変うれしい。これらの多様性が非常に面白い。第9章はイギリスがファヨールを知るようになった方法に関している。アーウィックはイギリスでかけがえのない宣伝者であった。彼は全世界で影響力をもってい

た。彼がいなかったら，ファヨールは完全に忘れられたであろうというのはほぼ確かである。ボインズ（Boyns）とスミス（Smith）はまた，ファヨールの考え方の普及に関する知識に重要な貢献をした。さらに，彼らは産業界における理論の影響の歴史を描いた。

日本は，独特の意味を持つので共通の言葉で文章を書くのが難しいが，翻訳という困難な仕事を絶えずやり遂げた，例外的な事例を示している。日本の佐々木は，他国では決してみられなかったファヨールの3冊の書物を翻訳するという計画について基本的な役割を果たした。このことは第10章で語られている。

第11章では，アリサ・モンテス（Ariza Montes）とカルロス・モラレス（Carlos Morales）が，なぜスペインでファヨールがあまり知られていないのかについて示している。ファヨールの考え方の普及に対する抵抗は，興味深い。スペインでは，ファヨールはアメリカの研究者の考え方が入り込んできたときに知られはじめた。そして，アメリカの組織論者たちが，彼のことをほのめかした。次いで，1984年には，同一の書物で取り上げられているファヨールとテイラーの知名度はいささか漠然としていた。それはジュアン・カルロス（Juan Carlos）の治世のもとで，フィリップ・ゴンザレス（Filipe Gonzalez）政府の最期の数年間であった。スペイン系の世界では，制度的諸条件が重要な役割を果しているように思われる。アルゼンチンでは，ジュアン・ペロン（Juan Peron）の政府になる前の1942年に，ファヨールを翻訳させたのは政府であった。そして，出版社が彼の書物の普及に大いに取り組んだのは，彼の内閣が倒れた後のことである。

フランスについては，同じような質問に答えられるだろうか。フランスでは，制度と管理の現実のなかで，ファヨールの考え方はどのように進展したであろうか。このような研究は，フランスについては全体として行われていない。時折，このような研究はあり，とりわけ20世紀の最初の数10年については，リアル（Rials, 1977）の研究がある。この歴史は，ファヨール主義者の管理研究所（CEA）とテイラー主義者のフランス組織研究所（COF）の間の競争によって推移した。これら2つの競合する組織は1925年に合同

し，フランス管理協会（CNOF）となった。ブリーズ（Breeze, 1995）はこの歴史を非常によく描いている。CNOF は多少とも政府機関とも協力して発展し，1945年まで存続し，永続的な組織となり，CNAM という組織の教授職の創設をうながし，組織に関する知識の普及のメッカとなった。次いで，CNOF は衰弱して消滅し，フランス管理研究所（IFG）によって取って代わられた。

　第12章は，今日われわれがアクション・リサーチと呼んでいる研究方法に類似した彼の研究方法をもって，管理の研究者としてのファヨールに重点をおいている。われわれは，この研究方法の難しさとその取り替えできない貢献をよく知っている。ファヨールはその罠をかわせなかった。しかし，社会をその現実に還元するその他の方法とどこが違うのか。それらの研究方法は，物理学と同じように重要なものになろうとしているので，全ての研究対象は生気のない自然の対象に類似していると考える。テイラーの研究もまた一種のアクション・リサーチであるが，その仮説は恐ろしいまでに還元主義である。彼は労働者があたかも機械であるかのように，労働者を研究する。彼は労働の速さを，諸条件や人間，時間とは無関係に存在するものと仮定する。確かに，彼は労働者を選別し，対策を行って「科学的」にこれらの速度を測定するのに成功した。これらの観察の偏差については，何も語られていない。この偏差は彼の仮説と一致しないので，このような偏差は消失してしまった。彼は，通常の状況にとっては規則正しい速度を仮定した。彼はいくつかの現実を測定し，それを押し付けた。これは実験科学やアクション・リサーチとは相入れない方法である。

　このような探求において用いられている方法は，まず第1次資料への，そしてできるだけ多くの資料へのアクセスという厳密さである。ファヨール文庫（Fonds Fayol）の存在を私に教え，ファヨールの家族がこの文庫に与えたものに貢献したのはドナルド・リード（Donald Reid）であった。方法の第2の要素は疑問である。テキストは疑問を持っている人にしか何もいわない。もっと巧妙に，仮設がなければ諸事実がどのような特徴を示しているのかを知ることができないと，われわれはいう。仮説は，アクセスでき，

そこから獲物を追い出さねばならないテキストという森の中で研究者の根気強さを支える糸である。眼差しは問題関心によって導かれる。疑問がなければ，われわれは証拠の傍を通り過ぎてしまう。

さて，本書の全体的な構成は以上の通りである。本書は考え方の歴史についての書物である。われわれは本書で，ファヨールがそこで生き，とりわけ彼の個人的な経験によって影響された会社に関して，ファヨールの考え方が生まれ，主張され，改造され，普及するのを見る。彼の考え方とそのコンテクストである。各章は，明らかにされているファヨールの人生の時期の年譜的な順序で配列されている。ファヨールのこの人生は辿られるだけの価値がある。彼の人生は佐々木（Sasaki, 1984)[1]によって詳細に再構築された。ここでは，次のように大きく区切る。移住者の誕生，地方の青年，彼の才能が明らかになった専門家の経験，政府との接触に至るまでの会社での出世，研究の使命を彼に信じさせることになった大臣たち，である。遅れてやってきた栄光は，彼には不足していない。その後の忘却の方が驚くべきことなのである。

2．ジュール・アンリ・ファヨールの生涯
　　（Jules Henri Fayol, 1841.7.29 – 1925.11.19）

(1)　出自と青少年期

家名にはさまざまな起源があるが，つねに明らかではない。プロバンス地方（ラングドッグ）では，「fayol」はインゲン豆である。それは普通のフランス語での「fayot」（インゲン豆）に対応している。この言葉は隠語では，次のような軽蔑的な意味をもつ。「熱心ぶること，それは上司に対してあまりにも熱心にやりすぎることである」。この言葉はギリシャ語の語源「phaseolos」（位相）からきている。それは細長いさやに収まったインゲン豆を指している。家名の起源はこれでどうだろうか。

系図学者は，Fayol, Fayole, Fayolle, Fayolles, Fayollet はしばしばロワール地方あるいはその付近，オート・ロワール，ピィーイ・ドゥ・ドー

ム，さらにドルドーニュに起源するという。この名前はブナの木の植わっている場所を指している。それは，ラテン語のブナの木の「fagus」，（ブナの木はギリシャにはないので）ギリシャ語のナラ属の「phagos」からきている。Fayol はブナ林である。この語源はこの辺にしておこう。

実際，フランスでは 1,000 人足らずの人[2]が Fayol という名字である。彼らはフランス全土に住んでいる。この 1 世紀，彼らは中部フランスに集まってきている。4分の1がフィルミニーの町に住んでおり，オージュロール近くの小さな集落は Fayol という名前である。

佐々木はファヨール家の系譜図を書いた。18世紀中頃，彼の曽祖父ジャン・ファヨール（Jean Fayol）はアリエ県の北部，ヌベールの南 30 キロにある小さな集落，ル・ブードルで生活していた。ジャン-ギローム・ファヨール（Jean-Guillaume Fayol）という名の家系図があり，ピューイ・アン・ヴァレー（オートワール県）で 1727 年に生まれたという事実がある[3]。彼は中産階級の人間であったようである。彼は 1775 年に死んだ。彼の長男フランソワ・ファヨール（François Fayol, 1768−1842）はル・ブードルで織工をしていた。彼には 6 人の子供がいた。アンリ・ファヨールの父であるアンドレ・ファヨール（André Fayol, 1805−1888）には 4 人の息子がいた。

同じ村ル・ブードルにいつも住んでいた父とは違って，アンドレ・ファヨールは旅行者であった。1841 年，彼はイスタンブールにおり，そこで彼の長男アンリをもうけた。アンドレ・ファヨールはイスタンブールで何をしていたのか。アンリ・ファヨールの甥，アメデ・ファヨール（Amédée Fayol, 1963）は記憶を辿って彼の先祖のことを思い出している。彼によれば，アンドレ・ファヨールは軍役でイスタンブールに行き，トルコ皇帝の大砲鋳造所で働いた。この時期，アンドレ・ファヨールは 35 歳であった。軍役はなくなったが，その証言は極めて不確かである。しかし，アンドレ・ファヨールは製鉄の専門家であった。フランスに戻って，彼はバランスとモンテリマールの中間にあるブルト・シュール・ローヌ（アルデーシュ県）の製鉄工場の工場長となった。この製鉄という仕事がおそらく彼をフランス政

府のための任務として，トルコ皇帝の鋳造工場での彼の専門知識を行使することへと導いた。

アメデはまた，アンドレ・ファヨールは金嘴湾の両岸を繋ぐガラタ橋の建設のために働いた，と言っている。アメデにとっては金属製の橋が問題であった。ところで，この金属製の橋は，ずっと後になってからイギリスによって建設された。最初の橋は，長さ600メートル，幅10メートルの木造で，1836年の終わりに建設された。もう1つ別の橋が金嘴湾の別の2地点を結ぶために企画された。それは500メートルの長さで，これも木造であった。その建設は1845年に完了した。それは1863年に，もっと頑丈で大きな木造の橋に付け替えられた。ナポレオン3世の妻であるユージェニ（Eugénie）が開通式に出席した。フランスは恐らく，この建設に参加していた。イギリスはもっと永続的な橋，鉄橋の建設を提案した。2つの橋が出来た。1871年に建設された第1の橋は少し後に再建のために結局は解体された。1878年に建設された第2の橋は，長さ480メートル，幅14メートルのものであった。20世紀になって，突如浮上した別の計画がフランスあるいはドイツによって提案された。1912年に完了した橋が最後の橋であった。

ガラタ橋の建設へのアンドレ・ファヨールの参加についてのこの見解を見てみよう。彼は1845年に完了した第2番目の橋には関わっていない。アンドレ・ファヨールの能力は製鉄の仕事であった。恐らく彼は，木の厚板を固定する鉄の部品を扱っていた。彼が1844年に次男ポールをもうけたのはフランスにおいてであった。彼は仕事が終わる前にフランスに戻った。したがって，この橋の建造への彼の参加は，結局，それほど重要なことではなかった。恐らくそれは，彼がイスタンブールに来た重要な理由ではなっかった。

アンリ・ファヨールは1841年にイスタンブールで生まれ，そこで幼少期を過ごした。全てのヨーロッパ人と同じように，彼はペラ（Pera）と呼ばれるガラタ橋界隈で生活した。この地区を13世紀に創ったのはイタリア人（ジェノヴァ人）であった。ファヨールが生まれた時，彼はイタリア人の教会で洗礼を受けた。ラテン語での彼の洗礼証明書が，民間人の出生証明書の

役割を演じた[4]。

　フランスに戻って，アンドレ・ファヨールはラ・ブルト（アルデーシュ県）の製鉄工場で働いた。彼は1888年に亡くなるまでそこにいた。これらの工場は，プリヴァ近郊で採掘されたレンズ豆状の鉱石鉄を採掘していた。これらの鉱床は19世紀に枯渇し，製鉄活動は20世紀初めには消滅した。

　アンリ・ファヨールはラ・ブルトで教会の経営する学校（キリスト教学校の兄弟校）に入り，次いでそこから30キロメートル離れたところにあるバランスでリセに入学した。彼は基礎のしっかりした古典を学習した。生涯を通じて，彼はラテン語を流暢に話すことが出来た[5]。彼は優秀な成績を修めたが，技師の学校への入学準備のためリヨンのリセで中等教育を終えた。彼の弟ポール（Paul, 1844－1929）も同じ道を辿った。兄よりも出来のよくなかった彼はバランスに残り，エクザン・プロバンスの工芸学校に進み，兄と同様，サン・テチエンヌ鉱山学校を終えた。彼は22歳で卒業したが，アンリ・ファヨールは19歳で卒業証書を得た。

　この若きファヨール，頭のよい生徒は一種のオーラを持っていた。「この若きファヨールは催眠術の集まりにいる彼の仲間たちと同じ時間を生きていた・・・，と人は言う。仲間たちは，彼がもっと大きな成功を手に入れるのに値すると考えたが，彼はさっさと辞めてしまった，ということを人びとは疑っている。それはつまり，彼は実験のテーマを眠りのなかに潜り込ませることが出来たので，彼は時どき目覚めることができなかった」[6]。

　それ故，アンリ・ファヨールは，彼が卒業したアルデーシュ県の田舎で，よい教育を受けた。恐らく彼にはこの地方独特の訛りがあった。この時期，さまざまな地方のイントネーションは非常に著しく，誰もそれに関心をもたなかった。その後，発言を標準化したのはラジオとテレビであった。

　サン・テチエンヌ鉱山学校は，アンリ・ファヨールにとって，社会的上昇のチャンスであった。しかし，確かに，彼はさらにもっと威光のある学校，例えばポリテクニーク（理工科学校）に受かることを羨んでいた。彼は技師の学校教育で数学の優位性に反対する彼の攻撃を通して，がっかりしていたと，われわれは考えることが出来る。彼は最後の成功に必要な数学につい

て，十分な力がなかった。1900年以降，彼はこのことについて公に仕返しをしようと試みた。

(2) 1861年から1914年までの期間

アンリ・ファヨールはコマントリー・フルシャンボー社の階層組織の全ての階段をよく登った。彼は『産業ならびに一般の管理』の第3部において，彼の生涯のこの部分について語っている。個人的には，彼は1875年にムーランでアデレード・ソーレ（Adélaïde Saulé）と結婚した。彼女はムーランの商人の娘であった。彼女は1876年と78年に2人の娘をもうけた。彼の息子アンリは21年後に生まれた。したがって，彼は新しい世代に属していた。アンリ・ファヨールはコマントリーの町の中心に住み，次いでパリに引越し，夏の間は来ていたコマントリーの町の郊外に家を持っていた。転任の時，社長は喜んで，彼が若い技師であった時に炭鉱で知り合った昔の坑夫たちをもてなした。

アンリ・ファヨールは，他の炭鉱の評価を行う出張の時，旅行を好んだ。彼はまた他の炭鉱の位置とイノベーションのことをよく知っていた。彼は比較と助言を与えた。彼はまた北部と東部のフランスの石炭と鉱石の鉱脈の品質に通じていた。彼はまた，自分の家族の面倒をみた。彼は弟ポールを雇い入れ，次いでポールの娘婿クロード・ムゲ（Claude Muguet）を雇い入れた[7]。彼は1906年以降，社長のファヨールを助け，1919年にその後継者になった。

ファヨールの娘たちは，常に父親と非常に近いところにいた。長女マリー（Marie）は1895年にジョセフ・オーベルチュール（Joseph Oberthür, 1872-1956）と結婚した。この男はアルザスの印刷業者の有名な家族の出身であり，1870年以降はブルターニュに住んだ。印刷業者オーベルチュールはつねに繁盛し続けていた。ファヨールは彼の娘婿の印刷業者家族の影響を受けた。ジョセフ・オーベルチュールは特別な男であった。彼はパリ総合病院の精神科の医者であった。彼はオートイユで神経精神科の病院を創った。彼は1914年の戦争中に負傷した。彼は動物を描いた多くのデッサンと水彩

画を残した。

　1901年，次女マドレーヌ（Madeleine）はパリ近郊の製粉業者であるジョルジュ・グランジェ（George Grangé, 1871-1954）と結婚した。彼女はプレルにある夫の家に住んだ。アンリ・ファヨールはこの末娘に非常に近いところに住んでいた。彼が田園の家を買ったのは，ロワゾー渓谷にあるプレル（Preles）であった。

　ファヨールは地質学者として，研究するのに夢中になった。彼は科学アカデミーで研究を発表した。彼は鉄鋼学にとってふさわしい振る舞いを望んだ。彼はその時代の科学者たちに彼の工場を開放し，彼らに研究所を提供した。1894年には，1921年ノーベル物理学賞受賞者であり，後の度量衡国際委員会の責任者であるシャルル・エデュアール・ギローム（Charles Edouard Guillaume）は，アンフィーで彼の実験を行った。2年後，彼は非常に低い膨張率を持つ鋼とニッケルの合金，アンバーを発明した。この合金は非常に違った温度でもその大きさを保持した。その他の研究者もこの研究所にやってきたが，とりわけデュマス（L. Dumas）とジュブナール（P. Chevenard）は1911年以降，この研究所で研究した。後者は1946年に科学アカデミーの会員になった[8]。

　ファヨールが会社で出世している時，彼は多くの栄誉を集めた。1878年博覧会の金メダル。1880年の鉱業協会の金メダルは，炭鉱の自然発火に関する彼の研究に対するものであった。1888年のレジオン・ドヌールのジュバリエ賞。1889年博覧会の金メダル。1893年の科学アカデミーのドレース賞は，コマントリー炭鉱に関する彼の研究に対するものであった。1900年博覧金のグランプリ。1908年の鉱業協会の創立100周年記念のグランプリは，炭鉱火災に対する闘いについての彼の研究に対するものであった。1913年のレジオン・ドヌールのオフィシェ賞。戦後，ルーマニア国王のコマンドール賞。1925年，彼の仲間たちはそれを祝って大祝宴を行った。彼はこの公の感謝を好んだようである。

　ファヨールは出世し，1900年頃には彼が影響力を持つ実業家の間で活動した。彼はジュドルヴィル鉱山の払い下げ認可を国家から得，彼の拡大計画

に対する投資を引き出すのに役立つ彼の公のイメージを大事にした。ここに，そのことに触れている当時の新聞がある。「アンリ・ファヨールは世界的な人で，巧みに話す人である。いつも非常に質素な服装をしており，エネルギッシュな目をした教養のある顔つきをしていて，全てを自身で見る。全世界の市場を知っている彼は，計算や予測によって取り除くことの出来ることを，いい加減に放棄することはせず，それほど平凡ではない手法でこの大企業を成功への道へと導いた。エレガントで，生き生きした目をしており，雄弁家で，口元に微笑みをたたえ，熱気を帯びた声，愛想のよい身振り，上着のボタンホールに赤い小さな略章を付け，常に任務の先頭に立ち，少し話し，素早く行動し，世界的な人としての礼儀正しい上品さでもって訪問者を受け入れる，このように，彼は非常に優れた，非常に感じの良い技師である」[9]。これはヤラセの文章であろうか。その可能性はある。

(3) 戦　時

1914 年，彼は 73 歳であった。彼は確かに動員には関係なかった。8 月の動員の後，工場には労働者たちがいなくなった。それは大したことではなかった。戦争は 1 カ月以内に勝利し，全てが元通りになるはずであった。9 月を過ぎると，国民はがっかりした。他の工場同様，ファヨールの工場もどうにかこうにか再雇用し，外国人労働者がやって来るようになった。製造は完全に戦時用品に向けられた。労働力は不足し，労働者の動揺は拡がった。1918 年 5 月 18 日，アンフィーの労働者は，ドイツとの休戦を阻止するため，4 日間のストライキを行った。

ファヨールの企業は少しの借金しかなかった。戦時中，彼は会社の資金を，流動性との関連で，政府債にした。政府債の価格は上昇せず，1915 年には 12.5 フランから 11.5 フランに下落した[10]。彼は常に，模範的な愛国心を証明していた。

コマントリー炭鉱は長年閉鎖されていた。会社が繁栄できるかどうかは大きな建物，とりわけ馬小屋にかかっていた。会社は 1916 年にトリブリエーの村長にコマントリーの馬小屋を売り渡した[11]。最後に，アンリ・ファヨー

ルがベルダンの闘いの年である 1916 年に『産業ならびに一般の管理』を出版したことが重要である。彼は自ら示した考え方を拡げるため，余生を捧げた。

(4) 戦　後

　戦後,「管理原則論」はアンリ・ファヨールの人生の中心的な位置を占めるようになった。彼の妻は 1917 年に亡くなった。彼の息子は父の好みで，非常に遠く離れたところで，自立して生きることだけを求めた。息子もまた「アンリ・ファヨール」という名であった。彼はこの同名異人の結果としての曖昧さを演じることを好んだ。しかし，彼は父とは対立していた[12]。彼が理学部の学生であった 19 歳の時，1918 年の会議で知ったテイラーに傾倒していた。論争が家の中で繰り広げられた。息子は成年に達して 21 歳の時，父の同意を得ないで結婚し，父の家から出た。1925 年に父が亡くなるまで父の家を仕切ったのは献身的な娘，マドレーヌ・グランジェ（Madeleine Grangé）であった。

　『産業ならびに一般の管理』で，ファヨールはテイラリズムに反対した。この対立は，アンリ・ルシャトリエ（Henri Le Chatelier, 1850－1936, 理工科学校 1969 年入学生）という人物を敵にまわすことになった。この人物は理工科学校の首席入学者であり，理学博士で，コレージュ・ドゥ・フランスの教授，科学アカデミーの会員であった。ルシャトリエは高温で溶解している金属の温度を炉の色（波長）で測定する道具，高温計を発明した。テイラーはアメリカでこの高温計を使用した最初の人であった。テイラーはベスレヘム・スチール会社でホワイト（White）と一緒に研究した。彼らは高速で切断する鋼鉄を開発した。このような関係が相互理解を生み出した。その時以来，ルシャトリエは彼が指導する専門誌『冶金学』でテイラーを励ました。1907 年以降，彼は金属切断に関する彼らの研究に熱中し，その称賛を科学的管理にまで拡げた。さて，ルシャトリエは 1918 年に，科学アカデミーの 3 人の新会員のポストについて，産業界の候補者の投票を準備する委員会の委員に就任した。ファヨールは地質学の業績と管理の業績で候補者と

なった。ファヨールは一票も得られなかった。モーリス・ルブラン(Maurice Leblanc, 1857－1923)，オーギュスト・ラトウ(Auguste Rateau, 1863－1930，理工科学校1881年入学生)，ジョルジュ・シャルフィー(George Charpy, 1865－1945，理工科学校1885年入学生)が1918年暮の3回の会議の審議で選ばれた[13]。確かに，3人は科学者として優れた人物ではあったが。

彼が1918年中頃，戦争の問題を予見していた時から，ファヨールは退任を準備した[14]。彼は1918年末に彼の職務を止めた。他の人が会社を復興させることになった。「戦争による損害」の補償金は仕事を賄うには不十分であるが故に，この復興は事の外，難しかった。彼は「管理原則論」という彼の情熱だけを考えた。

1919年，アンリ・ファヨールは彼の仲間を集め，人々と議論し，この学説を研究するために，管理研究所(CEA)を創った。彼は仲間を週一回そこに集めた。彼らは，この老人の魅力の虜になったが，彼の知的遺産を理解しなかった。

(5) 死　去

アンリ・ファヨールは，1925年11月19日に死ぬまで彼の活動を続けていた。胃潰瘍の下手な治療の結果，このようなことになった。彼はプレルの墓地に埋葬された。

彼は金持ちであった。彼は3人の子供に260万フランの財産を残した[15]。この遺産の構成は興味がある。ファヨールは非所有者型の経営者であった。しかし，時が経つにつれて，彼は自分の企業，コマントリー・フルシャンボー・エ・ドゥカズヴィルの活動と職務に彼の力を注いだ。遺産の24%がこの会社の財産であった。残りは主に産業活動，とりわけ鉱山や工業に投資されていた(合計42%)。フランスにおける彼の時代の同じような遺産とは反対に，彼の遺産は田舎の財産を少しも含んでなかった。プレルにある彼の屋敷は唯一の不動産であった。それは全財産の13%であった。残りは国債に出資した(20%)のであり，それは恐らく戦時中に愛国心によって購入さ

2．ジュール・アンリ・ファヨールの生涯　17

れたものであった。その価値は後のインフレーションによってすっかり失われた。死後，プレルの屋敷はバル・ドワーズ県の商人の隠居の家とするために売却された。

(6) 人生の成功と挫折

　充実した人生のなかに，道しるべの系があった。それは研究に対する彼の関心であった。若き技師として，彼は火災と坑木（本書第2章を参照）の技術的問題に対するより良い方法を見つけ出すためエンジニアリング研究を導いた。採掘の責任者として，彼は，鉱脈が地質学の講義に合致していないことに気づいた。そして彼は，厳密に，急流が湖の中に流れ込んだ三角州の中に石炭が形成されるという新しい理論を打ち立てた（本書第3章参照）。コマントリーの石炭が枯渇した時，彼は植物や昆虫，魚の化石を手に入れた。彼は自分の分析を時には発表するために，自分のコレクションをパリ自然史博物館に寄贈した（Fayol, 1886)[16]。経営者として，彼は社外の研究者を彼の製鉄工場に招いた[17]。最後に，1900年に彼に管理の科学に関心を持たせた最初のこと，それは管理の科学を帰納的な科学的方法で打ち立てることであった。この研究の5つの場がファヨールの興味を誘った。そして，これら5つの領域で，公認されてはいないが，完全にオリジナルな成果が得られた。

　われわれは，この充実した人生の成功に注意を留める傾向がある。しかし，そこにはまた挫折がある。われわれは彼の書物の中で，後になってそのことを確認する。ストを阻止しようとする彼の断固たる意志に反した労働者のストライキ。彼の価値を素早く認めず，彼に多くの自由を与えなかった階層組織の経営者たち，彼を抑えつけた株主たち。ファヨールは長い間，鉱山局の技師たちと闘っていた。彼らは採掘量を確認するために炭鉱の経営を確認し，したがって使用料を計算しなければならなかった。この問題に関して，多くの紛争があった。同じような争いが保安や未成年者の雇用，労働時間，社会保障に関する鉱山特別法の適用をめぐって起こった。争いは日常茶飯事であった。ファヨールは採用選抜方法である数学の乱用について，鉱山

局に反対した。そして，ファヨールはこの団体による一貫したテイラリストたちによってやっつけられるのに驚かされたのである。結局，この団体はファヨールが科学アカデミーに入るのを妨げた[18]。

どのような失敗か。彼が栄光の絶頂にあった時，彼の息子はテイラーを支持した。あらゆる個人的な闘いがあるのに，「管理原則」にコンフリクトの概念が欠如しているのはまったく呆れたことであった。アンリ・ファヨールは，彼の人生のこの重要な側面を覆い隠した。彼の社会的上昇は彼の知性，パーソナリティー，活力のお陰であった。彼は自らの立場，独創的な立場を知らしめるために闘った。しかしながら，彼は本質的に保守的であった。彼の闘いは常に古典的な武器で行われていた。勝者である彼は敗者を尊敬するのに気を配った。社会的な秩序は変更されるようになったが，それはほんの少しだけであった。組織は旧世界の中で怠け続けていた。彼は実は，組織を本当に変更することなしに組織を機能させる方法を提案した。スタッフによって支えられ，「管理の用具」によって導かれる，優れた経営者をトップに据えれば十分であった。そして，全ての人間が善良であるなら，争いはあり得なかった。また，ファヨール理論のユートピアが現れ，彼の失敗はもっと簡単に説明できた。

コンフリクトの拒否は恐らく，サン・シモン主義者との繋がりである[19]。テクノクラートの権力者たちは，彼が有能であることを知っていた。採用選抜試験は，これら権力者たちが行使する最良の方法を示している。コンフリクトは，その社会問題の側面とともに，除去された。

注
(1) 本章では，われわれは，1987年にタイプ印刷されたこの書物のフランス語版を参照する。それはファヨール文庫（Fons Fayol）に保存されている（整理番号 HF7）.
(2) 実在している全ての Fayol が，本書が関心を持っている人たちの子孫という訳ではない。アンリ・ファヨールには1人の息子がいたが，これらの人たちは彼の子孫ではない。
(3) 2000年6月10日，ブレルの自宅にアンヌ－マリー・グランジェ（Anne-Marie Grangé）を訪問。彼女の夫はアンリ・ファヨールの孫である。
(4) われわれはレジオン・ドヌールの関係書類の中に，この証明書を発見した。この村はイスタンブールと呼ばれるのに，われわれはいつもアンリ・ファヨールの出生地はコンスタンチノープルであるというのは，このような理由からである。われわれはラテン語のテキストを参照するが，この言語ではコンスタンチノープルという旧い名前しか知らないのである。

(5) 2000年6月10日，プレルの自宅で行われたアンヌ−マリー・グランジェの記憶．
(6) M.de Longenialle, *La société de Commentry-Fourchambault et Decazeville 1854-1954*, Office de propaqande générale à Paris, p.162.
(7) Sasaki, 1987, p.26.
(8) 産業と製鉄研究者との間のこの協力についての記述はA.C.Déré, F.Duffaut et G.de Liège (1996) によって語られている．
(9) ファヨール文庫，整理番号 HF6DRI．新聞 *Le Jour* の 1901 年 3 月と，*La Nation* の 1899 年 8 月 21−22 日の切り抜き．
(10) Archives du Monde du Travail, Archives de Commentry-Fourchambault et Decazeville, 整理番号 59AQ13, CA du 18/11/1915.
(11) Archives du Monde du Travail, Archives de Commentry-Fourchambault et Decazeville, 整理番号 59AQ13, CA du 17/2/1916.
(12) 彼の人生の終わりに，アンリ・ファヨールの息子は彼の父親の考え方に敬意を表そうとした．彼はデール（Dale），ブランパン（Blancpain），ベディアン（Bedeian）とリード（Reid）との接触によって，アカデミックな研究者たちを助けた．さらに，彼は父親の私的な資料をCHEVSに渡した．
(13) Archives de l'Academie de Sciences, Fayol ファイル．
(14) Archives du Monde du Travail, Archives de Commentry-Fourchambault et Decazeville, 整理番号 59AQ14, letter du 25/6/1918.
(15) Archives de l'enregistrement du départment de la Seine.
(16) 古生物学博物館はコマントリーで発見された種類に命名している．これらの新種の中で，ある昆虫は stenoneura fayoli という名である．2 つの魚は amblypterus fayoli（paramblyptenus decorus と同義）と elaveria fayoli（Commentrya traquairi と同義），3 種の植物は fayolia dentata, fayolia grandis, caulopteris fayoli, である．
(17) 特に Guillaume と Chevenard については注(8)を参照せよ．
(18) この時代，理工科学校の卒業生は科学アカデミーの 20％を占めていた．
(19) サン・シモン（1760−1825）伯爵領主クロード・アンリ・ドゥ・ローブロイ（Claude Henri de Rouvroy）は，1833 年に，宗教上のセクトとして，彼の運動の有罪判決の前に，数多くの信奉者をかかえていた．ステファーヌ・モニー（Stéphane Mony）もその 1 人であった．彼は死ぬまで，ファヨールの保護者であり，彼のキャリアを守った．確かに彼は，ファヨールに大きな影響を与えた．

表1 アンリ・ファヨールの生涯の重要な日時

1841年7月29日	父が任務についていたイスタンブールで出生
1856年前	ラ・ブルト，次いでバランスで就学
1856年〜1858年	リヨンのリセで就学
1858年〜1860年	サン・テチエンヌ鉱山学校で就学（彼の昇進の第2番目）
1860年	コマントリー・フルシャンボー社に入社（*1）
1866年	コマントリー炭鉱の管理者に就任
1875年11月22日	アデレード・ソーレとムーランで結婚
1876年11月17日	マリー・アンリエッタ・ファヨール誕生
1878年4月16日	マドレーヌ・ファヨール誕生
1888年1月6日	父アンドレ・ファヨール死去
1888年3月8日	コマントリー・フルシャンボー社の社長に就任
1899年1月30日	アンリ・ジョセフ・ファヨール誕生
1900年6月23日	管理問題についての初めての講演
1905年	ジュドルヴィル鉱山会社を創設
1908年6月16日	管理問題についての2回目の講演
1908年	バテール鉱山を入手
1910年	コマントリー鉱山を操業停止
1910年	その開始は1915年と予定されていた製鉄工場のためにポンタ・ヴァンダン社を創設
1916年末	『産業ならびに一般の管理』の刊行（*2）
1917年8月10日	妻アデレード死去
1918年12月31日	社長辞任（その決定は1918年5月に行われた。）
1925年6月7日	サン・テチエンヌで祝宴
1925年11月19日	パリで，突如，死去

監訳者注*1：1860年には，この社名の会社は，まだ存在していない。ファヨールが入社したのは，1853年に創設されたその前身の会社，ボワグ・ランブール合資会社であった。

監訳者注*2：ファヨールの主著『産業ならびに一般の管理』は1916年末に，『鉱業協会誌』の1916年度第3号に掲載された。その別刷りの需要が多いので，翌1917年に，パリの版元Dunod et Pinat社がこの別刷りを仮綴版の書物として販売した。正確には，論文としての初出は1916年，書物としての初版は1917年である。

第2章

テイラーとの論争

ジャン‐ルイ・ポーセル

　テイラー (1856−1915) とファヨール (1841−1925) とは同時代人である。2人とも技師であり，その企業での生活を通して管理を発見した。前者は「マネジメント」を，後者は「アドミニトラシオン」を，である。2人とも，それに科学的方法を適用しようとした。彼らの考え方の類似性が彼らを競争させた。テイラーは工場における組織，労働者の仕事，その作業様式について関心があった。ファヨールは指導者の活動，彼が成功するためになすべきこと，上手に行うための管理方法について語っている。2人とも，管理の重要性に力点を置いている。しかしながら，彼らは対立した。ファヨールは，『産業ならびに一般の管理』において，テイラーを強烈に非難している。論敵の死の1年後[1]の，こうした激しい攻撃は，あまり慎みのあることではない。フランスとヨーロッパのまとめ役[2]の庇護の下にあって，ファヨールが2人の考え方の和解を受け入れたとしても，論争の痕跡は残っている。その総括は，テイラーは工場について，ファヨールは全般的管理について，だということである。

　それ故，この論争はかなり古いものである。本章の貢献は，2つのレベルで位置づけられる。まず，活動のレベルにおいてである。ファヨールは，テイラーの経験と同様に，労働を組織する際に生じるさまざまな状況に遭遇している。彼の発言は，テイラーのそれと類似していたのであろうか。多くの技師たちは，テイラーが一度も話したことのないテイラリズムなるものを行っている。第2のレベルは，考察のレベルである。ファヨールは，1913

年にテイラーの著作を読んだ。『工場管理』が出版されたばかりであった。これについての分析が，本章の第2部を構成している。

　結果として，鉱業は，製鉄工場とは本質的に異なった条件を見せていると思われる。これらの産業上の諸条件は，その下に現れるさまざまな考え方の違いの解釈を可能にしてくれる。彼らは，産業上の特殊な経験に従ったので，彼らの直観的な推論が分かれたのである。ファヨールは，テイラーをよく理解していた。ファヨールは，テイラーを賞賛していた。しかしながら，ファヨールは，彼自身，統合をなしうると考えていたので，敢えて対立を選んだのである。彼は闘いを選択した。

1．実践的問題解決のための科学的実験者としてのファヨール

　炭鉱技師としてのファヨールの働き方を，どのようにして知ることができるか。彼は自ら働き方を書いている。彼が成功を収めた時には，全員に利益を分け与えることが自分の義務だと感じていたように思われる。彼は，炭鉱技師の専門新聞に論稿をいくつも発表している。その最初の論文は1874年のことであり，彼が33歳の時であった。

　テイラーは，最初は金属に関する研究を行う26歳の男性である。彼は応用科学研究に必要なあらゆることをそこで手に入れた。ファヨールも最初は己の道を歩んだ。彼は科学研究の原則に則り，技術研究に取り組んだ。実験に基づいて，彼は最も良い実践的な問題解決策を発見した。彼は自分の鉱山にそれを無差別に適用しようとした。

　彼はその成果を1874年に出版した。その技術上の問題点は，材料の選択にあった。それは坑木の問題であった。坑道が掘られた後に，梁とともに優れた部材で強化した。他の材料，木材や鉄が使用された。最上の材料は何か。そこには金属に対応した問題と類似した問題があった。ファヨールは，1867年から1874年まで，その問題に同じ方法を応用した。彼は実験室でも実地でも実験した。

　この問題は比較的新しい問題であった。まず第1に，コマントリー炭鉱は

露天掘りで石炭を採掘した。石炭はほとんど露出しており，掘るだけでよかった。町の中心の近くに今でも巨大な穴が痕跡を見せている。19世紀には，地下で石炭を採掘しなければならなかった。坑道は長い間，何年も支柱で支えられていた。

　ファヨールは，1867年にこの応用研究を始めた。そこから彼は，炭鉱の支配人と呼ばれた。彼はまず，材木か線路の再利用かについて，可能な選択の範囲を特定した。第2の解決策は，高価で，しかも長い期間の要る厳しいものである。もし腐らない木材が利用できれば，問題は解決される。したがって，技術的な設問は，坑内に設置されたとき，木材はどのようにして腐食するかを研究することであった。より厳密に言えば，どのような方法によって，木材が腐食するのを証明しうるかである。

　他の種類の木材は市場で手に入れられる。木材は，いくつかの予防的処置で耐久性を上げることができる。こうした処置は，使用される化学製品，その使用期間，その濃度によって変化する。ファヨールは，地下15cmに3年間，風通しの悪い坑道に置いて，2年から7年の期間，腐食を検査する実験を構成した。結果は，木材がかなり腐食したり，それほどでもなかったりした。ファヨールは，木材の腐食の状態を特徴づけるために4段階の等級を設定した。

　彼は，これらの要因のあらゆる組み合わせを実験した。12種類の木材，すなわち樫，樅，榛，ブナ，アカシア，クマシデ，楓，桜桃，箱柳，樺，ポプラ，桜，である。木材に浸透させる化学製品は5種類，すなわちクレオソート，硫酸銅，塩化亜鉛，140度のタール，硫化鉄，である。彼はさらに，炎による熱処理と対照比較，処置されていない木材を加えた。これが最も速く木材を腐食させるものである。

　それらの実験は，処理の期間を算入せずに，12種類の木材と7種類の処理とで都合，84通りの比較となった。結果は，以下のことを証明していた。すなわち，硫化鉄は腐食に対して最良の防護策ではないが，それがあまり高価でなく，毒性も少なく，その効果が著しいこと。選択の基準は，技術的な最大効果ではなく，経済的効果の基準であった。最もよく保存される木材

は，樫，楡，アカシア，桜桃，樅であった。

並行して彼は，費用と効果とにおいて似通った硫化鉄とタールとにその実験を集中した。ファヨールは，浸透の期間を変化させ，また樅と樫とに実験を限定した。効果は，溶液が濃く，埋没が長い方が良かった。しかし，実際には，24時間の埋没が完璧であった。木材の支柱の間隔を3倍にするほどよい結果であった。したがって，古い線路は，もはや経済的ではなく，木材ほど便利な用途が少ないので，われわれは古い線路を用いない。硫酸銅溶液の散布費用は，支柱1メートルにつき0.05フランになる。

7年間にわたる実験研究は，最良の解決策を証明し，この策が全ての炭鉱で採用された。それを論文として発表して，ファヨールは，至るところで，同じ解決策を選択するように同僚たちを指導した。彼には，他の炭鉱との競争で特別の優位を保持しようという気持ちは少しもなかった。その実験的な態度は，金属切削研究におけるテイラーの態度と非常に類似している。

テイラーは，24歳から50歳まで金属切削を研究した。ファヨールは，26歳で実験を開始し，33歳で終えている。彼らの場合，その技術的な業績を導いたものこそ，若さと創意である。

しかしながら，いくつかの相違もある。木材の問題は，恐らく，それほど複雑ではない。部分的には障害があったが，ファヨールは，科学者が行ったほどの実験はしていない。単純な選択をしなければならない場合には，中庸で満足する。問題は，特に生産過程と同じほどの位置は占めていない。金属切削は，冶金学の中心にある。溶融されていないあらゆる塊は，穿孔する，穴繰りする，研削する，研磨する，調整する，フライス盤にかける，などの加工がされる。金属の切断は，あらゆる金属加工職の中心である。反対に，坑夫職の中心は採掘である。坑道での坑木設置は周辺的作業である。ファヨールの研究は興味深いが，職業の要にかかわってはいない。

これら2人の産業における実験研究の成果は，彼らが携わった仕事上の地位によっても異なるのである。1人は経営者であり，もう1人は経営者から命令される立場にあった。

ファヨール（1842-1925）は，その実験を開始したとき，コマントリー炭

鉱の支配人と呼ばれるようになった。彼は，単なる技師として実験を始めるしかできなかったであろう。その階層上の自律性は，研究を行う権限，つまり人的・財政的手段，とりわけ成果を挙げられない危険を負担する能力をファヨールに与えている。しかし，知的レベルでは，ファヨールは，テイラーを十分に理解していた。しかしながら，ファヨールは，彼自身をジンテーゼにできるのにもかかわらず，対立を選択したのである。彼は戦いを選択したのである。

　テイラー（1856－1915）は，1880年から金属切削を研究していた。その頃，彼はミッドヴェイル製鉄会社で働いていた。同社の所有者，ウィリアム・セラー（William Seller）は，1874年以来，徒弟を務めてきた経営者であった。彼は工作機械を製造していた。テイラーが1896年にベスレヘム・スチール会社に移ったのも，そこでホワイトとともに高速度鋼を発見したのも自分の力によってである。工作機械企業は，彼らの研究に資金を出し，金属の重要性に関する彼らの発見から直接的に利益を得たのである[3]。

　このように比較してみると，多様な解決策の実験を通じて，技術的な最適化を探求する知的態度において，ファヨールとテイラーとが大いに類似していることが示されている。当時の人々は，ほとんど同様の表現で，彼らの個性について語っている。ここに当時の2つの意見がある。「保守的であると同時に急進的で，疑いもなく，実証主義者のタイプに相応しい」[4]。「この非順応主義，この精神の独立性，この一種の生まれつきの無礼と既成の権威や価値の大いなる尊重との結合，これらは彼の性格の最も重要な輪郭の1つである」[5]。これら2つの文章は，ほとんど交換できそうである。1つはテイラーについて，もう1つはファヨールについてである。

　同じような技術最適化の問題に対して，2人は，同じ態度を取り，科学的実験を行った。この2人の技師は，科学的方法に依拠しつつ，同様の革新への決意をもって産業問題に取り組んだのである。しかしながら，彼らの働く諸条件の違いから，彼らの考え方は分かれていった。周知のように，テイラーによって提示された事例がある。一方，ファヨール自身による組織再編成がある。

2．炭鉱の切羽労働の組織者であるファヨール

1882年，ファヨールは，坑内夫の作業組織に関する論文を発表している。彼は，コマントリー炭鉱における作業組織を再編成している。この事例について，組織化問題がどのように取り組まれたかを見てみよう。

炭鉱では，石炭を採り出した後は，落盤や地盤沈下を避けるために砂利で埋め戻す必要がある。石炭の採掘は昼間に行われるので，埋め戻しは夜間に行われた。ファヨールは，採掘労働者たち自身によって昼間に埋め戻しを行うように組織した。したがって，彼は多能性を拡大させたのである。これは分業と矛盾した方法である。彼は，総費用と労働の柔軟性とによってこの解決策を証明している。この方法はどこででも採用され，次いでフランスの中心的な炭鉱の全てにおいて採用された。

(1) 採炭夫の多能性

炭鉱の坑内では，実に多様な働き方があり，労働者を専門化させ，それによってあらゆる職務を達成させる。1920年には，炭鉱における作業組織について，ある委員会が関心を寄せている。委員会は，坑内での大きな多能性を指摘している。採炭夫は，現場でのあらゆる作業を行う。採掘，鉱石積み込み，坑木設置，埋立て，鉱石運搬である[6]。

この多能性は，さまざまな試みの結果なのである。ファヨールは，その実施に貢献した。1878年には，坑内の作業組織について技術に関するノートを作成している。彼が着任するまでは，ある種の分業が行われていた。主要切羽での坑木設置は[7]，昔は専門の坑木布設夫によって行われていた。今日では，採炭夫がそれぞれの作業現場で坑木設置を行う。こうして，この専門化は放棄されてしまった。採炭夫は，石炭を取り崩し，進捗に応じて坑木を設置する。

埋め戻し作業についても，同様に専門化されていた。掘られた石炭の代わりに，土留め用木材の一部の再利用によって，岩石を埋設することである。

コマントリー炭鉱では，埋め戻し作業は，夜間に行われ，したがって採炭は昼間に行われた。ファヨールは別の方法でも実験して，1日中，採炭夫たち自身による埋め戻し作業を試している。この作業は，彼らの労働時間の10％を占めた。彼らの賃金は成果に応じて変化した。埋め戻し用の土は，石炭を載せて揚げた後の戻りのトロッコで降ろされた。全体的に，必要な馬の頭数は20％から30％も削減された[8]。監督費用も節約された。僅かだが，夜間の労働者を監督するための職工長は必要であった。節約は，石炭1トン当り0.05フランから0.20フランであった。

　2つの質的な優位性がそこに加えられる。まず炭鉱夫の労働条件について。夜間の部署の削減は効果がある。というのは，外部や家事によるあらゆる騒音に晒されている質素な家屋では，昼間は，元気を回復するための睡眠を取ることが難しいからである。特に，採炭夫がそれを必要とは感じない時，炭鉱が非常に忙しく安全が確保されていない時，トロッコによって石炭を捌くことがもうできないような時にも，採炭夫が埋め戻しをしている。ファヨールは，こうした複数の目標を同時に達成できたことを賞賛している。労働者の境遇を改善し，より完全な作業を達成し，原価を削減することが同時に可能になるような方法こそ，十分に，真の進歩をなすのである。ここにこそ，ファヨールの学説に基づいた技師の役割もしくは企業のトップの役割を見出せる。作業組織についてさまざまな解決策を試すこと，直接労働力や間接労働力，監督や運輸など全てを勘定することが重要である。それに加えて，安全性が拡大され，労働条件が改善された場合には，企業長の仕事がよくなされたということである。

(2)　炭鉱におけるテイラリズム化の試み

　鉱山における労働の特殊性は，そこにテイラリズムを導入しようとする者によって注目されている。ある公式のテキストは，このような勧告から始まる。1918年以後，フランスは労働力の不足に直面した。いくつかの委員会が解決策を見出そうと調査を行った。タルン炭田（フランス南西部）の調査委員会は，分業を推奨している[9]。カルモ炭鉱とアルビ炭鉱（ともに中央山

地南西部）では，4通りの採掘方法が詳しく研究された。採炭夫のさまざまな職務が時間測定された。採炭作業と坑木設置作業とを合計すると，彼らの労働時間の43％から54％を占める。埋め戻し作業，積み込み作業および石炭運搬作業で，その仕事の57％から46％を占める。採炭夫不足に直面して，委員会は，採炭と坑木設置の職務については，現在の労働者たちを専門化することを推奨した。それほど能力を必要としない他の労働者たちは，補助的職務に充てられた。こうして専門化へと立ち戻る。

　しかしながら，委員会は，後ろへ戻ることが問題であると分かっていた。委員会の記録によれば，われわれは，現場で独立して午後の交替作業をしている埋立て夫の解決案を拒否する。別途，実施されたアルビ炭鉱では，委員会は，安全性の観点から嘆かわしい結果を生み出した。ここに，切羽作業では，ある人々が他の人々に合わせることによって，作業現場の多能性や安全性の論拠の1つを見出せるのである。

　時間測定と専門化というテイラーの2つの技法は，機械化と一緒に委員会によって提案された。圧搾空気式の削岩機，コールカッター，振動式コンベアーもしくはベルトコンベアー，水締め機，坑内機関車，トロッコへの機械式積み込み，これら全ての解決策が，坑夫の人間労働を機械化する。それらは，徐々に導入されていった。1920年には，長期手形によるそれらの利用が見られる。作業組織がより急速に変化するように思われる。

　生産増加のためにテイラーの技法を応用するというテーマは，この時代にも，いたる所で現実味がある。1919年に『鉱業協会誌』は，これに関してある論文を掲載している。同論文は，まず機械化について語る。それは，「（機械化の）役割には，どうしても限界がある。だから，石炭生産における主要な仕事は，人間労働の役目である」と記している。テイラーの諸方法を応用すれば，大きな潜在利益がついて来るのである。

　坑夫はどのように働いているのか。彼らは多能工である。「少数の労働者に対して多様な仕事量を」。また，「分業を究極まで推し進めるには包括的な障害がある。石炭を採掘する採炭夫は，その現場で坑木を設置することを求められる。なぜなら，まず，彼自身の命が懸かっているからであり，また，

こうした坑木設置は，しばしば予測も期待も容認しないからであり，またそれは採炭の継続と両立しないからである。他方，作業のやり方自体は，炭層の質と量との突然の変化や，中断という名の下に一括されるあらゆる突発事故に依存するからである。そこから，労働者が仕事を即座に変えるとか，迅速に補充される可能性を持たない場合には，時間の大きな損失から齎される不規則性や不連続性が生じる」[10]。

　坑内での作業における不測の事態は，独特の最適な生産方式を完成させるのを妨げる。社会構造もまた，テイラリズムを妨げる。ここで，技師が坑夫をどのように見ているかに触れよう。「それは，彼らの結合が水平的様式であるような，まったく道徳的な階層性（あるいは・・・）が良い協調と調和とを行き渡らせるような，きわめて平等な小社会である」。互いに引き離されている作業現場では，「監督は，より困難で，弱い」。人々の自律性が，監督の難しさから育ち，その困難は，チームの中での強い人間関係を妨げる。

　したがって，炭鉱技師は，作業のやり方の実験によって生産性を向上させるテイラー的方法を放棄するのである。その代わりに，時間測定だけが，管理の手段として利用されうる。「毎日，達成されるべき厳密な作業標準を労働者に与えること」。しかし，筆者は，炭鉱労働組合組織の力と，時間測定に対する彼らの反対の強さを認識している。炭鉱技師は幹部の養成や，紛争処理のために，炭鉱における時間測定の願望を削減させているのである。

　鉱山にテイラリズムを適用するのには，多くの障害がある。「職能別階層制は排除されているに等しい。炭鉱では，安全と責任の問題がなによりも重要であるが，そのような職能的組織は・・・可能ではない。技師たちに補助者や専門的援助を与えることである」。

　鉱山にテイラリズムを適用しようとする技師には全てのことが障害となる。しかし，1919年には，それは流行となった。その時，逆説的ではあるが，その論文がテイラリズムを支持することになる。「テイラーの方式を採る以前に，（技師は）テイラーの精神を実践すべきであろう」。「テイラリズムは，・・・炭鉱においては，非常に活動範囲が広く，多様であると分かる。反対に，地下での採掘の特殊な諸条件は，・・・テイラリズムを普段か

ら実行する方式をいくつか採用することを大変むずかしくする」。

　立派な意思を持っていたとしても，鉱山の専門家は，テイラーの教訓を適用できるとは考えない。その理由は何であろうか。それには技術的な理由と社会的な理由がある。

　技術的理由は，作業の具体的条件が予見できない（生産のリズムの不確実性）からであり，それぞれの時点でなすべきことが不規則（多能性）であるからであり，安全性が非常に強く要求される（命令の一元性）からである。

　社会的理由としては，労働組合の力，採炭夫のチームの人間的な連帯性，チーム毎の生産量に比例した賃金の慣行による。

　鉱山経営のこうした諸条件は，テイラリズムの作業の科学を効果のないものにする。ファヨールは鉱山で養成された。彼の考え方は，これらの作業条件に依拠している。彼は，科学的管理法の一般原則としてテイラリズムを受け容れることはできなかった。ファヨールにとって，それは自分が知っている状況に対する解決策ではなかった。

　しかし，テイラリズム適用の条件は存在する。それは，計算された現象に影響を与えうる全ての要因を統制できるような科学的実験におけると同様に，あらゆる作業条件の統制が可能だという条件である。実験と最適な作業標準とは，諸条件が同じだという限りで具体的な作業に対応するのである。そのような条件は多様である。作業部署の手直し，部品の調達と加工された製品の整理，温度，湿度，騒音，照明，技能養成，健康，疲労，などの諸条件である。作業にとって周辺的なあらゆるものを統制するための人工的な環境を構成する作業場での労働が，問題なのである。

　屋外や，鉱山あるいは戦場での労働は，こうした規格化や再現性の諸条件には対応していないのである。

(3) 労働の諸状況の相違点

　このように，ファヨールとテイラーの考え方の相違は，恐らく，彼らの活動の場に拠っているのである。彼らは技師であり，その仕事の実際の中で技師になったのである。彼らは，自分の考え方を実践から形成している。それ

らの考え方は，彼らが遭遇した問題が異なっていたので，違ったものとなった。炭鉱と金属工場とは，それぞれ特殊な場である。彼らの組織学説は，それぞれの場合に適応したものである。彼らは，予期せぬ解答をもたらした。そして彼らは，どちらもその場が，あらゆる産業問題の代表であることを願った。彼らが築いた一般理論は，それぞれの産業にとっては適切なものであった。テイラーの考え方の成功は，20世紀における高成長産業が金属産業の特性をもった産業だという事実から発している。

したがって，ファヨールとテイラーの対立，また彼らの学説の対立は，実在しないものよりはるかに興味深い。2人とも，当時の産業の現実を熟知していた。2人とも，彼らが知っていた個別事例を通して普遍性を主張している。しかし，彼らの経験的な基盤は異なっている。一方は鉱山であり，他方は金属工場であった。そこでの作業の客観的な諸条件は，それぞれである。彼らの学説は，それぞれの条件に結びついているのである。

テイラーは，作業の遂行条件の全てを再現可能にする科学的精神を探求した。それ故，実験の時に最良であることは，常にそうであるということである。ファヨールは，作業のさまざまなやり方を比較することを等閑にしなかった。しかしながら，彼は，不測の事態に際して，大きな労働力の余裕を実行者に任せるべきであると認識していた。さらに，比較の基準は，単に生産労働者の生産性基準ではなく，より全体的に，原価の基準であるとした。

もしテイラーの立場に立てば，生産性向上を強制することになる。20世紀の産業は，テイラリズムに加えて，機械化により生産性向上に成功した。テイラーのアイデアの成功を見れば，そのアイデアは，量的に最多の状況によく対応している。

アメリカにおいてさえも，鉱業は，後になってしかテイラリズム化しなかった。ネルソン（D. Nelson）は，テイラリズムの適用を次のように描写している。「その始め（1914年以前）には，テイラリズムは，とくに炭鉱以外に浸透した」。第1次世界大戦後になって，テイラーの成功は一般的になる。炭鉱でもその流行について行かざるをえなかった。「科学的管理法（OST）の成功の最良の事例は，大戦以前には合理化運動から外れて取り残

された炭鉱への導入であった。費用を削減し，衰退を回避するために，石炭会社は，職務の細分化を導入し，労働者への統制を増大させ，当時，部署についていた万能労働者を専門労働者に置き換えようとした。科学的管理法は，技術上の革新に併行したやり方でいくつかの炭鉱に導入された。機械化は，テイラリズムが助長することしか出来なかった社会変化を強制するのを可能にするのである」[11]。

フランスでは，同様に，建築業が，現場労働をテイラリズム化するのに1970年代まで待った[12]。テイラリズム化の歴史は，多少とも，それぞれの産業の影響の受けやすさを示している。いくつかの産業は，テイラリズムの理論に一致しない条件を示している。一般に機械化は，テイラリズムが押し入るためのチャンスである。テイラーの理論によってこのことが予測されなかったということに気付くのは，興味深いことである。

反対に，初期のテイラー主義者たちの大きな体験は，ファヨール的方法にしたがって，つまり階層制の直接の庇護のもとに行われたのである。ネルソンは，第1次世界大戦中のこととして，次のように報告している。「主要な武器製造会社の1つ，ウィンチェスター連発銃会社は，15万もの職務を標準化し，時間測定するために，専門家チームを組織した。この計画は，テイラーの技法を適用する領域で最も仰々しいものであった。この計画の実行は，ウィンチェスター社のトップに，テイラーの弟子の1人であるジョン・オファーソンを指名するだけに終わった。この例に続いた企業家はいない」[13]。

3．テイラーとの知恵比べ

このように，ファヨールとテイラーは，19世紀末の産業で活動する人として，並行した道を辿っている。彼らは多分，その職業の特殊性によって注目された。しかし，彼らの考え方は近似している。そのことは，ファヨールの講義録に見出せる[14]。彼は，1913年にデュノ社から出版された，『工場管理』のフランス語版を入手したばかりであった。彼は，それを注意深く，熱心に読んだ。彼の精神は反応した。その後の彼の著作の一部は，承認の意味

においてよりも，むしろ名声の意味で，この講義録から深い影響を受けたのである。

テイラーからファヨールへの意見のやり取りはなかった。テイラーは，ファヨールという存在を知らなかった。テイラーは，ファヨールの『産業ならびに一般の管理』の出版の1年前に死んだ。しかしながら，この2人は，1900年のパリ万国博覧会で遭遇できたであろう。ファヨールは，そこで管理研究の初講演を行っている。テイラーは，高速度鋼を使用した工作機械の販売に来ていた。

ルイ・ダンティ-ラフランス（Louis Danty-Lafrance）は，このエピソードに触れている。「1900年の万博で，高速で切削している旋盤の工具の下で，その刃具が変化させられることもなく，高温の加工による青光りする削り屑が飛び散るのを見た時の感嘆した驚きを覚えている」[15]。

しかし，2人は，パリで遭遇しなかった。彼らは，お互いを別々に発見したのである。1900年以来，不首尾に終わったが，管理について仲間たちに関わりを持とうとしていたファヨールは，1913年にテイラーを読んで，感動しないではいられなかった。1907年から『冶金学誌』で，ルシャトリエ（Le Chatelier）は，テイラーの『工場管理』のフランス語訳を出版していた。このテキストは，デュノ出版社により，1913年に単行本として再版されている。もっと迅速な「文献解題」が出ていれば，ファヨールは10年早くテイラーを知っていたであろう。

『産業ならびに一般の管理』は，テイラーを読んで生まれたのではないが，強い影響は受けていた。それも，テーマに関する影響と，正面から主張するために書こうという動機と，である。すでに，優先権について問題が生じていた。2人のうちのどちらが，最初に管理について考察したのか。彼らの考え方が別々に現れた以上，この優先権は明らかに意味をなさないのである。

(1) マネジメントの定義

ファヨールは，テイラーのテキストを書き写してノートを取り，また自分の反応を書いてそれを完成させている。これを継続することで，自分の考え

方の進展を確認することができるのである。

　テイラーは，大規模な企業の状況を説明することから，そのテキスト[16]を書き始めている。経営者は，業務に秀でている。彼は，階層組織の階梯をよじ登って出世したのである。「その人間が従業員としての経験をほとんど持たないような他の業務は，しばしば，同様に明らかに低い生産性の事例を提供してくれる。このことは，例えば，技師の技能の基本原則と同じくらい正確かつ明確に規定された法則によって支配された技能として，従来は見なされなかったということに由来しており，それはむしろ個人の問題だという考えに陥って，長く丁寧な研究と議論とが要求されるということを人は考えてこなかったのである。古い見解によれば，人は，救世主が現れれば，いろいろの方法から選択するために，彼に頼ることができた」[17]。（§2）

　ファヨールは，即座に次の段階に移る。すなわち，テイラーは，何の定義もせずに管理について語っているが，彼が目をつけているものこそ，まさしくアドミニストラシオン（管理）であり，私自身がそれを指しているように，この科学の研究の必要性を彼が示しているのも，まさしくアドミニストラシオン（管理）なのである[18]。

　テイラーは，「工場の上手な管理と，配当金の払込とは類似した関係ではない」と続けている。ファヨールは，次のように要約している。それ故，大きな配当金の分配が，常によい管理の証拠とはいえない。ファヨールは反論する。しかし，一般に，人は具体的な財務的成果によって管理を判断するのである。ファヨールは，活動の指標として，また特に内部組織の活動の指標としての利潤に関して，古典的な管理の科学の視点を適用する。

　テイラーは，次にマネジメントを定義する。すなわち，それは「従業員から期待するものを正確に知ることであり，また最良かつ最も経済的な方法で管理するように注意することである」[19]（§16）。ファヨールは賛成ではない。すなわち，テイラーは，全体のために部分をとるのである。この定義は，命令する技能の定義であり，管理や経営の技能の定義ではない。私は言った。命令の技能，それは，従業員から可能な最良のものを引き出す方法について，従業員を選択する技能，組織する技能，指揮する技能である。経営する

技能とは，企業が所有する全ての資源から可能な限り最良のものを引き出す技能である。命令する技能とは，経営する技能の一部である。それ故，ファヨールの方法は，テイラーの考え方をファヨールの考え方に置き換えることであった。

次いでテイラーは，労働者と経営者との対立について取り上げる。「勤労者が彼らの雇用主の全てにさらに期待するもの，それは高賃金であり，また雇用主が一般に労働者から得たいと思うもの，それは安い労働力である」(§19)。この二律背反の解決策は，生産性を向上させることにある。これが，あらゆるテイラー主義的システムの目的である。ファヨールは，テイラーに寄り添っている。良い経営の条件とは次のようなものである。1) 雇用主と従業員との相互満足，2) 相互利益の意識，3) 親密で心からの協力。

同じ時期に記された他のノートでは，この考え方をさらに発展させている。企業の長たる者は，(資金を提供してくれる) 株主に向かい合っている義務があり，また他方で (英知と人手を提供してくれる) 従業員と向かい合っていなければならない。この2重の義務は矛盾したものである。資本が利益をもたらせば，賃金が上がる。また所得が減少すれば賃金は下がる恐れがある。資金を提供してくれる者と従業員の協力を提供してくれる者との間の好意と公正とを維持するということは困難なことである。企業の長は，別の困難，すなわち国家の干渉に向き合わなければならない[20]。このような考え方は，テイラーの考え方と同じである。しかし，ファヨールの子息は，この点で思い違いをしていない。彼が父について話さなければならない時には，彼はこの引用を好んでいる[21]。彼は，父を引用しながら，このようにテイラーの考え方にもうまく触れる。

(2) 賃 金

テイラーは，次いで賃金の問題に触れる。彼は，明確な生産性の上昇，「最高能率」の達成，個人の生産性に応じた賃金の加減によって，以前の賃金より30%から100%高い賃金を与えようとする。(§31) テイラーは，報酬の様式について，ガント (Gantt)，タウン (Towne)，ハルシー (Halsey)，

そして彼自身による，過去の様式，出来高賃金，あるいは時代によって作り出されたいろいろな方式について，長々と話している。

　ファヨールは，その扱い方をよく心得ている。彼は次のように記している。賃金が低い場合，労働者は満足しない。もし労働力が高価な場合，困難な時期には経営者は競争に太刀打ちできないであろうし，労働者はその職を失うだろう。・・・財務状況が良い場合には，高い給与，良い賃金を与えることができる。然り，たいていの時，高賃金と低原価とは両立させうる。このために上手な経営が必要なのである。テイラーは，このような考え方に立って，労働者への支払方式など，管理のきわめて重要な問題に特に関わっていた。

　テイラーは，労働者のためのこうした手段の１つをうまく開発したが，私は，従業員のための成果を実現しようと工夫した。全ての知的な人間の努力は，問題の解決のためには大したことではないであろう[22]。

　ファヨールにとっては，自分の考え方とテイラーの考え方との間にはいかなる対立もないように思われる。テイラーは，似てはいるが異なった問題に取り組んでいる。解読のこの段階では，彼らの考え方には相互補完性がある。管理の科学に関するあらゆる貢献が歓迎される。しかし，ファヨールは，テイラーによって影響を受けた。『産業ならびに一般の管理』で，ファヨールは，報酬方式の問題を明らかにするため，大きく発展させている。彼は，賃金制度を確立する方式を列挙している。テイラーは，労働者が標準から大きく反れた場合，賃金が非常に大きく変動する彼流の解決策を特別扱いしている。ファヨールは，協定とか慣行とかが賃金制度の選択に影響を与えていると述べて，微妙な立場を採っている。出来高賃金は好ましいが，しかし，常にそれを採用できるわけではないのである。

(3) 時間測定

　次に，テイラーはベスレヘム製鋼における卑しい鋳物発送係の例を出している。テイラーの指導のもとに，「敏捷に働く良い労働者を使って行われた時間測定によって，第１級の労働者が１日になし得る作業量」を測定してい

る。(§101)

　ファヨールは，時間測定の役割についてよく理解していた。彼は記している。要素時間研究（W.テイラーの発明）。テイラーが特に注目していること，それは，労働者の良い生産性であり，これを目的にして，彼は，詳細な要素時間研究を推奨している。「長期の微妙な研究」。この研究により，（労働者も管理者も）必要最少時間というものを認識するようになった。少し遅れて，ファヨールは，「管理の用具」に時間測定を取り入れた（本書第8章を参照）。少し後で，マビーユ（Mabille）博士とのインタビュー[23]のなかで，ファヨールは次のように述べている。テイラー・システムでは全てが新しいわけではないが，そこには一定の工場の組織化と，最も大きく注目を引く時間測定が目立っている。

(4) 近代化

　テイラーは，自分のシステムの実施が高くつくことを理解していた。彼は，そのシステムが利益の上がる投資であると論じている。「効率的な組織の設立は，どうしても時間がかかり，場合によっては費用のかかるものである。産業企業のほとんど全ての経営者は，進歩と生産性の高さにおいて，近代的な装備の経済を絶対的に評価しており，それに値する金額を費やすことを望んでいる。しかしながら，大抵の時代には，価格がどうであろうと，最上の組織が機械装備よりも重要であるということを理解しない経営者はほとんどいない。人間が利用する手段として，組織ほど，目に見えず，手で触れず，不明確ですらあるものに，何らかの金額を費やすことは，無駄使いのように思われる」（§145）。この説明は，管理の科学にとって根本的である。そのことは，ファヨールによって，再度取り上げられる。最上の方法を採ることは，最上の装備をすることである。技術的職能にとって真実であることは，管理職能にとっても真実である。

(5) テイラーの4原則

　『工場管理』で，テイラーは4つの原則（§148～152）を提起している。

「1日の大なる仕事」（職務の形式化），「標準的作業条件」，「成功したら高い賃金」，「不十分な場合には損失」（奨励的賃金）の4つである。彼はその後の著作では，他の原則も示している。ファヨールは，1898年以降，管理原則という表現を用いている[24]。「原則」という表現は，ファヨールに好まれたようである。『産業ならびに一般の管理』で，彼は14個の原則を述べている。

(6) 管理者の資質

テイラーは，管理者の資質の問題を取り上げている。彼の議論は，管理者の役割を総合的に果たす人は，諸資質のいくつかを持っている別々の人物であることが必要であるほどにたくさんの資質を識別しようとすることにある。ファヨールは，テイラーによって識別された諸資質を，順序を変えながら記して，彼自身が推奨する資質について，非常に似通ったリストを提示している。そのリストは，『産業ならびに一般の管理』[25]のなかで，2度にわたって提示されている。1913年には，ファヨールは，管理者のあらゆる資質を持ち併せている従業員が欠如している問題を見出してはいない。これは，ファヨールが，以前から長らく指摘してきた問題である。彼は1898年に次のように書いている。確かに，従業員の価値は，いつでも成功のための重要な要素の1つである。しかし，天才的な人物は稀であって，必ずしも彼らが程よく交じり合うわけではないので，彼らの関与なしでの事業の経営をできるだけ保証しようと努める必要がある。救世主の理論は軟弱なものであり，それは，人が身をゆだねる傑物の到来に依存して将来を保留することである。天は自ら助くる者を助く。救い主が現れられるように強力な集団を創ろうではないか。・・・それ故，体制の見直しを探求する必要がある[26]。当時，ファヨールによって示された解決策は，管理過程の解決策である（本書第8章を参照）。

ファヨールは，テイラーの下での工場の管理要員の資質について次のように記述している。「最も魅力的な外見上の資質，最も良いやり方，教育および特別の訓練と巧妙さは，実行要員にとっては，自らの敗北を認めず，蓄積

された障害をものともしない者たちのエネルギー，断固たる態度，忍耐力，執着力に比べれば，それほど重要ではない」(§306)。この一節を書き写した後で，ファヨールは，挿入句の間に3つも感嘆詞を付けて注解を付け，さらに「これこそ，著者自身の人物描写であるに違いない」と付け加えている。

(7) 職能的職長制度

テイラーは，職長の8つの仕事を示し，工場の職長の「養成において遭遇する困難」(§214)を理由にして，それら8つの仕事が，別々の8人の職長によって遂行されるべきことを提案している。このような解決法は，命令の一元性の原則に反している。ファヨールは，第234節を読んだ後で，次のように記している。「これは命令の一元性に対する大胆な違犯であり，それはまさにテイラー流の考え方でしかないのであり，それをより注意深く観察すれば，そこには何も無いことが分かる」。ファヨールは，職能的職長制のなかに命令の一元性を見出すことに成功した。では，彼はどのようにして成功したのか。ファヨールは，学校についてのテイラーの事例に反論している。

学校は，教科別の先生をもって，児童に対して複数の「指導者」を割り当てる。(§255) この事例はテイラーによって示されたものであり，職能的職長制度が可能であることを示すためであった。ファヨールは，「各先生の行動が別の先生の行動と対立しないとか，先生たちがそれぞれに専門領域をもっており，・・・ある先生によって示された秩序が別の先生によって示された秩序に反するようにならない」という条件のもとならば，命令の一元性を侵犯するものではない，と反論している。

ファヨールは続けていう。「命令の一元性は，そこにはある心配りを伴っていることが観察される。しかし，その1つの部品製作に，同一の労働者に対して，順々にではなく，しばしば同時に，8人の職長が，あるいはただ4人の職長が関わる場合に，命令の一元性を観察することは，どれほど難しかろうか。しかしながら，非常に大規模な工場では，全体を監督する責任者がおれば，それが可能なのだ。しかし，かなり大きな工場でも，こうした組織

に適したものは，かなり少ない」。

　職能的職長制度は，ファヨールに自身の概念を明確にすることを強いる。ファヨールはこう記している。「命令の一元性，＜同一の対象への同一の行動のために，2人の異なる職長からの命令を受け取れる者は誰もいない＞ということと，異なる事柄について複数の職長の関与を認めることとは，重要なニュアンスの違いがある」。テイラーとの，遠く離れた討論は，微妙な差異を反映させており，ファヨールの独自の考えが発展する。結論として，職能別階層制度は危険なものに見えるが，不可能なものではない。

　最終的に，ファヨールは，強い協調性を示している。合理的な規模における思考に立ち戻れば，監督者の権限を分割すること，監督者の権威のもとに行動する専門家，すなわち，指図票の作成者，会計士，規律・賃金・秩序・機械設備の監視人などに監督者を補佐させること，についてはテイラーに十分な道理がある。これらは，全般的指揮補佐に対して会計規定上，監督者がもつ補佐と同様である。この方法は，次のような同じ考えから発している。すなわち，職長は，全てにわたる能力がなければ，補佐されるべきである。テイラーは，その考え方を強調して鮮明に表現することに秀でていた。彼は，いわゆる軍隊式に対抗する新しい指揮のシステムを発見したと思っていた。彼は，非階層的な補佐が下級職長と同様に有用であることを確認しただけである[27]。

　あまり世に知られていないこれらのメモは，ファヨールが，その独自の理論の枠内で職能別階層制度がどのように可能であるのかを理解しようと試みたことを示している。しかし，その点で彼は，テイラーとの反目の原因をつくった。『産業ならびに一般の管理』[28]において，ファヨールは，『工場管理』から長文を引用している（§213～216，223～234，245，250）。彼は，必要な全ての能力を持ち合わせている現場職長を見つけることの難しさを認めていた[29]。しかし，彼は，テイラーの解決法を認めない。ファヨールはそれについて別の解決法を提案している。テイラーは，機械製造の大工場の職長に課せられた仕事の複雑さと重さについて，誰よりもよく明らかにした。これらの職長は，補佐されなければ，その使命を適切に果たしえない。・・・こ

れこそ，スタッフの役割である。・・・私は，テイラーが，この仕組みの重要性とそれを構成する方法とに注意を喚起することに大きな貢献をしてきたことを評価したい[30]。しかし，彼は職能別階層制度について批判することを止めないであろう。

　1913年には，参謀という名称は用いられなかった。ファヨールは，ただ援助について語るだけである。参謀という用語は，戦時中，軍隊において利用されていた。この戦争こそ，テイラーを批判するのに役立つ。テイラーは，6箇所（§214, 216, 232, 234, 245, 250）で嘲笑う「軍隊式組織の形態」に対立させて職能別指揮を褒めそやしている。しかし，1916年は，戦時中であった。軍隊と一緒では少しも愉快ではない。議論は元に戻る。小職長であれ大職長であれ，能力の不十分な職長には補佐を，という風習にあまり調和しない解決法をファヨールは推奨することができる。

　ファヨールによるテイラーの読み方についてのこの詳しい追跡調査は，こうして両者の間に多くの一致点があることを証明している。『産業ならびに一般の管理』に見られる論争は，少しも強制的なものではなかった。それはファヨールの1つの選択であったし，同時代人なら誰も対立とは捉えなかった。「アメリカの科学的管理と，フランスの管理学説との名のもとに，これら2人の流派は，企業の管理の改善という単一の同じ目的を追求している」[31]。ファヨールは，取り巻きの人々の圧力のもとに，その批判を和らげざるをえなかった。彼は1923年に次のように述べている。ここで私は，テイラーによってその著書『工場管理』で述べられた管理に関する異説を気にはしない。私が想定していたように，テイラーは，実践には，つねに命令の一元性を尊重していた。私は最近，テイラーの最高の崇拝者にして最も卓越した弟子の1人，ドゥ・フレマンヴィル氏によってそのことに確信を持った[32]。

　2つのアプローチのいくつかの収束点が，CNOF（フランス管理協会）の設立について，1925年の妥協を可能にしている。管理についての2人の思想家の弟子たちは，職能別管理というものを放棄して，彼らの考え方の恐らくは並存でしかない総合を推進することによって，同一の機関の中で共存することに決めたのである。しかし，敵対関係の痕跡は長い間，残存している。

(8) ハートネスの影響

　1913年，ファヨールは資料収集を行った。彼はテイラーも読んだが，同じくハートネス（James Hartness）をも読んだ[33]。両者を解読したメモが整理されている。ハートネスは，「労働の細分化と専門化」（p.736）および「適材適所，適所適材」（p.747）という問題に取り組んでいる。ファヨールは次のように注解している。適材適所および適材はそれに相応しい地位にあるべきである。『産業ならびに一般の管理』で，彼はこのテーマを再考し，同著では分業が1つの原理となっている。それは明確な組織である。

　集団精神という別のテーマがハートネスによって取り上げられている。「団体の精神を考慮する必要がある。労働者がその労働において得る利益は，労働者の得た業績を改善しつつ，彼らの気楽さと快適さを高めながら，急速に成果をもたらす」。（p.751）ファヨールは，興味を引かれたが，彼は別のやり方で問題を提示している。利益は，とりわけ可能な限りの創意からもたらされる。・・・それは，会社の商号に価値を与える従業員の善意，顧客の善意である。創意に対する強調は，『産業ならびに一般の管理』のなかに見られる。これは原理となっている。

　ハートネスは，管理についての情報の広がりを推奨したいようである。「生産の統一性による収益の重要性は，一般的には加工職場については知られていない。しかし，この収益の額を加工職場に知らせなくとも，大量生産がもたらす総費用の削減の重要性をそこに知らせないでおく理由はない」。（p.800）ファヨールは，現実主義をもって反論している。下位の組織は，全般的指揮によって得られた，あるいは目指された正確な業績を知りはしない。それ故，全従業員に適用される「同一の目標をめざす」という表現は，それが企業の成功といった抽象的な目的でないとすれば，正確なものではない。

　これらの読解メモは，ファヨールが，まさに自らの考え方を組み立てつつあったことを示している。自らの実践のなかで形成されたその考え方が時として以前のものであろうと，彼は他者から影響を受けている。これが，ファヨールが自分の考え方を他者のそれに対面させうる唯一の機会なのである。

そのことが，ファヨールをして，時として類似したものではあるが，彼自身をよりよく発展させることを可能にしているのである。

結 論

　テイラーとファヨールは，産業上の彼らの経験から，近い存在である。実践的な諸問題に直面して，彼らは2人とも科学実験者のように対応している。彼らの考え方を貫く構成は，ファヨールの行動の分析と，テイラーの読解に対するファヨールの反応によって明らかになる。彼らの考え方が生まれた，鉱山と金属工業というそれぞれの産業事情に基づいた潜在的な対立の根源が存在するのである。比較の基準，行動目標として，1人は生産性を，もう1人は原価を重視している。ファヨールは，自身の仕事上の位置を超えてグローバルな作用を見つめる根拠を持っていた。

　1920年代のフランスの管理者たちは，彼らの間に存在する矛盾の前に置かれていた。彼らは，一面では職能的職長というテイラー主義的概念を放棄することによって，もう一面では，2人の著者のうちのいずれか1人を選ぶことによって，これらの対立関係を縮小しようと模索していた。CNOFは，こうした和解の精神をもって1925年に創立された。ジャン・シュバリエ（Jean Chevalier）は，こうした妥協をとてもよく表現している。[3, p.23]「ファヨールの学説とテイラーのそれとは，対立しているのではなく，互いに補い合っているのである」。 彼らの適用分野は別々である。「1人は組織のトップにおける管理について，もう1人は組織の下部における労働についてである」[34]。この見方は，対立関係を縮小することを可能にする。

　ところで，高賃金，選抜，養成，組合対策といった多くの点で，2人は同意している。彼らは，職能別指揮については対立している。また，管理基準についても対立している。テイラーは，直接的生産性を重視している。彼は，そのために時間測定を行う。ファヨールは原価を計算する。最後に，作業動作の詳細な実験は，ファヨールだけのものではない。鉱山の中で作業動作を厳密に強いることは不可能であろう。それに，鉱山の熟練工たちは，自

ら良い作業方法を選択することをファヨールは知っている。良き従業員は，方法や方式を臨機応変に変える[35]。

　ファヨールとテイラーが表した教訓は，彼らが思い込んでいた一般性の段階をもってはいない。彼らは，それぞれの産業能力の養成が行われた諸条件に強く依存しているのである。彼らの対立は，彼らの理論の普遍性仮説を再検討することにとって実りあるものである。彼らのこれらの規範的理論は，ある階層の問題には妥当するが，労働のあらゆる状況に妥当するものではない。労働にはさまざまな状況があり，ある状況からの教訓が，別の状況からのそれと同じような効果があるわけではない。接客型サービス，プロジェクト，航行と操縦，救急および夜警業務，小集団作業など，以上のリストは全てを網羅しているとはいえないが，人間労働をめぐる今後の研究領域である。

　ファヨールは，多くの点でテイラーに同意している。ファヨールには，2人を裂くものが大きなものには見えない。心の底では，ファヨールはテイラーを賞賛している。では，ファヨールは，なに故にテイラーと周知のような衝突を引き起こしたのか。1913年当時のファヨールは，1925年のCNOFの妥協を，頭のなかではすでに受け容れていた。そしてファヨールは，1916年には，2人の対立関係はいうまでもないが，お互いに触れることのできないものとなる論争に身を投じることとなった。ファヨール側の理由は明瞭ではない。おそらく複数の要素が働いたのである。彼には，階層的重複ライン制度の経験があった。彼は，同時に3つの職長を務めたことがあった。コマントリーの機械工場は，2重職長制度に依拠していた。ファヨールは，戦場における重複階層制度の破滅的な効果を認識していた。同じく，ファヨールが，理工科学校の卒業生がテイラーを支持していたので，彼らとの軋轢をテイラーに転化したのだ，という仮説を提示することができよう。

　出身学校閥別の技師たちの間の論争は，フランスに独特のものである。将来の技師たちは，そろって各学校別の入学試験に備えている。彼らは，入学試験が優秀な者を選ぶものであるという考え方を共にしている。そこでは，数学の試験が決定的な部分を占めている。それぞれの学校は，格付けに応じ

て認識される。理工科学校（ポリテクニーク）がトップである。そこに入学することに失敗した者は失望させられる。失敗した者が，職業人生において，尊大な態度で権力をもった理工科学校の卒業生となった昔の仲間と出会うとき，とりわけ，その昔の仲間が自分より能力のないように思えたならば，この失望は拡大されるのである。こうした症状はファヨールの記述に現れていた。理工科学校，それは世界で第1級の学校であり，ヨーロッパがわれらを妬むものだとしばしば言われる。それは十分にありうることだ（恐らくではない！）。その成果を検証しなければならないし，またそれが手段と関係があるかどうかを確認しなければならない。この学校は，市民の意思と創意とを高めているのか[36]。

本書第3章は，ファヨールと理工科学校生との苦渋の接近を描いている。ボードワン（Bernard Beaudoin）は第3章で，ファヨールがどのようにしてデルタ地帯での石炭の形成の理論を発見したか，また同時代の地質学界がファヨールをいかに認知しなかったかについて，跡付けている。この学会は主として理工科学校卒業生によって構成されていた。レオンス・エリー・ドゥ・ボーモン（Léonce Élie de Beaumont, 1798－1874, 1817年理工科学校入学生）は，山岳褶曲の専門家であった。彼は，石炭層とは，水平泥炭坑が褶曲された後に，石炭鉱脈を傾斜させたものである，という水平泥炭坑からの石炭層形成の理論を明らかにしていた。鉱山局の主任技師，コレージュ・ドゥ・フランスの教授，パリ鉱山学校の教授，アカデミー会員であったドゥ・ボーモンは，著名で非の打ち所のない学者であった。その見解は全ての人々によって受け容れられており，とりわけサン・テチエンヌ鉱山学校におけるファヨールの教授たちに受け容れられていた。教授たちはいずれも理工科学校の卒業生であった。

それでもファヨールは，『アカデミー』誌に発表できたし，ドレース賞を獲得できた。アシル・ドレース（Achille Delesse, 1817－1881, 1837年理工科学校入学生）は，自分が所属する科学アカデミーによって隔年に授与される賞を創設していた。1885年の同賞の最初の受賞者は，アルベール・オーギュスト・コション・ドゥ・ラパラン（Albert Auguste Cochon de Lapparent,

1839-1908, 1858年理工科学校入学生）であり，彼は1897年にアカデミーに叙せられた。ラパランは，エリー・ドゥ・ボーモンの輝かしい弟子ではあったが，ボーモンが死去したとき，パリ鉱山学校でのボーモンの教育を後継する者として選ばれることはなかった。落胆させられて，彼は，1875年に新たに創設されたパリ・カトリック学院の教授となるべく，鉱山局を辞職した。ラパランは，地質学の講義録の中でファヨールの業績を挙げている。

それ故，ファヨールを評価する理工科学校卒業生たちがいたのである。ファヨールの2人目の支持者は，1890年以来，同じくアカデミー会員であったエルネスト・マラール（Ernest Mallard, 1833-1894, 1851年理工科学校入学生）であり，ドレース賞選考委員会を主宰していた。マラールは，ソーダの専門家であった。彼は，サン・テチエンヌ鉱山学校で教鞭をとることで職業経歴を開始し，1872年までそこに勤めた。彼がサン・テチエンヌで学生だった頃，おそらくファヨールを知っていた。

したがって，ファヨールは多くの理工科学校卒業生と接触していた。ある人たちはファヨールを高く評価するが，他はそれほどでもない。1916年，彼の支持者たちは亡くなったが，対立者たちは生き残っていた。ファヨールは，同じ立場にあるものと彼が理解した[37]テイラーに反対しようと決心した。ファヨールはテイラーに依拠しつつ，2人の理論を統合することができたのであろう。

注
(1) 1915年，テイラー死去。
(2) 1925年，CNOF 創立。
(3) Bogla-Gokalp, *Sociologie des organizations*, La Decouverte, 1998.
(4) この文はテイラー。Tompson, C.Bertrand, *Le systèm Taylor (Scientific Management)*, Payot, 1925, p.39 から引用。
(5) この文はファヨール。*La Société Commentry-Fourchambault et Decazeville*, 1854-1954, p.175 から Maurice de Longevialle の報告を引用。
(6) タルン炭田委員会『炭鉱労働者の生産性向上を可能にする技術的手段に関するアンケート』，*Bulletin de la Société de l'Industrie Minérale*, 第17巻, 1920, 105-118ページ。
(7) 埋め戻しの際の坑木の再利用。
(8) コマントリー炭鉱では石炭の引き上げに蒸気機関は一度も用いられなかった。
(9) タルン炭田委員会，上掲書。
(10) G. Laligant,「炭鉱におけるテイラリズム」, *Bulletin de la Société de l'Industrie Minérale*,

第 15 巻, 1919, 237-274 ページ。
(11) D. Nelson,「アメリカ産業におけるテイラリズム 1900-1930」, Maurice de Montmollin et Olivier Pastre eds., *Le taylorisme*, La Decouverte, 1984, p.55, 63.
(12) M. Campinos-Dubernet「建築産業部門における労働の『合理化』：正統テイラリズムからネオ・テイラリズムへの転進」, 上掲書, 211-226 ページ。
(13) D. Nelson「アメリカ産業におけるテイラリズム 1900-1930」上掲書, 59 ページ。
(14) ファヨール文庫, 整理番号 HF5bis, テイラー・ファイル。本節のファヨールの引用のすべては，反対の引用を除いて，ファヨール文庫のノートから引用されている。
(15) 国立工芸院（CNAM）組織学講座主任教授で，フランス管理協会（CNOF）所長である Louis Danty-Lafrance による序文, Frederic Winslow Taylor『工場の科学的管理：テイラーの原典への回帰』, Marabout, 1957, 7 ページ。
(16) F. W. Taylor,『工場管理』, Dunod, 1913.
(17) ファヨールは，最初の文章を除いて，この引用を書き写している。
(18) おそらくファヨールには，「管理」（direction）と翻訳された英語の原語が何であったかが必要であった。1913 年のノートでは，ファヨールは，以下の形式のもとに《management》という語に関心を示している。彼は，辞書から《ménager》という動詞を探そうとしていた。彼は，「侯爵は自ら倹約する」というドゥ・セヴィニェ夫人の引用を添えて，「会社を経営すること，財産を管理すること」と定義を記している。その意味は，おそらく「倹しさを以って消費する」ということであろう。ファヨールは，アラン・レイ（Alain Rei）のフランス語歴史辞典の規定には拠らなかった。この時事辞典は，《manager》と《ménager》という 2 つの動詞を対照していない。この辞典は，《to manage》という英語の動詞を，「馬を操る」という意味のイタリア語「マネッジアーレ」《maneggiare》から来ていると説明している。この動詞の語源は，ラテン語の手を意味する《manu》である。イタリア語の動詞は，乗馬という意味で《manege》という語をフランス語にもたらした。
(19) ファヨールによる書写。
(20) ファヨール文庫, 整理番号 HF4DR6。
(21) 例えば，1967 年 5 月 24 日，国立工芸院（CNAM）によって開催された『産業ならびに一般の管理』刊行 50 周年におけるアンリ・ファヨールの子息によるスピーチ。ファヨール文庫, 整理番号 HF7DR2。
(22) ジャン-ルイ・ポーセルによる強調。
(23) ファヨール文庫, 整理番号 HF5bis。1918 年 5 月 18 日, マビーユ博士のインタビュー。
(24) ファヨール文庫, 整理番号 HF4DR3。1898 年 1 月 29 日。
(25) 9 ページおよび 83 ページ。
(26) ファヨール文庫, 整理番号 HF4DR4。1898 年 7 月 29 日, ブランパン（Blancpain）による転写（1974 年）。
(27) ファヨールによる強調。
(28) 『産業ならびに一般の管理』75-80 ページ。
(29) 上掲書, 81 ページ。
(30) 上掲書, 78 ページ。
(31) H. Verney,『管理学説の創設者：アンリ・ファヨール』,（1925 年 6 月 7 日の祝宴におけるスピーチ）, Dunod, 1925, p.33.
(32) 1923 年,「軍事学校における会議」, 24 ページ。
(33) James Hartness「科学的管理における人間的要素」, *Revue de Métallurgie*, 1912 年度, 9 号, 1915 年 9 月, 728-803 ページ。原典の表示なし。

(34) J. Chevalier,『企業管理の技術』, Langlois, 1928, 23 ページ。
(35) ファヨール文庫，整理番号 HF4DR4。1898 年 7 月 29 日，ブランパンによる転写（1974 年）。
(36) ファヨール文庫，整理番号 HF4DR4。1898 年 7 月 29 日，ブランパンによる転写（1974 年）。
(37) 家族の一員によって語られた逸話は，この仮説を強調している。恐らく，父は息子が理工科学校に入ることを望んでいた。後には，それでも彼は，いく人かの人々を「わが学友，理工科学校卒業生何某」と呼び習わした。人は，ファヨールもこの名声の高い学校に受かったのだということを事実のように解釈したかもしれないが，それは間違っている。しかしながら，彼は全くうそを言っているわけではない。ファヨールが言いたかったことは，単にこの理工科学校卒業生が，小学校や中学校でファヨールと同級生であったということである。

表1　ファヨールとテイラーが各々の実験から得た諸産業の作業条件

作　業　条　件	炭　　　鉱	金　属　工　場
作業条件の統制	予測不能の災害	再現性，代表的方法で実験可能
機械化	個人の道具	工作機械
危険	甚大，安全性が最優先	抑制されている
職務のリズム	場所により不規則（多能性）	調達が保証されれば，職務の計画化により規則的（専門化）
監督の能力	弱い（離れた場所）	強い（近接した同じ場所）

表2　ファヨールとテイラーにより推奨された管理形態

推奨された管理形態	ファヨール型労働	テイラー型労働
個人の統制	命令の一元性，自発性が望ましい	多数の職能的職長，自発性なし
技能養成	長期的，全職務を対象	短期的，1職務を対象
分業形態	多能性	専門化
計画化	全作業期間につき総合	職務の連続性に対して詳細に
賃金	高賃金，出来高給制	高賃金，差別的出来高給制
主要な関心事	安全性と原価	生産性
労働者の代表制	労働組合なし	労働組合なし
道具	労働者の所有	経営者の所有
作業方式	自由	課業

第3章
地質学者,ファヨール

ベルナール・ボードワン

「学派を問わず地質学者たちは長い間・・・石炭層は地盤の沈降によって埋没した古い泥炭層から生成されると考えていた。この理論は,石炭が水によって押し流されたデブリ(岩屑)・・・からできることが明らかになったために放棄されたが,その一方,種々の地層が・・・順序に従って形成されるとも信じられてきた・・・。

ある程度明白と思われるこの考え方を,コマントリー鉱山を経営し,熟練した技師として採掘に従事すると同時に,この土地を洞察力ある地質学者として観察した人物が,あえて誤りだと宣言した。・・・つまり,石炭層は順序に従って形成されるのではなく,他のすべての地層とある程度同時に形成されるのだと言うのである。

この創意に満ちた,しかし,すでに自明の理とされていた考え方と対立する理論を確証するために,ファヨールはまず地質学的観察から取り組んだ。・・・またファヨールは自らの理論を検証するのに地質学的事実の観察だけでは満足しなかった。彼は実験も行ったのである。・・・科学の世界にまったく新しい,そして事実とも一致すると思われる考え方を導入したことによって・・・地質学に大いに貢献したファヨール氏に対し,当委員会はドレース賞(prix Delesse)を授与するものとする。」

この文章は,1893年にファヨールに対するドレース賞の授与を決定した,科学アカデミー委員会報告書の抜粋である。今日,企業経営者,マネジメントの理論家,そして(熟練した)鉱山技師として有名なファヨールは,あまり知られていないが(洞察力ある)地質学者でもあった。

しかし，この報告者の熱狂的な評価と，ファヨールのこの分野における業績がほぼ完全に忘れられている今日の状況には大きな隔たりがある。

　　この考え方は本当に新しかったのか？
　　今日における彼の位置付けは？
　　ここで行われた研究は優れていたのか？
　　なぜ忘れられたのか？　それは当然のことなのか？
　　地質学者ファヨールの名誉回復は必要か？

鉱山技師兼地質学者（堆積学者）である筆者が本章で取り組むのは，このような問題である。

1. ファヨールの地質学に関する発表

ファヨールは（コマントリー盆地で過ごして20年が経っていた）40歳の時に初めて，地質学に関する自らの観察を4つのノートの形で科学アカデミーに提出し，1881年5月16日，5月30日，6月20日，7月18日にそれぞれ発表した。その題名は以下の通りである。
① 「コマントリーの石炭地帯に関する研究」
② 「コマントリーの石炭地帯について；その形成を説明するための実験」
③ 「コマントリーの石炭地帯に関する研究，湖底への流入によるその形成」
④ 「樹木の幹の化石が石炭地帯の泥灰岩質層と垂直に交差する原因について」

これらはすべて，「コマントリーの石炭地帯に関する研究」（1886年）という論文に再録され，1888年に『フランス地質学会誌』にその要約，「三角州理論とコマントリー盆地の歴史についての要約」が掲載された。

地質学に関する彼の業績は多くなく（6篇，すなわち4編の短いノート，それらを基に執筆した25の豪華な図版を含む500ページ以上におよぶ論文，そしてその要約），また，短期間（1881－1888年）に行われたものである。

1881年のノートは，当然のことながら簡素なものであるが，すでにその

タイトルに，研究，実験，湖底，石炭層，コマントリーなど，彼の意図の本質を示すものが集められている．これらが 1888 年のノートで結合し，そこに三角州理論が加わると，ファヨールの貢献はほとんど要約されたことになる．

以下，彼の発表の内容を今日のわれわれの言語世界の中で見ていこう．最初の 4 つのノートは，当然のことながら，連動して起草されたものである．

1881 年 5 月 16 日

① 主要理論の問題設定：「コマントリーの石炭地帯は，全体的であれ一部であれ，地層が順番に沈降し単純に水平に堆積していくという，一般に認められている理論では説明できない特異性を数多く示している」．

② 地質学的事象：「東部には，まず極めて薄い地層が見られ，それが次第に膨らみ，そこから多数の分岐が見られる．西部には 8 つの開発可能な地層が存在する．これらの分岐は互いに離れていき，やがて消滅するものもあれば，細くなるもの，徐々に片岩に変化するものもある．

8 つの地層が 1 つに集まることは，そこに挟まれたすべての層が消滅することを意味する．この消滅は漸進的なものであり，通常，これに伴い地層の性質が変化する・・・」．

③ 代替的な仮説：「これらのさまざまな事象は・・・当然のことであり，反対に，すべての物質が・・・水流によって湖底に達し，静かな地質学的時間を経て堆積したということを簡単に説明しているのである」．

④ 実験による検証：「この仮説を証明するため，これらすべての事象を極めて単純な実験によって再現する」．

1881 年 5 月 30 日

① 実験の方法：「湖成層の形成を司る法則を研究するために，私は次のような実験を行った．すなわち，湖岸には常に水流を受ける地層があるが，私はその水流の中にあるはずの，地層を形成する方法を調べるための実験を行った」．

② 確認された事実：「水流にしたがって堆積物が2つの部分から構成される三角州を形成する。外周部分は，水流によって湖床や湖岸に堆積したものであり，もう1つが水没部である。

河成部と呼ぶことができる外周部分は，ほぼ水平な層によって厚みを増し，三角州の発達に応じて拡大する。水没部の方はというと，概してこちらの方がより重要なのであるが，以下のように形成される。湖岸に達したとき，密度が高く大きな成分は互いに重なり合って沈殿し，大きな傾斜を形成する。これは40度に達することもある。そして，微細で軽い成分は，さらに遠いところで多少緩やかな傾斜を形作る。河口が広がるにつれて，堆積層の傾斜は緩やかになり，大きな成分はさらに純度を増した砂，さらに粘土，腐植土層と入れ替わる。・・・このような条件の下で，湖岸の上部の地層は，次第にその厚さと傾斜を失い，性質を変え，腐植土層に接近し，この層と接するところで消滅する。

三角州が拡大するにつれて，堆積層の上部は，可塑性に富んだ粘土と，密度が不十分な腐植土層から構成される内部層を含むようになる。その結果，堆積層にさまざまな歪みが生じる」。

③ 陸成層との類似点：「こうしてわれわれは，自然に残されている湖成層が河成層に関係し，水中で形成されることを示す一連の流れを完全に再現することができた」。

ファヨールはもちろん，これら2つのノートにおいて，コマントリー炭鉱を取り扱い，常に言及しているが，さらに彼は，自身による陸成層の観察を実験によって確証しながら，石炭層も（前述したのと同じように）湖の中で形成されたというダイナミックな解釈を示す。彼は，陸成層についても自身の三角州理論を唱えるのである。

第2ノートでは，三角州の堆積構造と堆積方法についての明瞭な記述が数箇所見られる。すなわち，堆積層の構造，相の断面図，全体のプログラデーション，圧密についての考え方の素描などである。

1881年6月20日

① 古地理学：「今や私は自分の研究から次のような結論を導き出せると考えている。すなわち，コマントリーの石炭地帯を構成する物質はすべて，水によって押し流され，穏やかな地質学的な時間を経て湖底に堆積したものである，と」。

② 探査と開発のための応用：「産業家の大きな関心は，石炭地帯の形成理論を正確に知ることである。われわれが理解したことは，フランスの中央部に関して言えば・・・地盤の沈降を伴う初原地層水平堆積の法則に基づいて石炭を探してきた人たちは，実は，数多くの落胆を数回の思いがけない発見で補填しているようなものだった，ということである」。

この辛辣な批判の先に，地層の生成過程を産業に応用しようという彼の実務的な方法論を見ることができる（これこそ，鉱山学校が目指した研究である）。

1881年7月18日

第4ノートは，一見したところ，これまでの3つのノートを超えるものではない。ここでのテーマは「樹木の幹の化石が石炭地帯の泥灰岩質層と垂直に交差する原因について」という，ほとんど瑣末なものである。

このノートは実際には，ファヨールが擁護した，植物性成分も含む一般的な炭化物質の外来地層と強く対立する議論に対する反論である。

（ここでは言及されていないが，後に名前が明らかになる）彼の論敵たちが主張するのは，直立した樹木の幹は，そこに深い森があり，堆積物の中に植物が根を下ろす土壌が存在したことを示しており，これこそが，湖底での堆積の仮説が適用できないことを明白に示す証拠である，ということである。

① 主要理論の問題設定：「石炭地帯に樹木の幹の化石が・・・直立していることは一般的に認められていることである。私もコマントリー盆地でこの垂直な樹木の化石を数多く観察したが，そこから私は，これらの樹木が，その他の石炭層の構成要素すべてと同じように水によって押し流されて堆積したものであると確信したのである」。

② 地質学的事象：「幹の周りでは，その幹と同じ中心軸を持つ円錐を作るかのように，しばしば地層が湾曲し，高くなっている・・・。

コマントリーの石炭層と垂直に交差する樹木は普通，砂岩層の中に，そして時折礫岩層や，まれに片岩の中に存在している。しかし，石炭層の中でこれらが発見されたことは未だかつて無い。反対に，横たわった樹木は片岩の中に極端に多く存在し，砂岩層にはあまり存在せず，礫岩層にはほとんど存在しない」。

実験：

「引き抜いたばかりの高さ1〜2メートルのごく普通のシダを水の中で観察してみると・・・，まず最初に垂直な体勢をとり，根の部分を下にしてしばらくそのままとどまり，その後，底まで沈んでゆく・・・。もしこのシダを，鉱物を堆積層まで運ぶ水流へ投げ込んでみると，このシダは堆積層の中から見つかることになる・・・。密度が高くしっかりとした根や，中心部に柔らかい組織を持った茎，そして，葉端が散形花序に囲まれた軽くて大きな葉を持った石炭紀のほとんどの樹木は，水の中で今私が述べたシダと同じような動きをしたはずである」。

ここに見られるアンリ・ファヨールの学術的方法論は，先行するノートに見られるのと同じものである。すなわち，主要理論の問題設定，地質学的事象の提示，実験による検証，そしてオルタナティブな理論の主張，である。

彼の主要な業績である「コマントリーの石炭地帯に関する研究」は，1886年から87年にかけて『鉱業協会誌』で発表されたもので，彼の代表的な論文と言えるものである。その要約が，1888年に彼が地層に関する討論会を行い，さまざまな断層の隆起を見学した際に『フランス地質学会誌』に掲載された。

この論文にも1881年の4つのノートで示された基本事項が見られるが，さらに次のような特徴が見られる。

① ファヨールが観察した地質学的事象に関する注目すべき記述と図表。
② 実際に行われたさまざまな実験の詳細な報告と図版。

③ 連続的な古地理学の精密かつダイナミックな再構成。
④ 堆積の速度と堆積盆の形成時間へのアプローチ。
⑤ 圧密現象の先駆的認識。
⑥ 彼の考え方に対する反応についてのコメント。
⑦ 先行業績への言及。

最後の2つの点は1881年のノートには見られなかったものであり，これ以後も追究されないものである。

堆積物に関する記述については，引用したり敷衍したりしても意味は無いだろう。この点についてこの観察者の正当性を示すには，彼の論文から抜粋したいくつかの図版があれば十分である（図1，2，3）。1888年に行われた断層の視察に参加した人々はこのことを十分に納得していた。

これらの実験は科学的に説得力があるだけでなく（図4，5，6），採用された方法，規模，時間の点でも印象的である。

① 堆積の実験に用いた堆積盆は，長さ120メートル，幅3.5メートル，深さ1.2メートルである。これは驚くべき規模である。ファヨールは古い石炭洗浄場を利用したのである。

② 「水によって押し流される有機物の生成は，鉄のシリンダーの中で擬似的に行った。これに角ばった小石・・・，葉，小枝，木，シダの皮，モミの皮，・・・そして水を入れ・・・回転させた。

8日後，葉は溶け，木と皮のかけらは磨耗していた。・・・50日後，木と皮のかけらは最初の半分の大きさになっていた。360日後，すべての植物性物質は鉱物性物質と一緒に泥となり，これを乾燥させると石炭の結晶のようになった」（p.401）；

③ 同様に，温度と圧力の影響についても長期間に渡る実験が行われた：「私は，有機物を取り巻く流れ，圧力，堆積物の性質の影響を確認するためにいくつかの実験を行った。植物性・・・および動物性・・・のデブリを次のようなさまざまな条件の下に置いた。すなわち，高さ60メートルの管の底で1年半，90〜100度に保たれた水で満たされた容器に3年半，水温150度に保たれた強化ボイラーの中で8カ月。これらの実験から次のような観察

結果が得られた」。

堆積の過程と条件は，過去，現在，そして実験によるものを比較するという，今日われわれが行うのと同様の学術的方法で説明され，図版化された。

私は2つの点に注目した。

① コマントリー盆地の堆積の速さと形成時間を推定するための時間計測（表1）。
② 圧密率の計測を可能にする図表を作成するための，堆積進展時における圧密の役割の予想（図9，10）。

この2つのアプローチは，1世紀以上の隠蔽を経てもなお，まったく現代的なものである！ ファヨールの論文の324ページを読み直してみよう。エリー・ドゥ・ボーモン（Élie de Beaumont）の計算は有名である。この高名な学者は，隙間の無い木の層が炭素を喪失することなく石炭に変化した場合その厚さが1から0.228に減少し（これは比率4.4から導き出されるものである），大きな地層の場合，25メートルの大きさ（厚さ）になると算定した。

2. ファヨールが受容した考え方と，1880年頃の知識の状況

1893年の科学アカデミー委員会報告書を見る限りでは，ファヨールの考え方はまったく新しいものである。

1886年の論文にはこう書かれている。

「これが，私が何度か手短に説明した考え方である（1881）。この考え方は，最初は，新しい考え方に対していつものように向けられる先入観で迎えられたが，権威者ドゥ・ラパラン（de Lapparent）氏が支持した瞬間（『地質学概論』，第2版，1885）に，強い批判を受けることがなくなったのである」。

このテーマに関する意見には2つの傾向があるが，これらは以下の2つの抜粋に要約できるだろう。

「グランドゥリー（Grand'Eury）氏は1882年にこう述べている：湖

底での地層形成に関する新しい理論の考案者・・・，ファヨール氏は，コンスタン・プレヴォ（Constans Prévost）氏を模倣した実験を行い，あらゆる種類のデブリが同時に流入してコマントリー盆地が形成されたと説明するに至ったと考えている．・・・石炭層と岩石の関係はこのようなものではなく，鉱物を含まない層の端に石炭は存在していないのである．・・・彼は，自身の理論から，直立している樹木はそれが生えていた場所にあったものではないと主張した．しかし，私は，エスペランス断層で，樹木の根がそこに根付いているのを目撃したのである．

ドゥ・ラパラン氏は1886年にこう述べた：可燃性物質層の大部分については，唯一，ファヨール氏の理論だけが，観察の結果明らかにされた特徴のすべてを説明できるものである」．

彼はさらにこう加える．

「私が支持している三角州理論は必ずしも新しいものではなく，一流の石炭学者［彼はジュシュー（Jussieu）やビュフォン（Buffon）を指している］の中にも時折見られるものである．堆積現象がさらに解明されるときには，これらの学者たちも再認識されるだろうと私は考える」．

明らかなことは，彼の同僚（そしてサン・テチエンヌ鉱山学校の彼の教師）のすべてが肯定的に反応したわけではないということである．

しかし，だからといって，このまったく新しい考え方は，三角州の堆積過程や，石炭層の解明，あるいは実験の方法に関する記述において問題があったのだろうか？　初原地層水平堆積はすべての地質学者が共有する公理だったのだろうか？　何よりも先に認めなければならない基本的な真理だったのだろうか？

疑いもなく，ファヨールにとってこれは最初に批判すべきものであった．

「当初，サン・テチエンヌ鉱山学校を卒業したばかりで，習ったばかりの泥炭理論を信じ込んでいた私は，研究を一歩進めるたびに理解不可能な現象に直面し驚かされた．次第に私は泥炭理論が嘘であると確信するに至り，コマントリーの石炭地帯が，湖の三角州のいくつかが実際そうであるように，湖の中で形成されたと認識するようになったのである．

しかしこの概念は，これまで地質学の基本的な真理のひとつとして認識されてきた初原地層水平堆積仮説と対立するものであった。私は，この考え方を採用する前に河口で起こる現象の詳しい研究に取り掛かった。これによって私は，石炭層がすべて0度から40度の間の傾斜地に堆積することを確認したのである」（「コマントリーの石炭地帯に関する研究」，1886，序章）。

しかし同じ論文の中で，彼は，自身の結論に枠組みを与えるべく，過去の著作や議論から直接あるいは二次的な引用を行っている。

彼が言及しているものからその出典やいくつかの追加資料を辿ると，それらは（絶対とは言えないが）約50年遡ることができる。

ファヨールは，A. ドゥ・ラパランが『地質学概論』（第2版，1885）の中で自らの説を支持していることを1886年に強調している。ドゥ・ラパランはファヨールを，三角州の海中部分が沖積土層に覆われていることから盆地が三角州によって徐々に侵食されたことを証明した人物としてしばしば引用している。

しかし，図44（本論文の図11）は，1883年版にすでに同じものが掲載されていた（この版では図33）が，この版ではドゥ・ラパランはまだファヨールに言及しておらず，代わりに192ページに以下のテキストを添えていた。

「急な川の流れが湖に流れ込むと，扇状に堆積物が沈殿することになる。・・・やがて・・・扇状の沈殿物がデブリの斜面の前に・・・外側部分よりもはるかに傾斜の険しい岬状の先端部，円錐を形成する。この岬は，その後に次々と形成される層によって拡大し，その傾斜は35度にまで達する。・・・大きな砂利は，扇状の沈殿物が標準的な傾斜角度になると，その上に堆積できなくなるのである・・・。

これらの三角州の特徴は，大きな砂利の水平な層が，大きく傾斜した砂と礫の層の上に堆積していることである。ジュネーヴやブリアン，ルガーノの湖岸でも，その外側にこのようなタイプの地層が形成されるのを今日でも確認できるが・・・砂が多少細かくなる堆積層の端の部分に達すると，その傾斜が緩やかになってくる。扇の端の部分では，砂の層が突然水平になり，最後には泥に覆われるようになる。このような三角州は海でも形成されう

る．・・・ヴァールがその例である」．

コラドン（Colladon）は，1875年，「レマン湖の湖棚と，ジュネーヴ市が位置する沖積棚の構造」を執筆した．
「この論文で彼は次のような理論的データを導き出した．
① 急流河川によって作られた・・・すべての三角州の最終的な内部構造は，著しい傾斜を持つ連続的な地層・・・から構成されるはずである．
② 傾斜を持つ地層はすべて，ほぼ水平な上部層に急に到達して終息する．この上部層は，三角州が形成された当時の湖の水面にあたるものである．
③ 三角州は，ほぼ水平な層が存在することによって移動できなくなった大きな砂利や小石が堆積することによって最終的に完成する．
上に挙げたいくつかの命題は，その大部分が，当時の新しい考え方や観察に基づくものである．（脚注に以下のように記されている：最初の2つは恐らく例外である．というのも，この2つは，三角州の形成を研究している地質学者の大部分が暗に示してきたものだからである．第三の命題は私以前に示されたことはないと考えている）」．

ドース（Dausse, 1866）は驚きを表している：「川に流されてきた物質は，湖に流れ込むと・・・急な傾斜を持つ崖錐を進んで行き，堆積する．・・・そして，この崖錐の急な傾斜と平行な地層を形作るのである．
この理論がどのようなものであれ，この地質学者は，沖積土層の傾斜と隆起の原因がこの理論であると考えているが，今，その考え方が誤りであることを確認した．しかし，私でも理解できた簡単なことが・・・どこにも書かれていないなどということはありうるのだろうか？・・・
しかし，私があえて述べたこのような批判は，オメーニャの慎ましき住人，アントニオ・ノビリ（Antonio Nobili）が私よりも前にしていたはずである」．
ドースは数多くの先人たちについて思い違いをしているのである．

ドゥ・ワグマン（de Wagman）(1850) は,「同様の方法で, 堆積層が水底の傾斜層で堆積できるかどうかを調べるために前年にサヴォアで行った実験について, 学会で報告している。40 度の・・・傾斜を持つ・・・人工の深い・・・窪みの中で・・・, さまざまな地層が, 水底から規則的に堆積していたのである。・・・つまり, 他の地層の上に不整合に堆積するいくつかの地層の傾斜を説明するのに, 必ずしも隆起を持ち出す必要は無いのであり・・・この, 傾斜層による堆積という方法によって, さまざまな地層が同時に堆積すると推論できるのである」。

彼の報告は大きな論争を引き起こすことになる。
「コンスタン・プレヴォ氏は・・・彼自身, 何度か同じような実験を行い・・・いずれの場合にも, 20, 30, 35 度の傾斜の上に・・・はっきりと分離した地層の連続を確認するに至ったのである。・・・彼は, 以前より自身の授業や学会でこの実験の結果を報告してきた・・・堆積層が水平でないことは, 必ずしも断層を意味するわけではないのである。
コンスタン・プレヴォ氏はこのような方法で石炭層・・・を長い間研究してきたのである。・・・石炭層が本当に砂岩層や片岩層と同時に形成されること, そしてその逆もまた真であること, さらに, どんなときにも, たとえそれがどんなに短くても, 石炭, 砂, 粘土の 3 つの物質が同時に生成されることは, それぞれ議論の余地の無いことなのである」。

すべてのことがこれら数語で表現できる。したがって 1886 年にファヨールはこのように書いている。
「私は, 先行研究を読んで自分がコンスタン・プレヴォの後継者であったことを理解して以来, これらの研究に長い間取り組んできた。もしこの高名な地質学者が示した考え方が・・・支配的であったら, 現在私が攻撃している誤りはずっと前に正されていたはずである」。
この時代, 1850 年代を通じて, エリー・ドゥ・ボーモンは,「コレージュ・ドゥ・フランスでの講義で, 彼はこれらの問題を幅広く論じたが・・・,

地質学の再創造である・・・この実験に関しては，多少言及するにとどまっていた」と回想している。

マルタン（Martins）は，ブラヴェ（Bravais）と共同で行った調査の結果を，「ブリアン湖岸のアール三角州について」として報告する。彼は，30度の傾斜から始まる湖岸の崖錐について記述している。「この崖錐は，傾斜が次第に緩やかになり，湖岸から300メートルの地点で20度以下になる。水面下の崖錐は，高さ1メートル，傾斜角10度の水面上の崖錐によって，三角州の水平な部分に接続する」。

ここで，フランスの文献から離れて，地質学の父として有名なライエル（Lyell）を見ておこう。彼は，その著書『地質学原理』および『地質学の基礎』の中で，傾斜層，偽層，斜交層を論じ，そこでは傾斜は最初から存在するものと認識している。これらについては図で説明されている（図12a，12b）。

さらに，『地質学の基礎』第2版（1841）の中で，彼はマニャン川の急流に沿ってニース西部に位置する激しい隆起について詳述し，図に描いている（図13）。

「これらの水底の深さは一定で，25度の傾斜で常に南へ，すなわち地中海へ進む。これらは，高さ200〜600フィートの断崖絶壁を臨み，マニャン川の流れに沿って谷を進んでいくのである。

全体を見れば，それぞれの地層は並行かつ均一であるように見えるが，よく観察すると，数百フィート，あるいは数百ヤード進むにつれて，くさび形になったり，無くなったりするものもある。したがってわれわれは，これらの地層が，最初，大きく傾斜した川岸に沿ってアルプスの急流に乗り，やがて深く穏やかな海に流れ込んで三角州を形成し，それが元々の海岸線から9マイル離れたカルヴォ山の麓にまで徐々に達したのだと仮定する。アルプスを流れるこの川と海の底が700フィート上昇し，三角州が出現すると，今度は，川は三角州に深い溝を刻みながら進むことになるのである。

・・・マニャン渓谷のようなタイプの，きめの粗い砂利と細かい沈殿物が交互に重なった堆積は，今なお多くの場所，例えばヴァールの河口のような

ところで進行している．このような堆積は地中海まで進み，広い浅瀬を作り，大きく傾斜した崖錐に到達する．これが深い水底へ運ばれたあらゆる鉱物の堆積の本来的方法であり，とりわけ，深い水底は急流でないために遠くへ運ぶことのできない石が大部分を占めている」．

そこでは，ニース周辺（とりわけヴァール渓谷）に出現した，大きく傾斜した堆積層を伴う鮮新世の礫岩層を確認できるが，これは，地中海で中新世末期の乾燥に続いて再び起こった洪水の後の，ヴァールやその近隣の急流の三角州の海面下部分のプログラデーション（530万年から200万年前）に対応するものである．ライエルによって提示された適切な解釈に立ち戻るまでに一世紀以上必要だったというわけだ！「しかしわれわれはすべての地層がかつて水平であったと確信している」という，初原地層水平堆積の法則を支持した人々が犯した誤りから身を守った者はいるのだろうか．

すぐにまた，論争が引き起こされた．

1836年，ドゥ・コレーニョ（de Collegno）は，「堆積層を形成できる傾斜の限界に関する，ロゼ（Rozet）氏とドゥ・ラ・ベシュ（de La Bèche）氏の実験についての考察を発表する．・・・彼は，ドゥ・ラ・ベシュ氏がこれらの実験について最近発表したと思っていない．・・・アルプスの湖に流れ込む物質に関する彼の実験結果を・・・この持続的な堆積の方法に応用すると・・・小石の堆積層は，最初に砂と粘土の層を覆い，最後には湖の中心を覆い，埋め立てるはずである．そこには，大きく傾斜した層に繋がる，ほとんど傾斜の無い小石の層に覆われた，ほとんど水平な粘土層と砂層を見ることができるはずである．・・・私は，このような地層の配置があらゆる時代の砂層にどのくらい頻繁に見られるのかについて繰り返さない．・・・堆積方法に関するより自然な考え方は，それが平らな扇状地の外縁部が連続的に形成されるものと考えるものであるが・・・地質学者たちが長い間議論してきたのが，この扇状地の扇端と扇頂の関係である．ところが，この問題は私には完全に解決したものであるように思われる［極めて狭い意味において］」．

ロゼ氏は反論する．「堆積層が急斜面の表面でも形成されうることは，驚

くことではない．

　ブベ（Boubée）氏は，海の底で・・・ある程度の傾斜を持つ規則的な地層が形成されることを強調している．

　ドゥ・ボーモン氏は［既に！］反論しているが・・・ブベ氏はそれでもなおこの考え方に固執している」．

　少なくともフランス語の出版物に関しては，これよりも前に遡ることもできそうである（フランス地質学会は1830年の創立である）．

　われわれは，以上の古い業績を一瞥したことにより，ファヨールが説明した考え方が絶対的に新しいわけではなかったこと（ここにはその考え方の石炭層の生成への応用も含まれる）と，この考え方がすでに1880年代に発表され，古くから論争を引き起こしていたことを記憶しておこう．

　ファヨールが，彼がそれまで学んできたこととは正反対の，1886年になって初めて引用したこれらの業績を，1881年の最初のいくつかのノートの時点およびそれ以前の数年間の観察と実験の過程において知らなかったことは疑いない．しかし，このことが彼の観察の正当性や，彼が技師としての教養をつぎ込んで専念した輝かしい実験の正当性を損ねるわけではない．これはまた，言うまでもなく，彼のような有能な採掘者によるこれらの概念の有効性を損ねるものでもない．

3．今日，誰が地質学者ファヨールを覚えているのか

　われわれは，間違いを犯す心配なしにこう答えることができるだろう．実際に何も無かった！と．インターネットで詳しく調べても，あるいは数多くの出版物の引用リストを見ても，そして学生や同僚の学者の反応を見ても，ファヨールの名は見当たるだろうか？

　「三角州」についてよく調べてみたまえ．いたるところで，「ギルバート（Gilbert）」の名を，彼の1885年あるいは1890年の著作への言及と共に目にするはずである．講義において，出版物の中で，あらゆる国の言語で，

「ギルバート三角州」と書かれることだろう・・・。決して「ファヨール三角州」ではなしに！

G.K. ギルバートは北アメリカの有名な地質学者で、とりわけ、創設期の地質学局の責任者を務めた人物である。科学に対する彼の貢献は数多く、多様性に富み、適切なものであった。

彼の初期の貢献のうち最も多く引用されるのが、湖岸の形態学的軌跡に関する著作である（『湖岸の地形学的特質』）。この著作は 1885 年に出版され、ボンネヴィル湖（ユタ州）を対象として 1890 年に書かれた彼の「古典的」著作の中に、無修正のまま再録されている。

海面下にある三角州の中の地層の配置を描いた図版とその説明は明確である（図 14, 15）。

「三角州の表面の斜面はカーブを描きながらその先にある湖底の斜面につながっている。・・・三角州が湖の中に向かって形成されると、大きく傾斜した三角州の層が湖底の方のさらに平らな堆積層の上に重なっていき、今度は広い三角州の緩やかに傾斜した層を支えるようになる。・・・化石三角州の特徴は・・・以下の通りである。すなわち、上部の表面は扇形をした段丘である。下部の斜面あるいは表面は急角度であり、10 度から 15 度に達する。この斜面は上部の斜面に大きな傾斜をつけて接し、下部の広い平面とは緩やかなカーブによって接する。上部を、外部の斜面あるいは表面と分けるラインは水平であり・・・ほとんど円形のアーチである。・・・このように、この構造は 3 部分からなっている」。

ここには、その数年前にファヨールが書いた以上のことが書かれているだろうか？　あるいは彼の先駆者であるドゥ・ラパランやライエルの業績以上のものはあるだろうか？　何もないはずである。

では、なぜファヨールは忘れられたのか？　疑いもなく、その理由はありきたりで雑多なものである。順不同で示してみよう。

① H. ファヨールは鉱山技師であり、そこに地質学者の肩書が加わる。経験豊富な観察者であると同時に実験者、物理学者でもあった。そして実務家でもあり、産業への応用にも関心を持っていた。

② 彼は，この時代の優れた研究者たち（エリー・ドゥ・ボーモン）が直前まで擁護していた（まだ）ほとんど支配的な考え方（初原地層水平堆積の公理）を，決然と攻撃していた。
③ 彼らの後継者であるフランスの地質学者たちで，フランス北部および東部の海岸の地層の方に強い関心を持っている人々は，堆積学的アプローチを忘れ，無視した。
④ アングロ諸国の地質学者たちは，往々にしてフランスで発表された業績を無視する。
⑤ 英語の用語はわが国の用語よりも簡素かつ直接的である。
⑥ 北アメリカの概念と学術用語があまりに多く入り込み，先駆者たちの業績が忘れられてしまった。
⑦ 「預言者，故郷に入れられず」である。

結 論

「まったく新しい考え方を科学へ導入したことにより・・・ファヨール氏は地質学に多大な貢献をした」。ファヨールの地質学に関する業績を，この学問のコンテクストに再び位置づけしながら一瞥したとき，われわれは，この1893年の賞賛の言葉を記憶にとどめるべきなのだろうか，あるいは忘れたままにしておくべきなのだろうか？ それとも反対に，この技師にして企業主である人物を闇に留めておくべきなのだろうか？

確かに，彼はこのような三角州理論を最初に世に出した人物ではなかった。（初めての，と呼ばれるものはしばしば，歴史研究の中で突然事後的に発見されるものである）。とりわけフランスには，これまで見てきたように，先駆者が数多く存在するのである。

彼は最初の観察者でもなければ，最初の実験者でもなかった。

しかし彼が，この理論がより良い採掘のために必要であると感じた最初の人物であったことは確かである。彼は自分の発見を理論化する前に，これに対応する手段を実施した。そしてそれから，この理論を学会に示したのである。

現在，堆積学の分野，とりわけ三角州に関する領域において，彼がG. K. ギルバートと名声を分かち合うことはない．このような不公平は改善されるのだろうか？

私は，彼が熟練した技師であると断言することはできないが，彼に対して使われた，洞察力のある地質学者という力強い表現に対しては，無条件に同意する．

参考文献

Colladon D., ≪Terrasses lacustres du Lac Léman et constitution de la terrasse d'alluvions sur laquelle est construite la ville de Genève≫, *Bull. Soc. géol. France*, 3, III, 1875, pp.661-667.
de Collegno, *Bull. Soc. géol. France*, 1, VII, 1836, pp.116-120.
Dausse B., *Bull. Soc. géol. France*, 2, XXIII, 1866, pp.449-453.
Fayol H., ≪Étude sur le terrain houiller de Commentry≫, *Comptes Rendus des séances de l'Académie des Sciences*, 16 mai 1881, pp.1172-1175.
Fayol H., ≪Sur le terrain houiller de Commentry ; expériences faites pour en expliquer la formation≫, *Comptes Rendus des séances de l'Académie des Sciences*, 30 mai 1881, pp.1296-1298.
Fayol H., ≪Étude sur le terrain houiller de Commentry, sa formation attribuée à un charriage dans un lac profond≫, *Comptes Rendus des séances de l'Académie des Sciences*, 20 juin 1881, pp.1467-1470.
Fayol H., ≪Sur l'origine des troncs d'arbres fossiles perpendiculaires aux strates du terrain houiller≫, *Comptes Rendus des séances de l'Académie des Sciences*, 18 juillet 1881, 93, pp.160-163.
Fayol H., ≪Étude sur le terrain houiller de Commentry≫, *Bulletin de la Société de l'Industrie Minérale*, tome XV, 1886-1887.
Fayol H., ≪Résumé de la théorie des deltas et Histoire du Bassin de Commentry≫, *Bull. Soc. géol. France*, 1888, pp.968-1005.
Gilbert G. K., *The topographic features of Lake shores*, U.S.G.S., 5th annual report, 1885, pp.75-123.
Gilbert G. K., *Lake Bonneville*, U.S.G.S. Monograph 1, 1890.
de Lapparent A., *Traité de Géologie*, 1e édition, 1883.
de Lapparent A., *Traité de Géologie*, 2e édition, 1885.
Lyell C., *Principles of Geology*, 6th edition, 1840.
Lyell C., *Elements of Geology*, 2th edition, 1841.
Mallard, ≪Rapport présenté à l'Académie des Sciences pour l'attribution du prix Delesse≫, *Comptes Rendus des séances de l'Académie des Sciences*, 1893, pp.920-922.
Martins, ≪Note sur le delta de l'Aar, à son embouchure dans le lac de Brienz≫, *Bull. Soc. géol. France*, 2, II, 1844, pp.118-122.
de Wegman, *Bull. Soc. géol. France*, 2, VII, 1850, pp.353-363.

図1 フォレ断層の断面図（相の横方向への推移，同期的な湾曲に注目）
(Fayol, 1886, 図版9, 図1)

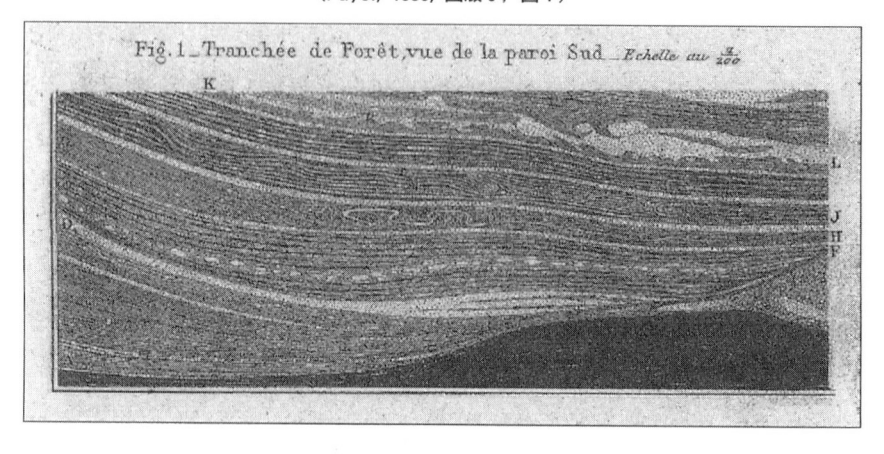

図2 サン・テドモン断層の断面図(石炭層から片岩および砂岩層へかけての相の横方向への推移、左側に向かって相関的に層が薄くなることに注目)(Fayol, 1886, 図版6, 図6)

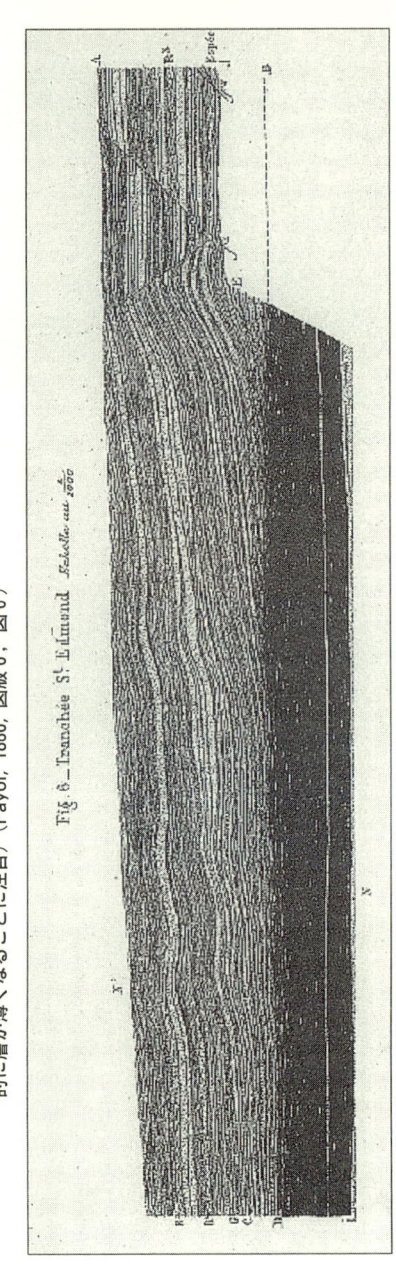

図3 ル・プレ・ジゴー断層の断面図(相の横方向への推移、傾斜面、欠損に注目)(Fayol, 1886, 図版7, 図4)

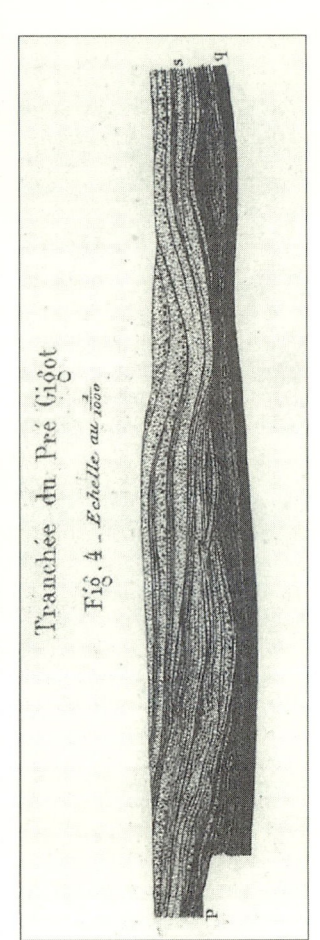

図4 プログラデーションの実験（相の鋸状の切り込み，横方向への推移，連続する堆積層の傾斜と湾曲の変化に注目）（Fayol, 1886, 図版20, 図17）

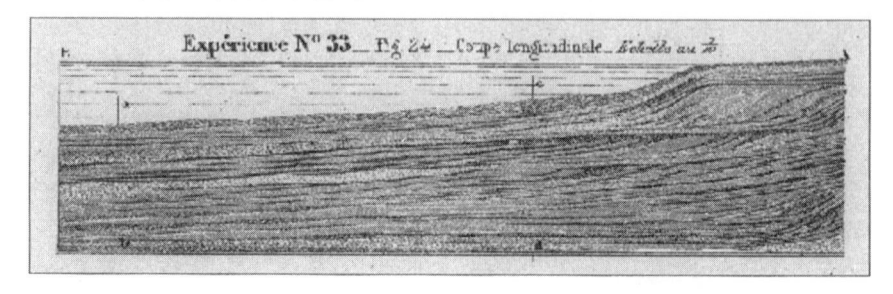

図5 連続的なプログラデーションの実験（堆積層の重なり方，欠損，連続する堆積層の傾斜と湾曲の変化，下流にかけて全体的に層が薄くなることに注目）（Fayol, 1886, 図版20, 図24）

図6 障害物を伴う連続的なプログラデーションの実験（相の発展，連続する堆積層の傾斜と湾曲の変化，下流へかけて全体的に層が薄くなることに注目）
(Fayol, 1886, 図版 24, 図 17)

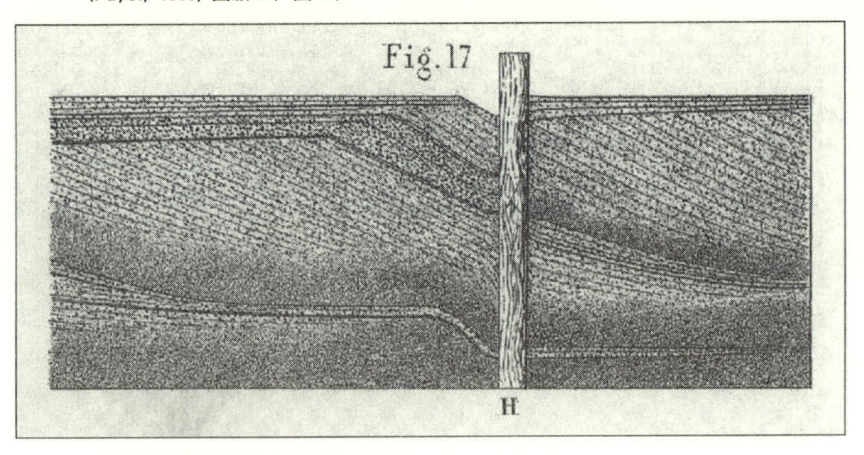

図7 古地理学：コマントリー湖の形成の様子と三角州の役割（Fayol, 1886, 図版 4, 図 2）

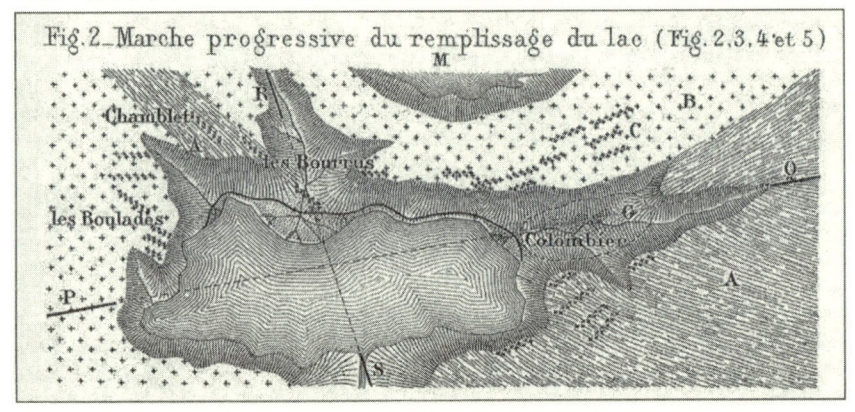

図8 天然の三角州と，囲いつきの堆積盆に作られた実験用三角州，囲いなしの堆積盆に作られた実験用三角州の比較（Fayol, 1886, 図版25）

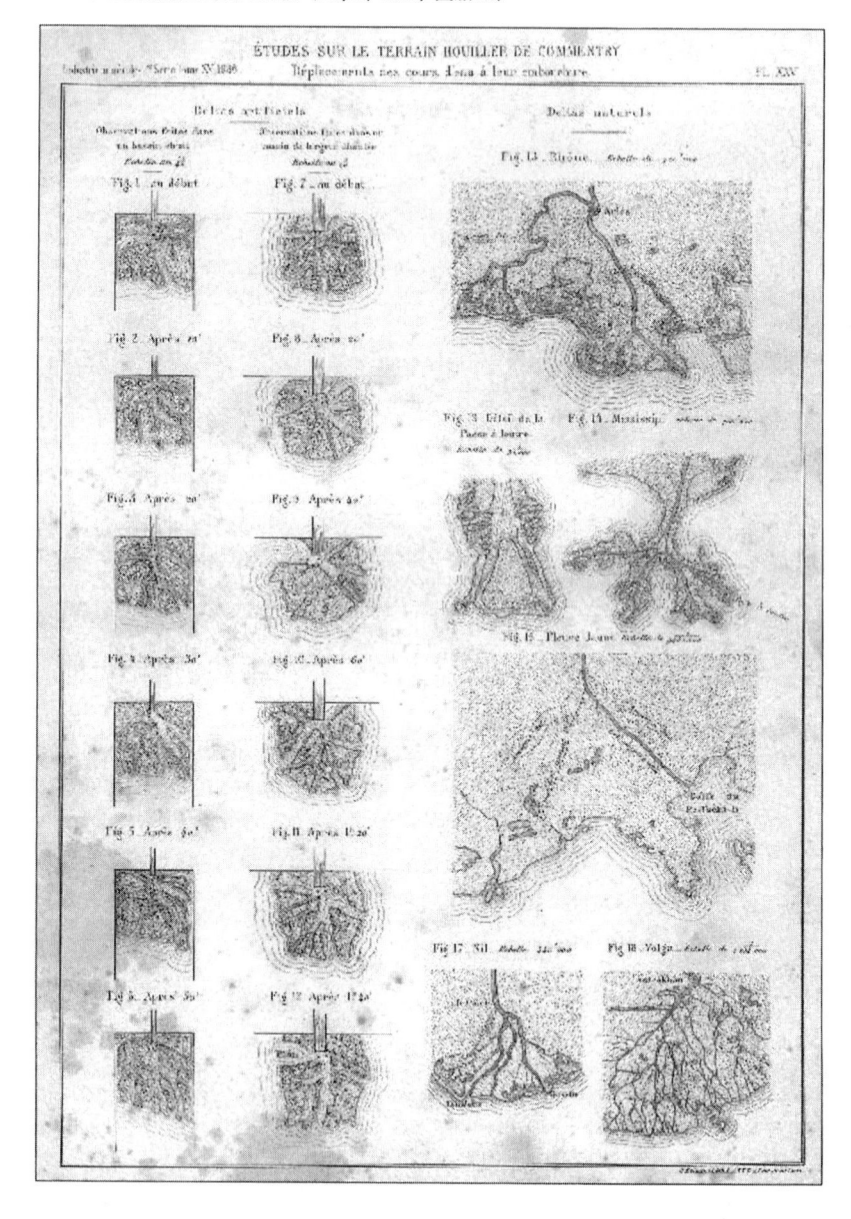

図9 顆粒状砂周辺への石炭の圧密：石炭の圧密率は（少なく見積もって）3以上と推測される。(Fayol, 1886, 図版11, 図11)

図10 石炭化した成分（周辺の圧密：圧密率は石炭化した部分と同じと推測される。）(Fayol, 1886, 図版11, 図8)

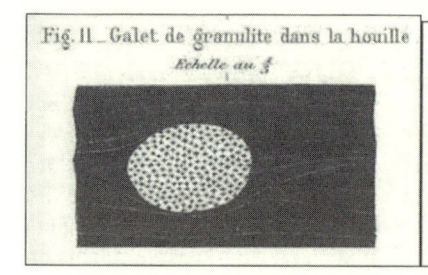

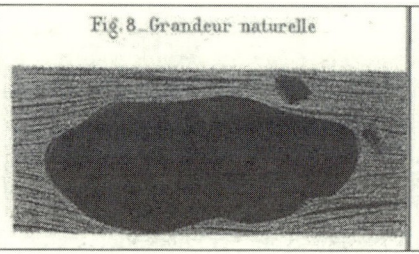

図11 急流三角州の断面図。de Lapparent, 1881（図33）より。傾斜地での堆積，下流に向けての湾曲の発達に注目。

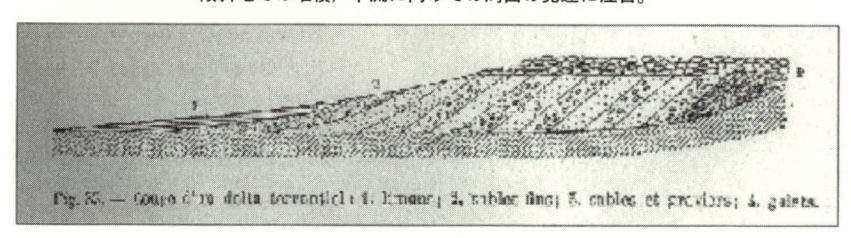

74　第3章　地質学者，ファヨール

図12a と b　1〜8層のプログラデーション，欠損，不整合，堆積，9〜11層の堆積
（Lyell, 1841, 図4と5）

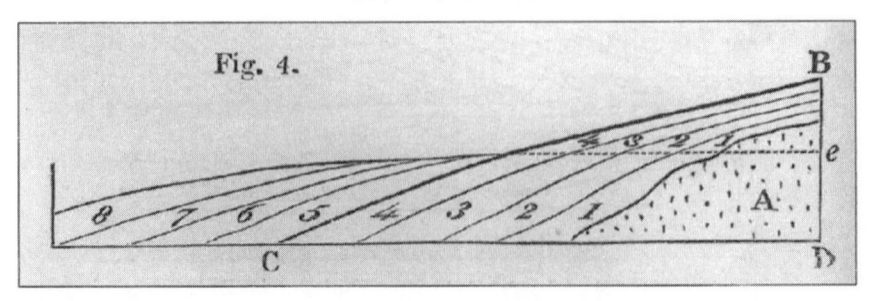

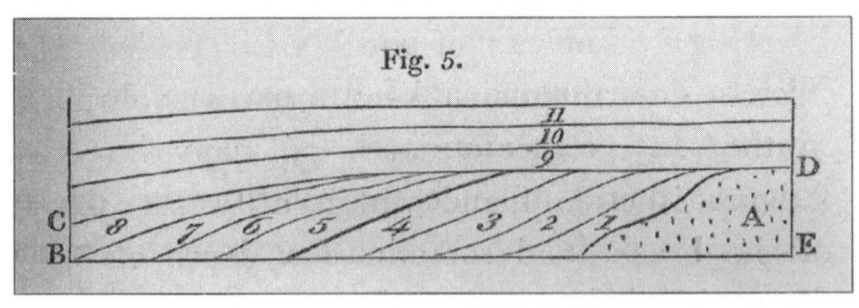

図13　ニース西部のプログラデーションした鮮新世の礫岩層（Lyell, 1841, 図7）

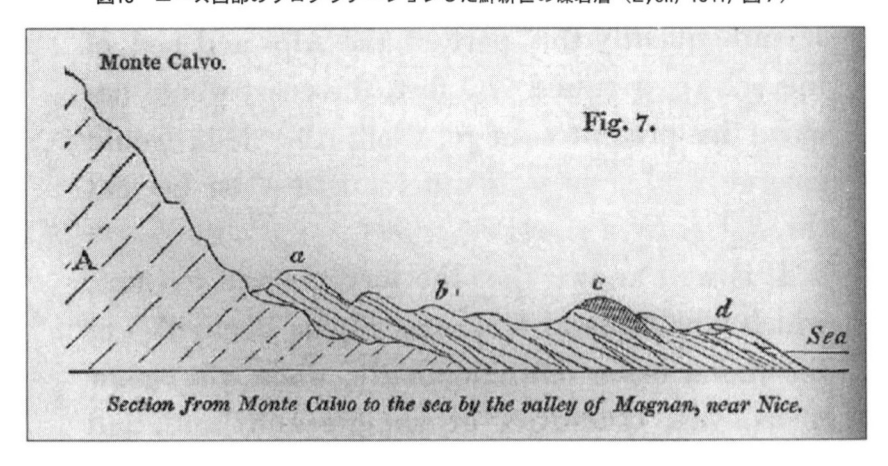

図14 三角州の理想的な断面図 (Gilbart, 1885, 図7)

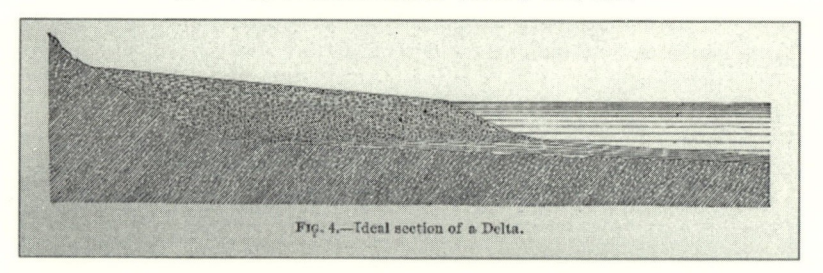

図15 三角州の中の堆積物の構造 (Gilbart, 1885, 図4)

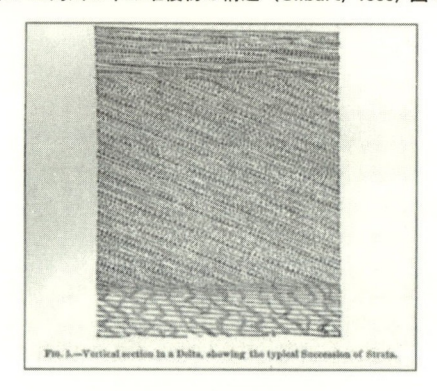

76　第3章　地質学者，ファヨール

表1　コマントリー盆地における堆積期間の推計（170世紀分の数値を掲載）（Fayol, 1886, p.321）

第4章

ファヨールと第1次世界大戦[1]

ジャン‐ルイ・ポーセル

　管理問題に関するファヨールの思想は，彼の有名な『産業ならびに一般の管理』という著作が現れた1916年という時期から始まるように思われる。実際には，彼の考えは，それよりかなり以前にさかのぼる。ファヨールは，1900年6月23日にパリで行われた鉱業協会の国際会議での閉会講演から自らの考えについて語り始めている。だとすれば，なぜ，彼は，自らの考えを本当に普及させるために16年間も待ったのであろうか。

　ファヨールの著作を注意深く読んでみると，著作の前半部分しかないことに驚かされる。4部が予告されているが，前半の2部までだけが読めるものとして示されている。ファヨールは後半部を書き上げる時間がなかったのだろうか。彼は，このテキストが初めて出版されてから9年は生存していた。それでは，第3部と第4部はどこへいってしまったのか。それらは書かれたのか。なぜ，それらは予告されたのか。この怠慢は，行動する人間としての資格の核心に「予測」を据えていた人にしては驚きである。

　この問題は，第4部が「戦争の教訓」と呼ばれていることに注目することから追跡される。1916年に，彼は，1914年8月に大失策を経験したこの戦争について語ろうと試みていた。戦争について語ることは，軍隊のために何よりも尽力してきた企業の経営者にとって魅力的ではあったが，おそらく難しいことでもあった。検閲を抜きには考えられない。『産業ならびに一般の管理』の出版された時期が戦争の只中であることは，このテキストが企業，軍隊のメタファーとしての企業についてだけでなく，軍隊についても語って

いることを意味しないだろうか。このテキストは以下のような文章で始められている。「管理は事業の経営において，大規模あるいは小規模の，工業，商業，政治，宗教あるいはその他のすべての事業の経営において，極めて重要な役割を演じる」(2)。「その他の」という言葉で想起されるのは，軍隊ではないだろうか。

この問いかけは，出版の状況とファヨールの動機について理解することを目的とする。この問題に対する解答は，彼が100年前にわれわれに語ったことを理解することを容易にもしてくれるだろう。

問題は，3つの視点から考察される。まず，ファヨールがいつも原稿を発表していた『鉱業協会誌』の政治状況について検討する。続いて，ファヨール派の人々自身が戦争について語ったことについて，公表，未公表も含めてファヨール派のテキストが分析される。最後に，1916年という年は，フランスにおけるテイラーの著作の普及との関連でも目印となる。ファヨールは，責任ある人々を十分に魅了するこの競合する思想に対して反応しなければならなかった。これらの3つの視点を順に取り扱っていく。

1．『鉱業協会誌』の出版に関わる政治状況

なぜ，ファヨールは，『鉱業協会誌』において公表したのか。この雑誌は技術的な性質をもつ。協会のメンバーは，鉱山事業におけるエンジニアであり，具体的な問題に関する彼ら固有の経験を扱った論文をこの雑誌に公表していた。彼らは試論や彼らの成功を提起している。管理に関する論文を収録するには似つかわしくない場である。それでは，なぜ，この雑誌だったのか。

解答は単純である。ファヨールがこの雑誌を選んだのは，彼がこの雑誌を知っており，彼の同僚である鉱業のエンジニアに対して話したかったからである。彼は，すでに1874年から1887年までに技術に関わる論文をこの協会誌に公表していた。1879年には，ファヨールは，彼の鉱山の炉に関する仕事が報いられ，協会から金賞を獲得している。ファヨールは，協会誌を直接運営する『鉱業協会誌』の名誉理事であった。

1．『鉱業協会誌』の出版に関わる政治状況　79

　しかし，この解答は，管理に関する論文の公表が 1916 年から 1919 年という一時的な期間であることに注目すると，単純なものではなくなる。1920 年以降は，この雑誌は技術に関わる雑誌に戻った。それにもかかわらず，1920 年代には，ファヨールとその弟子たちは，多くのテキストを生み出している。

　とすると，問題は反転させられるだろう。なぜ，鉱業協会は，伝統的な領域から離れた論文を彼らの協会誌に公表させたのかと。解答を見つけるとすれば，会誌の編集会議での議論のなかであるが，その手がかりは存在していない。しかし，幸いなことに，鉱業協会の理事会と総会で提出された報告から出版に関わる政治的な問題を感じ取ることができる。これらのテキストは，会誌自体に公表されている。

　まず何よりも，鉱業協会が管理に邁進するファヨールに追随しているわけではなかったことに注目しよう。1900 年における会議の際，ファヨールの管理の重要性に関する講演と若いエンジニアに関する数理的な手法を重視し過ぎた教育への批判の後に，理工科学校の卒業生で，協会の理事長であるアトン・ドゥ・ラ・グピエール（Haton de La Goupillere）は，その場で厳密さの精神を形成するものとして数学を擁護している。したがって，見解の一致は，まったく完全なものではなかった。

　1908 年に鉱業協会の会議がロワールの鉱山地区で開催されたときに，ファヨールは，この地区に設立され，彼が経営しているコマントリー・フルシャンボー・エ・ドゥカズヴィル社（Commentry-Fourchambault et Decazeville）という会社について講演する機会を見逃さなかった。協会誌は，後に完全原稿を発表するとして彼の発言の要旨しか公表していない。ところが，この講演のテキストは，後日公表されることはなかった[3]。その他の講演者のテキストは，完全に転載されているのにである。したがって，おそらくこの分野のテキストを公表する機会を与えるか否かに関して意見の不一致が存在していた。1916 年には，何が変化するのか。

　当然のことながら戦争が起きている。当時，鉱業協会の理事長は，トーザン（Tauzin）（1855－1921，1874 年理工科学校生）である。1915 年 5 月 16

日の総会の際，戦争の期間でも協会誌を発行し続けるという決定を報告している。「われわれは十分長い間発行していくことを可能にするだけの論文のストックをもっている。とりわけ，われわれが慎重にも 1907 年以前の季刊に戻るとすれば」。トーザンは，1916 年 5 月 21 日の総会で，「軍当局の継続的な要求によって専門的な人員が大幅に減らされ，われわれの印刷の生産能力が以前より減った」ために，季刊の第 4 分冊の発行が遅れていることを明らかにしている。事務局長のシパー（Chipart）（1871－1941，1890 年理工科学校生）は，特に協会誌に従事しており，発行に関する報告を行っている。それで，彼は，「最後に，（論文について）必要な援助を進んでご提供されるようにお願いします。私は必要な援助が不足することはないと確信しております」と付け加えている。1917 年 4 月 17 日の理事会において，トーザンは，同じような不安を表明している。「事務局長さんが精力的に新しい協力者を探すことに取り組んでいます」。

　この技術的な論文の不足は，若いエンジニアが前線に行っていることから生まれている。エンジニアのほとんどが技術的な論文を作成することができなかった。そこで，ファヨールが支援の手を差し伸べた。ファヨールは，彼のテキストや彼の周囲にいる人々のテキスト，商業責任者のキャルリオズ（Carlioz），ドゥカズヴィルの責任者であるレヴェック（Lévêque），エンジニアであり，管理原則に関するさまざまな弟子の 1 人であるブーヴィエ（Bouvier）のテキストを提供している。

　1917 年 5 月 20 日の総会の時に，トーザンは感謝の意を表している。「降りかかる多くの仕事にもかかわらず，われわれの『協会誌』のために骨を折っていただくという大きな功績を果たされたお仲間の皆さんには，いくらお礼を申し上げても言い過ぎることはないでしょう。そのなかでもお一人の方の貢献は，われわれにとってとりわけ感動的なものでした。もうおわかりのことと思いますが，名誉理事の 1 人であり，栄誉賞を保持されているアンリ・ファヨール氏についてのことであり，彼は，われわれに彼の管理に関するすばらしい論文の出版を託そうとされたのです」。シパーはだまされているわけではない。彼は「ファヨール氏は，1908 年の国際会議で講演の題材

1. 『鉱業協会誌』の出版に関わる政治状況　81

とし，それ以降相当に議論を発展させた産業ならびに一般の管理に関する業績を1916年の第3分冊において発表されることで，この困難な時期にわれわれの会誌を維持するために進んで貢献された」ことに触れている。

翌年，1918年5月26日には，トーザンは再度現状を明らかにしている。「われわれの発行状況は十分なものではない。われわれは1917年の第4分冊を発行するに到っていない。物資の調達と実行という観点からも，発表する論文という観点からも，ひどくなっている困難の結果，最新号の重要性を低めなければならなかった」。彼は謝意を述べることで続けている。「ファヨールは，彼の輝かしいキャリアの結果，彼にもたらされた管理問題についておよそわれわれの季刊号に相当する分を平均的にわれわれの協会誌に提供してくれた。それはわれわれが今までに経験したことのないような雑誌のすばらしい成功の1つである」。実際，1916年から1919年までの4年間に，ファヨールは，ページ数で掲載物の35%を提供した。したがって，トーザンによる報告の4分の1を超えている（図1を参照）。

雑誌にそぐわない主題が参加することは，嫉妬をもたらすしかなかっただろう。平和が戻ると，『協会誌』は技術的な性質を取り戻している。1919年の2号分については管理の論文がまだ紙面を占めているが，願い出られているのは，テイラー派の論文が2つである。おそらく，あまりにも支配的なファーヨリズムと闘うやり方なのだろう。にもかかわらず，キャリオズには，1918年の商業機能に関する論文に対して金賞が授与されている。『協会誌』の紙面からは締め出されるに際して，ファヨールとの妥協策なのである。

権威ある彼の評伝のなかで，ヴェルネー（Verney）は「戦争がなければ，彼の著作は2年早く出版されていただろう」（p.9）と断言している。この断言は自信にあふれているように見える。なぜなら，ヴェルネーは協会誌の発行責任者であるからである。ブリーズ（Breeze）（1995）は，この問題を取り上げて，紙の制限が発行を遅らせ，第3部と第4部が発表できない理由であることを示唆している。鉱業協会の存続に関連するテキストの点からは，この仮説は反転させなければならない。戦争のおかげで，ファヨールは彼が

16年間練り上げてきた思想を発表することができたのである。技術的な題材を扱った論文の穴が，好都合なことに，発表する準備ができていた管理を扱った論文で埋められたのである。

　鉱業協会の出版に関わる政治状況は，1822年以来鉱山団体によって発行されてきた重要な雑誌である『鉱山年報』のそれと比較すると，特殊である[4]。『鉱山年報』は1912年に1,100ページ，1913年には1,000ページの発売を確保していた。戦争が始まったとき，ほとんど600ページがすでに発行されていた。発行は中止された。1919年には，予告とともに，1914年の第VI巻の87ページ分でしか再開していない。「『鉱山年報』の発行は，少なくとも1914年の8月に突然中断された。（中略）戦争というこの4年間中，この年報に研究を発表してきたエンジニアと学者の活動は，いつもの協力から一時的に引き離された責務に没頭させられることになった。（中略）停戦がこの雑誌の科学的活動の再開を可能にしてくれる」。1914年には，したがって，1919年まで，200ページ分の論文を掲載できないままに終わった。

　『鉱山年報』は，1919年にはだいたい550ページ分を発行して，続いて，1920年には，1,100ページ分を発行している。大戦以前のペースに戻っている。もし，2つの雑誌の投稿者が同じようなペースで書いていたとすれば，いつ終わるかも予想のつかない戦争の間に『協会誌』で論文が不足することになったというのも理解できる。

　『近代的技術』という雑誌も同じような戦略を採用した。この雑誌は，1914年8月から1919年1月まで休刊している。アンリ・ルシャトリエ(Henri Le Chatelier)の『金属学雑誌』は，ページ付けを半分に減らして発行を続けた。

2．戦争の教訓

　ステファン・リアル（Stéphane Rials）(1977)は，戦争とファヨールの管理原則との間には強い関係があるという仮説を提起している。彼は，その時代に書かれた文献を徹底的に検証することでそうした結論を出している。

「厳密に言えば，戦争はおそらく管理原則を生み出したわけではない。しかし，戦争は，彼に考えを深める機会を与え，賛同者を増やし，社会的に認められる端緒を与えた」(p.89)。

　ファヨールは，軍隊に関する個人的な経験はない。彼の兵役に関していえば，非常に一般的に行われていたように，1861年に兵役免除資格を買い取っている[5]。1914年以降，全てのフランス人と同様に，新聞を通じて戦争のことを知った。その上，軍事物資の調達に関連して，ファヨールは企業の経営者として責任を負った特別な経験をしている。彼は，公表された論文のなかで慎重に戦争について語っている。保存資料から発見された未公表のテキストではより辛辣である。彼は，危険を冒すことなく，戦争のヒーローたちがまともな視点を得られるように，彼らを前にすることを好んだ。

(1) ファヨールの戦争に関する情報

　『産業ならびに一般の管理』が出版された1916年にフランスがどのような状況にあったかを思い返すことは無駄ではないだろう。1915年7月15日，議会は，軍事物資を購入するための特別予算を可決した。1914年8月1日には総動員令が発せられた。8月2日には戒厳令と戦時下であることが宣言された。検閲が設けられた。

　8月20日からドイツ軍の攻撃を受けて，フランス軍は打ち破られた。フランス軍は，北東地域をことごとく失い，9月6日まで退却している。マルヌでの戦いでは破局を回避した。この「壊滅」はどこに原因があるのだろうか。ジョッフル（Joffre）には，命令に問題があることがわかっていた。「退却の間に，2人の陸軍大将の他に，9名の陸軍中将，1名の騎兵隊司令官，33名の陸軍少将を交代させなければならなかった。戦闘を命令する将官の4分の1に及ぶ数である！（1916.8.26から9.5までの間）」[6]。

　この時期には「更迭」という言葉が使われていた。この時期は人々の心に深い衝撃を与えた。この衝撃が1918年から1925年までフランス社会を支配した改革運動を推進させた。当時，数多くの改革者は，ファヨールの成功について知った。

ファヨールの婿，ジョセフ・オーベルチュール（Joseph Oberthür）（1872-1956）は，神経学の医者であった。志願して第94歩兵連隊に配属されていた。彼はおそらく個人的に観察したことを伝えただろう。ジョセフ・オーベルチュールは，続いて後方の病院に任命された。彼の娘，アンヌ-マリー・オーベルチュール（Anne-Marie Oberthür）は，父のそばで麻酔医の役割を果たしていた。おそらくこの病院で，1916年に頭と腿に砲弾の破片を受けて負傷したロベール・デゾーブリオ（Robert Désaubliaux）と知り合ったと思われる。彼らは1917年に結婚し，ロベール・デゾーブリオはファヨリズムの運動に入っていった。

 ファヨールの他の家族のメンバーも動員された。彼らもまたファヨールに情報を提供しただろう。特に，彼の甥で，製鉄所の視察の業務に配属されたアメデ・ファヨール（Amédée Fayol）は，そうだろう。この業務では，製鉄産業と補給部およびに兵站部の国務次官からの注文と調整を担当していた。

 歴史的な研究は，当時の人々がどのように感じていたかを再現してくれる。「フランス軍における原則と教育の欠陥は，とても高くつく。4カ月以内の戦闘で30万の人間が戦死した。（中略）英雄的に死を遂げて，繰り返して，無駄に死んでいく」[7]。比較のために，その後の戦争では，フランスの戦死者の率は月当たり2万人であることを記しておこう。

 この最初の衝撃を経て，戦争は続いた。政府はボルドーに置かれた。製鉄委員会は，1914年10月以来，政府から諮問を受けていた。戦争によって鋼鉄は不足していた。一方で，主要な鉱山と工場が占領地域にあったために，製鉄の生産は半分に減少していた。他方で，軍部は弾薬の再補給を予測していなかった。

 1917年2月5日，クノン（Couesnon）議員は，どのようなことが起きたかを説明する報告書を提出した。「戦闘行為以前に作成され，戦争で求められる必要な物資を示した一覧表では，鋼鉄が月当たりで4,300トンの量が継続して必要であるとされている。実際に毎月必要であった量は，月当たり40万トンであった。黄銅の供給に関しても同じようにわれわれは予測を見

誤っている」[8]。その結果，戦争の間中，フランスは，必要な鉄の70パーセントを輸入していた。そのうちの一部は，1896年から1906年までテイラーが働いていた企業，合衆国のベスレヘム・スチール会社から来ていた。

クノンが使っている「予測の見誤り」という言葉はファヨールの「予測」という言葉の反映であることに注目しよう。『産業ならびに一般の管理』は，そのほんの直前に出版されたばかりである（1916年末）。

鋼鉄の問題が原因で，ヴェベール（Veber），ドゥ・ジェルヴェ（de Gervais），ドゥ・ダルビエ（de Dalbiez）の他の議会での報告書が出された。ドゥ・ダルビエは1917年9月に「政府が戦争を＜徹底的に＞遂行すると決議したとき，それに続く政府は，＜勝利の確信＞をもって自らの主張を支えるために行うべき決定を取らなかった」[9]と述べている。

戦争が始まったときには，軍隊は，経済活動の手段として，財産，人員，工場を徴用する可能性を伝えていた[10]。国家は直接的に輸送，金属の生産，輸入に介入していた。国家は兵士の供給を確保するために，農業生産を監視していた。後方における軍部のこのような細かい，官僚的な介入は，おそらく人々をいらいらさせていただろう。

しかし，徴用は生産を麻痺させていた。1915年末，生産を刺激するために，軍管区[11]に経済活動諮問委員会が，各県[12]には分科委員会が設置された。これらの委員会は，兵站部の地方の責任者と有力者を招集している。委員会の公的目的は，生産を支援する手段を提案し，軍事的に必要なものへと生産を振り向けることにあった。実際，これらの委員会は，軍事的官僚機構に少し油をさす役割を果たしていた。助言を与えることで，個別の状況に介入した。とりわけ，商品の輸送と事情に応じた徴兵猶予を取り扱った。

経済活動諮問委員会は，ある種の安全弁であった。補給部と兵站部の国務次官のもとにいる調整役，ティエリ中佐（Thierry）は，これらの委員会が苦情のはけ口になる危険を感じていた。配置に関わる通達で，彼は，「委員会は，批判という仕事を行うべきでないことを忘れてはならない。そもそも，たいていの場合，委員会には批評という要素は含まれていない」[13]。

コマントリー・フルシャンボー・エ・ドゥカズヴィル社の観点からいう

と，国防省が主要な顧客になったので，戦争は絶好の機会であった。まず，アンフィーの工場だけが1913年には防具[14]や海軍の砲弾を軍隊に供給した。工廠は，直接的に武器や弾薬を製造していた。クルーゾのシュネーデル社は，また大砲の重要な供給元であった。戦争の間，ファヨールの企業は，堡塁のための杭，レール，枕木，大砲の筒，塹壕のためのはしご，砲弾を作っていた（1914年末にはモンリュソン工場で2万5,000個の砲弾の注文）。

アンフィーのエンジニア（あるいは，労働者，彼らはそのことをまったく知らなかったが）は，それを利用する人にとっても危険な戦争のための兵器を製造していた。「キリギリス」と呼ばれる擲弾筒（てきだんとう）が重要であった。兵器は機械的に動かされる。1.2kgの擲弾が125メートル飛ぶ。演習場で使用するのはそれほど複雑ではないが，塹壕では別の問題があった。留め金が砲兵の手元で破裂しがちであった。この生産は，1917年に中止されている。

動員のために工場は空になっていた。ファヨールの工場は，1914年8月に閉鎖された。それに，顧客からの注文がなくなった。鉱山だけがのんびりと仕事を続けた。

軍隊からの注文に対して供給するために，労働力を見つける必要があった。軍当局は，急場をしのぐ方法を見つけた。ファヨールは，彼の工場でアフリカ，ベルギー，スペイン，イタリア，ポーランド，ギリシャ，中国人の労働者まで雇用した。複雑な政治状況のなかで，兵器の製造に必要な専門の労働者を前線から帰還させることに取り組んだ。免役除隊者，負傷者を雇った。若者の入隊延期を願い出た。囚人を労働させた。戦争は，人員の不足が続く期間であった。

長期間で計算すると，軍隊からの購入は，利益を出すために十分なものであった（以前は2.7万フランの利益が3万あるいは4万フランとなった）。ファヨールは，思い切って砲弾の価格を8％引き下げた。彼はこのことによって軍隊の補給の業務についていた補佐官，アルベール・トマ（Albert Thomas）に感謝されている（1915年11月18日のCA）。会社の経理課は，国防省[15]に一目置かれていた。

軍隊は，難しい顧客であった。時には，品質をコントロールするという口実で，製造を破棄した（1915年8月11日）。また，受領をするための軍のコントローラーがいないために，超緊急の配送が待たされた（1915年6月9日）。その他にも，軍からの注文がないこともあった（1915年7月28日）。ドゥカズヴィル工場の合併に関する報告書は，産軍協同[16]の難しさの足跡をとどめている。

　ピークは1915年7月に到達していたに違いない。1915年7月15日の取締役会で，ファヨールは，この緊張感を提起している。「砲弾のための円形物の供給は，ドゥカズヴィル製鉄所が軍当局から課せられた技術的な条件下で圧延しているが，紛争をもたらし，軍当局が考慮すべきとした注意点に基づいて提示された方針に従うようにとされた」。翌月，彼は，「軍当局によって課された条件下で砲弾のために円形に圧延することから生じた紛争は，製鉄所側が完全に満足できるように解決された」と付け加えている。技術的な問題点は，砲弾に帯金をつけることに関わっているに違いなかった。この小さな紛争では，産業側が軍隊に対して勝利した。

　こうした日常的な悪い関係が，おそらく，ファヨールの著作に影響を及ぼしたと思われる。

　とりわけ，戦争はファヨールが立てた計画を阻んだ。ファヨールは，東部（ムールテ・モーゼルにあるジュドルヴィル鉄鋼山）と北部（ランス側にあるポンタ・ヴァンダン製鉄工場）を再編成しなければならなかった。この2つの施設は，前線の反対側にあった。1914年11月19日，取締役会は，「依然としてジュドルヴィルとポンタ・ヴァンダンについては何の知らせもない」と不安を表明している。6500万フランの投資が何も生産できていないことになる。1916年3月26日，ファヨールは，株主に対して「戦争である以上，ジュドルヴィルがある前線地域で戦闘が続けられていることを見守る覚悟ができていた。ポンタ・ヴァンダン製鋼所がある炭田への侵攻が引き起こされることを予測するのは困難な一連の出来事であるに違いなかった」[17]と述べている。

　全般的に，ファヨールは，軍隊が戦争と物資補給を遂行する能力がないこ

とを確認する多くの機会も経験した。『産業ならびに一般の管理』とこうした日常生活との間には相互作用が存在している。1914年4月6日には，また，ファヨールは，82ページの囲み記事1に記載されているテキストを書いている。この同じ日に，取締役会を開催して，彼の補佐と他の2人の経営幹部に固有の機能について詳細に説明している。さらに，同じ日に，株主総会の議長を務めて，「したがって，製鉄の方法における根本的な変化がロレーヌ地方の豊かな鉱脈に基づいて力強い冶金工業の創設と発展を引き起こしてきたにもかかわらず，産業のやり方で，予測に基づいて，皆さんの会社を存続させてきたはずです。われわれは侵略された地域には設備を所有していないが，パ・ドゥ・カレーとムールテ・モーゼルにわれわれが所有する重要な利権のために，われわれはそこで戦闘による直接被害を受けている」と宣言している。

したがって，戦争は，『産業ならびに一般の管理』を出版したときにファヨールの生活のなかに完全に存在していた。彼がわれわれに差し出したテキストがそのことを語っている。このコンテクストを心にとめて，彼のテキストを読み返さなければならない。

(2) **ファヨールの公表された著作における戦争**

「戦争」という言葉と軍事に関わる語彙は，たびたびアンリ・ファヨールの出版物に登場している。ファヨールがこのテーマをどのように扱っているかを見ることは興味深い。初めに，『産業ならびに一般の管理』という標準となるテキストから見ていくことにしよう。

① 『産業ならびに一般の管理』における戦争（第1部と第2部）

『産業ならびに一般の管理』というテキストは，直接的には戦争について語っていない。「戦争の教訓」という第4部のタイトルだけが歴史的なコンテクストを想起させる。しかし，それはアナウンスでしかない。しかしながら，より詳細な言及は存在している。

ファヨールが保全的機能について「それは，指導者の監視の目であり，未

発達の企業における番犬であり，警察であり，国家における軍隊である」(p.7)と語るとき，軍隊が名指しで引き合いに出されている。メタファーなのか，例示なのか。このテキストでは疑問が残る。

　この論文の最初で引用したテキストの最初のフレーズ (p.1) は，ファヨールが自らの考察をいかに一般化しようとしているかを示している。全ての組織を考察しようとする意思は，他の箇所でも見受けられる。「すべての人間の集まり，工業でも，商業でも，軍隊でも，家族でも，国家でも，命令の二重性は，ときには重大な，コンフリクトの永続的な原因である」(p.29)。フォッシュ (Foch) が戦争の終結時に獲得した全ての同盟国軍の命令の統一に向けた展開を思い起こさざるをえない。この命令の統一は，1916年にすでに宣言されている。

　さらに，戦争は，管理機能の働きで動かされる。「商業，工業，政治，宗教，戦争，慈善のいかなるものが問題であれ，あらゆる事業において果たすべき管理機能が存在する」(p.46)。

　それから，軍隊は，数学に対抗するキャンペーンにおいて同盟関係にある。「軍隊の責任者と同じように実業家にとっても，いつでも単純な比例算で十分である」(p.92)。そして，自らの議論を補強するために，ファヨールは，軍事大学校の学長であるメラール将軍 (Maillard) を引き合いに出している。「＜単純な比例算でこれまで十分であったし，作戦の流れで現れうる問題を解答する際に関連する計算のためでも，比例算で十分であろう＞。このように，産業における責任者と同じように軍隊の責任者にとっても，単純な比例算で十分である」(p.97)。

　こうした暗示は，控えめなものにとどまっている。戦争の現況に関しては，実際には何も述べられていない。「フランス国民は，先見の明がある。しかし，政府はそうではない」(p.60)。ファヨールは，注で「このことは，ずっと以前に書かれている。《戦争の教訓》と題された章で，最近の出来事から私が触発された考察を述べてみたい」と付け加えている。

　このことに関して自ら語ることを禁じていると同じように，兵役に関しても沈黙を守っている。「兵役の問題が残されるが，ここでは検討すべきでは

ないと思う」(p.100)。ファヨールは，自分の意見を示していない。

テイラーの概念を拒否して，機能的な仕事を記述しようとするときには，軍事に関わる語彙が現れる。ファヨールは参謀本部について語っている。「参謀本部とは，将官には欠けているだろう力，能力，時間を備えた人々の集団である。（中略）軍隊では，こうした人の集団を参謀本部と呼ぶ。私は，これよりも好ましいと思われるものがないので，この名称を使ってきた」(p.73)。

ファヨールが「連結の役割」について語るときには，また軍隊の言葉が姿を見せる。ファヨールは，調整のために，各部局の責任者が週ごとに会議を開催すべきことを説明している。「しかし，会議が開催されるためには，距離やその他の不可能な事柄のために各部局の責任者が集まることができないということがないようにする必要がある。単に難しいときには，会議の間隔を変えることもできる。不可能な事柄がある場合には，可能な手段として連結役による会議によって補わなければならない。（中略）一般的には，連結役は，参謀本部によって果たされる。」(p.118)。

ファヨールは，どのような不可能性を考えているのか。最も可能性のある仮説は，この言葉によって支持されるように，軍隊における管理原則の適用に関連する。戦場では，どのようにして将校の会議をもつことができるだろうか。情報システムは，その場しのぎのものである。もう電話はあり，徒歩で塹壕を移動する伝令がいる。企業や軍隊を含めて，一般理論を構築しようとする意思がそれへの適応を提案することを導く。しかし，容易に理解できるように，調整のための連結役は，対面的な集まりに比べると，効率がよくない。

テイラーとの論争において，軍隊は，数学教育に対する戦いにおけると同じように，議論の中心をなしている。ファヨールは，機能的ハイアラーキーを推奨している『工場管理』の一節を（77−79ページ）引用している。テイラーにとって，8人の職長は，それぞれの仕事の観点から，労働者を監督しなければならない。テイラーによると，「軍隊型組織を破棄すること」に至ることになる。ファヨールは，命令の統一を破棄することは不可能である

と議論している。ファヨールの読者と共に，彼は，戦場での結果を知っている。2人の思想の間には大きな不一致がある。軍隊の場合も含まなければならないのだから，彼の管理原則を一般化するという名目で，ファヨールは，機能的権限に対して異議申し立てをしている。

　この原則の立場が，ファヨールをテイラー主義者から引き離している。彼は，彼の固有の一節「管理の教義を作り出さなければならない」（p.50）を重大なものと考えていたのだろう。そうするためには，観察と経験をよりどころにしなければならない。単一なものであれ，多様なものであれ，この命令に関するテーマは，具体的な研究を通じて到達できる実り豊かな領域である。今日においても，機能的管理あるいはマトリクス構造の具体的な働きについては十分に理解できていない。

　したがって，1916年のテキストでは，軍隊については挿入的に語られている。戦争は，企業と同じ資格で，管理の教義が確立された実験的な領域であり，それを適用する分野をなしている。

② 1916年以後にファヨールが刊行した著作における戦争

　1917年，ファヨールは同じ態度を維持している。「多くの管理上の誤りが犯されたことは，広く観察され，反省され，目撃され，あるいは目撃されたと信じられている」[18]。1917年においては絶えず，彼は，「われわれの軍事的，産業的な劣勢は，ただわれわれの政府の管理上の弱さの結果以上の何ものでもないことをわれわれは理解していない」[19]と繰り返している。しかし，彼は，それ以上は行っていない。

　1923年，ファヨールは，軍事大学校で講演を行っている[20]。彼は，確かに長い間そうすることを待ち望んでいた。そして，彼の考えを熱心に表明した。彼は，ある軍人との衝突について言及しながら，話を始めている。「ある人が私に言うには，軍隊の指揮官には，＜管理＞という言葉は一般的に好感をほとんど呼び覚まさない」。そして，1900年の講演では，「産業界の関心を引きつけたが，外部では何の反響もなかった」ことに触れながら，話を続けた。この「外部」には，おそらく軍隊も含まれるだろう。

ファヨールは,『産業ならびに一般の管理』においても同じ立場を取っている。「経験から確認されるように, この原則は, すべての産業上の企業に有効に適用することができる。(中略) ベルギーでは, 政府が国防省にこれを適用している。この原則は軍隊でも同じように適用可能であるとフランスの権力機関が宣言すれば, この原則が特に強化されることになるだろう」。

ここには, ファーヨリズム全体の誤った循環が見出される。教育によって若い人を, あるいは, しかるべき地位にある責任ある人を説得すること。前者から後者へあるいはその逆に, しかし, それでは決して着手することに成功しない。

こうして, 遠慮がちに歴史に準拠するようになる。「＜管理の教義＞から離れるようになると, ＜指揮の統一＞がその例として取り上げられるように, 厳しい結果を被ることになる。指揮の統一は, 戦争の当初見受けられなかった。それは, 管理の教義に対する違反である」。

このように, ファヨールは, 時間とともに自然と訂正される原則からの遊離について複雑な説明に乗り出している。1918年の勝利者の過ちを, この軍隊の将来的な枠組みより以前に解釈をするということは, ファヨールにとってかなり難しいことであった。いずれの場合にも, ファヨールは, 軍隊の指揮官の栄光や利点について, 一言もポジティブな言葉を語っていない。戦争の間は, ファヨールは, 軍隊組織に対して留保している。勝利の後, ファヨールはいかなる陶酔にも浸っていない。

(3) 戦争に関するファヨールの未発表の著作

発表されたものにおいては, ファヨールは, したがって慎重である。(第5章に所収された)『産業ならびに一般の管理』の第3部で,「戦争」という言葉は11回記載されている。その時期を指し示したり, 工場が完全に軍隊のために生産をしていることを言ったりする以上に戦争について語っている。

ファヨール寄贈蔵書には, また「戦争の教訓」[21]と題された原稿が見出される。この文書は,「囲み記事1」に漏れなく転載してある。ここには, 話の辛辣さを見て取れる。その続きを十分想像できる。著者は, 自らの大胆さ

に恐れをなしたのか。自ら検閲したのか、あるいは周囲の意見を待ったのか。

今日われわれに入手されたこのテキストは、1898年のテキストのなかにその反響を見て取れる。これは、ファヨールの「管理問題」に関する考えが初めて記された足跡である。このテキストは、その以前の戦争について語っている。

　私が確信していることであるが、もし、現実の工業上、商業上のわれわれの劣勢の原因がわれわれの軍隊を1870年の敗北に導いたものと同じ原因であることが本当であるとすれば、あるいは、そういってよければ、30年以前に戦場で彼らを勝利に導いた同じ理由で、わが隣人が産業の分野でも成功しているとすれば。この研究の重要性は、私自身にとってそうであるように、全ての人々にとってかなりなものであると思われる。わが軍人たちが軍隊を再建しようとする間、産業人であるわれわれは、スダン〔訳者注、普仏戦争の激戦地〕における結果以上に有害な結果をもたらすような敗北を回避するように努めている[22]。

愛国主義が鮮明で、批判も痛烈である。1870年の敗北から生まれた感情は、それによって管理研究の重要性を考えさせる頼り所とするために、十分に大衆に共有されるべきものとファヨールによって見なされている。そもそも、ファヨールは、（産業における）企業の管理と（全体的な）国家機関における管理をパラレルに考えていた。

囲み記事1　『産業ならびに一般の管理』の第4部の最初（下線はファヨール）

1916年4月6日
戦争の教訓

　フランスの兵士は、最も傑出した忍耐力、驚くべきエネルギー、比類なき勇気を示していた。
　国民全体は絶対的な忠誠がささげられている。
　誰もがわれわれ市民の知性を疑うものはいない。

> わが国にはとびきりの人材があることを知っている。
> こうした人々，こうしたエネルギーの源でもって，全体的な組織が個々人の価値と同じ水準にあれば，わが国に何かできないことがあろうか。
> ところが，われわれはびっくりしている。何も準備ができていなかったから。急いで，いわば，あらゆる領域で最大級の犠牲を払って，組織しなければならなかった。
> 計画も何もなかった。
> なぜか。
> 組織，計画・・・は，経営者によって行われ，彼らにしかなしえない。それでは，能力のある経営者がいなかったのか。
> まさしくその通り。
> 私は「知性のある」とか「教養のある」とは言っているのではなく，能力のあると言っている。
> なぜ，統治し，備え，組織し，事情に通じ，献身を引き出し，信頼を抱かせる術を知った・・・能力のある人々が国のトップにいなかったのか。
> それは，国民が経営者にはどのような特質が要求されるかを知らないからである。国民は，雄弁，数学，選ばれた特質・・・が管理の能力を与えると信じている。大きな誤りである。
> （この原稿のページにこの印刷物の全体が含まれている。この印刷物から，二重に折られた紙片が引き裂かれている。）

　ファヨールの子孫は，ここで転載されているような「戦争の教訓」の最初のページに直面して，ここにはよく家族的な祖国愛を伴う考えがあったことを証言している。ロベール・デゾーブリオは，3人の息子に，3人全てが2000年まで生存しているのであるが，現場目撃者に共通する第1次世界大戦の思い出，つまり，敵と同じように指揮官が責任を負わされている殺戮について書き残している[23]。その時代の私的書簡には，しばしば同じような考え方が表現されている。

　ファヨールが軍事的責任者に対して抱いている惨めな評価は，例外的なものではない。ムーズの上院議員であるシャルル・ウンベール（Charles Humbert）は，軍事委員会の報告者であった。1914年7月13日に，彼は，

軍隊の装備における例外的な予算に関する法律に対する見解を示している。彼は，担当大臣に対して厳しいけん責を行った。それは，数多くの実例に基づくものであっただけに説得力のあるものであった。彼は，予算を有利にするには，その案が不十分で遅きに失するものであるとした。彼の結論は，少なすぎで，遅すぎというものである。「われわれに要求されている予算は，ドイツの予算と比較して，絶対的に明らかな劣勢と軍事的な設備の極端なほどに危険な劣勢からすれば，必要なものである。そして，この劣勢をばん回するためには，この予算ではまったく不十分である」[24]。この演説は，スキャンダルを巻き起こした。

政府は，もはや何をしたらいいかわかっていなかった。陸軍大臣であるアレクサンドル・ミルラン（Alexandre Millerand）は，2年半在任している7代目の大臣で，軍隊の人員が「献身的に努めていること」を擁護した。しかし，彼は，回答する際には，譲歩を強いられている。「責任があるのは，軍の事務局員ではない。機構に欠陥があり，複雑すぎる。根本的な再構成を進めることは避けられない。（中略）現実の行政機関は，必然的に無視されているが，あまりに細かく切り分けられた独立の部門に分割されており，そのようなものとしては存続できない。それを改革する余地がある」。アレクサンドル・ミルランは，それからファヨールの考えに注意を払っている。

戦争の期間中，シャルル・ウンベールは，彼が上院の議席を得て以来，軍の行政機関を批判し続けていた。1918年には，ポアンカレ（Poincare）が彼を裏切り者として追及した[25]。彼は，1919年に軍事裁判で無罪放免されるまで投獄された。表立って軍隊に対する批判を表明することは危険であった。

したがって，仮説を立てるとすれば，ファヨールは，慎重にある種の自己検閲をかけて，戦争に対してはあまりに辛辣な考えを表明することを回避していたということになる。当時，彼は，口頭で他の人々に話をしていたのである。

(4) 戦争についてのファヨールの弟子の著作

ファヨールは，次の2人の顔面負傷兵に対して話をしている。義理の息子であるロベール・デゾーブリオ，それから，砲兵隊の少尉で，傷痍者で，サン・テチエンヌ鉱山のエンジニアであるルイ・ドゥ・ミジョーラ（Louis de Mijolla），彼はアンフィーで責任者の1人になっている。1917年の『鉱山協会誌』では，彼らは，「前線における管理」を取り扱うために32ページを費やしている。

ルイ・ドゥ・ミジョーラ（1917）は書いている。「戦争の教訓が軍隊の規則に対してある修正を課している。多くの予備役の将校は，実戦から学ぶことで，彼らには最初から指揮官は1人であるのは明白であると考えていた。（中略）陸軍少将は，その命令のもとに砲兵隊をもっているわけではないし，工兵中隊をもっているわけではなかった。砲兵大佐は，砲兵部隊を指揮する将官に従属していた。このことから，戦闘における布陣，発砲，連合部隊に関して対立がしばしば発生した。それは，二重の命令に従うことによって，部隊と戦闘に最も深刻な影響を与える対立である」。

ルイ・ドゥ・ミジョーラは，注でこうした対立の具体的な例を挙げている。「命令の統一が師団で確立されるためには，1915年末まで待たなければならなかった。（中略）1916年4月には，飛行機に乗って着弾観測将校が砲兵の特別編成部隊に入り，陸軍少将の命令の下で，ある地点まで動かされた」。

軍隊に対する批判は，その欠陥が修正されたことに気づくと緩和されている。しかし，全てとはいかない。ルイ・ドゥ・ミジョーラは，「軍隊の規律に関する欠陥，個人の価値を犠牲にした階級章の過度の重視，能力と自発性を十分に活用できず，軽視すること，そして，長い休職期間が戦争の前に軍隊をまったく機能しない機械にしてしまい，その結果，生まれるあらゆる誤りを，強調することが私の役目ではない」と続けている。

祖国のために自分の足を失ったものにとっては，ファヨールなら言えないことを自らに禁じることは難しい。ロベール・デゾーブリオのテキスト（1917）は，もっと興味深い。それは，傷の治療中で，まだ動員解除されていない陸軍中尉によってなされた講演である。この講演は，将校として養成される以前に前線に出ることになっている若い陸軍少尉候補生に対するもの

である。この講演は，軍隊に伝統的な警句と戦うために，それらを非常に活き活きと取り上げている。伝統的な回答は，「知りたくもない。どうでもよい。何とかしろ」(p.343)。

ロベール・デゾーブリオは，より詳細に述べている。「後方と同じように前線で，しばしば地位の軽いものによって責任が取らされている。そして，＜知ったことか，言い訳しろ＞というよく知られた格言が日々実行されているのを見てきた。この決まり文句は，いくらか碑文のようであるが，役人の世界で多くの信奉者を数える。おそらく，軍隊においても同じことであろう。自らの行動，それがどんなものであれ，言い訳をしたということで，規定にかなった紙一枚に基づいて，責任は免除されると思い，そう信じているのである。しかし，そんなことはない。敵を前にした責任が問題になっているとき，これは重大な過ちである」(p.333)。

新しい将校を養成する会議において表明されたこうした批判は，疑いもなく勇気と愛国心を示した負傷した英雄によって表明されたという限りで，戦争中でも受け入れられた。

ファヨールの考えは，『産業ならびに一般の管理』の要約を軍隊という枠組のために作成した軍人たちに非常に好意的に受け止められていた（ブルソー (Bursaux), 1919)。確立された軍規において，ドゥ・プイドラガン (de Pouydraguim) 将官は 1920 年に「われわれの命令は，にわか仕立てで十分に準備されていない作戦という高い代価を払うことで経験から学び取り，戦闘というプロセスを通じて，継続的で次第に詳細化される命令において，大規模な攻撃を始動させる以前に実現すべきすべての条件が体系化するように修正された。こうした命令のなかで，最も完璧なものとしては，1917年 10 月 31 日のものがある（今まで極秘扱いであったが，少し以前から一般にも公開されるようになった）。（中略）これらを読むことは，われわれに関わっている観点から非常に興味深い。というのは，そこには，時間とコストについて最良の状態にもっていくことが問題になる産業と同じように取り扱われた軍事作戦を見ることができるからである。（中略）実現すべき駆け引きは，軍事の分野と同様に産業の分野にも見いだされ，工業あるいは商業に

おける経営者は，戦場における指揮官と同じように，経済という場で自らの力量を示している」と書いている。この将官は，ファヨールの義兄弟との協力者である。彼は，2人の息子を戦闘で亡くしている。彼自身が戦争の初期に負傷している。

　1920年のヴィルボア（Wilbois）とヴァヌクセム（Vanuxem）のテキストは，『産業ならびに一般の管理』を正当に注釈したものである。にもかかわらず，このテキストは，示唆のあるフレーズで始まっている。「戦争の開始以降，われわれは，方法，規律，体系化，組織についてしか語っていない。こうした言葉に基づいて，われわれはめったにこれらの考えを正確に使っているわけではない。しかし，これらの考えは強く望まれるすべての現実に対応していることを感じている。なぜなら，こうしたことを知らないために，われわれの勝利は遅れ，多額のお金と多くの人命を浪費してしまった」。

　1914年の戦争の経験から引き出されたこれらのテキストには，管理機構の一般性とそれらの軍事に対する個別的な適用に関するファヨールの思想との連続性が表れている。戦時下では，彼は，軍事上の状況の立て直しに貢献しようとした。そして，この貢献は，単に大砲や砲弾を製造するということだけでなく，大規模な組織構造の管理に対する理論的な貢献でもあった。

＊＊＊

　このように，1916年における『産業ならびに一般の管理』の出版は，『鉱業協会誌』の要望と1898年以来から強く感じ取り，1900年および1908年には表現されもしたファヨールの欲求が合致したものとして理解することができる。この欲求は，企業と軍隊，あるいはより一般的には国家の部局に関するものであった。戦争とそれから始まった崩壊は，こうした欲求への感覚を強めさせた。『鉱業協会誌』の編集上の状況は，ファヨールに彼の考えの土台を得ることを可能にさせた。ファヨールはそれらの考えを一般的なやり方で提示し，傷痍者や軍人を通じてこれらの原則を軍隊において適用するように表明させたのである。

　フレデリック・テイラーとの知的な競争も，おそらく1916年の出版へと収斂させた理由として付け加えることができるだろう。

3．テイラー主義者との対立

(1) 賭け金

　テイラー（1856－1915）とファヨール（1841－1925）は，同時代人である。彼らは，同じようなキャリア，産業における経験，生産に関する科学的アプローチ，それから，組織的アプローチを共有している。この平行関係は，彼らを協力へと導くこともできたであろう。この平行関係は，フランスにおける彼らの弟子たちの分断と混乱の原因となった。

　ファヨールとテイラーの対話は，行われていない。ファヨールが出版をしたときには，テイラーは亡くなっている。応答は可能ではなかった。ファヨールは，『工場管理』を1913年の翻訳で読んでいる。彼は，生存しているときのテイラーに対して応答することもできた。論争は，1916年以降，間に入った弟子たちによって行われただけである。

　戦いは，本式のものではないが，その時代における著作からも感じ取られる。賭け金は，何よりも知的なものであった。企業への管理的アプローチは，（テイラーが行ったように）労働者の生産活動を特別扱いすべきなのか，あるいは，（ファヨールが強調した）階層構造における機能を特別扱いすべきなのだろうか。賭け金は，また産業に関わるものであった。企業の改革は，何よりも生産的な部分でなされるべきことなのか，あるいは構造における諸要素の調整によってなされるべきなのか。

(2) 先行性をめぐる論争

　ファヨールは，非常にしばしば1861年から自らの管理の理論を構築してきたことを強調している。「私は，管理に関する本を10回書いている。私の最初の覚書は，1861年である」[26]。管理原則に対して考察した最初のテキストは，1898年である。そのテキストは，フレデリック・ブランパン（Frédéric Blancpain）（1974）によって転写されている。点在する手書きの覚書から，彼の考えが次第に練り上げられていることが見て取れる（第6章を参照のこ

と)。しかし，例外はあるものの，一語一語再生されたテキストとしては見出すことはできない。作成自体は，『鉱業協会誌』の求めに応じて1915年におそらくなされたのであろう。第3部と第4部は，公表されてはいないが，1916年という日付が確実に記されており，1908年の講演のテキストの一部が採録されている。

この先行性を記す努力は，テイラーとの競争のためから来ている。1907年の『金属学雑誌』に出版された『工場管理』のテキストは，アメリカ版では1902年という日付になっている。テイラーの『科学的管理の原理』という本は，1911年である。それは，フランスでは1912年に翻訳されている。ファヨールの啓蒙的な著作，『産業ならびに一般の管理』は，その後のことである。フランスにおけるテイラーの著作の成功は，ファヨールに彼固有の考えについて出版することが重要であると思わせた。

(3) テイラー主義者

アンリ・ルシャトリエは，フランスに登場したテイラー主義を支援している。彼は，1904年に創刊した『金属学雑誌』を推進していた。金属の裁断についてテイラーが行った1906年の講演が，1907年にはそこに掲載されている[27]。次に，彼は，テイラーについて知っている全てのこと，ベルトに関する1893年の論文[28]，工場管理に関する1902年のテキスト[29]を公表している。それから，ルシャトリエ自身[30]による注解と支援の論文が出されている。

ルシャトリエは，ファヨール（1850-1936）よりも少しだけ若い。彼は，学業で抜きん出ていた（理工科学校の首席入学生）。彼は，理学博士に合格して，コレージュ・ドゥ・フランスで教鞭をとっている。4度目の挑戦で，1907年には科学アカデミーに選ばれている。科学に関する出版物は，数え切れないほどある。

ファヨールとルシャトリエの間にどのような関係があったかはわからない。ファヨールが1918年に科学アカデミーの候補者[31]となったとき，彼は，おそらく予備選考委員会の委員長をしていたルシャトリエを訪問しているはずである。しかし，それはまったく確実ではない。ファヨールは選ばれな

かった。

　ある実業家たちは，テイラー・システムを擁護している。とりわけ，自動車産業においてはそうである。ジョルジュ・ドゥ・ラム（George de Ram）は，1907年からルノーにテイラー・システムを適用しようとしていた[32]。1913年からミシュラン（Michelin）は，テイラーを賞賛するパンフレットの発行に財政的な援助をしている。

　この思想上の戦いにおいて，『産業ならびに一般の管理』の出版は，不可欠であった。ファヨールは，かなり以前から自らの考えを温めていた。彼は，それらをまとめて，広めなければならなかった。そして，ファヨールは，テイラーの時間計測については受け入れるものの，構造に関する機能的な考え方については批判を加えながら，テイラーについて語ったのである。

　したがって，こうした一連の動機がファヨールに彼の「原則」を公表しようと促したのである。時代は，改革の思想を受け入れるのに好ましいものであった。しかし，こうした時代が過ぎると，ファヨールの思想は忘れ去られてしまった（S.リアル，1977）。

4．戦　後

　以上の考察の結果，1916年の『産業ならびに一般の管理』の出版には多くの理由が発見できる。
　① 16年間存在した原則（あるいはこのテーマに関するファヨールの最初の手稿が記された1898年まで遡れば18年），
　② 無償の執筆者が技術的な論文を書く時間的余裕がないときに発行を続けようとした『鉱業協会誌』における情勢上の要望，
　③ 1914年の軍事的敗北によってファヨールが公徳心から国家に対して関心を深めたこと。軍隊に対する議論はタブーであったが，軍隊について絶えず考えている。戦争は目の前にあった。ファヨールは，名誉ある将官を前に軍隊について語り，その情熱を他の国家的に事業である郵便とタバコ製造に振り向けた，

④　ファヨールがフランスにおけるテイラーの思想の普及に対抗しようとしたこと，そして，そのことによって自分の独自の考えを発表しようと刺激されたこと。

　こうした情勢が，1916 年から 1925 年まで，ファヨールの思想が広く普及する条件を形成していた。この同じ時期に，テイラーの思想はかなり具体的な成功を収めている[(33)]。この 2 つの考えは，戦争がフランスに呼び起こした漠然とした改革者によって取り上げられていた。こうした動きは 1925 年には息切れする。ファヨールは，国家の管理に変化をもたらすことはなかった。産業の専門家という外部的立場では十分な力を国家に対して及ぼせなかった。ファヨールは，かなり痛烈に批判していた社会に対して助言する指導者になりえなかった。

　挫折の第 2 の理由は，おそらくファヨールの弟子たちの特徴からも由来するのだろう。彼らは，ファヨールの企業のメンバーか，ファヨールが雇用した人員（キャルリオズ，ドゥ・ミジョーラ，ヴァヌクセム，レヴェック・・・）である。また，彼らは，ファヨールの家族のメンバー（ロベール・デゾーブリオは義理の孫である）である。ときには，彼らは，同時に 2 つの理由の恩恵を受けている人たちである（彼の孫であるアンリ・オーベルチュールは，商業部長の娘であるレネ・キャルリオズ（Rénée Carlioz）と結婚している。義理の甥であるクロード・ムゲ（Claude Muget）は，彼の補佐になってから，コマントリー・フルシャンボー・エ・ドゥカズヴィルの社長を引き継いでいる）。ファヨール主義者のサークルは，エンジニアと企業の責任者の世界を越えて広範に広がることはなかった。しかし，この事実は，原因であるというよりもむしろ挫折の兆候である。

　1925 年から明白になってきた挫折の理由は，おそらくファヨールの思想を引き継いで，それらを企業に適用するための組織がなかったことから分析されなければならない。ファヨールは，テイラー協会がテイラーの考えを確立しえたようには，専門的な学術機関といっしょに，彼の考えを結びつける仕事をしなかった。

　ファヨールの理論の今ひとつの難しさは，それを適用する点にもある。

「管理原則」は，とりわけ経営者に関係する。改革しなければならないのは，経営者の行動における彼ら自身である。ところが，経営者は，また経営コンサルタントの顧客でもある。経営者にはその能力のなさを示すことなく，その能力に合わせた給付で売り込むためには多くの才能を必要とする。主に処方する側にある人は，自らがそこに巻き込まれることをめったに望むものではない。

　最後に，ファーヨリズムは，観察された事例をその現場の生活で解釈することで，科学的であろうとする特質をもっていることを付け加えておこう。この実験的アプローチがテイラー主義のアプローチを近づけた。しかし，テイラー主義におけるようなこの科学的意向は，急速に消えてしまった。ドグマティズムがこの2つの思想の流れにおけるその後の展開を支配して，不毛なものにしてしまった（本書第12章を参照）。

　1900年と1908年に発表された思想は，道を閉ざされてしまった。1925年の講演に，その足跡がある。ファヨールを記念した祝宴の際に，当時，ザール（Sarre）鉱山の責任者であったサン・クレール・ドヴィル（Saint Claire Deville）は，1900年と1908年の講演の受容を語っている。「皆さん，私には，管理科学の指導者，創設者が始めてその教えを示されたときに，うわべだけの，あるいは単に懐疑的な人々の口元にある微笑がよく見えました。その教えは明快で，もっともだと思われ，よくわかっていることだと・・・，そうです・・・，しかし，実際にはほとんど適用できないのだと」(Verney, 1925, p.82)。

　1916年以降，改革の熱狂は，「管理原則」の弱点を忘れさせた。1925年には，諸条件は，もはや有利なものではなくなった。この理論は，実験的な基礎から切り離されてしまったのがよくわかる。事実の関係は，全ての管理理論にとって本質的なことである。ファヨールは，われわれに対して，逆に，根本的にそのことを教えてくれるのである。

注
(1) この章の以前のバージョンは，Le *Revue Française de Gestion*, septembre 2001, N°136, pp.121-134に発表されている。

(2) *Administration indutrielle et générale*, p.1（佐々木恒男訳『産業ならびに一般の管理』未来社，1972年）．
(3) この会議の未発表のテキストは，本書第6章に掲載してある．
(4) *Le Bulletin de la Société de l'Industrie Minérale* は，1855年からしか発行され始めていない．
(5) Dossier de Légion d'Honneur de Henri Fayol, 1913, Archives Nationales, cote AN L0950016.
(6) Général F. Gambiez, Colonel M. Suire, *Histoire de la première guerre mondiale*, Fayard, 1968, p.186.
(7) *Ibidem*, p.216.
(8) Coueson (député), Rapport sur les disponibilités et les programmes de l'acier, 5 février 1917, Archives Militaires, cote AM 6 N 298.
(9) Dalbiz, Rapport à la commission de l'armée à la chambre des députés, septembre 1917, dactylo, Archives Militaires, cote AM 10 N 3.
(10) Décret sur les réquisitions militaries, 2 août 1914, *Journal Officiel* du 3 août 1914.
(11) Décret du 25 octobre 1915, Création des comités consultatifs d'action économique, *Journal Officiel* du 31 octobre 1915.
(12) Organisation et fonctionnement des comités consultatifs d'action économique, *Journal Officiel* du 5 décembre 1915.
(13) J. Thierry, Circulaire N°590 de la section économique aux Présidents des comités et sous-comités consultatifs d'action économique, 25 décembre 1915.
(14) 装甲板．
(15) Comptes rendus du conseil d'administration de 1914 à 1918, Archives du Monde du Travail, AN59 AQ 13, 14bis, 16.
(16) Archives de Decazeville, Archives du Monde du Travail, AN 110 AQ 49, 50, 51, 129.
(17) Ibidem, AG du 26 mars 1916.
(18) Henri Fayol, ≪ Préface à Administration Industrielle et Générale, l'éveil de l'esprit public ≫, études publiées sous la direction de Henri Fayol, *Bulletin de la Société de l'Industrie Minérale*, N°12, 1917, p.149（佐々木恒男編訳『公共心の覚醒』未来社，1970年）．
(19) Henri Fayol, ≪ De l'importance de la fonction administrative dans le gouvernement des affaires ≫, conférence faite à la Société d'encouragement pour l'Industrie nationale (séance du 24 novembre 1917), *Bulletin de la Société de l'Industrie Minérale*, N°12, 1917, p.230（佐々木恒男編訳『公共心の覚醒』未来社，1970年）．
(20) Henri Fayol, Conférence sur l'Administration industrielle et générale, 5 et 14 mai 1923, École supérieure de guerre et Centre des hautes études militaires, citations p.1, 14, 61, 63, 65.
(21) ファヨール文庫，整理番号 HF5bis DR2．
(22) ファヨール文庫，整理番号 HF4 DR4, 29 juillet 1898．このテキストは，Blancpain (1974) に転載されている．
(23) Robert Désaubliaux, *La ruée, Étapes d'un combattant*, Éditions Bloud et Gay, Paris, 1919.
(24) Débats parlementaires, séance du Sénat du 13 juillet 1914, *Journal Officiel* du 14 Juillet 1914.
(25) Charles Humbert, *Chacun son tour*, 1925.

(26) ファヨール文庫, 整理番号 HF5bis, 18 mars 1918。Interview du Docteur Mabille.
(27) *Reveue de Métallurgie*, 1907, Tome Ⅳ, pp.39-65, 233-336, 401-466.
(28) *Reveue de Métallurgie*, 1907, Tome Ⅳ, pp.576-605.
(29) *Reveue de Métallurgie*, 1907, ≪Direction des ateliers≫, Tome Ⅳ, pp.633-736.
(30) Henri Le Chatelier, ≪Le paiement des salaires d'après le système Taylor≫, *La Technique Moderne*, Tome Ⅵ, N°12, 1913, pp.449-450.
(31) Archives de l'Académie des Sciences, dossier Fayol.
(32) George de Ram, ≪Quelques notes sur un essai d'application du système Taylor dans un grand atelier de mécanique français≫, *Revue de Métallurgie*, Tome Ⅵ, 1909, pp.929-933.
(33) Patrick Friedenson, ≪Un tournant taylorien dans la société française (1904-1918)≫, *Annales Économies Sociétés et Civilisation*, 1987, pp.1031-1060.

第 4 章　ファヨールと第 1 次世界大戦

図 1　『鉱業協会誌』に半期ごとに発表されたページ数

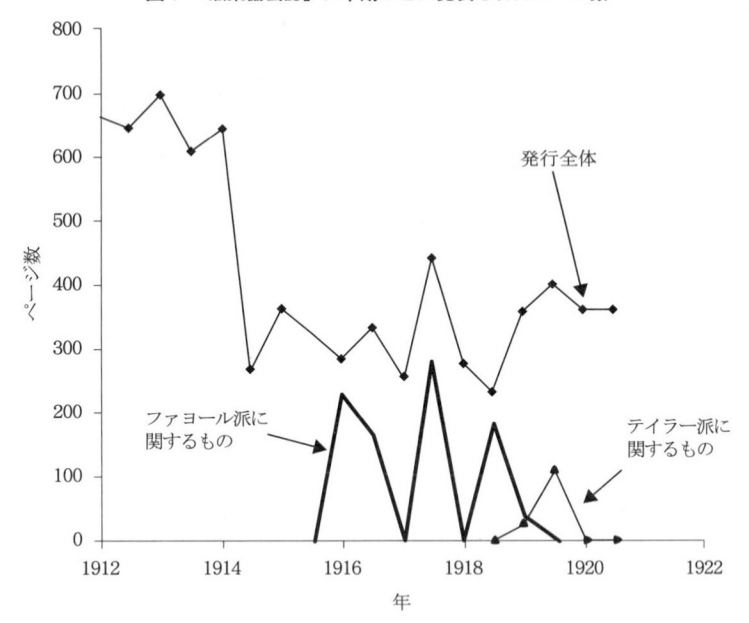

第5章
主著第3部

アンリ・ファヨール

　この研究は，私の産業人としての長年にわたる観察と実験に基づいている。その研究は私の個人的な知識の観点から始められたが，それは半世紀にわたって絶えず大きくなっていく管理責任の重さと，実験の積み重ねのなかで，増え続けてきた知識に導かれ，そして検証されてきた。それらは私の大規模鉱業事業の技術者，鉱山事業所長，社長へと続いた仕事の経験のなかで身につけられてきたものであり，それはあたかも私に任された仕事を，そして私自身の人生を貫く，一本の糸のようなものであった。

　しかし，もし早くからこのような問題について，他者からの助言が得られていたなら，これをまとめるに当たっての多くの努力や暗中模索は必要ではなく，また過ちも犯さなくてもよかったように思われる。私が，管理の訓練をやっとの思いで，そして犠牲を払いながら行っているときに，われわれが探求しているのと同じものを，ずっと以前からわれわれが探し出す以前に見出していた人たちがおり，また同様の困難を抱えながら，多くの人々が，同じような研究を行っていたと思われる。そこで見出されたいくつかの軌跡を取り上げ，それを一般化したものが管理というものの創造といえる。新任の責任者たちは，先人たちの生み出した方法を稀にしか使おうとしていないが，それは絶えず管理の場では繰り返されているのである。

　実験に基づいて確立された原理，規則，手続きは，公の議論に付すことによって，専制的な長たちであっても必要とされるし，実際にそれを獲得するには大変困難な知識の全体を若者に与えるのに大きな手助けとなるだろう。

そこに，この公刊の意図があり，私が公に発表する原理の試みでもある。ここで私は，どのようにして私が実際に活用している材料を集めたかを明らかにしよう。

1．私の管理者としてのデビュー

　私の経歴は，名前は次々と替わったとはいえ，そのすべてが同一の企業におけるものであった。その組織は，ボワグ・ランブール合資会社，コマントリー・フルシャンボー株式会社，コマントリー・フルシャンボー・エ・ドゥカズヴィル株式会社と名前を変えて，成長していった。

　1860年に，私はコマントリー炭鉱の鉱山技師としての仕事を始めた。サン・テチエンヌ鉱山学校を卒業するに当たって，必要とされる技術的知識に関しては大まかには身に着けていた。数週間後には，いくつかの部門を回復させるための経営手法を知ることができた。

　私は，少なくとも管理の第一歩への準備はできていた。

　私が鉱山の技師長になったとき，それは40歳であったが，毅然として，エネルギッシュで，鉄のごとき意志を持ち，疲れを知らず，活動的で，誠実かつ幅広い経験と権威を保っていた。

　直属の7人の部下がおり，そのうちの3人は坑夫長と古参の労働者，その1人は完全に文盲であり，それに2人の経理担当者と2人の夜勤監督であった。それに約400人の作業員がいた。

　幹部は3人の技師長と6人の部長とからなっている。

　それでは，正確には，私の役割は何であったのか。またどのように，上司に対して，同僚に対して，直属の部下に対して，そして作業員に対して接すべきであったのか。作業員の勤勉さ，やる気，献身的態度を得るには，また直属の部下の知的な協力や献身を得るにはどうすればよいのか。漠然としたこのような疑問が，時が経つにつれ，また私が仕事を継続していく過程で明らかになってきた。

　仕事を始めて数年経つと，私は従業員の採用と育成，規律と自発性，従業

1. 私の管理者としてのデビュー　109

員の政治的・宗教的自由，人間関係の自由，その他の多くの問題に，当時，関心をもっていた。

　日常的な業務と管理問題とをいかに結び付けるかという問題に腐心していた人々に，問題を限定してみよう。

　1861年5月，サン・テドモンの竪坑の第6層の馬の脚が今朝折れたので，馬を入れ替えて正常な状態に戻そうとしたが，厩舎の管理人は責任者のサインがないという理由で，そうすることを拒否した。責任者が不在だったのである。馬の取替えを行う任務には，誰もついていなかったのである。頼んでは見たが，管理人はあくまでも拒み続けた。その命令は，いわば厳格なものであった。傷ついた馬は入れ替えられず，第6層の採掘は行われなかった。

　「責任者が不在のときには，責任を負う誰かを替わりに任命しておくべきである。同じような事故について，少し述べておこう。責任者の不在ないしは都合がつかないときのために，常に代理者を前もって指名しておかねばならない。権限を持つ人は，いつも代わりにそれを行使する人がいなければならない。」

　1861年6月，私がサン・テドモンの竪坑にいたとき，サン・テチエンヌの竪坑の責任者がやってきた。彼は，私が開いた作業現場を閉める命令を坑夫長に下した。

　「夜には，報告があり，その責任者はなぜ彼がそのような決定をしたかを説明したという。その説明は，すぐにやらなければならないような，かつ緊急な事態を招くものではないというものであった。それは，命令の正しい経路を無視しなければならないようなものでは決してなかったのである。では，なぜそのようなことが行われたのか。それは習慣のようなものになっており，他の部門でも，よくそのようなことが認められていたのである。それは特権を認めたり，また若い技師のやる気を削ぐ，好ましくないやりかたである。」

　そのとき，私は20歳であった。

　1862年4月，責任者からの私の部下への直接の命令はほとんどなくなってきている。彼は私を信頼しているので，また私が大変丁重に，しかしながら

ら断固としてそのような指示を常に断ってきたからであろうか。とはいえ，私の主導権はむしろ今，維持されている。

　1862年6月，私は最初，2，3人の古参の従業員に私の命令を受け入れさせようとして，いくらか苦労していた。それは解決したことではあるが，しかしながら，そこに行き渡っている原理が大いに手助けとなることを認識する必要がある。

　「忠誠によって，あるいは単なる服従によって，また畏敬によって，すべての人は，他者に対してと同様自らに対しても厳しく，また誰よりも一番危険でつらい仕事に立ち向かう責任者に従おうとするのである。」

　1863年1月，支配人は工場の組織に大きな不満があった。特に鉱山の管理に不満があった。これらの工場は，外部の部局の古参の長の名ばかりの指導の下にあったが，今はモンリュソン工場と鉱山と運河とを結び付けている鉄道の管理者の管理下にある。職工長は命令を，鉱業所長とモンリュソン工場長から受けている。また彼は，かつては鉱業所長であった支配人の命令を時折受けている。職工長は3つの権限の間で，ある種の独立性を維持していた。このような指揮の一元性の欠如は，つねに混乱を生じさせる素となっていた。

　「そのことでさまざまな事業が苦しんでいる。同様の事態は，調達部門にも当てはまる。」

2．コマントリー炭鉱の管理者としての管理職能

　このように，私の管理者としての訓練は，自分の身の回りに起こる出来事を観察しながら行われたのである。私は決して，小さな経験をすぐに活用するようなことはしなかった。1866年に，鉱山の鉱業所長が亡くなった。彼は発疹性の病気によって少々逆上しやすかったが，彼の代わりに私が鉱業所長に就任した。当時では，フランスで最も大きな鉱山の技術担当役員になったのであった。

　この予期せぬ栄誉は，鉱山火災を防ごうと努力することによって獲得した

技術が評価されたことによるものである。

　今ではそれほど大きな問題ではないのだが，炭鉱火災の場合，石炭が燃え上がり，石炭採掘の大きな障害となっていた。その頃，コマントリー炭鉱は地下火災で非常に有名であった。その火事は，特に私の担当部署で多かった。そのために，夜を徹してそれを防止する必要があった。坑内火災との闘いは特に辛いものであった。最初の2日間，夜，私は火災のために起きていたし，1年間，1週間として火災のために呼び出されない日はなかった。しかし，そこから私は1つの考えを得ることとなる。

　火災は鉱山技師たちの大きな関心事であった。先の鉱業所長は，そこで健康を損ねてしまったのである。それが，1860年の時点での，炭鉱火災に関しての理解であった。

　そして5年後，幸いにもすでにそのような状況は克服された。すなわち，新しい手法が，坑内火災との闘いをより楽に，より安全なものにした。そして，防災の闘いであった採鉱技術が変化するなかで，過熱と大火の原因が徐々に解明されてきた。長い間火災に悩まされてきた問題が，解消されたのである。しかし，恐るべき問題をなお抱えることになるのである[1]。

　会社の支配人が後に私に言ったのは，私を指名したのは，迫り来る困難な問題を解決する役割を担わせるためであった，ということである。

　新たに火災が発生したとき私は休暇を取っていたが，その火災はますます広がって行った。鉱業所長と3人の技師は日夜任務についていたが，火災の進展を止めることはできなかった。その不安は大きく，支配人はそれに専念するために，コマントリーに居を構えることとなった。鉱業所長は私が不在であったことに困りはて，手紙と電報で私を呼び戻そうとした。しかし，その宛先が間違っていたため，届くのが遅れてしまったのである。そして，私は駆けつけた。私が早朝6時に着いたときには，すでに10日が過ぎていた。私はすぐに坑内に降りていったが，そこには代理として，徹夜をしていた技師とひそひそ話をしている支配人がいた。そこで，私が帰ったことで彼らは喜んだものと思われる。われわれは一緒に，いま起きている状況の把握に努めた。私はこの問題がよい方向で解決されることを目指して，私の見解と取

るべき方向を示した。私は鉱業所長に，技師たちをそれぞれの部署に戻すようにいって，技師たちは戻っていった。

別れてから，鉱業所長は支配人のところに行った[2]。非常に心配そうに寝ずの番をしていた鉱業所長は大いに安堵したが，そこにいたときには単に心配があるにすぎなかった。しかし支配人を驚かせたのは，この逆説的な「犠牲的精神」の模範として，鉱山を都合の良いように利用して，長時間，彼が必要としていた水療法を行うために，私の帰りを待っていたことである。

数時間後，所長の精神状態に起こった急激な変化を理解しようとして，支配人は私に尋ねた。所長が不在であったその後の数時間，所長は，火災によって引き起こされた心配が完全になくなるまで，私を呼び出し続けた。

このことを支配人は覚えており，6カ月後，所長が天然痘にかかった時，私に仕事を委任することを決心させた。経営委員会のメンバーが，私の年若さを指摘した時，彼は面白おかしく次のように言った。「私は65歳，ファヨールは25歳。これは丁度良い」。

技術的に見れば，私には状況は理解できていた。私の関心は，ますます管理的な視点に向けられていた。

私は先ず，私よりも年上の夜勤の仲間たちに私の権威を受け入れさせなければならなかった。この夜勤の仲間たちの中には，工場長や倉庫の責任者，機械の準備係，外部のさまざまな部門の責任者たちがおり，彼らはつねに鉱山の技術管理からは独立していた。

私は全力で難なく，すぐに規律正しい協力を得ることができた。それは時間がたつにつれて，より献身的なものになっていった。

管理研究のために，私は最初から次のような意思決定ないしは解決法を採った。

① 向こう1年ないしは10年の予測を基に活動計画を立てること。
② 担当役員主催の部長の週例会議。
③ すべての部門とその資格に基づく職能を記載した組織図。
④ 各職務担当者の権限の明確な規定。
⑤ 週毎の，担当役員から社長への，部長から担当役員への，担当役員か

ら社長への最終報告のコピー。
⑥　毎月1回，20日の損益計算。
⑦　管理，技術，商業，財務，会計，保全の6つの立場からの，各部門組織の綿密な年度毎の検討。
⑧　命令の一元性の注意深い観察（すなわち，担当者は1人の上司からしか命令を受け取らないという観点からである）。

(1) 代理役

　担当役員に対してだけではなく，あらゆる部門についても責任者の代理人が指名されること。すなわち，職位は代理人がいれば決して支障は生じず，責任者が不在の時に前もって代理人を指名しておけばよいのである。

(2) 部長の週例会議

　すべての部長（技術部門毎の技師，工場長，原料部長，機械担当，事業毎の責任者，鉄道部長など）が以下のような順序で，社長の出席の下で，週に1度，一堂に会すること。そこで取り上げられるべきは，(a) 一週間の各部門の成果の検討，(b) 翌週の進行計画，(c) 原料の調達状況，保守，市場からの苦情処理，(d) 新たな企画，であり，この会議のお陰で，孤立していて，他の部門のことが分からない部長たちが事業の全体に関心を示し，あらゆる状況の中で，その目標に専念できるようになる。この難しいところは，彼らに刺激を与えるというより，議論を通して，あらゆる利害の衝突を避けさせることに向けなければならないところである。

　会議が私の仕事をどれだけやりやすくしたかは分からない。長い経験から，それを勧めたいし，権限の行使に際してはそれを実施させたいと考える。

(3) 将来計画

　私はいつも，鉱山の置かれている状況を理解することを考えていた。すなわち，利用しうるあらゆる種類の資源，最大の産出のために取り得る手段，可能な限りの低価格，われわれに与えられている目的といったことである。

すべての部長の協力に基づいて，活動計画の完成に即座に取り掛かった。

私の新たな職能の最初の活動は，私の管理法典のより重要な項目の1つを作り上げることである。「計画」に関する章(3)で，活動計画の有効性と必要性を見ることができる。何によってこの計画が成り立ち，どのような方法によって実施されるか，をである。

(4) 年度報告と月例報告

この2種類の報告は，私がコマントリーにいた時には，十分ではなかった。日々の統計，各部門との会議，部長間の週例会議と個人的な監督で，企業の商品流通を十分に行うことができるのである。

月例報告は，とりわけ生産と原価の調査を基にしている。結論としては，製品を供給する月の期限の2，3カ月後に利用されるだけである。

後に，社長が私に各施設の操業を個別に調べることしか許可しなかった時，私は，後で触れることになる「週間報告」を受け取る必要性を感じた。

(5) 罰金制度の改善(4)

(6) 従業員の採用と養成のための方法

技術者は，技術系のグラン・ゼコールの卒業生から採用される。

坑夫長は古参の労働者がなる。

監督，経理担当は大部分，外部から採用される。

強力な指揮の下，そして以前の経営者の影響力の下に，ここの従業員は規律に関してはすばらしい態度が身についている。しかし，最大の問題であったのは，坑夫長への教育とより知性のある監督や経理担当者の教育に大きな欠陥があったことである。

それらの欠陥は，次のようなことからもたらされていた。

①ずっと以前から，わが国には教育が全体として欠けていた。われわれは施設の長と坑夫長に最も知的な労働者を当てようとしたが，彼らは常に文盲

であった。新しい学校のお陰で，状況は改善され始めた。

②監督や経理担当者については，方法もなく，必要に応じて，しばしば鉱山に関することよりも他の関心によって吹き込まれた推薦によって彼らを採用してきた。

私が技師としての仕事に従事していた時，従業員の中等教育的な資質を高めるには，どうすればよいかとよく尋ねられた。私は，若い従業員が非常に学びたがっていることを知り，時間と適切な指導があれば，初等学校の各年度を終える子供たちに，ほとんどの生徒に上位の地位に到達させるために必要な，3ないしは4つの十分な知識と学識を持たせることができるという確信を持った。

これら2つの観察を活用する時がきた。その方法は次のようなものであって，まずもっぱら，監督と経理担当者を若い従業員と学校の生徒から選ぶとすると，採用に当たって，情実を排除することができる。次いで，若い従業員の教育をできる限り充実させて，学校でもそれを教えるべきである。

第1の点については，責任ある管理者の承認を得て[5]，拒否されないようにすべきである。

第2の点については，以下に述べることを長く続けるべきである。

① 従業員の教育

私は若い従業員に，またそれを求めるすべての人々に，目的をもって，私が毎週行う夜間講義の手助けとなるように，特に設計，物理，化学，工学の概念，鉱山の採掘，地質学を与えた。それは20余りにもなった。

その成功は私の予想を超えた。デッサンをしたことのない若者への5,6回の講義の後に，機械の部品の見取り図のスケッチに取り組んだ。10回目の終わりに，講義に出席しているすべての人が，採掘の方法を議論し，炭田地帯の起源を理解することを求めてデッサンとアイディアの表現とを結びつけることができた。教育への必要が生じた。聴衆の多くはその勉強を続けるために，私の著作を求めた。私は夜間講義は止めたが，教育に対する情熱は止むことはなかった。

② 子供たちの教育

完全に鉱山が責任を持っている小学校は，キリスト教信徒学校によって経営されている。14, 5歳でそこを卒業する優秀な生徒たちは，綴りや計算を十分に習得する。彼らの書き方は，多くは不完全であり，スケッチの仕方を知らない。しかし，上手に描くことやデッサンをさせている。良くできたデッサンは学年の最後の日，数時間，大きなデッサンの複製を作り，両親を驚かすような展示をした。

夜間授業でのデッサンの教育で得られた結果として，同様の方法を学校に導入するということになった。少し，詳しく述べてみよう。

私の最初の講義は，レンガのデッサンに関するものであった。私が黒板に書いたレンガの表面，側面，断面の図は，大きなテーブルの周りを取り囲んだ従業員によって用紙の上に写される。次に，側面がスケッチされる。そして，定規でのデッサンが行われる。平行，垂直，直角の定義の説明。そして最後に，2, 3人の生徒の違った角度でのレンガのスケッチへと移る。

第2の授業では，私は生徒を機械の前に呼び，同様の方法で，円柱部分については，円の定義，円周と直径との関連，円柱，円錐，球，カップの用途などを教える。

5, 6回の講義では，若い人たちの機械部品のスケッチに取り組むこととした。採掘の方法と地質学の説明のために，デッサンを使うことができた。

私がこの学校に導入することを試みたのが，この方法であった。最初の試みはうまくいかなかった。デッサンの教師はスケッチの仕方を知らない。それ故，彼らにはその教育はできないのである。2番目の教師は成功しそうであった。3番目の教師は見事に成功した。その時から，1年の終わりの展示では，デッサンが実物通りに行われており，親の喝采を得ることとなった。

（ついでに，取り入れられた図案のデッサンの教育方法について述べておけば，半世紀の間に，コマントリーの初等学校で取り入れられた方法は今日，あらゆる初等学校で一般的になっているが，まだパリの高校における中等教育では十分に取り入れられていない。若い大学入学資格者は，単純な器具ないしは機械部品を実物通りにスケッチする術を知らないのである。）

デッサンの教育に関しての疑問はお定まりのものであり，書き方についてである．私は先生たちとわれわれの産業にとってふさわしい描き方を探した．それから子供にとってその最初から，この種のものを実現するという観点から組み立ててみた．その結果が出るのにはしばらくかかったが，それは満足すべきものであった．事業では，弛まぬ注意力によって維持され成し遂げられないものはないのである．10 年ないし 15 年後には，コマントリーの従業員はその優れた描き方によって評判を得ることになるだろう．この時以来，製図機はその重要性を大いに減少させた．

私は，上級コースが，生徒の知識をより深く，より知的に広げるように展開されるのを期待しながら，初等学校の問題については論を終えようと思う．これらの生徒は，15，16 歳前にそのような能力を身につけてしまうだろう．

各年，10 人の初級修了者が，会社の従業員になり，戻っていく．デッサンと会計の適性に応じて，製鉄所ないしは木工所や多くの部門に戻っていく．

次いで，これらの若者は直属の上司によって注意深く観察され，遠くからは経営者に見られて，職務遂行に向いていると思われるポストに配属される．

この方法は注意深く適用されて，すばらしい結果をもたらした．

選抜，進歩への刺激，目的を持った理論的，実践的教育という観点から，今までのような多くの農業人口からではなく，会社が，炭鉱だけではなく，あらゆる事業で雇用される人々の，選抜された人々の養成所となる．

ここで私は，以前従事していた技師の採用について触れているわけではない．

私の新たな仕事の第一段階を乗り越える管理の諸条件について触れてみよう．

大きな技術的困難を少しづつ減少させること，すなわち，鉱山とその従業員の命の安全に対する脅威であった坑内火災が少なくなってきたこと．疑いもなく，予想される災害の到来には，それに耐えうる準備が必要である．一息ついたり，他のことを考える時間はあるのである．鉱山の産出高は 1860

年に 30 万トンであったものが，1869 年には 50 万トンになった。原価は満足すべきものであったし，給与も上がった。すばらしい見通しがわれわれの前に広がり，次の確信が私の精神を捉えたとき，生産の発展にのみ専念しようと考えていた。（コマントリー炭鉱の鉱床は無尽蔵であると考えられていたが，実際にはそうではなかった。）

　長い時間，真剣に考えて，1875 年に，私は支配人に，鉱山は 20 年間にわたって毎年 50 万トン採掘が続くと資源は枯渇すると考えるにいたった研究を公式に伝えた[6]。

　当時，コマントリー炭鉱は会社の大きな利益の源泉であったので，その報告が辛く，厄介なものであることは容易に理解された。確かに，それは好意的には受けいれられなかった。私が期待していたものといえば，（私の考えは，個人的な単純なものであったが，もしこれが深刻な問題であったならば，それについて言及するのに必要な権限を持ったであろうか。さらに述べれば，まだ開発されていない地域はないのであろうか。そして炭層は残っているのかということである。）

　このような異論に対して，また他のいくつかの点において，私は，悲しいかな，長期間にわたる研究と強力な証拠に基づいて，深い確信を示すことができる。残念なことには，私は，この深い悲しみをもたらし，しぶしぶ取り入れなければならなかった結論を，守らねばならなかったのである。

　このような結論は，土地のいくつかの地点での十分な研究が行われてからかなりの時間が経過した後，支配人と私が全幅の信頼を寄せる技師の下でのみ，認められたのである。私は，可能性ないしは確かであるといえる自分の見解，すなわち，1 年に 50 万トンを採掘するなら，20 年で鉱脈全体が枯渇するという見解を，結局は，受け入れざるを得なかった。

　それは会社にとっては年間利益の大幅な減少，従業員にとっては将来の不安，国家にとっては不動産価値の減少を意味する。

　コマントリー鉱山の炭層を維持するためのあらゆる可能性を模索しながら，この厄介な結果を軽減するための，よりよい方法を見出すことが必要である。

進行計画が，社長の発意の下に，鉱山と工場との間の統一された協定として作成されねばならなかった。しかし，将来にわたる活動計画が協議されることはなかった。鉱山の従業員と工場の従業員の間には，いかなる関係も存在しなかったのである。そして，それは組織的にもそうでなくても，2つのグループは完全に区分されていた。

各部門の責任者の会議が存在しないことが，会社の費用が高騰する原因であった，と私は考えている。

例えそうであろうと，私はコマントリーのために活動計画を作り，それを完全に実現しようとした。

清算までの期間をより長く設定して，徐々に，そして自発的に生産量を引き下げることが決定された。この期間の延長は容認されるだろう。

① 販売に当たって，工場向けのみならず，より有利な販路を見出すこと。
② 工場に多様な調達源を見出す時間を与えること。
③ 生産量の低下に応じて採用を制限することによって，従業員数を減らしていくこと。
④ 輝かしく，無限の可能性を秘めた将来への確信の下，労働者数に応じて増大した住宅の建設を抑制すること。

そしてそれは，辛くかつ困難な仕事であった。私に思い起こされる記憶としては，敬意，愛情，感謝，勇気，献身，誇り，信頼の情を持った従業員によって支えられたということである。私の周りにいた協力者とともに，乗り越えられないいかなる困難もなかった。われわれの関わったこの鉱山の発展のために働くことが，いかに心地よいことであったか。われわれはここを，産業界で最もすばらしい場所にすることがどれほど幸せなことであったろうか。

この鉱区地の資源に関する重要な問題が熱心に研究された。すべての従業員がやる気を起こし，各人が資料を調べ，考えた。多くの従業員はこの研究で，高度の地質学的知識を身につけた。これらの研究のお陰で[7]，採掘期間が何年かは延びることになった。しかしながら，将来への見通しは，これと

いって修正されなかった。そして，回避できない，遠からず到来する終焉という思いがわれわれの全ての作業に及んでいるという，悲しみのベールは引き裂かれなかった。

規模の拡大という励みに代わり，われわれの活動は方法の改善に向けられたし，労働者の安全と衛生面，また機械の改良，個人の利益の向上などへと向けられた。

『鉱業協会誌』に掲載された多くの論文が，コマントリーの従業員の知的活動を物語っている[8]。

管理が私の大きな関心事の1つであることを忘れたことは一度もなかったのはいうまでもない。鉱物資源の研究，将来の見方，活動計画，従業員の育成，諸力の調整，効果的な監督，全般的統制など，私にとっては忙しくもあり，有用な人生となった。その終わりに向けての避けることができない，大規模産業の清算人の役割から解放されるというつらい感情にもかかわらず，私はそこで，自らの職業人としての人生を歩み始め，その終わりに至るまで，その企業に深く関わったのである。

3．コマントリー・フルシャンボー・エ・ドゥカズヴィル社の社長の管理職能

1888年2月に，社長就任の要請があった時の状況は，次のようなものであった[9]。冶金の仕事に比してその準備がまったくできていないと，私は最初，断った。また，取締役会によって決定されることになるフルシャンボー製鉄所の操業停止を社長に強いた精神的苦痛についても「特に」触れねばならない。取締役会の考えとその可能性からすれば，この工場の操業停止は，すぐにモンリュソンとアンフィーの工場の操業停止に結びつくこととなる。これらの工場全体が，数年前から，コマントリー炭鉱の衰退の影響を受け入れざるを得ないほど，会社にとって重荷になっていた。

ところで，私は，大規模な産業の操業停止が招く悲惨な結果と戦うことは分かっていたが，同時に，年間の赤字が急激に増加することによって，すぐにでも事業を清算しなければならないことが問題となっていた。それ故，私

3．コマントリー・フルシャンボー・エ・ドゥカズヴィル社の社長の管理職能　121

は名誉とはいえその申し出を拒否していたのである。

　私の犠牲的精神が喚起され，個人的な調査によって，この操業停止が会社の利益の観点から避けられないと判断されてはじめて，工場の停止を行う条件を提示し，譲歩したのである。

　ここに写しがある2通の手紙と，取締役会の決定であるが，それらは，私がどのようにして新たな職務につくようになったかを示している。

　　コマントリー・フルシャンボー株式会社，社長，ドゥ・ラ・ロシェット氏からの手紙

　　　パリ，1888年3月3日

　拝啓。健康上の理由で，ドゥ・セズヴァール氏がその職務を辞することになり，取締役会としては，あなたの能力を高く評価して，わが社の社長を委任したいと思います。

　このような点につき，ドゥ・セズヴァール氏の退職という状況を斟酌いただければ幸いです。ついては，是非，ヴァンドーム広場の本社に3月6日，火曜日，午後2時においでいただきたい。

　　　　　　　　　　　　　　　　　　　　　　　　　　　　　敬具

　　　　　　　　　　　署名：ドゥ・ラ・ロシェット

　　コマントリー・フルシャンボー株式会社社長　ドゥ・セズヴァール氏からの手紙

　　　パリ，1888年3月3日

　拝啓。同じ郵便物によって届いたドゥ・ラ・ロシェット男爵の手紙の内容があなたを大いに驚かせたということは，想像に難くありません。そこで，私の退任の理由について誤解を生じさせないように，内輪のお話をしたいと思います。

　後継者のあなたにお願いして，言っておかねばならないことはありません。あなたの性格の評価，その経験と判断力はずっと以前から知っています。

火曜日の午後2時，氏があなたに会うことを希望しており，私としては，午前中に私のところにおいでいただければ嬉しく思います。

敬具

署名：A.ドゥ・セズヴァール

　私は受諾して，1888年3月8日，社長に指名された。
　4カ月後，フルシャンボー鉱山がすぐに閉鎖されることはないという確信を得るに至った。それはただの可能性にとどまらず，会社にとっても一時的にでもそれを操業させることが有用といえるのである。私は取締役会に閉鎖を延期し，新たな展開を試みるように提言した。
　しかし，私が計算を間違えることがあるように，さらに販売価格と競争による原価に変化があるように，またあらゆる計画が失敗の可能性を持ち，さまざまな出来事に対して，会社は当然のこととして破産に至るような新たに生じる諸要因から身を守らなければならない。したがって，私は次のような条件を，私の提案として付け加えた。
　「簿記会計はできる限り正確に，できる限り早く，月毎に工場の動きをわれわれに理解させ，期待した結果が達成されないときは，工場はすぐに閉鎖されなければならない」と。
　その後の方針は，1888年7月7日の取締役会での私の提案についての議論が，取締役会議長によって，次のように取りまとめられた。
　議長は次のように述べた。社長はフルシャンボー製鉄所の問題に最も精通しており，その結論は，現在の状態の丹念な検討により，正当な理由に基づいて出されねばならない。・・・・・・そして工場の閉鎖が会社にとって好ましいという結論が出るまでは，操業中のフルシャンボー製鉄所が維持される可能性が認められなければならない。
　その製鉄所に関する残念な見込み違いによって取締役会が持った疑念は，正確な資料に基づいた結論で払拭されるまでは残っている。・・・・・・したがって，後はもう，実現可能なものとして，とるべき方針を引き出し，その計画を認めるだけである。

われわれの希望は全て取り入れられた。われわれは社長の結論を採用するしかない。しかし，取締役会は，これらの結論が，直接的利益をフルシャンボーの赤字が上回らないという仮説に基づいている，ということを忘れてはならない。すなわち，それが活動を維持する必要不可欠な条件となる。工場の操業を注意深く監視すること，達成された結果を毎日確認できるやりかたでの会計制度を作り上げること，そしてもしも社長と分かちあえる明るい未来が実現しない場合には，取るべき手段を短い期間で決定すること，が必要となる。

投票の結果，この提案は1人の棄権を除いて，満場一致で取締役会に受け入れられた。

諸般の事情で，きわめて重要な経験をする前に，私は就任することとなった。次に詳しく述べるにあたって，「管理」という観点から，ここでの結論をよりよく理解してもらうには，当時，すなわち1888年前後の会社の状況を全体的に見ておくことが有益であると思う。

4．コマントリー・フルシャンボー・エ・ドゥカズヴィル社の歴史的概要

コマントリー・フルシャンボー・エ・ドゥカズヴィル社は，前世紀の半ば，1854年に誕生した。

当時，フル稼動していたフルシャンボー工場とコマントリー炭鉱という2つの大きな企業を統合して設立され，株式会社に改組される1874年までその名を継続させたボワグ・ランブール社という社名のもと，最初は株式合資会社の形態をとっていた。

当初は，その中心に，同じ地域に設立され，同じように石炭・鉄鋼業を営んでいる企業が集まっていた。

モンリュソン製鋼所，モンヴィック鉱山がコマントリーとともに，アリエのグループを構成していた。

アンフィー工場，ラ・ピーク工場，トルトロン，ラ・グェルシュ，フォラールド溶鉱所[10]がフルシャンボー製鉄所と鋳造所とともに，ニエーヴルの

グループを形成していた。最後に，ベリーにおける鉄鉱と融剤用石灰石の重要な開発が高炉（オート・ウルノー）[11]の調達を確保した。

このようなさまざまな企業の合併が，完成された産業体を形成していた。

30年間，一貫した繁栄，ときには輝かしい繁栄がこうした団体の創設を正当化させた。

次に，フランス東部と北部の製鉄業の発展が次第にその中部工場の繁栄と存在さえをも脅かすようになった。同時に，毎年コマントリーで採掘される石炭が不足するようになってきた。炭鉱の終わりがもう間近であることが明らかになっていた。低価格の石炭を十分にもてず，北部と東部の生産に競争されて，ニエーヴルとアリエの工場は利益を出せなくなった。ついに，1885年には，会社の利益は配当金を出せないほどになった。

1888年，管理上の変化が突然来るまで，会社は，直ちに製鉄業を断念し，静かに炭鉱が枯渇し，消滅するのを甘受するまでになっていた。

同じ鉱山，同じ工場，同じ財務的資源，同じ販路，同じ取締役会，同じ人員で，数年間，危機に陥っていた企業が没落の流れと比較しうる上昇の流れで立ち直った。図1の配当金のカーブが，この変化を非常にわかりやすく示している。

私は，その原因が純粋に管理にある，変化の成り行きに立ち戻る。

幸運な努力がまずまずの繁栄をもたらしたことによって，工場の閉鎖は延期された。勇気のある解決が勝った。数年後，ブラサックとドゥカズヴィルの取得が，会社の手のなかで消滅する運命であった土地に代わって新しい炭鉱と製鉄の土地を可能にした。これらの土地は会社のかつての所有者に失望しか与えなかったので，企業は大胆であった。企業は正当であることがわかった。

1916年の今日[12]，会社のもともとの要素はほとんど残っていない。

2つの主要な企業，コマントリー炭鉱とフルシャンボー製鉄所は消滅した。ベリー鉱山は放棄された。

その代わり，ブラサック鉱山は年に12万トンを供給している。アヴェロン炭鉱は，60万トンの生産でフランス中部の炭鉱群のなかで最も有力なも

のの1つを構成している。ドゥカズヴィル製鋼所は，8万トンの年間生産をもたらした。当初，副次的な要素のなかで，唯一，燃料と鉱山の近隣にないことからその存在理由がなかったアンフィーだけが新しい活力を得た[13]。

モンリュソン高炉は，また，その独自の道を模索した。

(ついでに記しておくと，3つの工場は，戦争の最初から国防省に大きく貢献した。)

最後に，コマントリー・フルシャンボー・エ・ドゥカズヴィル社を構成し，実際に稼動している要素の列挙を完全なものにするために，ジュドルヴィル鉄鉱山について注意を促しておく。ここは会社の3分の2を占めており，ポンタ・ヴァンダンの製鉄工場が5分の2，バテールの鉱山が5分の4を占めている。

当初は，会社は，稼動条件がよいと考えられていた炭鉱，鉄鉱山，製鉄工場のグループを実現していた。しかし，会社は，もはや，同じ活動の中心，労働者の配員，市場，製造方法をもたない。全ては，半世紀のうちに大きく転換された。

1854年，中部地区は，特に恵まれていた。この地区は，すぐ近くにリンを含まず，当時小さな炉で簡単に還元できるベリー鉱石をもっていた。ニエーヴルの森は，豊富に木炭を供給でき，ここで製造される鋳鉄は，鋳造にも，最初は低炉，続いてパドル炉で得られる鉄の生産にも完全に適していた。また，ベリーやニエーヴルでは，高炉の数も大変多かった。

木炭からコークスへの転換は次第に製鉄の中心を移動させた。炉は鉱山に近づき，田舎に散在していた小さな木炭精錬炉は，相次いで消えていった。

ベリー運河で鉱山と特別な鉄道でコマントリー炭鉱と結びつけられたモンリュソン工場は，かなり大きく発展した。ここで生産される製鋼用白鋳鉄は，周囲の製鉄所，特に，フルシャンボーへの輸送路を容易に見つけることができた。

1860年以降，鉄道の創設と建設用の鉄の使用の結果，産業の飛躍は，鉱石であれ，燃料であれ，調達するために最適な場所にある工場に優位性を与えていた。

この時代，モンリュソン高炉，フルシャンボー製鉄所，北部とロワールの工場は，フル稼働していた。東部では，強力な鉄鉱石鉱床であるにもかかわらず，生産物の品質があまりよくないために，発展は緩やかであった。ドゥカズヴィルも同じ理由で資源の豊富さを利用できなかった。

その間にパドル炉の鉄の生産が改良され，1880年に向けて，マルタン法とトマス法が現れたときには，東部や北部で圧延される生産物では高い品質がすでに確保されていた。

この新しい製鉄法のおかげで，リンはもはやよい金属を生産するための障害ではなくなっていた。巨大な工場が東部のすばらしい鉱床に創設された。そこでは，鉱石は，鋳鉄1トン当たり10フランの費用しかかからなかった。鋼鉄のインゴットを生産するためにトン当たり70フランまで到達している。鉄は次第に特別柔らかい鋼鉄あるいは特別に品質が高く，費用のかからない鋳造された鉄に置き換えられていた。かつては鉄にしか使われていなかった炉は，だんだん生産が縮小されるか，廃止された。長い戦いの末，フルシャンボー製鉄所は，廃止されることを甘受せざるをえない。

奇妙な，そして重大な符合によって，コマントリー炭鉱は枯渇し，フルシャンボー製鉄所が東部との競争で押し潰される，まさに同じ時期にその終わりを迎えていた。

今日，アリエ炭鉱とフルシャンボー製鉄所は廃止され，アヴェロン炭鉱とドゥカズヴィル製鉄所に置き換えられている。

アンフィーとモンリュソンの工場は，置き換えられる。

会社は，ピュイ・ドゥ・ドームにある炭鉱を所有している。会社は，ブリエ鉱床で大きな利益を生み出し，ランス鉱山と結合して，戦争が勃発したときには，ポンタ・ヴァンダン工場の建設を終えていた。

ここに，コマントリー・フルシャンボー・エ・ドゥカズヴィル社に所属し，あるいは所属していたさまざまな企業の重要性と動きに関する情報がある[14]。

これらが，1860年以来今日まで，多少とも管理に関して重大な役割を果たしてきたさまざまな企業である。これが私にとって，管理上の観察と経験の主要な領域であった。さらに，私が代表していた会社の重要性のおかげ

で，私は，いくつかの委員会，業界間協定，会議に所属するように要請された。例えば，鉄道諮問委員会，炭鉱委員会，製鉄委員会，鋼鉄棒協定，弾性値協定，国立サン・テチエンヌ鉱山学校の改善会議，国立工芸学校の改善会議などである。これらは，私に大いに役に立った新しい観察の場であった。

しかし，注意深い観察者にとっては，管理に関する研究をするために，例外的な条件を必要とはしない。家庭は観察と経験の豊富な源泉である。国会討論会は，ほとんど管理問題をめぐって行われている。そして，おそらく，国家の管理に十分な紙面を割かないような大きな政治雑誌の号はないだろう。

こうした条件で，私は以下のような経験と観察をしてきた。

5．1888年の経験

私に与えられた管理に関する最も興味深い経験の1つは，コマントリー・フルシャンボー社の社長に就任する時に起きた。ただ情勢の結果によって，そこでは私の意思は何にもならず，その経験はできる限り決定的なものとして準備されていることがわかった。

会社は，長らく大きな損失を出してきたフルシャンボー製鉄所の廃止を決定しようとしており，コマントリー鉱山の採掘を終えて，その社会的な生命を終結させる準備をしていた。このとき，1888年5月に，私は会社の社長を引き受けるように要請された。

私が強く言いたいのは，数カ月の検討の後に，取締役会に暫定的にフルシャンボー製鉄所を稼動し続けるように提案して，私の提案が受け入れられたことである。

当時，取締役会，会社の財務的資源，販路，構成要素，労働者，従業員における注目すべき仕事のやり方に何の変化もないにもかかわらず，それでも，私は言いたい，状況は修正され，配当金は復活し，すぐに，利益は，消えていくことを求められていた鉱山と製鉄の領域を再構築することを考えるに十分なものになったということである。失望が希望と生きたいという気持

ちへと変わり，コマントリー・フルシャンボー社は，フランスの大きな工業化された企業のなかで，絶えず名誉ある地位を占めてきた。

　コマントリー・フルシャンボー社の様相の変化は採用された管理手法，先行してコマントリーで採用され，会社全体に拡張された管理手法によって，もっぱらもたらされたものであることを私は断言できると信じている。

　この手法を構成しているもので知られているものは，年毎，10年毎の予測の方法として作成される活動計画，各企業における担当者会議，社長の主宰の下にある責任者会議，組織図，注意深い採用，従業員の育成，活発な全体的統制，一般原則の遵守，迅速で透明な会計などである。

　こうしたものが私の中心にあり，1888年以降，コマントリー・フルシャンボー社の進展のなかで生み出された変化の唯一の原因である。

　北部や東部との競争が徐々に恐るべきものになっているので，販売状態の改善にその原因を帰することはできないだろうし，日ごとに衰えるコマントリー鉱山の状態にその原因を求めることもできないだろう。

　新しい社長は製鉄に関する能力をもっていないのだから，その能力に帰することもできないだろう。この無能力は，まさにこのような情勢下での管理能力の重要性を浮き彫りにしている。

　不安になり，不満をもつ1人の株主が理由もなく，当時「彼は製鉄工だったのだから，われわれが選んだのは，鉱夫にしかすぎない」と言ったのを私は聞いた。管理活動について明確には気づいていない一般の人々にとっては，技術的能力だけが問題となっている。こうした観点からは，会社が3つの産業グループに対処しているのだから，社長は，同時に，鉱山，製鉄，機械製造に関する能力をもたなければならなかった。こうした人がいたとも思えないし，いたとして，発見できるとも思われない。将来が保証されていない企業が，そういう人を引きつけることに成功することも疑わしいだろう。

　このように，想定された問題はほとんど解決不能であった。幸運にも別のやり方で問題は想定された。特別な技術的能力は各企業に広範に存在しているはずである。責任者，エンジニア，現場監督という従業員の全体ができる限り完全に備えつけられているはずであった。

社長に関しては，作業の進め方を理解し，スタッフの助力を得て状況を反映した意思決定をするために，十分に手ほどきを受ければ，技術的な能力は十分である。実際には，社長の役割は，本質的に管理的なものである。

私は製鉄に関する能力不足をそれほどはっきりとは感じなかった。最初は各工場に半年滞在した後は，頻繁に視察することで，私の役割に厳密に必要な範囲で，製鉄に関する不足を急いで埋め合わせた。私は直ちにわれわれの工場を構成する数多くの多様な専門家の誰もが技術的能力に関して等しくするべきという主張を退けた。しかし，私にはこうした人材を採用する責任はある。それは私が克服するのが難しいものの1つであった。価値の高い人間は，将来が保証されず苦悩している企業に進んで身を投じてはくれない。私が最初に配慮したことの1つは，技術的秘書と専門的顧問というスタッフを設立することであった。

機械製造においても同様の方法が必要であった。しかし，会社が鉱山と製鉄について新しい将来を創造し，2つの産業が企業の指導層の全ての力と全ての財務的資源を注ぎ込むのに十分すぎるほどであることが示されたときに，社長と取締役会はまずは賃貸することを決定し，それから，フルシャンボー鋳造所とラ・ピーク鋳造所の名で知られる設備を売却する決定をした。

数多くの技術的，商業的な専門を活用することに2つの産業グループはとどまっていた。これらの専門のそれぞれが大部分必要な能力を確保するために多くの知性と多くの時間を割く人物を必要とした。

管理能力がただ1つ，いつも同じであることを指摘しておく機会である。管理能力はあらゆる企業に適用される。その能力の使用は全体的な能力の使用である。管理能力を構成する概念は，何らかの技術的専門を課される概念よりも数は多くはないし，学ぶことも難しくはない。管理的概念を普及させるために必要な苦労は，技術的概念を普及させる苦労よりはずっと少ない。そして，その成果はおそらく少なくないだろう。管理学の講座を受講する全ての学生が傑出した管理者ではないだろう。それは，技術学校の学生が全て一流の技術者であるとは限らず，軍事学校の学生が全て優れた戦略家ではないことと同じことである。しかし，全体的な管理の水準が高くなり，それに

恵まれた人材は，人よりも早く，上まで出世するだろう。

　もし，私が確かな管理の経験によって支えられていると感じていなければ，1888年にコマントリー・フルシャンボー・エ・ドゥカズヴィル社の社長の責任を引き受けることを私に決心させる懇請に身を任すことはきっとなかったろう。

　コマントリーとモンヴィック炭鉱の清算，その宣告から14年間フルシャンボー製鉄所を稼動し続けたこと，モンリュソンとアンフィーの工場の生産転換，長い間放置されていたブラサック鉱山の取得，アヴェロンの製鉄所と鋳造所の再建と発展，ドゥカズヴィルとカンパニャックの炭鉱の・・・[15]，ジュドルヴィル鉄鉱山とポンタ・ヴァンダンの製鉄会社の設立における持ち株・・・。これら全ての企業とこれほどの規模ではない他の企業が大きな産業がもたらすさまざまな種類の問題を私の前に提出した。技術問題，商業問題，財務問題，社会問題・・・。管理機能が少なからず重要な役割を果たさないような所はどこにもなかった。遭遇した困難，犯された誤りや間違いを潜り抜けて，会社は生き延びた。会社は繁栄し，開戦時から，会社は国防省への協力を評価されている。管理機能が満足できるやり方で満たされたと結論づけなければならない。

　私は，管理能力の重要性と管理教育の必要性に対する関心を引き起こしたいと願って，主張もなく，間違った謙虚さもなく，これらの事柄について単純に論じてきた。

　私は1888年の管理の経験と同様に，興味深い経験を多くしてきた。大方の事例において，管理手法の変革は技術的，財務的な新しい手法と期を一にしているので，他の管理の経験においては同じように決定的なものであったということにはしない。全体的な観点からいえば，したがって，私自身の管理的な指示についてはいつも同じであったと限定しておく。

　再建しなければならない苦しい状態を前にするにせよ，設立される企業を前にするにせよ，清算される企業を前にするにせよ，同じような事例において見出されるような，十分に数多くの産業の責任者によって採用されているさまざまな管理手法を知ることは非常に興味深いことであろう。私の実例が

模倣者を呼び起こすことを期待する。
　ここでは，私の多くの記憶にもかかわらず，管理的知識を構成するために貢献する観察と経験を引き合いに出すことに限定しよう。
　それぞれが自らの環境のなかで同じように行い，私の観察や経験を立証するものであれ，反証するものであれ，原則の形成に貢献するような結論を引き出せるだろう。
　もし，ここで技術的，商業的，財務的問題について触れるとしても，ただ管理的な観点からであり，いわば，他の機能と管理機能との関係という観点からである。

6．営業の管理

(1)　コマントリー・フルシャンボー・エ・ドゥカズヴィル社の実際の営業組織

　採用された組織は，できる限り分権化されるとともに，社長のイニシアティブ，コントロール，責任と折り合いをつけようとしている。組織は各地域の管理部に対して大きな権限を与えている。
　地域の責任者の権限下で，各企業の営業部門は購買と販売が統合されているか，分割されているかに応じて1人ないしは2人の担当者と代表者によって実行される。
　販売代理権は以下によって確実なものにされる。
　①　企業に駐在し，行動半径内の顧客を訪問する1人ないしは複数の外交員によって。
　②　遠隔地に指定され，そことつながりのある地点の周辺で指定された一帯を訪問することを請け負う販売代理人によって。
　③　会社の他の事業所に配属された従業員によって。
　④　パリの中枢機関によって。
　国内の管轄地区は，・・・[16]の地域に分割される。地図で各地域の構成を固定する。

各地区で会社の全ての事業所をひたすら考慮して訪問する代理人を配置する。

この組織では，命令一元性の原則とできる限り早く顧客のところに行って，顧客を満足させる義務とを調整しなければならない。

ここに以下のような方法がある。

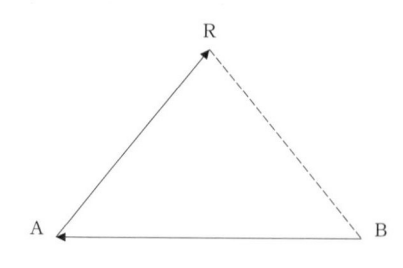

代理人Rは，工場Aに所属している。同じように，工場Bの業務も行わなければならない。

工場Bは，Rに対してAを通じて指示を出さなければならない。それが規則である。

しかしながら，あまりに厳密に原則を適用することで，不必要に業務の速度を遅くし，複雑にして，業務の進行を損なってはいけない。

命令一元性の原則を遵守しつつ，迅速に進めるために，以下の簡略化を認めた。

① 根気のいる重要な業務の場合には，一貫した連絡を必要にしなければならない（工場AとBはあらかじめこうした例外について合意した。個々の事例に関して，BとRはAによって正式に免除されない限り，Aに交換される連絡の写しを送る）。
② すぐに返答しなければならない緊急の業務の場合（前項の場合と同様に，連絡の写しがRの担当者と同時にAの関連工場に送られる）。
③ 社長によって承認されたAとBとの了解の後は，通常のやり方で行う。

上記に指定された写しとは独立して，工場と代理人によってパリ事務所に別の写しが送られた。状況に応じて，全ての仕事の運行に関して必要なコントロールを行使できるように。このように，社長は突然起きて，介入するかもしれないような出来事に通じている。

こうして，指揮の一元性と命令の一元性という方法の統一が実現される。

私はいつも営業の業務に携わっている従業員に，以下のような原則を抱く

ように勧めている。
- ⓐ 業務への忠実さが成功する最もよい方法の1つである（忠実さはナイーブさとは同義ではない）。
- ⓑ 顧客に正直に迅速にサービスすることが顧客を引きつける最もよい方法の1つである。
- ⓒ 営業の業務につく従業員は，顧客に対して技術的サービスの擁護者であり，技術的サービスに対しては顧客の擁護者である。
- ⓓ あまりに数の少ない顧客や納入業者に依存することは避けなければならない[17]。

(2) 指示価格[18]

　管理機能の介入を必要とする商業問題のなかで，最もデリケートで重要なものの1つが指示価格に関する問題である。この問題の考え方を理解するために，私はこの価格がコマントリー・フルシャンボー社で果たしている役割を説明するのがいいだろうと思う。

　1853年の会社設立の理由の1つが，工場に石炭がほしいということと炭鉱の販路がほしいということであった。実際，生産された石炭の大部分が工場に届けられている。

　指示価格と呼ばれる慣習的な価格は，有効期間が制限されることなく，おそらくこの時代の商業流通を考慮して確立された。何年か後に，この価格が著しく流通価格よりも劣っていることがわかり，工場はときに工場の明白な利益を超える差額で利益を得ていた。1875年，モンリュソン高炉の責任者として，誇りに思っていたこの工場の利益は，人々に石炭を売りながら，指示価格によって炭鉱が実現していた利益と比べて顕著に劣っていることを知って，失望した。工場は実際には損失を出しているのに，繁栄していると信じていた。

　この錯覚は遺憾である。錯覚は考え方をゆがめ，偽りの安全を維持する可能性がある。この錯覚はモンリュソンとフルシャンボーの工場という巨大な石炭の消費者にとって有害であった。燃料を世間の価格で支払わなければな

らない日が来る。そのことに対してほとんど準備ができていなければ、錯覚のために消滅する危険にさらされる。

指示価格の問題は、同じ企業において、施設の一方が原料の消費者で、他方が生産者である場合に起きる。

自然に考えられる解決策は、一方が自らの利益となると判断する条件でしか買わないということであり、他方は同じ条件でしか売らないということである。

しかし、問題は、2つの企業が拘束された関係にある場合で、しかも取引状態において両者で購買価格と販売価格を議論できないような場合に起きる。例えば、炭鉱と工場が同じ地域に位置していて、とりわけ、この地域が鉱山や産業の中心から孤立していて、鉱山は他に売ることも難しく、工場は他から買うことが容易でない場合である。

この場合、上位権限者が介入せざるをえない。

避けるべき危険は、よくない指示価格が設定されると、原価がゆがめられ、業務の進行に錯覚を生み出し、従業員の用心を鈍らせ、必要な改善を探求する思いをとどまらせることにある。

会社のかつての事業所において指示価格の問題が激しい状態にあることに出会って以来、私はドゥカズヴィルでこの問題を再度見出した。この問題は、ほとんどの大きな企業に存在している。

私が採用した規則は以下の通りである。
- ⓐ 2つの企業がお互いに外部者であるとすれば、そうなるであろう取引価格に指示価格をできる限り近づける。
- ⓑ 会計と同様に、2つの企業の商業的関係をできる限り単純化するやり方で、指示価格を設定する。

この規則はいつも容易に適用できるとは限らない[19]。

(3) 取引協定

コマントリー社の売却に着手して以来、私は中部地区の2つの競争相手と良好な関係を結ぼうとしてきた。古くからある、数多くのお互いの悪い態度

の記憶が障害となっている。多くの誠意と忍耐でもってようやくここまでやってきた。いくつかの小さな一致をまずは確立し，それから，だんだんと合意をしていき，時間をかけて，了解はほとんど包括的なものとなった。

　会社がドゥカズヴィルを手に入れたとき，この地域の主要な生産者の間で燃料市場を激しく争っていることがわかっていた。同じような努力によって，数年後には同じような結果に達した。商業的合意がかつての敵対者の間を治めた。

　商業的合意の有用性と重要性を確信して，私は機会があるごとにそのことを称賛し，助けてきた。

　現在，このことに関して考えていることは以下に要約されている。‥‥[20]

(4)　消費者協同組合

　私は以下の問題に関して，よく考えてきた。

　大企業の従業員は，家やあらゆる種類の消費物を必要とする。家や商店が存在すれば，企業は介入する必要はない。家や商店が存在しなければ，それらを生み出す義務がある。ところが，全ての問題は，家や食事の手段が広範に備わった産業都市とそれらがまったく欠けている都市の中間で起きる。どの程度，企業は，産業会社は，介入せざるをえないのか。

　労働者が消費協同組合を作る権利はいうまでもない。人の住まない地域に産業を興そうとする場合には，管理者の権利はもはや議論するに及ばない。この権利の行使がコンフリクトを引き起こしたことを他では知らない。

　都市が多少なりとも広範に生活手段を備えているときには，消費協同組合の設立に関して，大企業の介入については同じようにはいかなかった。

　この介入にはさまざまな様式があった。

- ⓐ　労働者の協同組合への助成金
- ⓑ　協同組合の管理への協力と助成金
- ⓒ　資本構成と利益への参加
- ⓓ　管理者による商店

管理側の介入は，とりわけその初めには，協同組合の管理に対して大きな貢献をした。協同組合の設立者が経験を積むにつれて，管理側の介入は有効ではなくなった。管理者と労働者との間には，この問題に関して何の問題も起きなかった。
　コンフリクトは外部との間で起きた。
　労働者の都市は巨大であった。商店や家は地域の居住者に属している。大部分はかつての従業員あるいはその子供たちで，労働者や知的で影響力のある従業員の間に，数多くの親族をもっている。
　消費協同組合の設立は，何世代かの間に根気よく続けてきた努力によって獲得された資産を危うくした。当事者を支配する心配や怒りのことを考えるために，人間性の多くを知るまでもない。
　純粋に労働者の協同組合が問題である場合，通常の商売上の戦いによって防衛するしかない。一般的に競合はすぐに決定的なものではない。しかし，管理側によって設立された場合には，打撃はもっと恐るべきものであり，はっきりしており，破産はもっと脅威となる・・・。したがって，あらゆる手段が防衛のために正当化される。敵対的で，執拗な批判，管理側の制度への中傷，ストへの扇動。多少なりとも管理側の協同組合が引き金になっている重大なストが，かなり数多くあることを考慮している。
　協同組合を設立するときには，管理者はいつも既存の利用に基づいて，独立し，善意で企業に対してサービスを提供してくれる状態にある商店や所有者の利益を十分に考慮してもし過ぎることはない。こうしたことを忘れると，ときに労働者にとっても地域にとっても高くつくことになった。協同組合が消費材の原価を低下させるよい手段であることを否定するものはいない。それに頼ることは労働者にとっても管理者にとっても利益になる。いつものように，遵守すべき手段がある。
　これらは，コマントリー・フルシャンボー社で長く遵守されてきた原則である。会社は今日までこのことをよく知っている。

7. 政治との関係における産業の経営

　私のキャリアの最初の年に，会社のことを考えて，コマントリー・フルシャンボー社の社長であるモニー氏がコマントリー市長とアリエの国会議員という都市と国家の役割を果たしていることに直面した。炭鉱と都市は両者間を支配する良好な関係からお互いに利益を引き出していた。議会は巨大な産業の実験を自由に使い，会社は政府の好意から利益を得ていた。

　モニー氏の名声と政府の支持が選挙の圧力をまったく不要にした。一斉に管理者に投票することで，鉱山の住民は，管理者個人の感情に付き従うほかなかった。

　1870年が近づくと，晴れ渡った空に暗雲がたちこめた。共和派の反対が大きくなった。鉱夫自身の間で投票の離脱を責めた。不信が選ばれる人と選ぶ人の間に入り込んだ。黄金時代は過ぎ去った。

　戦争，戦争の後に続いた政府の敗北と転換は，鉱山の住民の精神に深い影響をもたらした。宗教的な習慣も変化した。日曜への礼拝をまじめに支持していた鉱夫は教会に行くことをやめ，たいていの場合，そこに戻ることはなかった。

　政治的な観点から，帝政をとがめる国家の屈辱，苦悩，悲惨さが政府のかつての候補者にも及んだ。1878年にまで及んだ選挙への多大な努力にもかかわらず，会社の社長はもはや選挙で選ばれなかった。

　この第2期は第1期の反動であった。敵対的な市議会，あらゆる程度で敵意を抱いた国家公務員，激しい選挙戦・・・は炭鉱の管理をとても難しくした。政治的な敵対者を攻撃するために，敵対者が担っている産業の利益が攻撃された。

　石炭産業が公権力の干渉にどれだけさらされたかもよく知られている。また，石炭産業は市議会とかなり数多くの接触をもった。道路，鉄道，下水道，水，照明，治安，学校などなど，いつも二義的に大きな利害と向き合っていた。そこでは，どこでも友好的な気持ちが敵対よりも価値があった。

1883年に起きたモニー氏の死後，コマントリー・フルシャンボー社は，現在の状況では，選挙で選ばれるポストである市長候補者と助役候補者が従業員の間に分裂をまき，公権力の敵意を引き起こし，一言でいえば，企業の利益を重大に損ねる性質をもつと確信して，新しい体制まで，会社の従業員が候補者になることを自制することを決定した。その上で，従業員と労働者の投票の自由が厳密に遵守されることが了解された。

　これがコマントリー・フルシャンボー・エ・ドゥカズヴィル社によって30年来従ってきた行動方針である。この方針が会社のかつての事業所がこの第3期に享受した相対的な平穏に大いに貢献したと私は信じる。

　ドゥカズヴィルでは，選挙戦への責任者の参加が1892年にコマントリー・フルシャンボー社に至るまで続いていた。少し前までは，鉱山会社の取締役会とアヴェロン工場の2人のメンバーが労働者の声について議論を闘わせているのを見ることができた。コマントリー・フルシャンボー社がすぐに実施した選挙への棄権は有益な効果を遅からず生み出した。会社と市議会の間に，それ以来絶えることのない，産業と都市の発展を大いに促進する良好な関係がすぐに確立された。

　選挙の棄権は，鉱山と製鉄の大企業の管理における思慮分別の最後の言葉であるのか。私はそうは思わない。

　恐らく，政府の会議に数多く参加して，産業の重大な利益を担わされた市長はよく思われていない。もはや人々は市長が労働者の投票を促すことを考えるのを好まない。しかし，政府が断固として，国家のために，大きな会社の経験が特に利益をもたらす助言を奪うことはよいことだろうか。産業が防衛することなしに，社会主義や労働組合が絶えず産業に仕掛ける襲撃を受けることはよいことだろうか。

　選挙の棄権は，やがて過ぎ去ろうとしていた第3期にふさわしいものであった。それらがコマントリーにおいて作業服の議員[21]の支配を無事に通過することをわれわれに可能にしてくれた。このことが，ドゥカズヴィルで他の選挙戦では深いトラブルを巻き起こしていた社会的平和と産業の規律を再建するのを可能にしてくれた。選挙の棄権はそれなりの存在理由と有用性を

もっていた。

しかし，この30年来，政治状況，組合の状況，社会状況はかなり変化した。政府体制はもはや選挙戦の目的ではない。労働組合の力はかなり発展した。社会主義はいっそう脅威になっている・・・。

新しい状況は新しい方法を要求した。新しい方法は形成の途上にある。企業の責任者の固有の行動は，次第により強力で，賢明で，冷静な製鉄委員会や炭鉱委員会の集団的行動に取って代わられている。これらの委員会に産業の力と経験が凝集され，次第に公権力にも聞き入れられるようになった。こうして，各企業はもはや国家や労働組合を前にして孤立することはない。責任者の個人的な行動は，ほとんど消滅され，転換された。それらを調整することが残っている。これは新しい時代の始まりであり，以前と変わらず重要で困難なものである。

8．宗教と学校との関係における産業の経営

コマントリー・フルシャンボー・エ・ドゥカズヴィル社の活動の主要なセンターになっている3つの都市が前世紀の半ばに同じような状況で大きな発展を遂げた。田舎の住民は，ほとんどがカソリックで，それまではほとんど人が住まない地域に，製鉄所，圧延機，立坑の周辺に集まってきた。当時，ランブール（Rambourg），ボワグ（Boigues），ドカズ（Decazes）の一族は，鉱山や工場の所有者で，各々の地域で名高いままにとどまっている人々によって代表されていた。コマントリーではS.モニー（S. Mony），フルシャンボーではデュフォー（Duffaut），ドゥカズヴィルではキャブロル（Cabrol）である。

都市に必要な宗教と教育の要求を満足させるために採用される方法は，設立者間に合意もなく，この時代に鉄道もなく，お互いに孤立した距離であるにもかかわらず，同じものであった。

国家がその責務を産業に課した教会，学校，救済院は，以下のようなものによって設立された。男子学校はキリスト学校の修道士に任され，女子学校

と救済院は修道女に任された。

　教会，学校，救済院は，同じくそのミッションを充し，産業とその従業員に対して多大なサービスを提供した。

　こうした制度に対する設立者のごく本来的な好意は，後に続くものに引き継がれた。好意は，所有者が変わっても持続した。好意は，修道会教育の世俗化，教会と国家の分離の法律で生き延びた。それは，コマントリー・フルシャンボー・エ・ドゥカズヴィル社の規則である。

　この規則は学校と同じように宗教においても，個人の自由の絶対的尊重と折り合いがついた。

9．ストライキ

　私の地域あるいは全体の指揮の下で，次のようなストライキがコマントリー・フルシャンボー・エ・ドゥカズヴィル社で起きた。

　コマントリーで，1860年から1916年の56年間に，1881年のストライキが3日間，

　モンヴィックで，1878年から1916年の38年間に，

　フルシャンボーで，1888年から1902年の14年間に，

　モンリュソンで，1888年から1916年の，

　アンフィーで，1888年から1916年の，

　ブラサックで，1890年から1916年・・・，

　ドゥカズヴィル鉱山で，

　ドゥカズヴィル製鉄所で，

　ジュドルヴィルで，

全部で，仕事の年数・・・ストライキの年数・・・トータルで[22]。

　鉱山や製鉄の労働者がしばしばストライキをしていると思っている人には，この統計は驚きだろう。しかし，ストライキがそれほど頻繁でないことから，ストライキが有害ではないと結論してはいけない。全ては重大で，あるものは惨憺たるものである[23]。

コマントリーのストライキ，モンリュソンのストライキ，ドゥカズヴィル製鉄所の 19・・年のストライキ[24]について，その詳細を語ろう。

(1) 1881 年 6 月，コマントリーのストライキ

数年来，鉱山の枯渇化と作業場の締め直しが従業員の削減をもたらした。最小のダメージでこの削減を実現するためにとられたさまざまな方法，例えば，年齢が 20 歳以上の労働者の雇用を削減するような方法は，十分な効果を生み出さず，1881 年の初めに雇用されていた 1,650 名の労働者の雇用が不可能になった。この時，会社は，モンリュソン鋳造所とモンヴィック鉱山に，コマントリーの近隣にある 2 つに対して，仕事を提供することができた。

約 200 名の解雇が決定されたのは，このような状況であった。半分に当たる，より高齢な人々には，会社の負担で年金が提供された。残りの半分には，モンリュソンとモンヴィックでの仕事が提供された。解雇された労働者は，6 月 4 日の土曜にコマントリーの仕事をやめることになっていた。

この日，私は，われわれの決定を取り消さないと，五旬祭の後，6 月 7 日，誰も仕事に出ないと告げる匿名の手紙を受け取った。手紙は，全ての労働者が彼らの同胞の解雇を避けるために，週に 1 日ずつ失業することを決定したことを付け加えていた。

日曜とその晩に，ストライキがいくつかの酒場で説かれ，準備され，鉱山と町の道路に貼られる手書きの掲示物が何部も持ち込まれていたことを，私は月曜日に知った。

火曜に，朝の時間，斧とつるはしをもった 4 人の労働者の 3 つのチームが仕事に来る鉱夫たちをとめようとして，主要な道に配置された。彼らはあまりそれに成功しなかった。私は，通行止めされたところの 1 つに赴き，他の場所にはエンジニアを送った。鉱夫たちはわれわれと向かい合い，この日，勤務はほとんど行われなかった。

しかし，水曜の朝，近隣の町から鉱山に至る全ての道には，男や女たちが，そのなかには，われわれが知る評判の高い一族（われわれは彼らがいる

にもかかわらず，しばらくはそのことに気がつかなかった）がおり，労働者が通行するのを妨げていた。500名だけが通り抜けることができた。喧嘩が起きていた。働きに出ている人に対しては，「殺すぞ」という脅しがその夜にあった。

　労働者の熱意を守ることは，われわれにはできなかった。

　当局の命令で4つの戦列中隊と何班もの憲兵隊がコマントリーにやってきて，町の通りと立坑の周辺の秩序を維持した。しかし，鉱山に至る道は仕事へ向かっていく労働者を絶えず後退させるストライキをする人々によって遮断され続けた。木曜，金曜，土曜，誰も働かなかった。

　社長のモニー氏は，地域の管理を支持し，守ってきた。

　6月12日の日曜，以下のような通知が鉱山に貼り出された。

　「2週間分の給料もなく，思いがけず仕事を失ったコマントリーの鉱山労働者に対して，今月18日に働いた分の俸給が支給される。再雇用を求める労働者は，新しい雇用契約を結ぶために，明日から鉱山事務所に来ることができる。」

　月曜の朝，全ての労働者が再雇用のために現れた。

　このストライキは，われわれに送られてきた6月4日の匿名の手紙の他に何の要求もなく終結した。給料，労働時間，工場の規則に関する問題は何もなかった。何人かの労働者が全体に対してストライキを課したのは，「友愛」と「連帯」の名のもとであった。

　これはコマントリー鉱山労働者の初めてのストライキであった。そして，最後のストライキであった。しかしながら，コマントリーをも掌握している鉱山労働者総会議によって決定された「1902年ゼネスト」のときに，ただ一度だけ仕事が中断されただけであった。

　1881年のストライキは，労働組合の活動では全然なかった。当時，コマントリーに認められていた労働組合はなかった。組合は代表を送っていただろう。当時，すでに有名になり始め，アリエの鉱山労働者の間で何人かの会員を集めていたある社会主義者によってストライキがそそのかされていると言われていた。組合は，その地域の何らかの残存物としてとどまっていた古

い秘密結社のやり方で行動していた。われわれのストライキのリーダーの何人かはほとんど全て優秀な労働者であり，あらゆる関係でとても尊重されて人々であったことに気がついても，われわれは少しも驚かなかった。しかし，管理の必要性をいくらか無視してはいたが。彼らは，社会組織が企業の経済状況を考慮にいれずに，管理の意思だけで決定することができると無邪気に信じていた。彼らはまた労働者の家族の生活に関する必要性も忘れていた。善良だが迷い込んだ人々と何時間か話し合いをもてば，おそらくストライキは回避されただろう。われわれもこうした話し合いの必要性を少しも疑っていなかった。私服警察にわれわれが知らせたか？　管理に足らないことがあったにしても，それは厚情と揺るぎなさに要約される会社の管理手続きのなかで埋め合わされた。コマントリーの鉱夫の給料は，周囲の産業の住民と比べて上等ではないが，いつも少なくとも平等であった。労働組合の自由，宗教の自由はいつも尊重された。

　1902年のゼネストの首謀者が鉱山労働に対していつもの演説で発言していたときにも，コマントリーの鉱夫は炭鉱の枯渇によってこの仕事がなくなることを単純に残念であることを表明していた。そうした気持ちは慣れ親しんだ作業場からだけくるものではなかった。こうした気持ちは，地域，感情，そしてしばしば苦労して手に入れ，それらと別れなければならない土地と家に対しても当惑させた・・・。

　こうしたさまざまな考察がコマントリーでの産業生活全体が「たった3日間のストライキ」とともに，どのように流れているかを理解することを助けてくれる。

(2)　モンリュソンのストライキ

　ここに，1901年の株主総会で，モンリュソンのストライキについて取締役会が説明したものがある。

　「モンリュソンのストライキは，出来高払だけでなく，日雇いでの労働をなくすようにというわれわれの鋳造工労働者のグループによる要求に端を発している。われわれは工場の存在自体を危うくすることなしに，この要求に

同意することはできない。彼らに対して製鉄業の全体状況と工場の3分の2の従業員を停止させるストライキの結果についてできる限り完全に明らかにしつつ、われわれは初日にはっきりとわれわれの労働者に対してこのことを宣言した。

　われわれ取締役会は、了解しなかった。それは、ストライキを実施している鋳造工のグループが全ての要求を断念して、仕事への復帰を要求した5カ月間の失業の後であった。

　不幸なことに、そのことは容易に予想されたように、管理は5カ月の間に別の方針を取っていた。われわれの労働者はわれわれが精力的に求めている新しい管理に応じてしか工場に戻ることができなかった。」

　このストライキは、1901年7月23日から始まり、同じ年の12月23日に終結した。

　8月8日にパリで、労働審判所の評議員で書記長補佐を伴った、フランス鋳造工総労働組合の書記長、労働上級委員会のメンバーであるS氏の訪問を受けた。

　非常に礼儀正しい長時間の会談のなかで、S氏は、ある日にストライキを行い、当時、鋳造工労働組合の指導者たちを支配していた考え方を投げかけるいくつかの宣言をした。私がここにまとめると、

　「モンリュソンのあなた方の鋳造工は、おそらくこの時期にストライキをすることは間違っていただろうとS氏はいった。われわれはそのことについて少なくともあなた方と議論する時間をとることなしに彼らと相談しなかっただろう。私は、またあなた方に、その場で、多くの労働者が、最も真剣な労働者が会社を称賛し、多くの状況で会社が彼らのことをとても考慮してくれたことを認めていることを感じたといわなければならない。

　しかし、あなた方の鋳造工はストライキをしている。彼らは出来高払を望んでいない。われわれは、あらゆる工場で出来高払の廃止と日雇いの仕事を取り替えることを追求する確固とした任務を労働組合としてもっている。これは、われわれにとっては、絶対的な原則である。したがって、われわれは全力でモンリュソンの鋳造工を支援するだろう。

出来高払の仕事は，顧客に質の劣った製品を届けることでフランス産業の価値を下げる。出来高払の仕事は，行き届いたものでなく，終わりがない。熟練労働者をなくし，日雇い労働者によって置き換えてしまう。

管理者たちは，それらが労働の効率を向上させるので，それらを保持している。それは，2重に残念な結果である。給料を減らし，雇用される人手の数を減らす。日雇いの労働が世界を占めてしまったら，労働者の3分の1が路頭に迷うことになる。」

モンリュソンの工場は，発達の途上にあり，十分な設備をまだ整えておらず，競争に対して戦う準備ができていないので，労働効率の低下に抵抗できないだろうという私の所見に対して，S氏は答えた。

「モンリュソンの工場が閉鎖されれば，そこでなされる仕事は，別の鋳造所で行われるだろう。われわれは，全体的な，上位の観点に身を置いている。われわれは，フランス鋳造工労働者の全体を代表しており，出来高払の労働を廃止することを追求しなければならない。」

コマントリーのリーダーが「連帯」のストライキであったのに対して，モンリュソンの鋳造工が「原則」のストライキと位置づけていることは私には興味深く思われる。

「連帯」と「原則」という言葉は，善意を大いに守るが，同程度に経済を無視している。

労働者と管理者の間に存在している関係があれば可能であると思われるように，両者の間で友好的な話し合いがあれば，この2つのストライキはおそらく回避されただろう。しかし，あらかじめ話し合いはもたれなかった。こうした話し合いを容易にし，労働者を啓蒙することは，ストライキに対処する方法である。よく組織された労働組合は，こうした方法を活用することに一致して向かうだろう[25]。

われわれが確認すること。コマントリー（1881年）において。

多くの労働者にとっては，企業の経済状態や管理の必要性については完全に無知であること。

労働者の重要なグループ—数ではなく，影響力による—の間で起きていることについて，管理者に情報がないこと。

管理者と労働者の間に会話や討論する方法がないこと。

モンリュソン（1901年）において。

同じように，労働者側では，企業の経済状態を無視していること。

鋳造工労働組合の外部の指導者によって指揮され，出来高払と激しく戦う確固とした意思。

あらかじめ話し合いをもたないこと。

ドゥカズヴィル製鉄所において[26]。

管理者には将来の責任がのしかかっているのに対して，こうした責任は顧客，供給業者，あらゆる種類の債権者に対する厳しいものであるが，鉱夫の責任は皆無である。

こうした責任は，道徳的な観点から，少しずつよく組織された労働組合では，有効となってきている。こうした責任が法的なものになるには立法者に依存する。

結論：労働者に対して，管理問題の必要性をできる限り啓蒙すると同時に，国家の利益に大きく関係するこうした問題について，権利に対して責任を位置づけることを忘れないように，立法者を啓蒙すること。

10．労働組合

労働組合は普通初めから管理者の敵対者として想定されているが，労働組合が，コマントリー・フルシャンボー・エ・ドゥカズヴィル社と戦ったことはなかった。それにもかかわらず，恐らくこのことの原因でもあるだろうが，労働組合はあまり発展しなかった。大部分で，ごくわずかな部分でしか集まらず，従業員の半分に及ぶものは稀であった。恐らく，われわれの企業がさまざまに分散していることがこうした結果をもたらしたのだろう。

したがって，私は，よく組織された，労働者の本当の代表としての労働組

合と関係したことはない。萌芽状態にある労働組合は，全体の名のもとで話し合い，交渉するために必要な権限をもたない。支配しようと望む少数派によくあるように，こうした労働組合はむしろ暴力的で，破壊的である。管理者の利益において，労働者の利益と同様に，多数派を組織し，法的に組織された労働組合は大いに好ましいと私は信じている。

　ここで，私は，労働組合の問題を取り扱うつもりはない。いくつかの考察に限定する。

　労働組合の権利を定めておきながら，立法者は，それに対応する責任という本質的な原則を忘れていた。これは，充たされるべき欠陥である。

　個人以上に，全体の思慮と節度を考慮して考慮し過ぎることはない。こうしたことは，私的産業のストライキや公的サービスにおけるストライキで，フランスだけでなく，他でも，確認されたことである。

　鉱夫のストライキによって脅かされたイギリス国民の生活を見てきた。会社は，国家の利益の前で，自らの利益を充たすことをためらってはならない。そして，国家は，現在まで，自衛することを知らなかった。しかしながら，社会は，そのメンバーの1つによって破壊されるままにしてはならない。これは，解決すべき重大な問題である。

　今後は，力と権力の源になる組織を妨げることはできない。しかし，その働きを規制しなければならない。「管理」のよい原則が広がることは，平和と幸福のこうした手段が戦争と破壊の原因であることにとどまることを回避させるのに貢献する，と私は確信した。

　事業経営において労働組合に委ねられた役割が何であるにせよ，管理原則がその有用性を失うことはない[27]。

11．コマントリーの炭鉱労働者世帯のモノグラフィー

　以下のノートは1868年，1869年，1870年に作成されたものである。このノートの提出先である，わが社の社長モニー氏は，これをル・プレー（Le Play）の質問表の形式で記述するよう私に要請した。そしてこの形式で，

モニー氏は1887年に出版した『労働者に関する研究』（アシェット社）の中でこれを公表したのである。ここにそのノートを再録する。なぜなら、ここには当時のコマントリーの大半の鉱山労働者家庭の生活様式が興味深く示されているからである。私がこのテーマで扱うのは、C.G.家が資産もない借家暮らしの状態から、15年間で3つの小さな労働者用住宅を所有するようになるまでの間に実行した、驚くべき予測、組織、活動、節約、振る舞い、イニシアチブ、すなわち一言で管理と呼ばれるものを描き出すことだけである。

1870年まではC.G.家に関する調査は容易であった。夫も妻も喜んで協力してくれた。しかし不幸な戦争によって、この国に、帝政と、わが社の社長も所属していた旧立法機関への非難の感情が湧き上がった。その結果、この地域の経営陣と労働者の信頼関係は崩れ、私がC.G.家に訪問することによって彼らが仲間から睨まれるようになってしまった。私は訪問を断念した。しかし、1875年に、C.G.家に対する若干の調査を再び行うことができ、このモノグラフィーを完成することができたのである。

戦後わが国の労働者大衆が示した不信感は、わが社の社長が圧倒的多数を獲得した選挙戦の後も数年間続いたが、少しずつ和らぎつつある。しかし、かつてのような親愛の情は完全には回復していない。このような現状は、労働組合の強大な影響力なしにはあり得ないことである[28]。

コマントリー（アリエ県）の1人の炭鉱労働者のモノグラフィー
（1875年末提出資料）

一家の各構成員の状態を明らかにする予備観察
1：地域，産業，人口の状況

これからわれわれが調査対象とする労働者が居住しているコマントリーは、2つの大産業（鉱山および製鉄）を抱え、これらの産業によってこの地域は急速に発展した。

1840年、コマントリーの住人は1,000人ほどに過ぎなかったが、今日、密

集人口はほぼ1万人で，周辺の田園地帯は住居で覆われている。総人口は1万2,000人を超えている。

鉱山労働者の大部分は畑仕事を好み，都市の外側に居住している。G. C. の場合も同様である。

2：一家の戸籍
一家は5名から構成されている。すなわち，

G. C.,	C・・・出身。	42歳
M. M.,	妻，L・・・出身。	40歳
A. C.,	長男，	15歳6カ月
M. C.,	長女，	13歳
A. C.,	次女，	10歳

1859年に結婚した。夫妻はこの他に3人の子供（うち2人は双子）をもうけたが，生後まもなく死亡した。

3：宗教，道徳習慣
一家はカトリック信者であり，この宗教を素直に信仰している。一家は大変真面目に日曜のミサに参列している。家族はそれぞれ別々に朝晩の祈りを捧げている。父は年1回，母は主な祝日に，それぞれ聖体拝領を行っている。

一家の構成員はみな質素かつ勤勉で，大変貯蓄に励んでいる。貯蓄への意欲は妻に由来するものである。結婚前，Cはまったく節約をしておらず，給料日に酔っ払っていたことも何度かあったほどだったが，結婚後そのようなことはなくなった。

Cと妻は共に農村労働者の子供で，小さい頃から働いていた。夫は何の教育も受けていなかった。妻は少しだけ読み方を学んでいたが，祈祷文を読むにはそれで十分であった。

彼らは子供たちに初等教育を受けさせている。彼らが15歳になるまで，鉱山内の学校へ通わせている。

C家は評判の良い一家である。夫は有能かつ熱心，勤勉で心優しい労働者

である。彼の最大の楽しみは，鉱山から帰った後，自分の庭や畑を耕すことである。冬の悪天候の日でさえ，妻が裁縫や編み物をし，子供たちが学校の宿題をしている中，夫は道具や木靴を修理しているほどである。

4：衛生ならびに健康サービス

C家の健康状態は良好である。20年以上，父は重病を患っていない。母は2度風邪を引いて寝込み，2度目は1カ月半に及んだ。彼女は出産ではそれほど体力は衰えなかったが，昔ほど丈夫でもなかった。労働と授乳で彼女は多少病弱になったのである。

医療と薬は鉱山会社から彼らに無料で提供されている。

住宅と食事は極めて質素である。それは必要は満たしているが快適というには程遠い。にもかかわらず，Cは自身の過酷な本職を十分にこなしているだけでなく，鉱山の外でも仕事をしている。

5：家柄

結婚当時，Cと妻は何の財産も所有していなかった。1859年のことである。現在，彼らは持ち家に住み，3つの小さな住宅を労働者に賃貸している。

彼らの習慣は何ひとつ変わっていない。今でも妻は，可能なときには，時々洗濯の仕事をしている。

長男は読み書きが上手で，鉱山で働き始めたばかりである。娘たちは労働者のよき妻になるために勉強している。

Cの家庭生活は，結婚当初と同じように質素かつ慎ましいもので，貯蓄にもこれまで以上に熱心である。

この一家は，コマントリー鉱山の大部分の家族と同様，この上ない尊敬を受けている。

6：一家の生計の資

C家の動産および不動産，同家が所有する工具および家畜については後述

する。

7：補助収入
　妻と子供たちは収穫期に落穂拾いをし，山羊に道沿いの草を食べさせ，糞を拾う。

8：仕事と生産活動
　労働者の仕事。Cは鉱山労働者である。彼はコマントリー鉱山の地下作業現場で，朝5時から午後3時まで石炭の採掘に従事している。
　帰宅後，彼は自分の庭と畑を耕す。
　彼は常に自家消費分を大幅に超える野菜を収穫し，時々それを販売している。
　妻の仕事。妻は家事に従事している。彼女は家族全員の衣服を修繕し，洗濯する。
　彼女は夫の畑仕事を手伝う。
　彼女は豚1頭，山羊2頭，そして鶏とウサギを飼育している。
　夕方，彼女は糸を紡ぎ，編み物をする。
　彼女は5回の出産の度，他人の乳児1人を月20フランで預かった。これにより彼女はさらに約5フランの雑収入を得た。
　彼女は収穫期に子供と共に落穂拾いをする。
　彼女は種まきと収穫の仕事に数日間従事する。
　彼女はこれまで洗濯の仕事をしてきたが，息子が働くようになってから自宅での洗濯量が増え，また昔ほど体力がなくなったので，これをやめた。
　毎週，彼女は鉱山会社が自社の労働者の妻たちのために残しておいた石炭を拾いに行く。自宅の暖房用にはこれで十分である。
　Cは自分と同じくらい質素な生活ができない人物を決して下宿させたがらない。
　子供たちの仕事。長男は数カ月前から鉱山で働いており，その給料を父に渡している。

長女は学校から帰ると売るための靴下を編む。冬は家の中で，夏は畑で山羊の世話をしながら編んでいる。最近，彼女は糸紡ぎを学んでいる。妹は編み物を始めたところである。長女はまもなく裁縫を学ぶために見習いに出されるだろう。

一家の生活様式
9：食物と食事
Cは朝4時半に鉱山へ向かい，午後3時半まで帰宅しない。彼は時々起床後にグラス1杯のワインを飲む。8時半，スープが支給され，彼はこれを現場で熱いうちに飲む。11時半，彼は一切れのパンを，チーズあるいは脂身，あるいは果物と一緒に食べる。彼は鉱山で500mlのワインを飲む。

夕方5時ごろ，家で一緒に食事をとる。献立は脂身または野菜のスープである。ワインは男性だけが飲む。妻と娘たちはワインを決して飲まない。

しかし時々，夫は畑に行くのを急いで，子供たちの帰りを待たない時がある。彼は大急ぎで夕食をとり，働きに行く。

娘たちは学校に行く前にスープを飲む。学校は昼休みに帰宅するには遠すぎるので，彼女たちは昼食用のパンとチーズを持参する。

肉屋の肉は高いのでほとんど食べることはない。年に8回か10回，主な祝日に，750gほどの牛肉を買い，これでブイヨンを作る。

10：住居，家具，衣服
結婚後数年間，Cは5.3m四方，天井までの高さ2.3mの一室に住んでいた。

現在，彼の住居は二部屋あり，1つは広さ4.6m×3.5m，高さ2.75mで，台所と両親の寝室として利用している。もう1つは広さ3.5m×2mで，子供用のベッドが2つ置かれている。

その他，彼の住居には家畜用の差し掛け小屋，パン焼き釜，カーヴ，屋根裏部屋が備えられている。

家屋は道路沿いに建っている。裏には1,000㎡の庭と井戸がある。

Cは持ち家で大変快適に暮らすことができた。しかし彼は狭い場所で暮らす方が好きで，収入を増やすために部屋を賃貸しした。彼には手に入れたい土地があったのである。

土地を購入すること，これが彼の唯一の欲求であり，家族の唯一の贅沢である。快適なものは一切ない。暖炉すらない。しかし家具は多少値の張るもので，ベッドや洋服だんす，掛け時計は大事に扱われ，綺麗に保たれている。

夫人は洋服だんすの中に綺麗に整頓された下着類を少々誇らしげに見せてくれた。これは彼女が作ったものである。

11：娯楽

夕食後，Cはパイプでタバコを一服し，庭仕事に行く。この仕事は彼にとって大きな娯楽である。

日曜日，朝のミサの後も彼は庭で過ごす。しかし主な祝日だけは例外で，これらの日は大抵，妻と子供たちの夕べの祈りの間，彼は隣人たちとボトル数本の酒を飲む。

彼はめったにキャバレーには行かない。しかし彼は，給料日に仲間（4人の労働者の遊び仲間）とキャバレーへ行くという，炭鉱労働者たちの間に広まっていた古い習慣に時々従っていた。給料の支払いは月1回，終業後に行われるので，彼らは家に帰る前に街で一皿の肉とワインを注文してしまう。彼らは1人20～30スーを使う。

Cのタバコ代とキャバレー代は，月5フランを超えることはない。

一家の歴史

12：人生の主要な局面

G. C. の父と祖父はコマントリー近郊の分益小作農であった。彼らは子沢山であったが，財産はなかった。

1848年，Cの父は農業をやめ，鉱山で働くためコマントリーに移り住んだ。彼には，男3人，女4人，計7人の子供がいた。うち長男と次男は父と

一緒に働いていた。

　Ｃの兄は現在も鉱山労働者である。彼は4人の子供を持ち，うち1人は鉱山で会計の仕事をしている。この兄は読み書きがあまりできなかったが，子供たちには十分な教育を受けさせた。彼は一軒家と2,400㎡の土地を所有している。

　2番目の兄は軍隊に所属していたが，病気にかかり，自宅での長い療養の後，死亡した。

　上の2人の姉妹は共に結婚前に死亡した。

　3番目は鉱山労働者の妻である。彼女は4人の子供をもうけ，庭付きの家を所有している。

　4番目も鉱山労働者と結婚した。彼女は9人の子供を産み，うち7人が生存している。扶養すべき家族が多いことに加え，病気，几帳面さに欠ける妻，不摂生な夫，これらがこの夫婦をこの国で最も不幸な夫婦にしている。

　Ｇ．Ｃ．の妻の両親はモンマロー近郊の粉屋であった。彼らには5人の子供がいた。マリー（Marie）［訳者注：Ｃの妻の名前］は他の子と共に彼らに育てられたが，14歳で旅館の使用人に出され，そこで4年間を過ごした。その後彼女は家に戻り，23歳で結婚するまで，6年間，再びホテルの使用人になり働いた。彼女の兄弟姉妹は単純労働者であった。

　Ｇ．Ｃ．とマリー・Ｍは結婚した時，衣服とベッドしか持っていなかった。彼らは家具を購入するために300フランを借り入れた。

　2年後，この若夫婦は300フランを完済し，100フランを貯蓄していた。

　この最初の貯金を彼は仲間たちに証書なしで貸した。彼は仲間たちを信頼したことをまったく後悔していなかった。後に金が必要になった時，彼は非常に簡単に借りることができた。

　結婚から7年後の1866年，Ｃは3,578㎡の土地を1,030フランの現金で購入し，すぐに，2つの労働者向け貸室の付いた一軒家を3,500フランで建てた。この費用は多くの仲間たちからの借り入れで賄った。炭鉱労働者の多くは持ち家に住むことを願っているので，彼らもためらうことなくＣと同じようにしている。彼らも土地が手に入りさえすれば何の蓄えもなしに家を

建てるのであるが，中には土地代の支払い終了まで待たない者さえいる。

1871年，Cは3,500フランを完済し，1875年初めには1,500フランを貯蓄していた。彼は最初の家の隣にもう2軒の家を2,200フランで建てた。

同じ年の7月，自宅からやや離れた土地を売却し，そこから得た利益で，4,800㎡，3,000フランの土地を4年間の分割払いで購入し，11月11日に最初の支払いを行った。

現在，彼は石工たちにまだ250フランの借金がある。また彼は，畑の購入代金の最初の支払い分200フランを鉱山から借りている。この支払いはあと3回残っている。これらの負債は彼にとって気がかりであるが，不安なものではない。

13：一家の物的，精神的充足を保証するための習慣ならびに制度

貯蓄，労働，節制の習慣によって一家は貧困を免れている。

一家は，鉱山会社によって設立・運営されている制度による子供のための無料の初等教育機関を利用し，病気の際には無料の診療所や薬局を利用している。怪我の場合にも，会社によって同様の処置が行われている。

14：C 家の財産目録と予算

項目1：不動産

住居（労働者用貸室4室を含む）	6,000F
住居に隣接した庭（広さ3,578㎡，労働者用貸室用）	1,030F
住居に隣接した小厩舎（4棟）	400F
労働者貸室用井戸	100F
畑（4,800㎡）	3,000F
合計	10,530F

項目2：動産

ベッド3（父母用クルミ材製1，子供用2。各自ガチョウの羽と藁入りのマットおよび毛布付き）	700F

椅子 6	8.50F
洋服だんす 1 （クルミ材）	80F
掛け時計 1	50F
テーブル 1	10F
小麦パン用櫃 1	16F
物入れ 1	6F
木製箱	10F
合計	880.50F

家庭用布類

丈夫な麻布製のシーツ（大部分は母が織ったもの）60	360F
布製ナプキン 12	18F
テーブルクロス 2	14F
女性用シャツ 36	108F
男性用シャツ 20	60F
子供用シャツ	10F
布巾 15	9F
合計	579F

食卓用品

鍋 2	10F
弦付き鍋 1	5F
貝殻型容器 1	3F
小皿 20	5F
皿，スプーン，フォーク，ナイフ	15F
ガラス瓶，陶製瓶	3F
グラス 12	2.50F
陶製壺	2.50F
暖炉用グリル網 1	5F

合計	51F

その他台所用品

製パン用藁マット 5	5F
豚肉洗浄・塩漬用素焼たらい 1	10F
自在鉤 1，スコップ 2，火掻き棒 1	3F
鏡 1	4F
聖水盤 1	0.30F
塩入れ 1，水がめ 1	0.70F
合計	23F

衣類

父の衣類	150F
母の衣類	200F
子供たちの衣類	100F
合計	450F

家畜

① 毎年豚1頭を25〜30フランで購入する。この豚は野菜くずや小さなジャガイモの他，30フラン相当の大麦の粉を食べる。屠殺時には110〜120kgに達し，100〜110フランの価値になる。　　　平均価格　55F

② 鶏4〜5羽を飼育している。これらの鶏は自由に餌をとって食べている。　　　　　　　　　　　　　　6F

③ ウサギ 12〜15羽。これらの一部は売却する。　平均価格　8F

④ 山羊2頭。餌は道端の草，あるいは付近の落穂。　価格　40F

合計　　　　　　　　　　　　　　　　　　　　109F

仕事と生産活動のための用品

① 畑および庭仕事のための工具

鋤 2	5F
つるはし 3	8F
鉄製熊手 1	1.50F
なた 1，斧 1	1.50F
合計	16F

② 鉱山労働のための工具

つるはし 2	9F
スコップ 2	3F
一輪車 1	8F
鋸 1	2F
手斧 1	3F
他の 3 人の労働者と共有の鉱山用工具。	
合計 40F のうち彼の負担分	10F
合計	35F

C 家の財産目録は，以下の通り要約される。

不動産	10,530F
動産	2,143.50F
合計	12,673.50F

負債は以下の通り

① 畑の取得に関する負債。	
合計 2,040 フランを残り 3 回で支払う。	2,040F
② 石工に対する負債	250F
③ 鉱山に対する借金	200F
残金	10,183.50F
庭の取得価格	1,030F

時価	4,000F
値上がり分	2,970F
資産の時価総額	13,153.50F

15：C 家の予算 （1875年の収益を基に作成）

表1 （章末参照）

表2 （章末参照）

総収入	2,974.85F
総支出	1,744.55F
1876年分の貯金額	1,260.30F

（注）A

住宅は100フランが家族用の部分，335フランが3つの賃室部分と評価されており，そこには庭の価値も含まれている。

（注）B

庭のうち家族が耕作している部分，そして家族だけで耕作している畑から，彼らが1年間に得られる作物は以下の通りである。

穀物 100ℓ （20ℓあたり 3.20F）	16F
家庭用ジャガイモ 1,280ℓ （20ℓあたり 0.75F）	48F
家畜用ジャガイモ 1,120ℓ （20ℓあたり 0.60F）	33.60F
蕪	6F
コールラビー	18F
ポワロー葱	6F
乾燥インゲン豆 1,120ℓ （20ℓあたり 5F）	15F
インゲン豆	15F
玉葱および浅葱	11F
キャベツ	15F
サラダ菜およびオゼイユ	20F
合計	209.60F

(注) C

毎年, 子豚1頭を購入し, 野菜くずや洗い物の水, 小さなジャガイモ, そして30フラン相当の大麦の粉で飼育する。屠殺の際, 豚は110フランの価値になる。必要経費は60フラン, 収益は50フランとなる。　　　　　　　　　　　　　　　　　　　　　　　　　50F

鶏（および卵）の自家消費分　　　　　　　　　　　　　　　　12F
ウサギによる収益（うち5フランは自家消費分, 10フランは売却分）　15F
山羊1頭から4カ月間毎日2ℓの乳を取ることができる。
　合計 480ℓ（1ℓあたり 0.20F）　　　　　　　　　　　　　　96F
山羊の売却益　　　　　　　　　　　　　　　　　　　　　　　42F
合計　　　　　　　　　　　　　　　　　　　　　　　　　　185F
これらの収益から家畜用ジャガイモ 1,120ℓ（20ℓあたり 0.75F）の
費用を差し引かなければならない。　　　　　　　　　　　　33.60F
純利益　　　　　　　　　　　　　　　　　　　　　　　　154.40F

(注) D

落穂拾いは妻と子供たちが行い, 穀物（ライ麦および小麦）
220ℓ（20ℓあたり 3.20F）の収穫になる。　　　　　　　　　35.20F
野原での落穂拾いは算入していない。

(注) E：賃金

父は鉱山で石炭掘りに従事している。したがって, 常に3人の仲間と組んで仕事をしている。
課業の成果に対する1875年の彼の取り分は　　　　　　　　1,385.65F
彼は自身の畑と庭の専有部分で耕作している。この仕事の成果は予算に現金ならびに現物で計上されている。
妻は洗濯の仕事をしていた。しかし現在は健康上の理由でやめている。彼女は娘と一緒に落穂拾いをし, 石炭を拾い, 下着と衣服の手入れをし, 室内を清掃する。
息子はまだ日払いの状態で, 日給 2.25 フランである。　　　　675F
彼はもうすぐ出来高払になるだろう。
長女は母の落穂拾いを手伝い, 家では糸を紡ぎ, 縫い物をし, 織物をする。彼女の労働は1日当たり 0.10F と推計できる。　　　30F

| 合計 | 2,090.65F |

(注) F

先述の通り，鉱山会社は労働者たちに，選鉱場から運ばれたボタを持ち帰ることを許している。このボタは良質な燃料になる。

(注) G

一家は 1,500 ℓ のライ麦と小麦を消費する（表3参照）。
　表3：一家の食糧（章末参照）

(注) H：衣服

　　（表は章末参照）

| 母と子供たちの衣服代およびその維持費 | 143.75F |
| 合計 | 300F |

(注) L：娯楽費および雑費

父のキャバレー代	35F
父のタバコ代	15F
教科書および紙代	20F
喜捨（概算）	6F
合計	76F

(注) M：税金，保険料，住宅維持費

税金および給付金	24.25F
火災保険料	4F
住宅維持費	30F
合計	58.25F

最後に，C家の1860年，1865年，1870年の予算を再構成し，ここに示す。

　1860年

子供なし
収入—夫の賃金　　　　　　　　　　　　　　　　　　1,020F

収入―妻の収入	84F
総収入	1,104F
支出	700F
貯蓄	404F

1865 年

子供 2 人

収入―夫の賃金	1,320F
収入―妻の賃金（授乳による収入）	240F
収入―貸付金 1,000F に対する利子	50F
総収入	1,610F
支出	1,150F
貯蓄	460F

1870 年

子供 3 人

収入―夫の賃金	1,200F
収入―妻の収入	72F
収入―2 部屋分の家賃収入	200F
総収入	1,472F
支出―家庭用	1,100F
支出―借入金 1,800F に対する利子	90F
総支出	1,190F
貯蓄	282F

1870 年は G. C. 家にとって例外的に悪い年であった。しかし，彼らの貯蓄は翌年以降十分に増加していった。

補遺

コマントリー炭鉱

モンヴィック炭鉱

ブラサック炭鉱

ドゥカズヴィル炭鉱および工場

11．コマントリーの炭鉱労働者世帯のモノグラフィー　163

カンパニャック炭鉱

フルシャンボー製鋼所

モンリュソン工場

アンフィー製鋼所

露天掘り鉱区および鉄鉱山

ポンタ・ヴァンダン工場

コマントリー・フルシャンボー・エ・ドゥカズヴィル社の可燃性製品，鉄鉱石，鉄製品の総体

支配人職と取締役職

支配人と取締役

コマントリー炭鉱：採掘の起源，埋蔵量，生産量[29]

　1815年1月13日付王令に基づき定められたコマントリー社の営業権はコマントリーの行政地域の全てに及ぶ。その範囲は20km²，88haである。

　公正証書には，1618年にコマントリーで石炭の採掘が行われたことが記されている。証書の用語に従えば，数多くの小規模な穴や窪みがいたるところに見られた。採掘は何の規制もなしに行われた。これらの採掘には数人の労働者しか用いられず，ほとんど儲けにならなかった。所有者がしばしば交代し，二束三文で売却されたからである。

　このような状態が1780年ごろまで続いた。

　19世紀初め，コマントリー社の営業権に基づく年間採掘量は数千トンに過ぎなかった。それが25,000トンに達したのは1840年ごろのことに過ぎない。それ以来，採掘量は急速に上昇し，1860年には30万トン，1870年には50万トンに達した。これが頂点であった。採掘量はその後20年間にわたり約40万トンを維持したが，1890年以降，増加時と同じくらい急速に減少した。現在は25,000トン以下に減少し，1840年以前の採掘を思わせるような小さな採掘工事によって終わりを迎えようとしている。

　図2は1810－1916年の生産量の推移を示している[30]。

　コマントリー社の営業権に基づく石炭の総採掘量は約2,200万トンである。

コマントリーの炭鉱産業の運命は，ほとんど完全に，コマントリー・フルシャンボー社で共に重要な役割を果たした 2 人の人物の経営の下に展開されている。

モニー氏

コマントリー炭鉱会社技師兼取締役（1840－1854），コマントリー・フルシャンボー社支配人および取締役社長（1854－1883）。

ファヨール氏

コマントリー炭鉱会社技師兼取締役（1861－1888），コマントリー・フルシャンボー社社長（1888－1916）。

4 分の 3 世紀の間に 2,200 万トンもの石炭が採掘されたことがわが国の大部分の地域の産業発展に大きな影響を及ぼし，ある大工業企業に幸運をもたらしたことを，今日想像するのは難しい(31)。1840 年は・・・(32)，1860 年には・・・に過ぎなかったこの時代の石炭の消費を考慮する必要がある。また，コマントリーの石炭の品質の良さを考慮しなければならない。

コマントリー炭鉱が雇用する労働者の数は・・・(33)であった。

図 2：1810－1916 年のコマントリー炭鉱の生産量（章末参照）

モンヴィック炭鉱

モンヴィック炭鉱の活動はさらに大きく制限されたものであった。図 3 に，この炭鉱の発展と終焉が示されている。

1860 年以前の生産量は約 10 万トン，その後・・・(34)になった。

総採掘量は・・・(35)である。

モンヴィック炭鉱は極めて不均質で，そのうえ良質でないため，結局，採掘から利益を得ることはなかった。

労働者の数は・・・(36)である。

図 3：1845－1915 年のモンヴィック炭鉱の生産量（章末参照）

ブラサック炭鉱

図 4：ブラサック炭鉱の生産量。コンベルの営業権（章末参照）

11．コマントリーの炭鉱労働者世帯のモノグラフィー 165

　コマントリー・フルシャンボー社が鉱山兼製鉄企業として営業することを決定した時，同社は採掘に際して，自社保有のアリエ炭鉱が枯渇し，古い工場が操業停止になると発生するに違いない不足分を補うための天然資源を，まずは自社の周辺に求めた。そこで，1890年にブラサックの営業権を取得し，続いて1892年にアヴェロン炭鉱・製鉄新社の営業権を取得した。

　ブラサック炭鉱の採掘はコマントリー・フルシャンボー社が営業権を取得した・・・(37)年前に停止された。

　数年間の試行錯誤の後，新たにラ・コンベルの営業権による採掘作業が集中的に行われた。

　図4は以前の生産量を示している。

　ラ・コンベルで採掘される燃料は無煙炭である。

　労働者の数は・・・(38)である。

ドゥカズヴィル炭鉱ならびに工場

　アヴェロン炭鉱・製鉄新社の炭鉱，露天掘り鉱区および工場は，1892年にコマントリー・フルシャンボー社の管轄下に入った。

　コマントリー炭鉱と同様，ドゥカズヴィル炭鉱も16世紀以来小規模な工事によって採掘されてきた。そしてコマントリー同様，この炭鉱の採掘が顕著な発展を見せたのは19世紀半ばのことである。さらにコマントリー同様，ドゥカズヴィルにとっても火災は大きな障害であった。しかし，コマントリーでははるか以前に火災を克服していたのに対し，ドゥカズヴィルではこの災難が採掘を阻み，高コスト体質を余儀なくさせていた。

　ドゥカズヴィル炭鉱の採掘も，同じような条件のもとで効果が認められた方法に従って採掘されれば，収益を上げる余地はあると私には思われた。

　炭鉱におけるこのような麻痺状態は，アヴェロン社の工場や，コマントリー・フルシャンボー社の工場でも観察された。

　ドカズ公爵（le duc Decazes）は，自身のアヴェロンの施設にイギリス式の最新製鉄技術を導入するため，1825年，技師カブロル（Cabrol）をイギリスに派遣した。

同じ時期，それぞれニエーヴルとシェールの工場主であった2人のボワグ氏（MM. Boigues）はイギリスに技師デュフォー（Duffaut）を派遣した。彼は数年後，カブロルがドゥカズヴィル工場を設立したのと同じ時期に，フルシャンボー工場を建設することになる。

私がこの2つの工場を支配下に置いたのは1892年のことであった。フルシャンボー工場は当時，良質ではあるがあまりにも高コストな金属を作っていた。ドゥカズヴィル工場は粗悪で廉価な鉄しか作れなかった。ドゥカズヴィル工場の年間生産量は・・・[39]トンであった。経営状態は壊滅的であった。

詳細な研究といくつかの実験により，われわれは，まずマルタン炉を使用し，その次にトマス転炉を使うことによって，ドゥカズヴィルの製鉄に新たな飛躍がもたらされると考えた。

鉱山においても製鉄においても，技術的困難は大きかった。そして，労使間の困難も小さくはなかった。ワトランの暗殺からは6年しか経っていなかった。ストライキと政治がこの地域に分断の種をまいており，規律に関しては・・・ドゥカズヴィルの産業の回復に取り掛かるためには勇気が必要であった。

現在，問題は十分解決したといってよい。

図5は鉱山と工場において生産が上昇していく過程を示したものである。

火災は依然として炭鉱にとっての懸案事項である。しかし，それはもはや採掘全体に対する脅威ではない。

製鋼所は戦前に・・・[40]トンの生産高を達成していた。1914年の侵略の際，操業を停止しなかったフランスの工場は稀であったことを思えば，この製鋼所が国民の防衛に果たした貢献は大きかった。1916年，この製鋼所は・・・[41]トンの鋼鉄を生産し，その全てを戦争関連に提供した。この2年間で，製鋼所の労働者数は・・・[42]から・・・[43]へと推移した。

図5：ドゥカズヴィル炭鉱の生産量（章末参照）

カンパニャック炭鉱[44]

図6：カンパニャック炭鉱の生産量（章末参照）

図7：コマントリー・フルシャンボー・エ・ドゥカズヴィル社の総石炭生産量（章末参照）

フルシャンボー製鋼所

フルシャンボー製鋼所は，モンリュソンの純良な銑鉄とコマントリーの良質な石炭によって上質な鉄を長い間生産し，その販路も，東部地域の製鉄所が相対的に安価な軟鋼を顧客に提供するようになるまでは，容易に見つけることができた。この競争相手に対抗するために，フルシャンボーは1884年以降，特殊鋼に生産をシフトし，しばらくの間はトマス鋼に対抗することができた。しかしトマス製鋼法が完成の域に達し，すぐに貿易や鉄道会社で使用可能な規格の鋼鉄を提供するようになると，フルシャンボー製鋼所は競争力を失い，1902年に閉鎖された。この出来事は，株主総会において，取締役会によって以下のように報告された。

「フルシャンボー製鋼所の操業停止は，当社の事業に関心をお持ちの皆様にとりましては，なんら驚くべきものではないでしょう。東部地域の製鋼所の競争力強化と当社のアリエ炭鉱の枯渇によって当製鋼所は極めて困難な状況に置かれ，次第に操業停止が不可避であるとの認識に至りました。金属不況は前回の株主総会におきましてもその影響が認識されておりましたが，その後悪化し，それがこの苦渋の選択を引き伸ばすことを不可能にしたのでございます。当製鋼所は前会計年度末をもって操業を停止いたしました。」
（1902年・・・[45]株主総会）

モンリュソン工場

1841年に設立されたモンリュソン工場は，高純度で加工が容易な鉱石を産出するベリー鉱山とコマントリー炭鉱の両方に近接して立地しており，当初は極めて良好な状況にあった。

トマス法によって鉄鋼生産が発展し，鉄の生産がほとんど行われなくなった頃，モンリュソン工場は錬鉄の販路を全て失っていた。同工場の生産は大幅に減少した。さらにコマントリー炭鉱の枯渇により，安価なコークスを同

工場へ供給することが不可能となった。また，ベリーの鉱石の原価がこの時以来上昇し，北部や東部の銑鉄との競争が不可能になったため，同工場は高品質の銑鉄の生産と機械部品の組み立てに方針転換した。

開戦時，同工場の生産設備は改修されたばかりであった。

アンフィー製鋼所

アンフィー工場の創業は 1637 年以前にまでさかのぼる。おそらく，同工場設立の決定的理由は，夏季にはほとんど役に立たないが，冬季に約 70 馬力の動力（現在では大きいとは思われないであろうが）を生み出す滝の存在であった。

同工場は，1800－1860 年までは小規模な製鉄と製銅に従事していたが，1863 年以降，鉄鋼の生産に特化した[46]。ベッセマー転炉は，坩堝(ルツボ)炉と平行して設置されていた。ベッセマー鋼の生産が停止されると，次にマルタン鋼が生産されるようになり，同社の製品は絶えず発展していった[47]。

戦争の直前，同工場の主要な製品は・・・[48]であった。

戦争中の主要製品は盾であった[49]。

炭鉱および鉱山から離れていたアンフィー工場は，人件費以上の利益を得ることはできなかった。

図 8：鉄の生産量（章末参照）

露天掘り鉱区ならびに鉄鉱山

他では産出することが稀なベリーの良質な鉱石の原価の上昇により，ベリーの露天掘り鉱区におけるコマントリー・フルシャンボー・エ・ドゥカズヴィル社の利益は全て失われた。

アヴェロンで採掘された鉱石は少量なうえに良質ではない。鉱床はもはや無尽蔵ではない。

鉱石の需要に対応するため，われわれはピレネーの鉱石を確実に調達できるよう努力した。そこでわれわれはバテールの営業権の5分の3を取得し，採掘権を確保している。

コマントリー・フルシャンボー・エ・ドゥカズヴィル社は，ブリー郡の地下深くまで鉱床が続いているのが発見されて以来，東部で起こっている産業の動きに無関心なままではいられなかった。フルシャンボー，モンリュソン，アンフィーの各工場の活動の維持，バテール鉱山の採掘の再開，ドゥカズヴィルの工業生産の回復のための努力により，同社は政府の配慮を受けることになる。1900年に行われた営業権の分割の際，同社はジュドルヴィルの営業権に含まれる 501ha の持分を得た。

この営業権による採掘はラ・シエール社と共同で行われた。同社は営業権の5分の2を保有し，コマントリー・フルシャンボー・エ・ドゥカズヴィル社は5分の3を保有していた。作業を指示するのはコマントリー・フルシャンボー・エ・ドゥカズヴィル社の方である。

次の図はジュドルヴィルの鉄鉱石生産を示すものである[50]。

次の図は当社全体における鉄鉱石生産を概括するものである[51]。

ポンタ・ヴァンダン工場[52]

支配人職と取締役職，歴史的概要

図9は，企業創立以降における監査役社長ならびに取締役社長の変遷と支配人および専務取締役の構成を示すものである。

この図から，取締役の数が5人から，4人，3人，2人，そして最後に1人になったことがわかる。

以下に引用する「1884年4月7日付取締役会報告書」は，企業の上級経営者組織と，この経営陣が複数から1人へと次第に変化していった状況に関する興味深い情報を伝えている。

図9：コマントリー・フルシャンボー・エ・ドゥカズヴィル社の経営陣
　　　（章末参照）

株式会社コマントリー・フルシャンボー社の株主総会（1884年4月7日）
　1882－1883年度取締役会報告書抜粋

1882－1883年度取締役会報告書

皆様

　私共は，創業以来初めて，モニー氏が関与していない報告書を皆様にお届けすることになりました。モニー氏はこの報告書に取り掛かっておりましたが，彼の病状の悪化は，見かけ上は軽いかのように思われたにもかかわらず，この優秀にして親愛なる同僚の死という結末に至らしめたのであります。彼の巨大な知性と職業能力は，最期の瞬間まで，その忠誠心の高さに見合うものでございましたが，なにぶん彼は高齢であり，私共はそれを残念に感じておりました。これは若者に対して言うような表現になりますが，彼にまだまだしていただきたかった仕事の大きさを思いますと，私共の悲しみは計り知れません。彼の数々の仕事はその高潔なる感情に由来するものであります。私共が本日申し上げましたことは，もちろん衷心からのものではございますが，当社のモニー氏に対する感謝の念を全て伝えるには十分ではございません。

　そしてまた，数日来，私共の想いは，彼が40年来の友人たちと共に眠っている墓地へと向けられております。これほどまでに高い義務感を持ち，そこにこれほどの誠意を注いだ企業主は決しておりません。採掘の進展のために休むことなく働き，繁栄こそが採掘で生活する全ての人々の充足の条件であると考えていた彼は，それだけにとどまらず，子供たちの教育や，病人の治療，恵まれない人々の救済にも同じように関心を持っておりました。

　可能性があり道理があると思ったものには真に温情のこもった心遣いをもって協力することの多かった彼も，万が一の時には，脅威を決して寄せ付けない術を備えておりました。彼の善良さ，毅然とした態度，公正さは良く知られておりました。その権威が確固たるものになるにつれて，彼は，善行と共通利益のためだけに献身するという自らの規律にさらに厳格に従っているように思われました。

　彼が，ここにおいての皆様に対するのと同じように，コマントリーの当社の労働者に対しても不誠実な態度を決して取らなかったということを，彼らの名誉のために取り急ぎ申し上げておきましょう。コマントリーは，彼が来

たときには数千の住人しかおりませんでしたが，彼の棺の後ろには1万2千もの住民が列を作りました。棺は彼のかつての同僚たちによって担がれ，彼らの皺だらけのシャツの袖に囲まれておりました。40年前の貧しい村から現在の一都市へと至る道程の最後を，モニー氏はこのようにして歩んだのでございます。皆様，このような葬儀は彼のために必要なものだったのです。と申しますのは，尊敬すべき人物の思い出のために数多くの律儀な人々が最高の敬意を表すること以上に美しいこと，感動的なことを彼は決して知らなかったからでございます。

人々は15年前にはモニー氏の業績を理解しておりました。と申しますのは，その時，ランブール（Rambourg）氏が，彼に対し，コマントリーの人々が父の代から受け継いだ偉大なる採掘作業の指揮を指示し，そして，慈善施設の創設に関して彼らを補佐するよう指示したからでございます。この慈善施設はコマントリーの人々の充足の思い出を不滅のものにすることでしょう。モニー氏がこの期間に展開した偉業，そして彼がその他の時代に残した，パリ周辺に建設された鉄道の第一級の技師，文筆家，そして政治家としての類まれなる功績を正当に評価するためには，もっと膨大な報告書が必要になることでしょう。しかし，私共が評価するもの，私共にとって忘れられないもの，それは，彼が人生を終えるまでの30年間，私共の利益のために，自らの知性と，意志のエネルギーの全てを注いだということなのでございます。

当社の設立は容易なことではございませんでした。当社を構成するさまざまなグループの相対価値と全体の実質価値を公平に評価するためには，高い公平性，高い忠実性，そして他者に対する以上に自分に対して厳しい姿勢を示す確固たる決断力が必要でございました。さまざまな利害関係者たちを保護する公平の精神と，企業を成功させ，それを持続させるのに好都合な条件に持ち込むための節度をもって，それぞれの出資を評価する必要があったのです。ランブール氏の下で活動していたモニー氏は，他の関連グループの代表であるジュール・オシェ（Jules Hochet）氏，ブノワ−ダジー伯爵（Le Comte Benoist-d'Azy）と共に，このデリケートな仕事を達成する栄

誉を分かち合ったのでございます。

　しかしながら，当社の基盤はまだ強固なものではありませんでした。それまで別々であったグループを均質な集合体にする必要がございましたし，これらのグループのそれぞれに責任ある役割を割り振らなければなりませんでした。全ての協力者たちにこの共通目的を伝える必要がありました。このような企業利益の感情なしにはいかなる努力も実を結ぶことはないからです。皆様，これこそが，モニー氏が30年間絶えず関心を持っていたことであり，彼は最後に，ほとんど完成された形でその業績を私共に残したのであります。彼が最後に私共に残した決して小さくない業績，それは，彼が建てた学校で学び，やり残された仕事を行う能力を持った人間たちに他なりません。モニー氏は，われわれのもとを去る日を見越し，キリスト教徒の穏やかさと厳しさをもって，われわれと協力し，自らの死が当社の従業員と組織にいかなる変更をも要求することがないよう万全な準備をしていたのです。

　当社が設立され，株式会社形態となりました時，取締役会のうち3名が専務取締役を務めておりました。モニー氏はコマントリーで当社の炭鉱の採掘を担当し，グラシャン（Grachant）氏はフルシャンボーの製鉄所で手腕を発揮し，ドゥ・セズヴァール（de Sessevalle）氏はパリで当社の事業を統括すると共に財務を担当しておりました。

　6年後，グラシャン氏が健康状態の悪化によりやむを得ず専務取締役を辞任いたしました際，取締役会はその後任を置かない旨を決定いたしました。そしてそれ以来，フルシャンボー・グループの最高意思決定は取締役会の外部から指名されたある優秀な技師に託されることになりました。

　この驚くべき事態に続いて，われわれは同じ事態に直面したのです。モニー氏にもまた，後継の専務取締役はおりません。この数年来，彼の指示の下，炭鉱の採掘を担当してきたファヨール氏が，コマントリーとモンヴィックの最高意思決定を執り行ってまいりました。

　その結果，ドゥ・セズヴァール氏が唯一の専務取締役として残り，定款第19条に基づく職務に関わる大きな権限を有しております。これらの権限が当初3名のメンバーからなる委員会に与えられていたのは，これを構成する

3名の管理者たちの個人的能力と，合資会社時代の当社の旧支配人としての資格に起因する権利をその理由としていたからであります。彼らのうち2名の協力が得られなくなった現在，状況は変化いたしましたので，私共は全会一致で，執行権を1人の人物の手に集中させ，もはや存在意義のなくなった三頭政治による自由度と即効性の少ない活動に代えて，経営の一元性を確立する必要があると考えました。皆様もご存知の通り，ドゥ・セズヴァール氏は，この10年間務めてまいりました専務取締役のさまざまな職務に加え，更なる責任をもたらすことになるもう1つの職務を受諾することにより，その忠誠心の新たなる証をわれわれに示したのでございます。

注

(1) 　私は，「空気に触れた炭鉱の変質と自然燃焼についての研究」というタイトルで，1878年に，『鉱業協会誌』でコマントリー炭鉱の火災の歴史について語った。この論文は，鉱業協会の金メダルの栄誉に輝いた。

　　ここに，『化学工業協会誌』の1909年7月31日号で，リシャール・トレファル（Richard Threfall）によって1909年に行われたその評価がある。

　「炭鉱の自然燃焼という問題についての文献は非常にボリュームの大きいもので，・・・・・・特に船舶上での燃焼に関するものの目録は，ニュー・サウス・ウエールズの王室委員会の付属文書（1896年）によって提供されている。この問題に関して私が読んだものは，1896年から1900年にかけて，シドニー（オーストラリア，ニュー・サウス・ウエールズ州）で署名された2つの王室委員会の報告書で，多少ともすでに公表されている。私はそれらの報告書に関係しており，船舶火災による損害（ウォルター・H・ウィルソン Walter H. Wilson）については商務省（商船部門）の通達第110号で述べられており，その技術的な部分は私が書いたものである。

　この問題についての最初の重要な書物は，ポーランドのバルデンブルグ鉱山学校の科学者で校長のE. リヒター（E. Richeter）に負っている。それは，1868年12月19日号の *Dingler's Polytechniches Journal* によって刊行された。・・・・・・」

　炭鉱の自然燃焼に関する古典的な第2の著作は，技師で，コマントリーとモンヴィック炭鉱の管理者であるアンリ・ファヨールによって，「空気に触れた炭鉱の変質と自然燃焼についての研究」というタイトルのものがある。この著作は『鉱業協会誌』（1879年の第2シリーズ，第3部第8巻）で発表された。それは260ページの分量で，<u>確かに私がこれまでに見聞きした調査のなかで最も優れたものである。この書物は，技術的な研究が批判的で科学的な精神でもって行われる時，どれほどの価値をもちうるかを理解するために，すべての研究者によって読まれねばならないであろう。</u>・・・・・・炭鉱の変質と自然燃焼についての私の研究からの原文のままでの引用5ないし6ページに続く。

　私の管理研究がその刊行後30年，同様の賛辞を受けていることを私は願っている。

(2) 　ジャン－ルイ・ポーセル（以下，JLPと略記する）の注釈：*Stephane Mony*，「支配人職と取締役職」の節を参照せよ。

(3) 　JLPの注釈：『産業ならびに一般の管理』の第2部第5章。

(4) JLPの注釈：半分が空白のままである。
(5) JLPの注釈：*Stephane Mony*,「支配人職と取締役職」を参照せよ。
(6) JLPの注釈：1824年にこの会社は定款を変更したので，ファヨールは「社長」について語らねばならない。「支配人職と取締役職」の節を参照せよ。
(7) それが，アンリ・ファヨールとシャルル・ブロンニアール（Charles Brongniart），ルネ・ザイラー（Rene Zeiller），ベルナール・ルノー（Bernard Renault），・・・ソバージュ（Sauvage）・・・との協力で行われた「コマントリー炭田についての研究」（『鉱業協会誌』，1886年）であった。H・ファヨール氏による岩石学と層位学（フランス学士院賞受賞）。
(8) JLPの注釈：このアピールはタイプ打ちの原稿の中で，ページの3分の1が空白である。
(9) JLPの注釈：炭鉱は2,300人の坑夫を擁し，会社は約7,200人の従業員を雇用していた。
(10) JLPの注釈：トルトロン，ラ・グェルシュ，フォラールドはシェール川，ベリーの旧運河沿いにあり，アンフィー，フルシャンボー，ラ・ピーク（クーランジュの町）はヌヴェールの近郊にある。それら全ては半径20キロメートル内にある。
(11) JLPの注釈：恐らくはグロスーヴル［監訳者注：コマントリー・フルシャンボー社の1つの作業場で，古くから鍛冶場があった場所］のこと。
(12) JLPの注釈：この日付は，このテキストが主著の第3部であることを認証するのに重要である。
(13) JLPの注釈：アンフィー工場は特殊鋼に特化していた。ファヨールは1894年以来，冶金研究所を創設した。外部の研究者達がそこで共同研究を行った。銅とニッケル（36％）の熱膨張率のないアンバーが，1896年にアンフィーで，シャルル・エデュアール・ギローム（Charles Edouard Guillaume）によって開発された。彼はスイス人の物理学者で，1920年のノーベル物理学賞受賞者，国際度量衡事務所の所長であった。ピエール・シュヴナール（Pierre Chevenard）は1911年以降，この研究所を指揮していた。彼は1946年にフランス・アカデミー会員になった。
(14) JLPの注釈：テキストの続きは付録として示されており，それ故，それはこの資料の最後に示されている。「付録」を参照せよ。
(15) JLPの注釈：点線部分は空白のままである。
(16) JLPの注釈：数字は空白のままである
(17) JLPの注釈：続くページの3分の1が空白である。
(18) JLPの注釈：実際の用語では，内部譲渡価格。
(19) JLPの注釈：空白の半ページが続く。
(20) JLPの注釈：企業間の協定についての分析が図表で示されているはずの空白の3ページが続く。
(21) JLPの注釈：1878年にコマントリーの社会主義者の市会議員になった古参の坑夫，クリストーフ・ティヴリエ（Christophe Thivrier）は1882年に市長となり，次いで1889年から1895年までアリエ県の代議士となった。
(22) JLPの注釈：統計は出来ておらず，資料にはいくつかの空白がある。最後に示された1916年という日付は，この資料作成の日付を推定するのに重要である。
(23) JLPの注釈：余白に鉛筆で「戦争」とある。
(24) JLPの注釈：年は正確ではない。このテキストの分析は資料にはない。
(25) JLPの注釈：ここで106ページが終わっている。続く3枚は，8から11と番号が付された，鉛筆書きされたものによって繋ぎ合わされている。
(26) JLPの注釈：ページの3分の1が空白。
(27) JLPの注釈：ここで11ページが終わる。その後に，ファヨール文庫の同じファイルにある5

と6の数字が入れられた2ページをわれわれは付け加える。

(28) JLPの注釈：それに続くこのテキストは，ステファーヌ・モニーの著作『労働に関する研究』(アシェット社，1877年）の「補遺 H」である。

(29) JLPの注釈：「コマントリーの炭鉱労働者世帯のモノグラフィー」は，コマントリーに関するこの補遺の末尾に付け加えられる可能性があったということを，このテキストは示している。

(30) JLPの注釈：他の生産統計は1915年に終わっている。それは，資料作成の時期を認証している。ここで示されている1916年の数値は予測値であるに違いない。

(31) JLPの注釈：空白。図2によれば20,000トン。

(32) JLPの注釈：空白。図2によれば300,000トン。

(33) JLPの注釈：空白：1878年には2,000人の労働者。

(34) JLPの注釈：空白。

(35) JLPの注釈：空白。

(36) JLPの注釈：1878年には326人の労働者。

(37) JLPの注釈：空白。図4によれば7年前である。

(38) JLPの注釈：空白。

(39) JLPの注釈：空白。図5によれば12,000トン。

(40) JLPの注釈：空白。図5によれば75,000トン。

(41) JLPの注釈：空白。図5によれば，1915年の鉄の生産量は55,000トン。

(42) JLPの注釈：空白。

(43) JLPの注釈：空白。

(44) JLPの注釈：空白のページに続いて図6。

(45) JLPの注釈：空白。

(46) JLPの注釈：あるいは1873年。6と7の数字が重ねて打たれている。

(47) JLPの注釈：高品質の特殊鋼

(48) JLPの注釈：空白の3行。

(49) JLPの注釈：続いて空白の1ページ。

(50) JLP の注釈：続いて空白の1ページ。ジュドルヴィルは（ムールテ・モーゼル県の）ブリエ台地にある。

(51) JLP の注釈：続いて空白の1ページ。

(52) JLPの注釈：続いて空白の1ページ。（パ・ドゥ・カレー県の）ランス近くのこの新しい工場は，1915年に稼動するべく準備されていた。この工場は前線近くに位置しており，ドイツによって破壊された。

図1 コマントリー・フルシャンボー社の配当

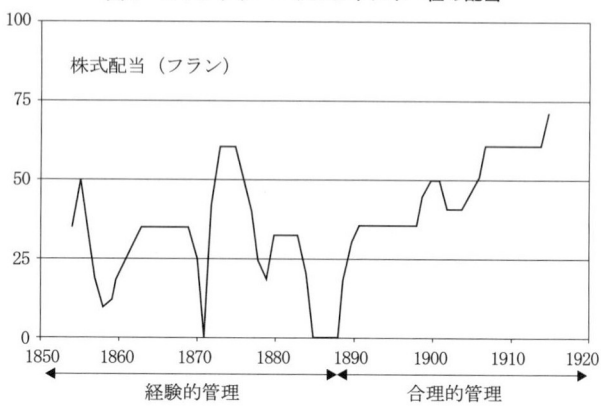

株式配当（フラン）

経験的管理 ／ 合理的管理

図2 1810－1916年のコマントリー炭鉱の生産量

採掘量（単位千トン）

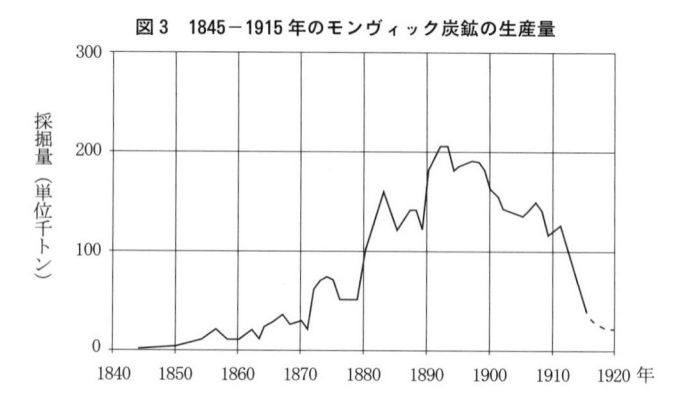

図3 1845－1915年のモンヴィック炭鉱の生産量

採掘量（単位千トン）

図表 177

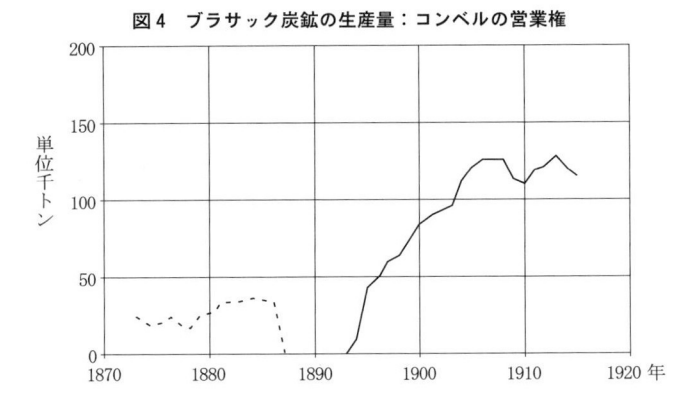

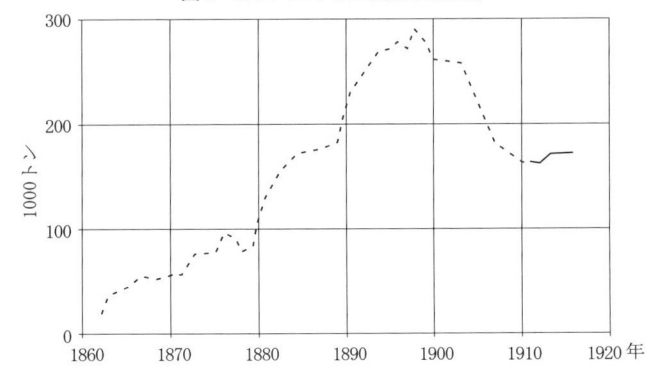

図4 ブラサック炭鉱の生産量：コンベルの営業権

（単位千トン）

図5 ドゥカズヴィル炭鉱の生産高

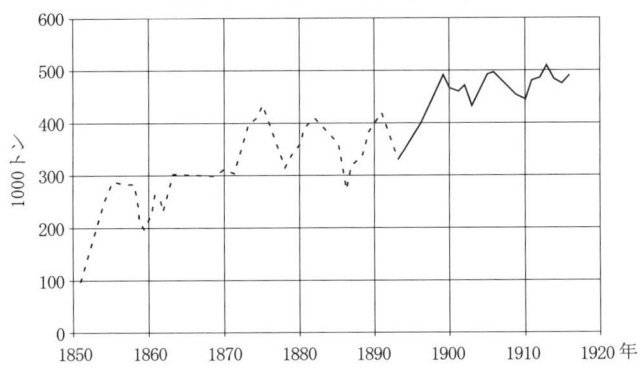

（1000トン）

図6 カンパニャック炭鉱の生産高

（1000トン）

178　第5章　主著第3部

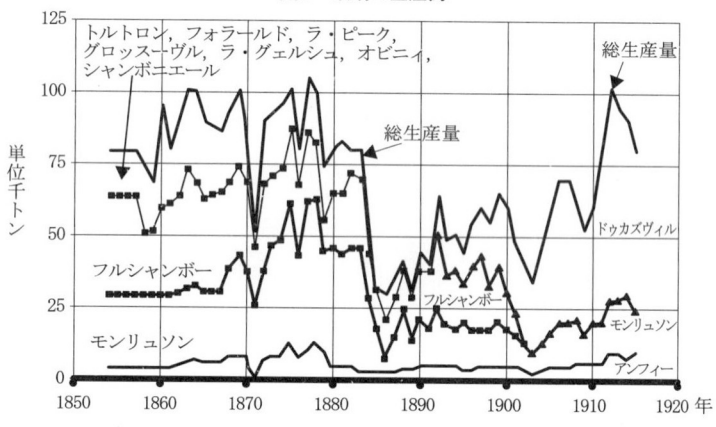

図7　コマントリー・フルシャンボー・エ・ドゥカズヴィル炭鉱の生産高

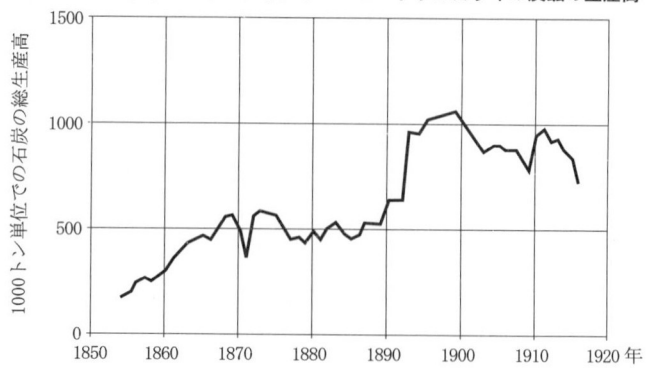

図8　鉄鋼の生産高

図9 コマントリー・フルシャンボー・エ・ドゥカズヴィル社の経営陣

ボワグ・ランブール社	コマントリー・フルシャンボー・エ・ドゥカズヴィル株式会社
監査役社長	取締役社長

1856 1858 1860 1862 1864 1866 1868 1870 1872 1874 | 1976 1878 1880 1882 1884 1886 1888 1890 1892 1894 1896 1898 1900 1902 1904 1906 1908 1910 1912 1914 1916 1918

- B.ダジー子爵
- ドゥ・ラ・ロシェット
- オーブ
- デュ・ブルイユ・サン・ジェルマン
- L.ドゥ・ミュール

支配人(1854年－1874年8月)	専務取締役(1874年9月1日以降)

1856 1858 1860 1862 1864 1866 1868 1870 1872 1874 | 1976 1878 1880 1882 1884 1886 1888 1890 1892 1894 1896 1898 1900 1902 1904 1906 1908 1910 1912 1914 1916 1918

- J.オシェ
- S.B.ダジー
- S.ランブール
- E.ボワグ
- S.モニー
- ドゥ・ロクボー
- グラシャン
- ドゥ・セズヴァール
- H.ファヨール

表1

1876年の収入		現物収入	現金収入	注
1	家族用住居収入	100F		
	家賃収入		335F	A
2	自家消費用の畑と庭の作物	209.60F		B
3	家畜による利益	129.40F	22F	C
4	落穂拾い	35.20F		D
5	父の賃金（ランプのオイル代を差し引いた額）		1,385.65F	E
6	息子の賃金		675F	
7	長女の収入		30F	
8	暖房用燃料	50F		F
		524.20F	2,447.65F	
		2,974.85F		

表2

1876年の支出		現物支出	現金支出	注
9	家族の食糧	374.20F	664.10F	G
10	家族用住居賃料	10F	335F	A
11	拾った燃料による暖房	50F		F
12	照明（父のランプ）		12F	
13	パン焼き用シダの葉		300F	H
14	衣服の購入と修繕		12F	
	石鹸		76F	L
	娯楽, 教科書, 喜捨		58.25F	M
17	税金, 保険料, 住居維持費		65F	
18	支払利子			
		524.20F	1,187.35F	
		1,711.55F		

表3　一家の食糧

	現物	現金
落穂拾い：220ℓ（20ℓあたり3.20F）	35.20F	
収穫：100ℓ（20ℓあたり3.20F）	16F	
購入：1,180ℓ（20ℓあたり3.20F）		188.80F
その他，毎月18kg，すなわち年間216kgのパンを購入（1kgあたり0.32F）		69.10F
バター：12kg（1kgあたり2F）		24F
油脂および飼育した豚の脂肪	50F	60F
肉屋で購入した肉：9kg（1kgあたり1.20F）		10.80F
食用油		16.80F
飼育したウサギ	5F	
2頭の山羊から採った乳およびチーズ	96F	
卵（飼育した鶏が産んだもの）	12F	
購入したチーズ		18F
畑および庭で収穫した野菜はほとんどすべて自家消費される。これらは209.60Fと推計されるが，以下の分を控除する必要がある		
穀物　　16F		
家畜用ジャガイモ　33.60F		
したがって残りの野菜は160Fとなる	160F	
梨，りんご，クルミ，栗など		12F
塩，胡椒		18F
酢		4.20F
砂糖（病人用）		2.40F
ワイン年間4樽		240F
	374.20F	664F
総支出	1,038.30F	

（注）　H：衣服

日曜日用		仕事用	
帽子1	8F	皮帽子1	9F
ブーツ	20F	ズボン1	6F
シャツ	5F	布製ジャケット1	10F
ネクタイ1	1.50F	木靴	1F
ベスト1	12F	ベスト1	2.50F
ジャケット1	45F	シャツ	3F
ズボン1	25F	靴下あるいはゲートル	2.50F
靴下1足	2.50F		
ハンカチ1	0.75F		
パンツ1	2.50F		
122.25F		34F	
156.25F			

第6章

主著の紹介とコメント

ジャン‐ルイ・ポーセル

　1916年，ファヨールは啓蒙的なテキスト『産業ならびに一般の管理』を公表した。このテキストは引き続き単行本として出版され，世紀初頭以来10万部印刷され，数多くの国で翻訳された。この本の成功はテイラーのそれと似ている。

　この大変有名な著作は，一読しただけでは判断できないほど錯綜した著作である。何よりもまず本書は未完である。

　本書は4つの部の予告から始まる。

1. 管理教育の必要性と可能性
2. 管理の原則と要素
3. 私の個人的な観察と実験
4. 戦争の教訓

この4つの部のうち，1916年に発表され，デュノ社から出版されたのは前半の2部だけである。したがって後半の2部は欠落している。これらは執筆されなかったか，失われたものと考えられた。

　「20世紀ヨーロッパ史センター」の資料館（政治学財団）所蔵のファヨール文庫には，カーボンバイオレットのインクでスキン紙にタイプされた106ページに，別にページ付けされた6ページが添付された資料が所蔵されている[1]。この資料は「私の個人的な観察と実験」と題されている。私はこの資料が『産業ならびに一般の管理』の第3部と同一であると考えた。なぜなら，まず，この題名は予告されたものと同じだからである。そして，冒頭の

ページに鉛筆で第 3 部と記されているからである。さらに，このテキスト自体の中で，これが 1916 年に執筆されたものであることが繰り返し明示されているからである。

この資料は最初の数ページが鉛筆で修正されている。疑問符と共に記されたこれらの修正は，1919 年という日付が添えられていることから，この年に行われたものに違いない。これらの修正は瑣末なものである。本書第 5 章に転載された部分には，これらの修正は反映されていない。そこにはタイプされた文章がそのまま写されただけである。このテキストの執筆は完全には終わっていない。不足している部分は注で示されている。このテキストの他，アンリ・ファヨールが書いたと主張しているものにコマントリーの労働者に関するモノグラフィーがあるが，このテキストはファヨールの雇主であったモニー（Mony）が出版した著作(2)に基づくものである。

この文書はドナルド・リード（Donald Reid, 1986）によって発見され，彼はこれをファヨールの思想の起源であると説明した。彼はこの文書を「『産業ならびに一般の管理』を完成する目的で書かれた著作の半分」であると考えた。彼の言うことにも一理あるが，この文書は，実際にはこの未完の著作の続きなのである。この文書をそのように見なさなかったのは彼だけではなかった。すでにこのテキストの一部は，1923 年の軍事学校での講演において，ファヨール自身により公表されていた。弟子たちがそのように言及している(3)のは，恐らく，このテキストによって，ファヨールが管理研究所へ関与することになったからである。

本章は，現在『産業ならびに一般の管理』として知られる著作の読解を手助けするためのものである。ここに書かれているコメントと平行して，ファヨールのさまざまなテキスト，古典的著作，そして本書第 5 章を読んでもよい。全般的に，彼の論理は科学的論証によって進められている。しかし，リード（1986）が説明しているように，ファヨールの理論は事実に基づいて構築されたものである。ファヨール理論の経験的基盤については本書第 12 章で考察される。これらの事実は第 3 部と第 4 部で説明されている。理論の部分は最初の 2 つの部で説明される。文書全体を理解するためには論理的な

体系に従って読むのが望ましいので，まずは事実の部分，すなわち終りの方の公表されなかった部分から始めることとする。

1．私の個人的な観察と実験

第3部は5つの節から構成されている。
　Ⅰ．私の初めての管理業務
　Ⅱ．コマントリー炭鉱の取締役の管理機能
　Ⅲ．コマントリー・フルシャンボー・エ・ドゥカズヴィル社の専務取締役の管理機能
　Ⅳ．コマントリー・フルシャンボー・エ・ドゥカズヴィル社の歴史的概略
　Ⅴ．1888年の実験

これに，論理的な番号付けをされていないその他の節が続いている。
　商業部門の管理
　政策との関連における産業の管理
　宗派や学派との関連における産業の管理
　ストライキ
　労働組合
　コマントリーの鉱山労働者世帯のモノグラフィー
　補遺：さまざまな事業所の生産

この構想は混沌としている。ファヨールは自身の思想を構築するのに随分苦労していた。著述は彼の本業ではない。彼は仕事の合間にこの作業に取り組んだに過ぎない。各章の一貫性や全体の構想に著しい難点があるのはそのためである。

以下，この第3部について，文書の順序に従ってコメントしていこう。

(1) 私のはじめての管理業務

この自伝的な部分では，1860年から1866年までについて記述されている。当時，ファヨールはコマントリーの若き技師であった。

「馬」と題された1861年のエピソードは，ファヨール自身が1917年に公にしているものである[4]。さらに，これはヴァヌクセム（Vanuxem, 1917）にもすでに引用され，このテキストの発見者であるリード（1986）でも紹介されている。

ファヨールの論理は明確である。彼はある問題を経験すると，組織を改善してこれを解決し，その再発を防ぐ。新たな問題を回避するために古い事例から学説が導き出される。この事例については本書第12章で分析され，この結論が明白なものとは程遠いことが明らかにされる。

このエピソードから，ファヨールは補佐の規則について述べる。この規則は第3部のずっと後の方で示される。この規則は，1880年にファヨールによって作成されていた。「長が不在の場合や都合が悪いときにも権限は常に示さなければならないので，彼の補佐，彼の代理が事前に指名されている必要がある。しかし，長は不在であっても常に長であるがゆえに，代理は彼に報告書やノートなどを提出しなければならない」。

「3人の技師の間の相互的補佐の表」[5]

しかし，この規則は，理論を扱う前半の2つの部では省略されている。

＊＊＊

直接交渉をする彼の長に関する1861年のエピソードは，命令の一元性の原則の違反例である。上級の長は中間の階層を越えて直接命令を与えてはならない。彼もまた階層の順路に沿って進まなければならないのである。

＊＊＊

1863年1月に報告された管理者の話は，命令の一元性に関係する工場の合併の際の混乱についてのものである。これらの工場が同時に多くの人々の指示を受けることはありえないのである。

(2) コマントリー炭鉱の管理者の管理業務

ファヨールは時系列に従うのが苦手であった。鉱山火災の経験は1866年以前のことであった。これは彼が技師として働き始めた頃の出来事である。というのも，この出来事により彼は管理者に指名されたからである。しかし

彼はこの出来事をそれ以前の時代を扱う節で語っていた。火災との戦いは彼にあらゆる努力を強いた。彼は孤立していた。

ファヨールは 1866 年から 1888 年までコマントリー鉱山の管理者を務めた。彼は権限を手に入れたのである。彼は『鉱業協会誌』で，自身が技術分野で収めた成功について発表し始めた。1874 年には施枠について発表し，1885 年には地層の変動について発表した。1978 年，彼はパリの会議で，鉱山火災に関する 259 ページに及ぶ論文を発表した。彼は金メダルを受賞した。

コマントリー鉱山では，1819 年，1840 年，1844 年，1853 年に発生した火災の際，意図的に浸水させることによりこれに対処していた。鉱夫たちが閉じ込められるのを承知の上で，地下に袋小路を作る程度で満足していた人々も多かった。これに対しファヨールは，火元の上に坑道を掘り，そこに粘土質の泥を注入するという方法で火災に対処した。「これが最も単純で，最も効果的で，最も危険の少ない方法である」，と彼は書いた。液体は石炭にまとわりつくが，水では石炭を濡らすことなく滑り落ちてしまう。粘土は乾いて石炭の表面を覆い，延焼を防ぐのである。

ファヨールはまた，有毒ガスや粉塵が漂う坑道の中にも入れる防護服を発明した。彼はこれにより特許を取得した[6]。この防護服は，他の鉱山でも安全のため使用されたようである。

＊＊＊

ファヨールが記した，自身の業績の海外での成功に関するノートは，彼がいかに名誉を愛していたかを示している。彼は自分の才能がすべて認識されることを渇望していた。

＊＊＊

彼が実施した組織化の 8 つの決定事項のリストは，1866 年に彼が語ったものであるが，これはファヨール的な長の活動を要約したものである。奇妙なことに，彼が後のテキストで実際に展開するのはこのうちの 3 つだけである。コマントリー鉱山の規則書はよく知られているものである[7]。ここには，管理部門に 20 のポストがあることが記されている。この規則書は，恐

らく，ファヨールが専務取締役に指名されたときに，他の工場に送るために清書されたものであろう。10人の技師の中から交代で，3人が補佐につくことが定められている。

　罰金制度については明らかにされていない。このような懲罰的要素について説明することに何か問題があったに違いない。

＊＊＊

　学校や夜間講義の発展はすべて，ファヨールの教育制度に対する関心を示している。このような関心は，非常に早く，恐らく，モニーがまだ代議士をしていた1870年以前から示されている。彼は，後で応用することを想定して構成された教育を賞賛する。彼は下位部門の現状に基づいた教育方針の策定を推奨する。彼は『産業ならびに一般の管理』の第2部で，この問題を再び扱っている。

＊＊＊

　炭鉱の枯渇は実務家ファヨールの姿を明らかにする出来事であった。彼は，鉱山の発展は採掘能力の増大であるという，自分自身を動機付けた言葉で従業員を動機付けた。かくして成長こそがファヨールによる経営活動の暗黙の目標となる。しかし，鉱脈は無尽蔵ではない。採掘可能な鉱物もいつかは枯渇する。ファヨールは年産50万トンを記録した時点でこの枯渇を予感した。これは炭鉱の危機である。上司であるモニー氏を説得するに足る危機である。他の専務取締役たちを認めさせるに足る危機である。成長という目標がなくなったという意味で，彼自身にとっての危機でもある。

　彼は，より長い期間操業できるようにするために，生産量を40万トン程度まで削減した。彼は自身の目標を鉱脈の科学的研究に変更した。こうして彼は，保存されるべき非物質的・文化的「遺産」ともいえる思想を考え出すのである。1887年に発表されたコマントリーの鉱脈に関する彼の研究は，従業員たちを知識という目標へ再び動機付ける材料となる。生産量に対する誇りが，鉱脈の形成条件に関する知識に対する誇りへと変化するのである。

　その成果が，コマントリー盆地の地図と化石鉱物に関する膨大な資料である。新発見もいくつかなされた。これらはパリ自然史博物館に提出されてい

る。もう1つの成果は三角州に関する理論で，これは1881年に科学アカデミーに提出された（本書第3章参照）。この時，ファヨールは学究生活に戻ろうと考えただろうか？　そう考えたかもしれない。彼が炭鉱に関する研究で学士院賞を受賞したことがその方向へと向かわせる。しかし，1888年，もう1つの機会が彼の前に開かれることになる。

(3) コマントリー・フルシャンボー・エ・ドゥカズヴィル社 専務取締役の管理業務

ファヨールが専務取締役のポストを引き受けるのをためらっていたことは，彼が経営の目的を社会的利益においていたことを示しているが，ここで言う社会的とは，「社会的資本」を考慮すること，すなわち，雇用を失うかもしれない労働者たちを考慮することを意味する。まずは彼らを守らなければならない。彼は確かに大変な羨望を受けたが，すべての権力を失う危険も抱えており，自らの権力を確立するために株主たちとも戦ったのである。

アナトール・ル・ブラン・ドゥ・セズヴァール（Anatole Le Brun de Sessevalle）は，エドモン・ランブール（Edmond Rambourg）の娘，アリーヌ・ランブール（Aline Rambourg）と結婚した。それ故，彼は会社所有者一族であった。彼は1855年以降，1898年に死去するまで経営者であった（Sasaki, 1987）。彼はモニー，グラシャン（Glachant）と共に専務取締役であった。モニーの死去，そしてグラシャンの健康上の理由による引退の後，彼が唯一の専務取締役であった。このことが意味するのは，コマントリー社とフルシャンボー社の取締役（ファヨールは前者）は技師であり，所有者たちとは何の関係もなく，取締役会にも属していないということである。

ドナルド・リード（1988）は「ファヨールは企業の所有者でもなければ金融的利害も持たず，資本所有者との血縁関係もない専務取締役機能の出現の一例をもたらした」と言っている。さらに明白なことは，ファヨールが企業のトップになる4年前，経営者は株主の代表者だけで構成されていたということである。所有者でない経営者が権力を握るようになったのは，所有者自身（ドゥ・セズヴァール）による経営の失敗が原因である。モニーも同じ立

場にあったが，彼は自身の権力を所有者と関係のある他の取締役たちや専務取締役たちと共有していた。ファヨールが取締役会に指名されたのは1900年になってからのことであった。

⑷　コマントリー・フルシャンボー・エ・ドゥカズヴィル社の歴史的概略

　ファヨールの経営戦略は佐々木（Sasaki, 1987）によって「スクラップ・アンド・ビルド」戦略と名付けられている。これは，新しい別の工場を作りながら，古い不要な用地を放棄し，再構成していくものである。まずフランス中部地域へ移転し，次に北部へ移って，ランス近郊のポンタ・ヴァンダンに工場を建設し，第1次世界大戦直前に，ブリー・アン・ムールト・エ・モーゼル近郊のジュドルヴィル鉱山に落ち着いた。

　この戦略は多大なコストを必要とした。例えば，1913年のポンタ・ヴァンダンへの投資には2,200万フランが必要であった[8]。取締役会はこれらの投資にしばしば難色を示している。

　この時期の緊迫した状況については，1888年以降の企業の歩みについて書かれた，1911年2月6日付の26ページにわたるタイプ打ちのノートが明らかにしている[9]。ファヨールは末尾の余白部分に鉛筆でこう付け加えている。「このノートはサバティエ氏の辛辣な批判に応えるために作られたものである」。この，モーリス・サバティエ（Maurice Sabatier）という人物は，1911年から1912年の間だけ経営者を務めた人物である。ファヨールはこのノートに，1888年に負債が1,000万フランに達したと記している。1906年から1910年までの平均利益は，年間340万フランであった。配当金は1株あたり60フランであった。1888年から1910年までの利益は6,700万フランに達した。そのうち4,200万フランは再投資され，22万フランが配当金に充てられた。しかし，この4,200万フランが本当に投資に充てられたかどうかは確かではない。というのも，会計では原材料の損耗分に対する償却が厳格に計上されていないからである。

　同じく鉱脈枯渇の問題に直面していたル・クルーゾのシュネーデル社は，蒸気機関，鉄道，大砲，船舶，そして今日では電機など，高付加価値の川下

部門への転換という，まったく異なる戦略を採用した。1960年代，シュネーデル社はかつてファヨールが経営していた会社を買収することになる。

ファヨールが自らの戦略を実行する際に問題となったのは，新たな資金の調達であった。1911年には，400万フランの資金が不足している上，投資のために1,200万フランが必要であった。

彼は，1888年に新しい役職についたとき，まだこの戦略を採用しようとは考えていなかった。彼は主要なライバル企業との合併によってこの会社を救おうと考えていたのである。1889年11月と1890年に，彼は，シャティヨン・コマントリー・ヌーヴ・メゾン製鋼社の取締役で，1888年から1925年までフランス石炭中央委員会総裁を務めた，アンリ・ダルシー (Henri Darcy, 1840-1926) と交渉を行った(10)。コマントリー・フルシャンボー側の状況があまりにも悪化していたため合意には至らなかったが，1892年にファヨールにドゥカズヴィル社を買収するよう勧めたのは，間違いなくダルシーである。

ファヨールによれば，この戦略は次のような企業の目標を示している。すなわち，株主に対し少なくとも投資（地代，社債）と同じだけの十分な利益をもたらさなければならないという条件のもとでの，永続性と成長である。「長期にわたる取得資産と業務の清算によって，この古くからある源泉は，予測にしたがって，平均約8％の資本収益，すなわち最初の資本の4％を確保することになった」(11)。

(5) 1888年の実験

ファヨールは「実験」という言葉を2つの意味で使用する。1つは科学的な実験という意味であり，もう1つは，現実に接して知識を得ることを意味する。この実験，すなわち経験が，彼が管理問題に関心をもった理由であることは間違いない。鉱山にいた頃，彼の権限はその技術能力と地層への個人的取り組みに由来していた。パリに移り，製鉄所の責任者になって自らの技術的能力が発揮できなくなると，彼は自らの権限の根拠を管理手法だけに置くようになる（本書第8章参照）。これらの命令に関する技術は，より高い

技術を持った従業員を管理するためのものである。長は技術能力が劣っていても管理能力が高ければよいのである。

具体的な実験は科学的実験となり（本書第12章参照），ここから導き出された事実に基づいて，彼は学説を作り出すのである。

したがって，ファヨールは経営の科学の典型的な論証を構築したことになる。それはすなわち，経営理論の証明は，それを実施した経営の成功によってなされる，ということである。逆の論理も，また真である。良い経営理論は成功した企業を特徴付けるものの中に見出される。彼はこのシェーマを1898年のノートの中で使用した。これはドゥカズヴィル社で実施された。1908年，彼はこのシェーマをコマントリー・フルシャンボー社での1888年の実験で再び取り上げる。このテキストではこれについて逐一取り上げられている。

＊＊＊

第3部のこの節では，長の能力に関するファヨールの論証が中心となる。彼は，企業に関連する技術分野をすべて十分に管理する能力を持つ長は存在しないか，見つけることができないと主張する。テイラーは職長について同じことを言っている。ファヨールはそれをあらゆる長，そして自分自身にまで拡大する。

彼自身，コマントリー・フルシャンボー社の3つの技術職のうち1つについてしか能力を有していなかった。彼は冶金学を多少学んでいるが，機械製造工場とは距離を置いている。すでに，彼は再び「元々の仕事」に専念していた。実際の2つの仕事は，鉱山と製鉄である。しかし，本当の論証は管理能力に関するものである。良い経営手法があれば，長は技術能力が無くても上手に管理することができる。ファヨールは，並外れた管理者に大金を支払うことを勧めるのではなく，管理者が良い管理手法を身につけることだけを勧めるのである。

2．商業部門の管理

ここから新しい番号になる。

(1) **コマントリー・フルシャンボー社の商業組織の現状**

広範な分権化の可能性に関する最初のパラグラフは，極めて興味深いものである。これと同じ考え方が1908年の講演や，『産業ならびに一般の管理』第2部（p.38）の，集権化の原則と名づけられた箇所で展開されている。題名を見ただけでは，ファヨールが常に集権化論者であると思われてしまうかもしれない。

これらのパラグラフの興味深さは，渡り板の機能に関する具体的な議論に由来するものである。渡り板とは，階層のラインの外側にある情報と命令の伝達回路である。これは命令一元性の原則の例外である。ファヨールは，渡り板を使用したことによって対立がどの程度解決されるかについては言明していない。渡り板は『産業ならびに一般の管理』第2部（p.39）でも再び取り上げられる。

この文章はキャルリオズ（Carlioz）の商業機能に関する著作（1918, 1921）に影響を与えている。ファヨールの会社の商業部門の取締役であったキャルリオズはHEC（高等商業学院）で学んだ人物である。

(2) **指示価格**

指示価格（内部振替価格）は統合された大組織の問題である。ファヨールの議論から，この問題は当時，会計原則においても税法においても，曖昧な存在だったことがわかる。ヤニック・ルマルシャンとアンリ・ザンノヴィッチ（Yannick Lemarchand et Henri Zimnovitch, 2001）は，内部振替価格決定に関するファヨールの実践について詳細に研究している。

(3) **商業協約**

この，商業協約に関する短いテキストは，競争の自発的な制限という点で極めて興味深いものである。残念ながら，ファヨールはその思想を十分に展開していない。原稿に3ページの空白が存在していることから，彼にはまだ言うべきことがあったと推察できる。

(4) 消費者協同組合

数多くの些細な出来事がファヨールの考察の起源となる。コマントリー社にも労働者のための雇主協同組合が存在したが，これはファヨールではなくコマントリー社の製鉄工場が作ったものである。ファヨールの敵対者たちの視点は興味深い。ティヴリエ（Thivrier, 1841.5.16 − 1895.8.8.）はその1人であった。彼は元鉱夫で，左翼的傾向が極めて強い地方政治家であった。彼の生涯の聖人譚の中で，次の出来事が注目される。「1879年頃，労働者階級の間で不信感が広がったため，会社側は自由を封じる最後の手段として雇主協同組合を設立し，賃金生活者たちに食事を提供することによって彼らをさらに隷属させ，資本家の利益を増大させようとした」。これは明らかに，地方商人の視点によるものである。社会党の新市長となったティヴリエは，市議会で「地方の小商業を崩壊させる鉄鋼協同組合の廃止」を求める投票を行った（1882.7.14）」のである[12]。ところが，元鉱夫にして社会主義鉱夫のティヴリエは，同時に飲料提供店の経営者でもあった。労働者を擁護する一方で，地方商業をも支援していたのである。

ファヨールは，コマントリー・フルシャンボー社に買収される前のドゥカズヴィル社で別の経験をしている[13]。企業の財務上の困難に直面した取締役会は，1885年，労働者の賃金を33％引き下げることを決定した。技師たちはこれに抵抗しなかった。何もしなかったのである。ワトラン（Watrin）は冶金技師であった。彼は1880年に副社長に指名されていた。彼は労働者の惨状を気の毒に思い，労働者の生活費削減による解決策を追求した。彼は労働者消費協同組合を設立して彼らを援助した。1886年1月26日にストライキが発生した。ワトランはその2日後に暗殺された。その後引き続き起こったトラブルにより，ストライキは110日間継続した。これらのストライ

キが企業を弱体化させ，1892年，ついにコマントリー・フルシャンボー社による買収という唯一の解決策を受け入れることになったのである。

3．このセクションより先は，タイトルに番号がつけられていない。

(1) 政治との関連による産業の管理

　ここで，ファヨールはステファーヌ・モニーを批判している。しかし，彼は客観性を保っている。産業家は一般利益の最大化のために，政策決定を行わなければならないのである。

　モニーは第二帝政期にコマントリーの代議士を務めていた。1870年から1878年まで，彼はドイツに対する敗北によって減少した人気を回復すべく，巻き返しを図るための行動をとった。ティヴリエ陣営では，それは「ラ・マリアンヌ」という秘密結社であったが，知事の取締りを受けた。モニー陣営では，その1つが「労働祭」であり，これは，1873年9月28日に鉱山の守護聖人を祝うというものであった。

　敵対するティヴリエ陣営は，この公式の示威行為を嘲笑した。「1873年9月28日，労働祭が行われ，その詳細が1冊の凡庸な本の中で公表された[14]。・・・モニー氏は・・・演説したが，そこで彼は傑出した熟達振りで賞賛の言葉と脅威の言葉を同時に操っていた。・・・彼は，＜インターナショナルの非常識かつ犯罪的な教義＞という言葉を使っていたが，これは，これらの教義を宣伝していた労働者たちを彼が追放したことを思い出させるものであった。かくして，モニー氏は多くの労働者たちに，彼らの仲間が考えた社会的平等が大きな幻想であると教えたのである」[15]。

　モニーは敗れ，ティヴリエがコマントリーの代議士となった。彼は「作業服の代議士」であった。ファヨールはこの出来事から，企業主は自らの主張を人民の選挙で訴えるものではないという教訓を得た。雇主は職業圧力団体によって政治に関わらなければならないのである。

　実際，ファヨールは，国家が企業に大きな影響を及ぼしていることを知っている。彼は，個人的経験から，コール・デ・ミーヌとの関係，鉱山の雇用

条件に関する法律，労使対立の際の国家介入の危険性を認識していた。

　コール・デ・ミーヌとは，理工科学校を首席で卒業した官僚たちからなる集団である。この集団は鉱山施設に関する法律の執行を任務としている。彼らはまず納付金の計算に関与した。鉱山はそれぞれの採掘量に応じて納付金を支払わなければならなかった。したがって，この採掘量を監視する必要があったのである。鉱山側は過少申告する傾向があったためにしばしば対立が生じた。テポ（Thépot, 1998, p.180）は，ムーランにおけるコール・デ・ミーヌの主任技師による 1881 年の報告を引用している。「1877 年，1878 年，1879 年の超過分に対するコマントリー・フルシャンボー社の・・・異議申立書がある」。これはファヨールが鉱山を管理していた時期のことである。彼は支払いが少なく済むよう，国家と争っていたのである。この官僚は次のように結論している。「炭鉱大企業はこの税制に対して不満を持っているので，納付金の確定には長期間かつ詳細な検討が必要である」。

　これが，国家およびその世俗裁判権たるコール・デ・ミーヌとの対立の源泉である。国家はまた，鉱夫に関する特別社会立法も決定した。まず，安全に関する規則を決定した。ここでは可燃性ガス対策を施した安全ランプの使用や，火薬の厳重な管理が義務付けられ，若年者の労働が制限され，後に禁止されることになる。行政による統制は厳格であった。違反した企業には罰金が課された。リード（1985, p.124）は，ドゥカズヴィル社では 1898 年に，この点に関する監督から少しずつ逃れられるようになってきたと考えられていたと述べている。

　1894 年には，社会保障の始祖と言われる，鉱夫のための年金基金に関する法律が制定された。この基金は現存するもので，選挙によって選ばれた管理人によって運営されている。1898 年には，この基金によって労働事故に対する補償が行われるようになった。これらの給付金は賃金からの天引きによって財源がまかなわれた。こうして，国家はまた労務費を引き上げたのである。さらに，1905 年，鉱山労働は 1 日 8 時間に制限されるようになった。

　1900 年，ワルデック－ルソー（Waldeck-Rousseau）内閣は，ドゥカズヴィル社の労働争議に介入する準備を進めていた。リード（1985, p.141）

は，この国家による干渉を回避するため，ファヨールは即座に 20 サンチームの賃上げに同意したと述べている。

このような国家介入の危険性を察知したファヨールは，かつてのドゥカズヴィル社の経営者，元代議士ではなく，マリュエジュール（Maruéjouls）という，中道左派の代議士を密かに支持した。しかし公式には，ファヨール自身は中立を保っていた。

政府への批判というテーマは，すぐにファヨールの文章に現れた。1898 年に彼は書いている。)「しばしば不適切な国家介入。政治家たちは危険だ。原価のことなど考えていないのだから」[16]。後に彼はさらに詳しく書いている。「政府は最も基本的な規則に関する混乱や失念，無知についての見本を頻繁に示してくれるので，われわれは自分自身に対して犯す悪行は他人に対して犯す悪行ほど悪くないのかと自問してしまうほどである。・・・われわれに役立つ政府があるとしたら（私はそう願っているが）・・・それは慎ましい政府である」[17]。

(2) 宗派や学派との関係における産業の管理

鉱山の雇主たちは教会を大きな拠り所としていた。北部の炭鉱では，1945 年に国有化されるまで，就職する際に洗礼証明書が必要であった。雇主たちは，宗教組織や学校，病院，教会に寄付していた。しかし，ファヨールは宗教心の篤い人物ではなかった。ブランパン（Blancpain, 1974）は記している。「他人の信念に対して寛容であり，それを尊重する性格から，彼は宗教問題について決して議論しなかった」。

しかしながら彼は，未だカトリシズムが大きな権力を持っていた社会に生きていた。政教分離が実現するのは 1905 年のことである。ブランパンは 1898 年に書かれたノートを引用しているが，そこでファヨールは，「カトリックの人々は退廃し，プロテスタントの人々は繁栄している」と記している[18]。この認識はマックス・ウェーバーのそれと同じであり，ウェーバーはこの認識から，資本主義の文化的（宗教的）起源に関する理論を導き出したのである。ファヨールは彼の本を読んでいたのだろうか？　しかし，彼に

とってカトリシズムもプロテスタンティズムも同じである。彼がこのプロテスタントの理論家のことを十分に理解していなかったのは間違いない。したがって，彼は別の仮定，すなわち「われわれが悩まされている意志やイニシアチブの欠如は，カトリックの司祭たちが自らの使命と考えているものを最大の原因としているのではないかということを確認すること」から出発する。これは言い換えれば，カトリックの聖職者の権威主義が責任感とイニシアチブを消滅させた，ということである。興味深い仮定である。

1913年，ファヨールはこのテーマを再び取り上げた。「管理に必要な能力の中には，政治的意見も宗教的意見も含まれない。これらの要素は，純粋科学や技術に関する知識においてと同様，管理においても関係のないものである。しかしながら，従業員の道徳的・知的価値，あるいは労使間の安定に何の貢献もしない者は，管理について無知な者である。宗教的儀式と政治的な示威行為は，それが従業員の価値や労使間の安定に影響を与える限りは，管理の領域に入るものである」[19]。

もちろん，宗教を利用せよということではない。ファヨールは不可知論者である。例えば彼はこう記している。「神，それはわれわれが従うさまざまな力と法の総体である」[20]。

(3) ストライキ

ファヨールは，労働者たちがストライキをしなかったという理由で，自らを良い雇主であると考えていたが，これを証明するのは難しい。彼が示そうとした統計はコマントリー社に役立つもの以外は排除されている。1964年，ファヨールの娘，マドレーヌ・グランジェ（Madeleine Grangé，当時86歳）が証言している。「元鉱山労働者だった作業服の代議士は，ストライキもトラブルも起きないよう願っていました――。あなたは良い雇主をお持ちですね，と彼は言っていました」[21]。もちろん，ティヴリエのことである。

この興味深い証言は，ファヨールの社会政策との関係を裏付けるものである。佐々木（1987）は，1907年，会社が120万フラン，すなわち配当金の3分の2にあたる額を「福利厚生費」として計上したと述べている。例え

ば，会社は1878年以前に，鉱山内にシャワー室を設置した。「立て坑の中に体を洗うための暖かい部屋を作ったことにより，労働者たちは体をきれいに洗うことができるようになり，作業着から乾いた私服に着替えて鉱山から出られるようになったのである。彼らはこの部屋を歓迎し，十分に活用している」[22]。

ファヨールは，賃金の他に，学校，シャワー，住居など，従業員のためのさまざまな支出を負担した。これは家父長的温情主義であろうか？　これらはどの鉱山でも行われていたことである。労働力を自分のところに引き留めておかなければならなかったからである。労働力は，きわめて広い範囲に住んでいる農民の中から必要最低限を補充しただけであった。

ファヨールがドゥカズヴィル社を買収したとき，彼は命令の方法を変更した。リード（1985）は，この時に彼がドゥカズヴィル社の旧所有者による旧い温情主義と決別したと判断している。もはや技師や労働者との関係は，憎悪に転ずる危険のある個人的関係によるものであってはならない。法定組織やあらゆる企業が組織するこれ見よがしの祭典は消滅するだろう。技師は生産することを目的とした管理者でなければならない。この新しい政策により，職長が増員された。1883年には，19.5名の労働者に対して1名の職長が存在していた。1897年には，それが15.3名に対して1名になったのである。管理職の数は27％増加したことになる。この職長は，これまで以上に技師による統制をうけていた。彼らは自らの判断で懲罰を与える権利を持っていなかった。ファヨールは，階層関係をこれまで以上に感情や恣意性が入る余地がなくなるよう変更したのである。

＊＊＊

ティヴリエは1881年6月のストライキの3日間を，コマントリーの市議会でまったく違った形で経験した。彼は10歳の時に鉱夫になり，まずは選別と運搬の仕事をし，14歳で採掘，発破，施枠の仕事に従事した。そして28歳でこの仕事をやめた。

彼の伝記には以下のようなことが語られている。

21ページ。「1881年1月29日の市議会選挙で，ティヴリエは1,229票でトップ当選した。・・・彼は労働者のスポークスマンであった」。

3．このセクションより先は，タイトルに番号がつけられていない。　　199

　22ページ。「コマントリーの鉱夫たちは，彼らが市議会選挙の時にとった政治的態度が原因で，数え切れないほどの嫌がらせを受けていた。経営は152名の「首謀者」を解雇した。その他の者たちはストライキの構えを見せた。悲惨な状況であった。ティヴリエは議会に対し，2万5,000フランの救援金を可決し，それを公債で賄うよう要求したのである」。

　この要求は議会では可決されたが，知事によって取り消された。

　23ページ。「しかしながら，ストライキは失敗し，活動家の数は大きく減少し，国を追われた議員も数名いた」。

　1882年，ティヴリエは「フランス初の社会主義市長」として市長に選ばれた。これ以前は，フランスではいかなる市町村長も政府によって任命されていた。

　ドゥカズヴィル社の歴史を再構成するため，リード（1985）は同社の資料館を調査した。ストライキは1902年，1912年，1914年に発生した。1907年，ファヨールは，フランス石炭中央委員会との間で，年間7,000フランの対ストライキ保険を契約した。これは，彼がストライキをリスクであると考えていたことを示すものである。1916年，彼は，スト発生日に関する自らの統計が彼がその論証に必要と考えていた水準のものでなかったことを知り，苛立っていた。特に，少なくとも1905年までは[23]，5月1日は，鉱夫たちは8時間労働を要求して労働を行わなかった。しかし，企業にとって致命的であった1886年の様な大ストライキは，ついに発生しなかったのである。

　さらにもう1つ，ファヨールのストライキ解決法を物語るエピソードがある。それは1914年の取締役会議事録に記されている。「ドゥカズヴィル社では，賃金や労働問題に関するいくつかの要求がコンブ鉱山の労働者たちやコークス工場の労働者たちによって表明されていたが，これらの要求は何のトラブルの原因にもならず，極めて容易に解決した」。1カ月後，再びこの問題に触れている。「ドゥカズヴィル社では，労働組合の助言に従って，8時間労働の中に休憩時間と坑内への出入りの時間を含めるよう要求していたコンブとバレルの労働者たちが，規定の時間の前に現場から立ち去っていた。・・・経営陣は労働者たちに対し，規定の時間を厳格に守らない者には

ランプの貸与を拒否する旨を伝える張り紙を掲示した[24]。この警告に続いて，この規則が正式に施行され，7月14日以降，騒擾行為はまったく行われなくなった」[25]。

ファヨールは常に，労働組合との交渉を拒否する立場を取り続けようとしていた。

(4) 労働組合

リードは，ファヨールが労働組合を無視するよう努めていると述べている。彼は労働組合を容認していない。彼は賃上げについても，権威主義的な一方的態度で承認したのである。彼の見方からすれば労働組合は違法である。この地域の他の雇主と同様，彼も労働組合との協定に反対している。彼は北部の炭鉱の雇主たちを真似することを拒否したのである。

彼はさらに先へと進む。彼はスパイを加入させることによって，ドゥカズヴィル社の労働組合を監視したのである[26]。ストライキの間，暗号化された電報によって，ストライキ参加者の数が彼の元へと送られてくる。大抵の場合，彼はこの個人的な情報システムにより，労働組合と和解に達するのである。

彼のこのような労働組合への対処方法は，株主への対処方法と異なるものではない。彼は，同じ方法で株主たちを社会的拘束の下に置くのである。彼は1898年にこう記している。「富の再分配。これは私にとっては何の問題にもならない。資本を要求する労働組合も，後には資本に従属してしまうものだと人は想像するだろう。積極的かつ能力ある集団の形成に資本は欠かせない。しかし，労働組合の行く末を決めるのはもはや資本ではない。労働組合が今後もたらす管理上の困難はあらゆるものに及ぶことになるだろう。私が心配しているのはこの点である」[27]。さらに付け加える。「労使問題の解決！　この過剰に用いられる表現は何を言おうとしているのか？　何もない。これは「技術問題の解決」と言うときと同じくらい意味のないものである。企業主は株主代表と労働者代表を同じものだと考えている」。彼らは，どちらも，彼の行動を制限するからである。

3．このセクションより先は，タイトルに番号がつけられていない。　201

(5)　コマントリーの鉱山労働者世帯のモノグラフィー

　ステファーヌ・モニーはパリ鉱山学校の土木技師で，サン・シモン（Saint‐Simon）の弟子である。彼は，まだ代議士の座を取り返せると考えていた頃（1877）に，自らの記録の書を出版した。「私は，青年期は倹約もしなければ熱心でもなかったコマントリーのある鉱山労働者が，結婚するや自分の義務の狭い輪の中にとどまり，たくさんの子供を育て，ささやかな財産を築いたと聞いて，彼の生活ぶりを調べる際にル・プレー（Le Play）氏の方法論を応用してみたいと考えた。彼，そして彼の妻に対し，数多くの聞き取り調査が行われた。この方法論による一連の質問が彼らに対してなされた。必要な調査がすべて行われた。そのすべてが補遺Hに見られる研究として公表された」。

　受動態を用いることにより，モニーはファヨールについて言及せずに済んでいる。ファヨールがこの任務を実行したのは間違いない。このことが，彼がこの文章の正当性を主張した理由である。この補遺Hは第3部の転記部分（本書第5章）に挿入されている。

　モニーの著作にはまた，コマントリー鉱山とフルシャンボー製鋼工場の1855年から1875年にかけての平均賃金表が掲載されている。これらの賃金は，この20年間で50-60％上昇している。しかし，モニーは物価の上昇について語るのを忘れている。これらの統計から，労働者間の賃金格差は1-2％であり，専門職の間でも同様であったこともわかる。他方で，製鋼工場の労働は，鉱山労働の2倍の報酬が支払われていた。

　この著作全体の結論は次の通りである。「品行方正に振舞い，節制し，倹約している労働者は，男女とも，健やかに生活し，きちんとした身なりをし，さらに多少の貯金をすることもできる。労働者たちが最高額の賃金に達した瞬間から，彼らの運命は彼ら自身の手の中にあるのだ」[28]。この結論は間違いなくル・プレーの方法論に由来するものである。

(6)　補　遺

　ファヨールは，彼の企業のさまざまな事業所の生産の歴史を記している。

全体的な生産を維持するために場所を移転する戦略は生産変化のグラフの中に見て取れる。その一方で，従業員もまた移動させられたのである。ブラサック鉱山の開設は，末期のコマントリーで働いていた従業員と管理職の移転によってなされたのである。2つの敷地は，クレルモン・フェランの両端に相当する距離，すなわち数百キロメートル離れた場所にあった。

1878年，コマントリー・フルシャンボー社は，コマントリーとモンヴィックに鉱山を所有し，トルトロン，モンリュソン，アンフィー，フルシャンボー，ラ・ピークに製鉄所を所有していた。同社は男性6,705名，女性61名，児童471名の従業員を擁していた[29]。

(7) 管理と専務取締役

ドナルド・リード（1986）は取締役会の報告書に基づき，ファヨールと取締役会との対立を明らかにしている。ここで彼は，ポンタ・ヴァンダン工場への投資を開始する権限を得るために，自身の専務取締役の椅子を賭けなければならなかったのである。彼はその一方で，他の株主から協力を迫られていた。

ファヨールは，階層の唱道者とはいえ，しばしば彼自身の長たちと対立した。実際には，階層はファヨール以前にも存在していた。彼の思想は，長が存在するということだけを言うために必要なものなのではなかった。彼が言いたかったこと，それは，長は有能でなければならないということである。そして，もし彼らに能力がなければ，有能な者の補佐を受けることになる。補佐を望まない者は，恐らくこのことを十分理解していたのであろう。

4．第4部，戦争の教訓

第4部の冒頭部分については，本書第4章で取り上げられ，考察されている。

5．前半 2 部の定本

『産業ならびに一般の管理』の前半 2 部は 1916 年以来世に知られている。これらは 5 つの章から構成されている。

　第 1 部：管理教育の必要性と可能性
　1．管理の定義
　2．企業の価値を作るさまざまな能力の相対的重要性
　3．管理教育の必要性と可能性
　第 2 部：管理の原則と要素
　4．管理の一般原則
　5．管理の要素

　本書は，短いフレーズによって書かれているにもかかわらず，難解である。読者が困難を感じるのは，恐らく，構成，語彙，そして無意味な繰り返しが原因である。

　構成も奇妙である。ファヨールが 4 部と言っているにも関わらず 2 部しかないことはともかく，第 1 部が 3 章で 15 ページなのに対し，第 2 部は 2 章で 99 ページである。各章のバランスが完全に崩れている。さらに，第 1 部のタイトルがそこに含まれる第 3 章のそれと同じである。なぜ，研修の発展に関する記述（pp.91-108）が，この章にまったく収められていないのか？第 1 章は管理の定義と，予測し，組織化し，命令し，調整し，統制するための活動の定義で終わっている。再びこれらについての記述を見つけるには，第 5 章まで待たなければならないのである。

　挿入部が数多く存在する。例えば，賃金に関するテーマ（第 7 原則）は，30 ページから 37 ページにかけて記述されているが，これはそれまでの 6 つの管理原則の記述と同じ長さである。

　語彙が難解なのは，ファヨールが新しいことを次々と示しておきながら，それらに名前をつけなかったからである。もちろん，われわれは，管理という語と，それを英語にどう翻訳するかについての論争を知っている（本書第

9章参照)。他にも，管理能力，管理作業，機能(『産業ならびに一般の管理』第1章)，管理の一般原則(同第4章)，管理の要素(同第5章)，管理の任務 (p.62)，管理の手順(同第3部)などがある。これらの語はどれも本当は定義されていない。それぞれの語の概念の違いについて言えば，これらが全体として維持している関係性は明確化されていないのである。

ファヨールの概念には，時折，ほとんど区別不可能なものが存在する。例えば，管理することと統括すること (p.8)，命令の一元性と指揮の一元性 (p.28, 29)，予測と予見，命令の一部分である社会体の検査と独立した要素である統制，などである。

無意味な繰り返しは，著者が自身の記述を完全に把握できていないのではないかと思わせる。9ページにリストアップされた企業の従業員の肩書が83ページに再び掲載されている。数学教育への批判は94ページから99ページにわたって行われているが，これもまた131ページに再び登場する。96-97ページに引用されているアトン・ドゥ・ラ・グピエール (Haton de La Goupillère) の演説が132-133ページでも繰り返される。

テイラーのテキストにはこのような欠点は見られない。ファヨールはこの時代の他の技師たちと同じく，思想の構成を気にするよりも，技術について自由気ままに伝えているのである。したがってテキストはこのような欠点を免れることはできない。それでもこのテキストは豊穣である。大量の情報が記されている。読者の理解を助けるために，ここでさらにコメントを続けよう。以下に記されているページ番号は，常に1999年のデュノ版のものである。

(1) 第1章 管理の定義，6つの類型化された作業あるいは機能 (pp.5-8)

「管理の定義」と題された第1章で，企業で行われる作業が類型化される。これらの類型化された作業(あるいは機能)が，企業の構造を造形するように見える。ここでは，技術的機能に関する工場を含む組織図や，商業的機能に関する商業的指揮系統などを確認することができる。しかしわれわれは皆，ここで誤りを犯す。これはファヨールの思想ではない。このことは第2章で確認できる。企業の機能は企業の構造ではない。企業の各部分は多少の

ゆとりを持ってこれらの機能のすべてを実行するのである。

　これらの機能（技術，商業，財務，安全，会計，管理）を提示する順番も変化した。1911年のノートでは，彼はこれらの機能を次の順番に分類している。すなわち，管理，商業，技術，財務，会計，安全の諸機能である[30]。つまり，管理機能は慎ましくも最初から最後に移されたわけである。最後にあった安全機能は，2つ前の席に進んでいる。順番はこれで固定されたわけではない。123－124ページに転載された図表では順番がまた違うのである。ここでは1911年の順番に近づくが，商業と技術が入れ替わっている。そして1923年，管理業務が筆頭になる[31]。ファヨールはこの順番について何の説明もしていない。

　まず，商業，財務，安全（危険の管理），会計，管理の各機能の区別に注目する必要がある。今日，経営の科学は，これらの側面のすべてを含んでいる。ファヨールは，今日のわれわれにとって重要なこと，すなわちこれらの機能間の多様な相互作用について認識していなかった。

　安全機能の区別は，他の機能と同様，ファヨールの経験の結果によるものである。彼が働き始めた頃，鉱山火災，労働事故が多発し，彼はその重大さを認識していた。今日で言えば，インターネット・ウイルスとその不安が，彼が感じていた重大さが持つ側面を思い起こさせるものだといえよう。

　しばしば，ファヨールの思想は8ページの定義に単純化されている。すなわち，「管理すること，それは，予測し，組織し，命令し，調整し，統制すること」である。この定義はファヨールの思想の生成過程において，比較的後の方でできたものである。1901年に，彼はこう記している。「管理すること，それは，辞書によれば，公私の事業を管理指揮することである」[32]。1908年，彼はこの定義を自らの講演の中で再び取り上げている（本章第6節参照）。1911年，彼は新たにこの定義を行っているが，そこでこう付け加えている。「管理業務は予測，組織，調整，統制から構成される」[33]。

　管理の諸機能の区別は，第1の要素（予測）については1898年に行われていたものの，1911年に行われたと言える。1911年の時点では，4つの機能しか存在しなかった。8ページ上部の指摘に気づくだろう。「命令もここ

に入れる必要はあるだろうか。これは必須ではない」。ファヨールは，このように自問自答しているのである。

　数学を濫用することなしに，この定義が理論全体の語彙の中で意味していることに注目してみよう。この数学的理論においては，1つの全体は諸要素から構成されている。管理とは，一覧表にすることができる管理の諸要素の全体である。このような，諸要素の一覧表による定義は「外延的」と呼ばれる。その他の方法によってなされうる定義は「内包的」と呼ばれ，これは，全体の諸要素すべての属性を説明するものである。結局，ファヨールは，辞書に載っているような定義を放棄したのである。

(2) 第2章　企業の価値を作り出す諸能力の相対的重要性 (pp.9-15)

　第2章は，企業の全構成員がこれら6つの作業の中で役割を果たすことを主張しながら，第1章を修正していく。彼ら構成員は，この6つの領域についての能力を持っている。これらの作業の実行者の特定が最終的に可能となるところでは，作業を行う能力は企業全体の中で再分配される。したがって，分業の原理（p.24）が，1つの部門のさまざまな作業について，構造の一部を専門化させることにはならないのである。

　読者は混乱することだろう。能力の数量化は論理の矛盾を覆い隠すのに十分ではない。もし「会計」が「会計業務」を独占しているのではなく，「商業」が「販売」するだけのものでないならば，構造を理解するのは難しい。第2章で，間違いなくファヨールは自身が望む根拠を失っている。

　企業の全構成員は経営の一部分である。この命題は1900年の講演においてすでに提示されていた。「大産業企業で100時間働いたうち，労働者が管理に関する問題に費やす時間はほんの数時間である。これらの問題とは，すなわち，職長に伝えるべき情報，賃金，労働時間，労働組織に関する議論，救済金庫や労働組合の集会にかかった時間，などである。・・・このような管理業務にかかる時間は，産業の階層の上部を占めるにつれて拡大する」。1900年の講演で，この第2章の思想がすべて展開されている。

　彼はこの命題を，第3部の鉱山労働者のモノグラフィーに関する部分で再

び取り上げる。私がこのテーマで扱うのは，C.G.家が資産もない借家暮らしの状態から，15年間で3つの小さな労働者用住宅を所有するようになるまでの間に実行した，驚くべき予測，組織，活動，節約，振る舞い，イニシアチブ，すなわち一言で管理と呼ばれるものを描き出すことだけである（本書第5章参照）。

　作業の概念と能力の概念との関係は，ファヨールの思想においては明確ではない。彼が言いたかったのは，いたるところに管理が存在し，その結果，さまざまな作業の区別がなくなっていくということなのである。

(3) 第3章　管理教育の必要性と可能性 (pp.16-19, 91-108)

　教育への関心はファヨールの生涯において非常に早くから現れていた（本書第5章参照）。彼は生涯を通じてこの問題に関心を持ち続けた。彼はサン・テチエンヌ鉱山学校，そして国立工芸学校の改善審議会に名を連ねていた。

　ファヨールにとって教育は特別な活動形態であり，とりわけ将来の管理職のための教育はそうであった。1900年に彼はそのように語っている。しかしながら，彼は教師ではなかった。彼は，CNAM，HEC，軍事学校といった高等教育機関でいくつか会議を開催しただけである。彼は自分の弟子たちが教えることを望んでいたのである。しかし，彼は学校で養成されるような本物の教員の関心を引くことはできなかった。他方，（彼が会議を開催した）これらの教育機関も，まだ真に職業的な実体を持つものではなかった。これらの施設で講義をしていたのは，HECにおけるキャルリオズのような専門家たちであった。

　ファヨールは，後年にも教育の重要性に立ち戻っている。

　1917年，彼はこのように記している。「学説は教育を構成するのに十分ではない。学説には事実と実例が伴わなければならないのであり，これこそが生徒たちの心に刻み込まれ，彼らに原理の応用を容易にさせるのである。私が望むのは，未来の管理の教師が本書の中に即座に学べるような参考資料の先駆を見出してくれることである。これこそが現在準備中の第2作である」[34]。

ファヨールは不器用ながらも理工科学校を批判している。彼はこの学校で数学の比重を減らすことを提案したが，もちろんそれは管理を学ばせるためである。この改革案は，科学教育の独占を望んでいた科学学部に技師学校を対置するという当時の議論と同じ方向性を持つものであった。グラン・ゼコールは大きな位置を占めていた。鉱山学校教授アトン・ドゥ・ラ・グピエール（1833-1927，理工科学校1850年度卒業生）は1900年に，何よりも数学こそが文字通りの教育目的であったことをファヨールに認識させていた。

　このファヨールによる批判はタブーに触れるものであった。これさえなければ，彼は自身の管理に関する研究計画への共感を得ることができただろう。この共感は彼を避けてしまう。彼は危険人物になってしまった。一方，管理学説は，（理工科学校の）数学で埋め尽くされた時間割に割り込むのに十分なほど発展しているだろうか？　生まれたばかりの学説にとって，これはあまりにも大きな野望である。

　しかしながら，技師学校で経営を教えるというファヨールの主張は理解された。1906年，パリ鉱山学校が産業経済の教授としてモーリス・ベロン（Maurice Bellom）を迎えたのである[35]。ベロンは，『近代技術』という技師の雑誌に，労働権と企業会計について定期的に投稿していた。

　教育の論理の範囲内で，ファヨールは「未来の技師たちへのアドバイス」を与えている（pp.100-104）。これらのアドバイスは非常に時代遅れなものである。しかし，ここには今日でも常に有効な言葉が含まれている。

(4)　**第4章　管理の一般原則**（14の原則，pp.23-47）

　第4章は，網羅的ではないが，14の管理原則の一覧である。これらの原則は極めて異なる特徴を持つものである。

　分業がまず最初に挙げられる。これは自然の理法である。分業は「同じ労力で，より多くそしてより良い生産を行うことを目的とするものである」。この主張は，引用しているわけではないが，アダム・スミスのそれと同じものである。しかし，ファヨールは分業の際限なき進展の思想を共有していたわけではない。「分業が越えてはいけない境界をもっていることは，経験に

よる節度の精神が教えてくれていることである」(p.24)。

命令の一元性と指揮の一元性は贅言であるかのように見える。前者は，1人の実行者はただ1人の長の命令しか受け入れてはいけないことを説明するものである。後者はそれに，同じ目的をもつさまざまな作業全体のための唯一の計画という概念を付け加えるものである（p.29）。

両者の違いは何か？ 命令の一元性は指揮の一元性なしには存在し得ないが，その逆は真ではない（p.30）。では，命令の一元性を欠いた指揮の一元性とはいったいどのような状況なのか？ ファヨールはこの点を明らかにしていない。ミンツバーグ（1979）に依拠すれば，それは（計画の実行を保証する）組織あるいは調整が「直接監督」以外の手段によって保証されるということである。それは，相互的な調整かもしれないし，あるいは方法，結果，資格の標準化かもしれない。ミンツバーグによって特定された5つの調整メカニズムのうち，ファヨールは監督を筆頭に挙げている。しかし，長がすべてのことをできないときに，ファヨールは，長，計画，幹部，管理機構を含んだ指揮という概念を導入するのである。このファヨール理論の中心的な命題に関しては，いくらか曖昧な点が存在する（本書第8章参照）。

命令の一元性はすでに1908年の講演で推奨されていた。当時，彼は命令の階層間移動，権力の分離，集権化，秩序が，そこから生じると考えていた。命令の一元性とは別のものとして，彼は規律と予測を挙げていた。その8年後，予測は管理の要素になったのである。

その他の原則は，権限，規律，集権化，階層，秩序である。これらは，構造の中に偏在するイニシアチブの権利の主張によって均衡している。この均衡は状況に依存する。この意味でファヨールは構造コンティンジェンシー理論の先駆者である。

ファヨールは，階層について説明する際に，渡り板という原則を提示する（p.39）。これは，階層によって権威付けられた状況において例外的な，同じ階層上にいる人々の間の直接的なコミュニケーションである。しかし彼は，この渡り板なるものを機能させるための基準を説明していない。遅れの短縮がその基準となることは明らかである。しかし，数多くの渡り板があったと

しても，何がそこを渡るのだろうか？

　個人的利益の一般利益への従属は，企業目的の第一の再確認事項である。この従属は，個人が忠誠を示す条件となる公平に関係するものである。これはまた従業員の団結においても表現されるものであり，今日であれば強力な企業文化とでも呼ぶべきものであろう。

　従業員の報酬は，テイラー主義者たちが長年語っていたことを考慮すれば，必須の主題である。ファヨールは，コマントリー社で従業員の定着を確実にするために，むしろ多額の報酬を支払っていた。ドゥカズヴィル社の賃金はそれより低かった。それはこの鉱山ではやむをえないことであった。石炭の質が低く，相対的に低い価格でしか売れなかったからである。このため，この鉱床では低賃金が伝統となっていたのである。リード（1985）は賃金の総額を，80km 離れたところにあるカルモと比べて25％の格差があると計算している。しかし，ファヨールが生産性の向上に成功して以来，利益が拡大し，賃上げも実現したのである。

　最も重要なのは，賃金の計算に関することである。伝統的な方法は「請負」と呼ばれる方法であった。これは，チームの長（採炭夫）が自由にチームを作り，経営陣と労働の対価について交渉するもので，しばしば労働の量は切羽の線の進捗具合で表現された。重要なことは，チームのメンバー間での賃金の再分配が経営陣の干渉なしに，チーム長である採炭夫によって行われるということであった[36]。自由旅団による，労働者を刺激するように構成された組織化。ここでは常に選抜作業が存在する。優秀で頑強な労働者が劣等で脆弱な労働者を排除する。後者の数はますます増え，最後には廃棄処分になるのだ。しかし，仕事に応じた支払いを受けることができ，また，それがそれほど頻繁に減額されるわけでもないという確信が，労働者を大きく刺激している。なんとも微妙な問題である！[37] チームに与えられる賃金はその後メンバー間で自由に，彼ら自身の手で再分配されていたのである。

　リード（1985）は，ファヨールがいかにして，この，採炭夫長があまりにも大きな権力を握っているシステムを消滅させたかについて報告している。彼は，採掘された石炭の量（トロッコの数）と石炭の質に基づく個人別賃金

計算を導入した。彼は，採炭夫たちを補佐するため，周辺の田園地帯から低賃金の人員を補充した。6年間で生産性は25％上昇し，それに伴って賃金も上昇した。

全体としては，この14の原則は，あまりにも期待はずれな，不均質な全体像を構成している。その凡庸さについては，すでにハーバート・サイモン(Herbert Simon)が強調している[38]。これらの原則は，行動と乖離したままなのである。

(5) 第5章 5つの管理要素

ファヨールは5つの管理要素について展開する。この語彙は，可能な限り中立的なものでありながら，彼がここに集めた概念に命名するのにいかに苦しんだかを示している。今日でもなお，われわれはこれを提示することしかできない。とは言うものの，これは彼の学説の中心をなすものである。

① 予測（pp.48-61）

予測という言葉は，今日ではリスクに対する保険という意味で使われる。ファヨールにとってこれは，プチ・ラルース辞典と同じく，「先行きを知る能力」のことである。恐らく，対義語としては「不測」を挙げるべきである。

この第5章では，ファヨールは予測について深く考えていない。彼は絶えず計画を作り，それを示した。彼はそれが困難であるが重要なことであると考えていた。いかにして予測について教えるか，彼は自問しただろうか？「予測に関する教育は存在せず，管理学説は実践されるべきものである」(p.50)。彼は突然控えめになる。これは計画化に関するあらゆる研究，経験的でなければならない研究にとっての1つの発明である，と彼は強調する。

この予測という命題はファヨールにとって，彼の考察の最初のものの1つである。1898年，彼はこう記している。予測，すなわち「計画の有効性と必要性」[39]。

② 組織（pp.61-75, 80-81）

20世紀初頭，組織という言葉は，今日とは異なる意味を持っていた。まず何よりも，これはドイツの言葉であった。ドイツ人たちは優れた組織を自

慢している。ここでは大衆を行動させる能力が問題となる。この意味において，ナポレオンは優れた軍隊組織を持っていたわけだが，この言葉はまだ使われていなかったのである。

組織とは，ファヨールにとって諸機能と階層を定式化する定義である。組織表（組織図）がこれを最も明確に説明している。コマントリー・フルシャンボー・エ・ドゥカズヴィル社の組織図（p.68, 69, 71）は1908年に提案されたものである（本章第6節参照）。

ファヨールは，諸個人について予測するのみならず，さまざまなポストを横断的に予測する必要性を感じていたように思われる。例えば，調達部は3つの異なる機能，すなわち材料の獲得，受領，消費を担っている[40]。その結果，ここでは3人の異なる人物について予測することになる。ここではテイラーが職能的職長にさせたように，それぞれの役割について1人を予測することになる。

管理の機械と管理の歯車についても説明しておこう。これは企業を機械になぞらえた比喩である。私は，この表現がこの時代に共通のものであったかどうかを知らない。管理の機械という表現はすでに1900年の議論に登場している。ここでファヨールは，このアナロジーに批判的なニュアンスを含ませている。

この部分には，研究方法に関する考察が挿入されている（p.74）。この詳細については本書第12章で言及されている。ファヨールは1900年の講演で，経営における科学的研究を推奨していた。彼はすべての同僚技師たちに，彼らが技術的領域においてしているのと同じような，観察，実験，研究を行うように提案していた。後年，彼は記している。「人は，管理において，他人の経験から生まれる巨大な力を利用しようとしない」[41]。この後16年間，彼の思想はこの分野において進展を見なかった。『産業ならびに一般の管理』では，彼は方法論という名の下に，この科学的欲求を再び取り上げることで満足している。

③　テイラー・システム（pp.75-80）

この，テイラーに関する挿入節は，すでに本書第2章で分析されている。

テイラーとの対立は，このテキストでは，命令の一元性の問題を原因としている。しかし，より深い対立があったものと思われる。1898年，彼は記している。「悪い労働者のための良い道具などない。――良い労働者のために道具の心配をする必要はない。彼は上手にそれを見つけるのだから。良い従業員は適切な時に方法や手順を変えるものである」[42]。ここで彼は，管理の問題に関しても考察がなされなければならないと結論している。しかし，この論理は，道具の選択に関する労働者の自律性を説明するものである。このような考察は当時の現実に対応していたが，これがテイラーと対立するものなのである。

　④　長の資質（pp.81-88）

　ファヨールのテキストのこの部分は，間違いなく最も容易に理解できるところである。管理学説はその階層的特質，ここで述べられる資質から，長を中心に据えているように思われる。しかしながら，ここではその反対側が問題になると考えることも可能である。確かに彼はすべてにおいて有能な長を採用することを良しとしていたが，そのような人物は存在しない。原則的には，良い参謀と良い管理の用具を持つということである。

　「理想的な長とは，管理，技術，商業，財政，そしてその他彼がかかわる問題の解決に必要な知識を持つ人物である。・・・このような長は小企業であれば稀に見つかるかもしれない。しかし大企業にはこのような者はおらず，巨大企業ではなおさらである。大企業という機構が抱えるすべての問題をカバーできる知識を持った者など存在しない。経営のトップに必要とされる力と時間を備えた者も存在しない。だから参謀が必要になるのだ。ここには物理的な力も，知的な力も，能力も，時間も存在する。・・・長は好きなようにこれらを汲み取ることができるのである」（p.81）。

　これは誰でも長になれるということか？　そうではない。「当然のことながら，それぞれの仕事において可能な限り最良の担当者を捜し求めなければならないのである」（p.81）。選択が必要なのである。取締役は何よりもまず「良い管理者」でなければならない（p.83）。長の学校はもっぱら経営の学校でしかありえないのか？　ファヨールはあえてそこまで踏み込んではいな

い。彼が望むのは，長は，「企業に特徴的な特殊機能における」技術的能力を有していればよいということである（p.83）。しかしそれゆえに，この特殊な技術的資質を行使することと，一方の管理機構，そしてもう一方の参謀が長に欠けた資質を補填するという主張との間に矛盾が生じる。

　ファヨール自身は冶金学の能力を備えていたのだろうか？　冶金は企業の主要な問題であった。彼はこの分野についてはよく知らなかった。「冶金技師が必要だというのに，選ばれたのが鉱山屋とは！」と発言した株主に対し，彼は肯いている（本書第5章参照）。しかし，彼について言えば，冶金学に関する無能力はすぐに問題視されなくなった。彼には十分な管理能力が備わっていたからである。

　長は，とりわけ規律に関して責任を負っている。「社会体の規律の状態は本質的に長の価値に左右される。規律の欠陥が明らかになったときに・・・その責任をむやみに集団の悪さに擦り付けようなどとするのはもっての他である。大抵の場合，弊害は長の無能力の結果である」[43]。規律は「企業とその従業員が結ぶ・・・取り決めに左右される」。これらの「取り決めは，明確かつ，できる限り両者に満足」をもたらすものでなければならない。これらは，従属，精勤，活力，尊敬の念の表し方を対象とするものである[44]。

　ファヨールにおける「取り決め」の概念は，極めて興味深いものである。この概念は，すでに確立し，修正不可能な企業の社会学的側面のすべてを含むものである。ファヨールは，われわれが現在「企業文化」と呼んでいるものにアプローチしているのである。この取り決めはまた，組織のインフォーマルな部分にも言及しており，ファヨールが取り決めを明確化し，それをフォーマルなものにすることを奨励していることは驚くべきことではない。

　長の資質に関しては，ファヨールの思想の中に矛盾が存在している。彼は資質ある長を望んでいながら，あまりに大きなカリスマ性を持った者を忌避しているのである。「天賦の才を持つ人間という理論は柔弱である。それは，超越的な人間の到来という偶然の未来に身を委ねることを意味するからである」[45]。こうして，彼は同時代人のマックス・ウェーバーに接近する。規則とは，凡庸な担当者から構成された官僚制度を効率的にするものである（可

能な限り優秀な担当者を選ぶ必要はあるのだが)。同様に，管理の用具も，長たちが理想的な資質を備えていないときでさえ，良い管理を行うのである。

しかし，この1898年の同じテキストで，長に要求される資質が予示されている。「長を名乗る者は精神，心，性格において偉大なる資質を備えていなければならない。すなわち，観察の精神，そして，考察，確固たる判断，揺ぎない意思決定，機転，情熱の各精神が必要である。・・・そしてさらに，通俗的な先入観に対抗するために，誠実さと忠誠心が必要である」。さらにもう1つ，長の資質の一覧がある[46]。そして，管理の用具はそれ自体では無駄なものである。なぜなら，「良い長は良い手段を見つけるものだからである」[47]。しかし彼は，ドゥカズヴィル社を再建できたのは「彼の組織者としての能力，人を動かす能力のおかげ」であったと結論している。

囲み記事1　1914年のシャンティイーにおけるジョッフル将軍の参謀

官房
第1部局（組織化と動員）
後方司令部：補給，輸送，軍需産業（冶金）関係
訓練センター
第2部局（情報，敵の意図の解明）
情報部
第3部局（作戦計画の確定，軍事作戦）
第4部局（輸送）
DTMA（軍事輸送司令部）
DSA（自動車業務司令部）
第5部局（情報とプロパガンダ）
情報部門（公式見解の作成）
TOE（外部操作）
司令部
航空司令部
DCA（対空防衛）
郵便

財務局および郵便貯金
伝書鳩部
電信電話局
ラジオ
暗号部門
ALGP（高威力重砲）
SRA，SRAC
勲章部
保全部
軍事法廷
地理，地図作成部
連合国使節団

出典：Jean de Pierrefeu, *G.Q.G.secteur 1, trois ans au grand quartier général par le rédacteur du communiqué*, 2 tomes, Paris, l'Édition française illustrée, 1920.

　「長の資質」か「管理の用具」か？　良い管理の諸条件を区別するに至らなかったファヨールにとって，その優先順位は混乱している（本書第8章参照）。一方では管理の用具が能力の不足を補い，他方では有能な人物たちが管理の用具となるのである。卵が先か鶏が先かという永遠の問題である。他方，ファヨールは研修に関しても同じ問題を提示している。「公衆を教育するには教育者が必要である。人格形成には一人前の人間が必要である。容易には抜け出せない悪循環である」。
　この矛盾の中で，長の資質の一覧は選択の基準として読むことが可能である。良い長は本質的に，彼が関係している産業と関係ない一般的資質を備えているものである。恐らく，資質の序列は基準の重要性のそれではない。筆頭に挙げられているのは健康である。ファヨールは大変健康に恵まれていたが，1914年6月に手術を受けている[48]。このとき彼は健康の重要性を感じたのではないだろうか？　ファヨールが長の資質として挙げているものは，彼自身が備えていると自認しているものであると言うことはできるだろうか？
　ファヨールが81ページでも言及している参謀の概念は，73ページで展開

されている。軍隊への言及は直接的である。しかし，この概念はテイラーによって広められた機能的諸部門への返答である。ファヨールが言う参謀も同じ役割を果たすが，それは長の直接的な命令の下においてである。ファヨールは自身の参謀を，社外相談役や，特定の技術分野の専門家たちを含むものとは考えていない。

　軍事高等学院での会議において（1923年，p.45），ファヨールは参謀の役割について力説している。参謀の重要性は，1914年の戦争での軍事行動によって明らかにされた。この参謀には（800万人以上の軍隊に対して）10万に及ぶ人々が所属している。その組織については，囲み記事1の通りである。この軍隊における参謀の複合性の大きさが理解されよう。さらに，この参謀は戦争中に何度も再編成されているのである。

⑤　命令（pp.108-114）

　ファヨールは，命令という言葉を，作業上の意味においては，組織内で決められた定型的な構造を機能させることであると捉えている。これは，日常的な活動において長が有するべき技術に関するテキストである。

　このテキストは間違いなく，1914年夏の軍事的状況を考慮しながら読まなければならない。当時，ドイツ軍の攻撃に直面したフランス軍の長たちは，14日で300km退却した。この歴史的背景は，このテキストにまったく異なる価値を与えている。

　例えば，無能者の排除（p.109，11）は，少なくとも公式には，良俗に反するように思われる。しかし，同じことを言うのに人事管理という言葉を使うと，われわれはより穏健なものに感じる。ファヨールが挙げた唯一の事例は，ある年老いた長の話である。ファヨールは彼に対し，金銭的補償（年金の即時支給開始）と，満足に値する名誉（恐らくメダルの授与）と，軽微な機能（これまでより軽い責任）[49]を与えて，その役職を解こうとしたのである。これは1914年8月末にジョッフル将軍が取った政策と同じである。彼もこのやり方で，前線の司令官の25%を削減した。この政策が「左遷」（リモージャージュ）と呼ばれる理由は，こうした軍人たちが戦線から遠く離れたリモージュに送られたからである。これは1つの事例について述べる言葉ではない。実際に

は，左遷された人々が皆リモージュへ行ったわけではないのだから。

⑥ 調整（pp.115-119）

調整は実施する作業のレベルに関わるものである。恐らくここに，企業の目的が識別できる唯一の領域が存在する。「調整・・・これは支出を財源に，建物と設備の規模を生産の需要に，調達を消費に，販売を生産に比例させることである。・・・これは手段を目的に適合させることである」。目的の性質についてほとんど示されていないこと，これが，ファヨールの学説が非営利組織や行政組織に応用できるとされる理由である。

調整は情報交換によって確実なものとなる。主要な情報交換の場は部門長会議で，ここで上方，下方，横方向への情報交換が行われる。

⑦ 統制（pp.119-121）

ファヨールは統制に関する事例を第3部で示すとしているが，実際には示されていない。統制の理論は事例を欠いている。われわれは，ファヨールが具体的な要素を示すのに苦労していたことの好例をここに見ることができる。疑いもなく，これは彼にとって明白な事実であったし，また，それは彼が可能な限り抽象的であろうと努力した理由でもある。しかしながら，1888年のノートの中に，他の工場にも影響を与えた，コマントリー社に関する文章を見出すことができる。それは以下のようなものである。

　　部門長はすべて，毎日記録している日誌から，自分の業務に関係する注意事項を抜き出し，それを月次報告書に記載する。月次報告書は2つの部分から構成されている。

　　1. 作業に関する記述：計画
　　2. 支出，原価，見積

日誌は，関係部署の部門長に提出される。月次報告書は主任技師に対し，毎月15日に前月分が提出される。鉱夫長が作成する日次報告書は部門技師を通じて主任技師に提出される。

　長が不在あるいは不都合の場合，その権限を持つ者として，補佐役および代理が事前に指名されなければならない。しかし，長は不在であっても常に長であるから，代理は彼に対し報告書やノートその他を提出し

なければならない。
　①　3人の技師の交代表
　②　口頭報告の時刻
　③　13名の責任者を配下に置く主任技師による週1回の定時報告
　④　毎週火曜日3時間半の部門長会議＋8つの週例会議＋毎週2，3回の報告[50]

(6)　補遺（pp.127-133）

　ファヨールはこの公刊書を，1900年の講演の再録で締めくくっている。彼はここで次のような議論を展開していた。すなわち，管理の重要性，すべての従業員の管理への関与，管理の相互改善，数学の濫用，である。これらのテーマはすべて，第1部と第2部で再び取り上げられている。ファヨールは1900年の講演を95ページと96ページに引用していた。したがって，ここでも無意味な繰り返しが問題となる。しかし，彼はそうすることによって，自分の専門領域を示しているのである。彼は1902年に出版した別の人物（テイラー）より先を進んでいたのである。

　これら4つのテーマについては，労働者から社長に至る全従業員の管理機能の実行への参加を除き，すでに本章においてコメントした。『産業ならびに一般の管理』第2章がそれに充てられており，これらはすべて能力に関して展開されている。

　管理，技術，商業，財務，安全，会計の各能力は，程度の差はあれ，企業のすべての人々によって行使されるものである。「この領域が数的な概念に適合していないとしても，（ファヨールは）実行者と企業の長の価値におけるそれぞれの能力の相対的な大きさを計算しようと試みている」（p.10）。ここでは表（p.11）とグラフ（pp.123-125）が掲載されている。この方法は不自然なもので，実際には行われていなかった。ここでの計算は彼の個人的意見を表したものである。すなわち，「これは議論の余地があるということである」（p.12）。しかし，ファヨールはこの計算方法を提示しながら，経営の経験的研究と，社会体についての計測方法の可能性に言及しているのであ

る。しかし，他の箇所で彼は，「この結論は数多くの観察から導き出されたものである」と言っており，ますます曖昧になる[51]。

依然として，能力の概念は定義されないままである。この概念は従業員の等級に適したものであり，企業の6つの機能に従って変化し，数量化が可能なものである。『産業ならびに一般の管理』第2章に重要な説明が見られる(p.9)。「これら[52]の能力はそれぞれ，資質と知識に基づいている」。そしてファヨールは，最初の資質の一覧を用いて，長の資質にアプローチするのである。この暗黙の定義は，今日われわれがコンピタンスと読んでいる概念に近い。ファヨールをコンピタンス概念の先駆者と言うことが可能である。

1916年におけるファヨールの関心は，「偉大な長の主たる能力は管理能力である」(p.15) という結論に至ることである。その結果，能力の概念は掘り下げられていない。

1900年の講演では，この点についてもう少し詳しく述べられている。ここでは費やした時間に言及されている。「大産業企業で100時間働いたうち，労働者が管理に関する問題に費やす時間はほんの数時間である。これらの問題とは，すなわち，職長に伝えるべき情報，賃金，労働時間，労働組織に関する議論，救済金庫や労働組合の集会にかかった時間，などである。職長は労働者についての観察を受け取って伝達し，命令を受け取って伝達し，それを確実に実行させ，彼自身観察し，意見を述べる。私に言わせれば，職長はより多くの時間を管理業務に費やしている。・・・したがって，企業で活動する者はすべて，多かれ少なかれ管理に携わっているのである」(p.129)。ここでもファヨールの議論は同じ結論に至っているが，ここでは能力の概念とその測定方法が省略されている。彼はこの種の活動の分類と，この活動に費やされた時間の分析で満足しているのである。これはコンピタンスの概念ではなく，革新的なものでもない。この，課業の多様性に関するテーマは，例えばヘンリー・ミンツバーグのような，他の研究者によって再び取り上げられるだろう。彼らは上級責任者の活動を観察することになる。

ファヨールは，1923年，タバコ専売公社について研究した際に，能力の概念を使用した。彼はタバコ製造業者の取締役の仕事を分析した。彼はそこに

『産業ならびに一般の管理』の第2章と同じ図表を2つ転載した。この2つの図表はそれぞれ2つの項目を持っている。1つは仕事の遂行に必要な能力，資質，知識を示し，もう1つは仕事の遂行に必要な努力を示している[53]。この2つは異なる概念である。1つは「コンピタンス」（必要な資質）であり，もう1つは「費やした時間」（努力）である。

　しかし，図表は2つである。1つは私企業について示している。ここでの項目の合計は100となる。もう1つはタバコ製造業者について示したものだが，ここでの合計は35である。結論は仮借のないものである。タバコ産業の取締役たちは賃金が少ないが，その分仕事もしていないということである。

　したがって，ファヨールにおける能力の概念は二重の意味を持つ。第1の意味においては，この能力はコンピタンスに対応する。これは個人の資質と知識に関係するものである。第2の意味においては，これはある担当者がどのように時間を過ごすのかを説明するものである。長たちは経営に多くの時間を費やすが，それがすべてではない。労働者たちは管理の課業には余り時間を費やさない。この側面は，労働者は生産の課業にしか時間を費やさないと考えるテイラーの理解を完全に超えるものである。この2つの意味において，ファヨールは，企業全体での能力の配分は階層のレベルと企業の規模によって大きく異なる割合で行われると結論することができるのである。こうして彼は，彼が管理の概念において強調した点を正当化する。能力の概念は，彼にとっては仲介的なものにしか過ぎない。彼が興味を持っていたのは経営の科学であり，彼におけるコンピタンスの意味であり，費やした時間の意味なのである。

6．思想が芽生えた日

　『産業ならびに一般の管理』は，1916年，戦争との関係で出版されたが（本書第4章参照），そこでの思想はそのずっと前からファヨールの頭の中に芽生えていた。彼の資料館には数多くの雑多な，日付のある，あるいは日付のない文書が収められている。これら細切れのテキストは，1つとして刊行

書に掲載されていない[54]。しかしさまざまな思想がすでにスケッチされており，時には電報文のような書式のものもある。

1916年のテキストの主題を予告する文書が1908年の講演である。これを囲み記事2として掲載する。これはイギリスにおいて，レン（Wren），ベディアン（Bedeian），ブリーズ（Breeze）（2002）によって公表されたものであり，この文書の所有者のアーサー・ベディアン氏の厚意により転載するものである[55]。彼は1975年にアンリ・ファヨールの息子よりこの文書の提供を受けた。本書は23ページのタイプ文書である。

囲み記事2　1908年のファヨールによる講演の未刊原稿

コマントリー・フルシャンボー・エ・ドゥカズヴィル社の50年

　このようなタイトルで，私ファヨールは『鉱業協会誌』に，ほぼ半世紀にわたって携わってまいりましたコマントリー・フルシャンボー・エ・ドゥカズヴィル株式会社の詳細な歴史を掲載することになっております。

　製造過程，採掘方法，商取引慣行，労働組織，管理方法，これら，この企業のさまざまな事業所で継承されてきたものが，この特殊な研究の対象となっております。

　この研究から，私ファヨールは，この会議のために，管理問題に関する1章を抜粋いたしたく存じます。

　コマントリー・フルシャンボー・エ・ドゥカズヴィル社は前世紀の半ば，1854年の創業です[56]。

　2つの巨大な事業者が合併し，歩みを共にしたのであります。フルシャンボーと，コマントリー炭鉱の製鉄工場，これらはまず，ボワグ・ランブール社の社名による合資会社となり，そして1874年に株式会社に移行いたしました。

　この企業を中心として，この地で同じく炭鉱・製鉄業に従事していた他の事業者がグループを形成いたしました。

・モンリュソン製鉄所とモンヴィック鉱山は，コマントリー社と共に，アリエ・グループを形成いたしました。

・アンフィー工場，ラ・ピーク工場，トルトロン製鋼所，グェルシュ，フォラールドの各製鋼所は，フルシャンボー製鉄・製鋼所と共に，ニエーヴル・グループを形成いたしました。

・そして，ベリーで大量に採掘される鉄鉱石と石灰石が，高炉の供給力を保障したのです。

これら多様な事業所の合併により，完全なる産業組織体が形成されました。

この企業は30年間にわたり順調に繁栄いたしました。

しかし，西部と北部の製鉄業の発展が，中部地域の工場の存在を脅かすようになります。同時に，コマントリーにおける石炭の年間採掘量が徐々に減少いたします。そしてついに炭鉱の枯渇が目前に迫ります。1885年以降，企業の利益は，配当が不可能なほどまで減少いたしました。

1888年，当社は工場と枯渇した鉱山を手放し，解散を決定する状態に陥りましたが，経営陣が交代したのはこのときのことでございます。

それ以降，企業は再び繁栄し，業績悪化以前の状態にまで再建いたしました。

この企業の歴史は，この業績悪化と再建が，単に採用された管理手法の違いによるものにすぎないことを教えてくれることでしょう。

鉱山も工場も，財源も商業的状況も，取締役会も従業員も・・・，1888年まで企業と共に破滅に向かい，そしてこの年から復活を遂げました(57)。

・・・・・・

このように，企業を廃墟へと導く管理手法もあれば，企業を繁栄へ回帰させる管理手法もあるのです。何千もの人々の労働，経験，知識，そして熱意を無駄にするような不十分な管理手法もあれば，これらすべてを活用するような他の管理手法もあるのです(58)。

このような出来事は珍しいことではございません。いたるところにその事例を見ることが可能です。産業においても，商業においても，家族においても，そして国家においても・・・。これらの事例はわれわれを勇気付けてくれます。なぜなら，ここからわれわれは，いつでも困難な状況から脱出する可能性があるという希望を持つことができるからです(59)。

・・・・・・

企業の運営に対する管理手法の影響力については十分知られておりません。若い技師だけが，彼らが以前より試行錯誤しながら手中にした科学的・技術的概念のすべてが，いくつかの不十分な管理手法によって帳消しにされかねないと考えており，そして，企業の成功が，一般に，長たちの技術能力よりも管理能力により大きく依存すると考えているにすぎません。

このような状況とはいえ，凡庸な技術者であるが良い管理者である長の方

が，輝かしい技術者であるにもかかわらず凡庸な管理者である長よりも，企業にとって概して有益なのは確かなことなのです(60)。

・・・・・・

　われわれの周りを見回してみれば，成功は常に――あるいはほとんど常に――いくつかの原則を守ることと結びついていることがご理解いただけるかと存じます。
　それらの原則とは何でしょうか？
　これこそが私が解明したいことなのです。

・・・・・・

　しかし，差し当っては，次の用語の意味を理解する必要がございましょう。すなわち，管理，管理業務，管理能力についてです。
　管理すること，これは，辞書によれば，統治することであり，公的あるいは私的な事業を経営することです。
　すなわちそれは，会社の目的を達成するために配置することが可能な資源の最良の部分を引き出すことです(61)。
　したがって，管理には，企業のあらゆる作業が含まれることになります。しかし，事業の運営を容易にするために採用された慣行を実施するために，これらの作業のうちのいくつかは特殊な業務に充てられることになります。それはすなわち，技術的業務，商業的業務，財務業務などです。さらに管理業務は他の業務とは区別されます。
　したがって，管理業務は，他の業務に含まれていないもののすべてを含むものであると定義することができるでしょう。しかし，積極的な方法で定義するならば，管理業務は特に以下の業務を担うものとなります。
1. 企業のあらゆる部分に存在する，活動単位，規則，予測，活力，秩序・・・などを存続させること。
2. 従業員を補充し，組織し，管理すること。
3. 様々な業務について，その業務間および外部との関係を保障すること。
4. あらゆる努力を会社の目的に収斂させること。
5. 株主と労働者，労働と資本に満足を与えること。

　これら以外にも管理業務にはたくさんの困難な役割が存在することはご理解いただけることでしょう。

・・・・・・

管理業務とその他の業務の間に明確な境界線は存在いたしません。どちらの業務も，異なるものでありながら交差し，交錯し，互いに影響を与えるものでありまして，これは例えるならば人間の神経やその他の組織の機能に似たものなのです。技術業務と同じく，管理業務も，あらゆる部門，そして会社組織の末端にまで，補助を有しております[62]。

　私は，1900年の会議におきまして，「企業で活動する者はすべて，多かれ少なかれ管理に参加し，その結果，すべての者が自らの管理能力を行使し，それに注意を払う機会を持つ」と申し上げました。これはすなわち，時には「まだ大したことは学んでいないが」，しかし特に優れた才能を持った従業員が，「産業あるいは労働組合の」階層の最下層から最上層まで次第に進んでいくのを目撃する可能性があるということなのです。

　われわれは，技術能力をどのようにして身に付けるかを知っております。しかし，管理能力をどのように身に付けるかについて説明するのは難しいことです。教育方法が欠如しているうえ，確立した原則もございませんので，われわれは自らの経験と，自らが関わった――実に無数の――出来事からの教訓を手にしているに過ぎません。しばしば矛盾したシステム――なぜなら，これらは当然自らのシステムこそが他のどれよりも優れていると考えているからなのですが――の中の，往々にして複雑な問題を前にして，いかなる規則を作り出すのか？　それは，各自に固有の権限を放棄し，各自ができることを行い，常に繰り返すということなのです。この大して難しくもない課業をわが後継者たちに引き継ぐことは不可能でしょうか？　私は可能だと信じております。

・・・・・・

　学説の追究を妨げる，こんな格言がございます。普通，企業が成功しようと失敗しようと，「人の努力によって物事の価値は決まる」と言われております。この言葉が皆を満足させ，原因の追究を怠らせてしまうのです。

　なぜ人は価値があるのか？　誰も決してこの点を問わないのです。

　企業の命運が，それを指揮する人間の価値に大きく依存していることは確実です。では，この価値は何からできているのでしょうか？

　わが国の産業系グラン・ゼコールでは，この価値はただ単に技術能力の結果であると考えられているようです。

　しかしながら，数学，化学，物理学，力学，地質学と，管理者の機能との間に重要な共通点は何も存在いたしません。このことから次のように要約す

ることができます。

　予測せよ，決定せよ，そして行動せよ。

　人間を知れ，そして彼らを利用せよ。

　人は大変偉大な学者であるかもしれないし，鉱山学や冶金学の講義を徹底的に理解できるかもしれないし，これらについて何も聞いたことがないかもしれません。

　産業の階層を昇っていく人間は，科学的・技術的知識よりも，管理の資質によって指名されることがはるかに多いのです。若い技師でさえ，産業への第一歩を踏み出したときには，技術能力よりも管理能力を証明することが要求されるのです。技術能力は事業に必要なものであり，時には致命的な役割さえ果たしますから，その重要性が減ることはございませんが，一般的に，人間の価値はとりわけその管理能力に左右されると言うことができます。

　このことは取締役だけに当てはまるわけではなく，最も小さな権限から最も大きな権限を持つ者を含む，企業の管理に携わるすべての従業員に当てはまるものです。各人が結果に与える影響力は当然のことながらその人物の機能と関係し，それが一種の梃子となって，個人の力を2倍，10倍，100倍，1,000倍・・・，と増加させるわけです。

　　　　　・・・・・・

　もう1つ警戒しなければならない格言がございます。それは「人は技術者にはなれるが，管理者は生まれつきである」というものです。

　これは正しくありません。

　実際には，人は技術者，あるいは芸術家や学者になれるのと同じく，管理者になれるのです。それに必要な能力を身に付けないから成功しないだけなのです。その能力を身に付ければ，そして諸原則とそれを応用する方法をより良く知れば知るほど，その能力が高まるのです。

　確かに，化学や物理学，力学，地質学の知識は，たとえそれが深いものであろうと，高炉や圧延機を上手に操作したり，鉱物の採掘を上手に行う者を養成するのには不十分です。そして，管理の原則の方も，たとえそれが完璧であっても，それに科学能力の称号を与えることができないということも，疑う余地はございません。しかしこのことが，諸原則の研究を行わなくて良いという理由には決してならないのです[63]。

　管理の諸原則は存在するのでしょうか？　それを疑う者はいないでしょう。

　それは何によって構成されるのでしょうか？　これが今日，私がご説明申

し上げようとしていることなのです。
　従業員の補充，組織，管理の問題については，本研究の第2部の対象といたしたく存じます。
　　　　　　・・・・・・

　管理の諸原則[64]
　Ⅰ．命令の一元性
　諸原則の数は少ししかなく，またこれらはすべてただ1つの基本的な原則から生じております。そのただ1つの原則とは，命令の一元性でございます。
　実践面におきましては，この原則は次のように言い換えることができます。
「あらゆる行動はただ1人の人物によってしか命令されない」。
あるいは
「何かを行う際，実行者はただ1人の長の命令だけしか受けてはならない」。
　　　　　　・・・・・・
　なぜそうなのでしょうか。なぜ人間の結合やグループはすべて，長を，それも唯一の長を必要とするのでしょうか？
　これは次のように説明できるでしょう。
　ある1つの主題について，2人の人物が，同じ感情，同じものの見方，同じ実行構想を有することはほとんど不可能であるから。
　誰でも，自分の行動，ただそれだけに対して責任をとりたいという正当な感情を持っているから。
　そして，その他の認識によって・・・。
　私はこう指摘するにとどめて置きたく存じます。
　それは，俗知の示すところによれば「同時に2人の主人に仕えることができる者などいない」ということです[65]。
　そして民の声はこうも付け加えております。「フライパンの柄が2人に握られることはない」と[66]。
　　　　　　・・・・・・
　命令一元性の原則に反することは，確実に，次のような事態を引き起こします。すなわち，トラブル，従業員の意気の減退，実行者と長との間の対立，それだけでなく，長自身の間の対立を。
　そして，原因が長い間解消されない場合，次のような事態を引き起こします。すなわち，二元性の2つの要素のうちの1つ，つまり，一元性への回帰

の排除あるいは消滅を。

　いずれにせよ，企業はその力を低下させ，廃墟と化す可能性さえあるのです。

・・・・・・

　このような事態は簡単に理解できます。それは産業，商業，家族，国家，これらが数多くの事例を提供しているからです。

・・・・・・

　命令の一元性から多くの2次的な原則が生み出されます。これらはこの基本的な原則の派生的結果です(67)。その原則とは，次のようなものであります。
　Ⅱ．命令の階層間伝達
　Ⅲ．分権化
　Ⅳ．集権化
　Ⅴ．秩序

・・・・・・

　Ⅱ．命令の階層間伝達
　企業が大きくなると，長はもはやすべての主体者に対して直接命令することはできません。彼は命令を伝達し，その実行を監視させるために中間管理職を利用することになります。企業がさらに大きくなる場合には，長はもはや最初に設けた中間管理職に対して命令することもできず，彼らに対する命令を伝達するための新たな中間管理職の採用を余儀なくされ・・・。こうして，階層が形成されるのです。

　したがって，階層の起源は命令の一元性とは無関係です。階層化は個人の力の限界の産物です。しかし，命令一元性の原則は長に対し，内部の実行者に対する彼の命令を伝えるために中間管理職を介在させることを強いることになります。このラインからそれると命令二元性が生じてしまうからです。

　これが，命令の階層間伝達というものです。これは一般に，階層の原則という名で知られているものです。

　この原則を無視すると，基本的な原則を無視したときと同じく，自尊心による軋轢や，不満，士気の低下，対立が生じることになるのです。

・・・・・・

　とはいいながらも，違反はしばしば起こるものであり，中には善意によるものさえございます。それは，例えば，第3級の実行者（X^3）が，命令のラインがあまりに長いと判断して，ある命令を，X^2 を通さずに X^1 に直接命令

する場合です。また，X^4 が，X^2 に対し，命令の内容を十分理解できない心配があるとか，その他の理由により，直接命令する場合もございます。しかしここからは，命令の二元性とその不可避な結果，すなわち，トラブル，責任の混乱，仕事の妨げ，などが生じることになります。

　実践上は，階層のラインを尊重し，即座に機能させるべく調整するように工夫しなければなりません。

・・・・・・

III．分権化
権限―従属―責任―統制

・・・・・・

　企業を，互いに独立しているものの共通の権限に従っているいくつかの業務部門に分割するのは，次のような場合です。すなわち，事業を大幅に発展させる場合，極めて異なる複数の能力を要求する作業の場合，ある活動の中核部分が乖離してしまった場合・・・などです。

　原因は何であれ，業務の分割が行われる際には，命令の二元性が生じないよう，それぞれの業務とそれぞれの機能を明確に定義し，それぞれの範囲を定めなければなりません。

　これらの業務，機能，権限は，恣意的に決定されるもので，一般に絶対的なものではありません。これらを決める方法は他にもあり得ます。これらを修正することも可能です。しかし，これらが制定される際には明確な定義と線引きが必要なのです。

　そうしなければ，幾つかの部門が無視され，忘れられていながら，その一方である部門には複数の権限が同時に行使されるようなことが起こることになるでしょう。この2つの障害を回避するよう大いに警戒しなければなりません。

・・・・・・

　業務と機能の定義には，当然のことながらそれぞれの権利と義務，責任の明確化が含まれております。それぞれの部門は誰に何を命令するのか，そして誰に従い何をするのかを知らなければなりません。

　他方，権限は，階層のすべてのレベルにおいて，企業のすべての組織の動きについて通じていなければなりません。

　権限がその責任を果たす方法は以下のようなものです。すなわち，直接的な監視，統制，会議，報告，正確な会計，です。

・・・・・・

IV. 集権化

　われわれが集権化と呼んでいるものは，直接的にであれ，下位のレベルを通じてであれ，最上位の権限によって行われ企業のすべての部分に到達する命令と，反対に，直接的であれ，段階を経てであれ，最上位の権限に対して戻っていく反応から構成されております。

　これは恣意的あるいは任意に定められるものではなく，命令の一元性の不可避かつ必然的な結果です。

　集権化は実にさまざまな方法で実施されております。集権化には個人のイニシアチブを許す余地が有る場合もあれば，それを完全に許さない場合もございます。

　受動的な服従が完全に支配する硬直的な機構から，完全な従属状態の中で行動の自由が開花するような感動的な組織に至るまで，集権化の事例を確認することができます。

　ある長は，高度な能力と労働における大きな権力を持っており，小さい企業で何の不便もなく，すべての問題に対処し，1人で決定し，労働者たちに受動的な服従を強制しております。しかし，企業が大きくなると，この長は十分に対処できず，彼の方法も不十分なものになってしまうことでしょう。

　もう1人の長は，権限の多くを部下たちに与えています。しかし，もしこの部下たちが無能であったらどのような結果になるでしょうか？

　したがって，これは力量の問題であります。ここでは，事業の重要性，その事業が持つ特殊な難しさ，その事業の範囲，その事業のさまざまな構成要素の間の差異，などが考慮されなければなりません。また，実行者の価値も考慮に入れなければなりません。状況だけが，すべての実行者に与えるべき権力とイニシアチブの割合を決定することができるわけです。

　しかしながら，私が確信していること――従属の問題は問題外でございますが――それは，すべての実行者に，最大限の行動の自由とイニシアチブを与える必要があるということです。長の力は彼の部下の実行者すべての力によって大きくなるのですから，それを最大限発達させなければならないわけです。それと，ついでに言わせていただきましょう。

　個人のイニシアチブを刺激するには，利益よりも自尊心を満足させる方がしばしば効果的です。

　集権化と分権化の大きな問題は，次のように要約することができるでしょう。

集権化は必要なものだけにとどめ，個人のイニシアチブは最大限にすること。

各人に与えるべき権限とイニシアチブの割合に関して言いますと，これは未だ解決していない問題であり，能力に関する永遠の問題，管理者が常に関心を持っている大きな問題です。

これは，売却するか購入するか，建設するか解体するか，採用するか解雇するか，処罰するか褒賞するかの問題，一言で言えばするかしないかの問題であり，その道筋は単純ではなく，さまざまな解決策を選択しなければならないのです。恣意的な決定を排除するような原則や規則は存在しないのです。

・・・・・・

V．秩序

物はそれぞれ一箇所に，そして適切な場所に，という物的な秩序を表す言葉をわれわれは知っております。

ここではさらに，それぞれの物のために選ばれた場所と，それを適切な場所に置くために選ばれた誰かが必要になります。

命令の一元性は，業務の範囲を決める際の問題や，その業務を行う際の権限の問題を間接的に解決するものです。企業のそれぞれの活動とその目標には，その保証人，すなわちそれに対して責任を持つ誰かがいなければならないのです。これが事と物における秩序であり，物と時間の無駄を回避し，対立を回避する手段となるわけです。

・・・・・・

したがって，命令の一元性は，付随する二次的な原則と共に，重要かつ基本的な自然法であるように思われます。そして，この印象は，われわれが問題を研究すればするほど，強くなるものでもございます。

命令の一元性の重要性は誰も否定できません。これは多くの人々によって曖昧なものに感じられます。しかし，これは，実際には，少数の人々によって判断されるものなのです。そして，もし，命令の一元性が，衛生に関する良識ある規則のすべてと同じく，たいていは空想によるさまざまな障害に直面していることを理解するなら，命令の一元性がしばしば守られていないことにも納得していただけるのではないでしょうか。

実際，違反はしばしばございます。階層の過程を経ずに伝達される命令や，他の業務部門への侵犯行為，長の不在による管理機構の停止あるいは混乱，などがその例です。少なくとも10回のうち5回はこの種の過ちであり，これ

が事業に害を及ぼすことになるのです。

　事業では，命令の二元性が，多少なりとも不正に発生するだけでなく，それが公式に，そして意図的に存在している，と申し上げたら，皆様は驚かれますでしょうか？

　ひょっとしたら，われわれの中には，次のようなことを十分理解していない方がいらっしゃるかもしれません。すなわち，1つの企業を，2人の出資者が共有し，さらに権利や権限も共有している場合があるということです。この場合，二元性が発生するのは必然的となります。

　もちろん，このような出資者たちはいくらかの懸念を感じております。彼らは漠然と，この種の会社が常にうまくいくわけではないことを知っているからです。しかし，彼らは十分な良識を持っており，さらに彼らが親子であれば（兄弟，義理の兄弟・親子などもよくあるケースです），家族の良識に従い，常に協調して事業を進めることができるでしょう。

　経験的に言えば，意見の一致は常に生じるものではなく，さらにまた，突然生じるものです。

　あるいは，2人の共同出資者のうち1人が排除されたり（優秀な方が残るというわけではありません），影響力を削がれ，その結果，一元性が事実上，あるいは法的に確立する場合もございます。

　いずれにせよ，連携は困難のものであり，共同出資者もまた苦労するのです。それゆえに，命令の一元性はむやみに侵すべきではないのです。

・・・・・・

　しかし，望ましい形での連携は常に確立するものではなく，二元性を排除するのも常に可能というわけではございません。これは結婚のようなものでございます。

　最初に慣習が，そして法律が，家族における命令の一元性を確立し，妻に服従を強いることになります。しかし現実には，慣習上も，法律の建前上，権利の平等が宣言されております。したがって，家族は命令の一元性が最も侵されやすい結合の1つなのです。——実際，子供や使用人に対して，同じことについて異なる指示が出されるのを，どのようにして回避すればよいのでしょう・・・。

　そして，いろいろなことについていろいろな意見が出されることについても・・・。

　これが不可避的に生じる二元性であり，その結果，夫婦のうちどちらかが

追い出されたり，夫婦関係が解消されたり，
　あるいは，常に夫婦喧嘩の状態になったりするわけです[68]。
　せいぜいわれわれは，どうしても不可能な部分以外は，慎重かつ巧妙に権限を分け合い，対立の原因を最小限に抑えるぐらいのことしかできません。
　確かに，命令の二元性だけが家族の安寧を脅かす唯一の危険ではございません。それぞれの性格や情動，その他の原因によるトラブルも多く存在いたします。
　そして，もし本題からそれないということであれば，例の，嫁姑の問題もまた，命令の一元性か二元性かの問題である，と付け加えさせていただきたいところでございます。
　つまり，良き管理原則を宣伝することは，産業，商業，そして国の繁栄に寄与するだけでなく，家庭の平和にも寄与するということなのです…[69]。

・・・・・・

　いかに命令の一元性が重要とはいうものの，この原則は社会体の機能を保証するには不十分なものです。きれいな空気だけが人間の生命を保証するのではございません。これは衛生のための必要条件でありますが，十分条件ではありません。他の取り決めが前面に出されなければなりません。それは規律と予測でございます。
　われわれはここで原則の領域から離れて，規則と手段の領域に入りたいと思います。ただしその前に，命令の一元性と，行動の一元性，そして意見の一元性，これらの違いについて申し上げておきましょう。
　われわれはこれまで，命令の一元性とは何かを確認してまいりました。
　これに対し，行動の一元性とは，同じ目標に対して向けて定められたすべての努力であり[70]，
　意見の一元性とは，すべての従業員が同じ思想，同じ意図，同じ願望を持つことなのです[71]。
　これら3つの一元性が同時に実現するのが理想的であり，そのときに巨大な力が生じるのです。
　行動の一元性は命令の一元性を含んでおります。
　さらに，もし重役の間に意見の一元性が存在するならば，この企業は大きな成功を保証されることになります。
　意見の一元性は取締役会においてはほとんど実現不可能です。すべての提案事項が全会一致で受け入れられるなどまず期待できないからです。しかし，

意見の一元性は必要なものではありませんし，恐らく望むべきものでもございいません。取締役会においては，対立や矛盾は有益なものです。しかし決定がなされたら，議論はやめ，行動が開始されなければならないのです。

・・・・・・・

規律
　ラルース辞典では次のように定義されております。
　「ある集団あるいは集合体における良好な秩序と規則性を保証するために定められた，暗黙の規則あるいは規則書の総体」。私もこの定義は正しいと思っております。
　われわれはもはや，1つの原則[72]の前にではなく，いくつかの規則の前にいるわけですが，これらの規則は本質的に，目的や制度，企業の規模，構成員の数，状況，人的要因，などに左右される偶発的なものでございます。
　これら数多くの，そして多様な規則は，命令の一元性およびそれに付随するものを実現することを，そのほぼ唯一の目的としております。これらは法や，義務，責任，あるいは各人の定められ明確化された地位などです。良い規則は事業の運営を非常に容易にします。しかしこれらの規則の価値がいかなるものであろうと，その効果と全体的な規律は，長の指揮，能力，運営手腕に常に依存するのです。

・・・・・・・

予測[73]
　事業の良好な運営を保障するためにまず初めに使用しなければならない手段として，私は予測を挙げたいと思います。
　ある産業を創立するためには，資本，人間，操業のための時間が必要であり，その他に製品の販路が必要です。これらの需要を予測し，供給すること，これが管理業務部門の役割です。
　企業が大きくなり，生産と消費のサイクルが長くなればなるほど，予測は重要なものとなり——そして，さらに困難なものとなります。
　1つの鉱山や工場の年度予算を決める際に，12カ月間分の市場と成果だけしか予測しないとすると，われわれは非常に大きな困難を経験し，完全に不確実な状況の中で，同じ地点に留まり続けることになります。より長い時間を視野に入れなければならないのは言うまでもございません。しかし，必要なことは，より長期的な見通しと計画を立てることです。企業にとって時間は必要な要素でございますが，われわれは，運営方針や計画がなければ，一

時的な困難によって士気を削がれたり，瞬間的な成功に我を忘れる危険に晒されることになることでしょう。計画は，目標を歪めないために，そしてその目標にすべての力を長期的な視野で投入するために，不可欠なものなのです。ここで重要なのは，長期的に起こることすべてを予測するということではなく，不測の事態を最小限にすることであり，そのために計画を立てるということです。

慎重に研究された計画は，行動の自由を制限するどころか，それに良好に作用するものであり，困難な瞬間にもこの自由を増大させ，脅威となる点にあらゆる注意と力を向けさせることができます。

長期的な計画は，他方で，物事の多様性，複合性，流動性に適応可能なものでなければいけません。生きとし生けるものと同様，企業もまた絶えず変化するものなのです。会社の従業員，設備，方法，共通目的もそれぞれ変更されることになります。計画もまた，絶えず，そして可能な限り，このような状況に調和しなければならないのです。

年度予算——すなわち，需要，市場の条件，次の会計年度に予想される成果の全体的な検討——，5年ごとに徹底的に再検討される10年分の予測，これらが，鉱山と製鉄というわれわれの2つの産業の予測の必要性に対応すると私は考えております。これらが，ある程度，さまざまな思想，すなわち，さまざまな構想の安定，そしてその間接的な結果としての，従業員の定着を保証してくれるのです。

また，この作業は，困難をもたらし，努力を要し，消極的な抵抗に直面し，さまざまな出来事によっていくつかの予測が否定されるかもしれないという不安はありますが，実施されなければなりません。これを実践したことにより，私は最も力強い行動手段を得ることができたのです。

・・・・・・

われわれは誰でも，自分の課業を最も容易にし，自分の目的に最も確実に到達するための，独自の方法，技，手段を持っているものです。確かに，これらの手段はすべて等しく優れたものだということではなくて，それぞれが他人より優れた何かを持っているということです[74]。したがって，われわれは他人と交流し，同僚の評価に従うようになれば，それを業務に反映させることができるでしょう。

これこそ私が望んでいたことでございまして，1900年の会議で，私は「なぜ技師たちは，技術部門において大きな成功を収めてきた相互教育を，管理

部門に拡大してこなかったのか」と申し上げたわけです。

　本日，私は，この会議において，目下問題となっているこの研究分野に，これまで述べてきた個人的経験によって貢献することにより，新たにアピールをしたいと考えております。

・・・・・・

組織図(75)

　ここに，私が使用し，最も有用であったと思う手段の中から，組織図を引用いたしましょう。

　ここに 3 つの図表を掲げます。

　最初の図表はコマントリー・フルシャンボー・エ・ドゥカズヴィル社全体の組織を示したものです。

　第 2 の図表は鉱山のうちの 1 つの組織を示したもの，第 3 の図表は当社のある工場の組織を示したものです。

　第 2 と第 3 の図表の間に完全な類似性が見られることに注目されることと存じます。

　業務と機能はすべて，6 つの主要な名称によってグループ化され，包括されており，また，これらの名称は鉱山と工場で等しく適用可能なものでございます。

　　1．従業員（採用，組織，機能）
　　2．採掘あるいは製造
　　3．維持管理と新規建設
　　4．仕入と販売
　　5．会計
　　6．財務（資本の調達と使用）

そして，7 番目の名称が，

　　7．庶務，すなわち，主要な業務部門に振り分ける必要のない二次的な機
　　　能を担当するグループ

でございます。

・・・・・・

　このような業務の表示法が当社のすべての事業所にも十分適用可能であることは，全体の組織図（表 1）に示した通りです。ここには 4 つの炭鉱，1 つの鉄鉱，3 つの工場，約 9,000 名の従業員を擁する 8 つの主要事業所が含まれております。

これらの図表から、以下の点が容易に明らかになります。
 1. すべての機能に名称が付けられていること。
 2. 階層的な順路が十分に整備されていること。
 3. 業務部門およびその下位部門が十分に区分けされていること。
 4. 集権化が完璧であること。
 5. 長が不在の場合、長に支障が生じた場合にも業務の遂行が保証されていること。

 社内での活動がいかなる中断の危険にも晒されないように、命令が常に実行されるように、そして命令が常に企業で活動する者すべてに伝達されるようにするには、権限が常にあらゆる段階の階層に示されていなければなりません。
 長の不在、病気、死亡が社内活動の機能停止の原因になってはいけません。長に不都合が生じた場合には、組織図に基づいてあらかじめ指名されていた補佐が直ちに代わりを務めなければなりません[76]。

・・・・・・

 毎年、業務の改善と同時に、点検によってこの管理の規定も再検討されております。
 こうして、すべての機能が果たされ、いかなる業務も忘れられることがなくなり、各自の権限と従属が十分に決定され、命令の一元性が遵守されるのです。
 企業は、最も小さく最も単純なものから、最も大きく最も複雑なものに至るまですべて、この責任と統制の方法に従い、この枠組みの中に収まるのです。

・・・・・・

 われわれの事業所ではどこでも、組織図は業務地図によって補完されております。これは組織の視点と物的秩序の統制の視点から、業務の地形的境界を示すものです[77]。
 この2種類の表を用いたうえ、組織が良好に機能していれば、あらゆる行動と目標が、責任を有する実行者に即座に到達いたします。しかし、もしこのような結果が得られなければ、それは組織が良くないということでございます。その場合、組織を修正しなければなりません。

・・・・・・

会議―報告
 意見の一元性と行動の一元性は、会議と報告書によって容易になります。
 会議は、最高の権限の下、一定の間隔を置いて開催され、互いに独立した

長たちを結びつけ，企業の全体の運営を良好なものにするために協力させるものです。週1回，1時間の会議で誤解が十分に回避され，あらゆる者の労苦が不思議なほど容易になるのです。

　週次報告書，月次報告書，年次報告書，これらは優れた指揮・統制手段です。しかし会議と同じように，その効果はわれわれがそこで採用する方法に依存いたします。有能な長はこれらの報告書の中に，部下を評価し，彼らのイニシアチブを刺激し，彼らの間に行動の一元性と，できれば意見の一元性をもたらす契機を見出すものなのです。

・・・・・・・

　会計

　会計は事業の状況を明らかにするものでございます。すなわちそれは事業の健康状態を測る体温計のようなものでございます。会計は常に考慮されなければなりません。最下位の者から取締役に至るまで企業で活動する者はすべて，自らが担っている業務の結果を知らなければなりません。

　そのためには，正確かつ迅速な会計が要求されます。正確な，というのは，実施している方法が正しいのか間違っているのかを判断するためには，会計の数字に絶対的な信頼性が必要だからです。そして，迅速な，というのは，運営方法の改善の必要性が生じた場合，会計の情報が役立てられる必要があるからです。会計情報は，その把握が遅れた場合，無駄なものになってしまいます。

　1日の労働，1週間の労働，1カ月の労働，そして1年間の労働の中には，それぞれできる限り早く認識すべき結果が存在するものです。これらの中には数時間で情報が得られるものもあれば，それ以上の時間がかかるものもございます。

　大企業の利益と損失に関する会計においては，各月末から15〜20日後に，決められた一定の方法で——年度末に再検討する場合は除く——行われていれば，良い会計であると私は考えております。

・・・・・・・

　これまで簡単に列挙してきたこれらの方法——監視と統制については，まだ他にもたくさんございますが——はすべて，私が学会誌に提出した論文に載っているような事例，応用例に基づいた条件においてのみ，有効に働くものでございます。ですから，この問題には再び立ち戻ることになるでしょう[78]。

・・・・・・・

> 要約いたしますと，良い管理の本質的特徴は次のようになります。すなわち，命令の一元性，規律，予測です。これらは社内活動の基本的条件です。
>
> これらを実現する役割を担う従業員に必要な資質とは何でしょうか？ 従業員はどのように組織されるべきなのでしょうか？ 従業員をどのように機能させるべきなのでしょうか？ これらが，私がこの研究の第2部で説明しようと考えている問題なのです[79]。
>
> ・・・・・・

1908年の講演の全テキストを読むと，ファヨールが自身の管理思想を伝えるために作り上げた最初の構想を理解することができる。このテキストが，1916年のテキストの予示となったのである。さらにわれわれは，『産業ならびに一般の管理』において展開された思想を順番に再確認することができ，どの瞬間に，これらの思想がこのファヨールの前作に現れ，これらが主著において公表されたか否かを検討することができるのである。これを示したのが表1である。

表1は，ファヨールの思想の生成過程を辿ったものである。最初の考察は1898年のものである。ファヨールは1900年に講演の準備をしているが，そこで，それまで彼が語りすでに広く知られていた学説が構成される。そして1908年の講演が重要なステップとなる。しかし，彼の思想は芽生え続ける。1911年がその一例である。これに続く考察期は，ファヨールがテイラーを読んだ1913年である。

こうして，記述されたノートによって，彼の理論的考察の瞬間が保存された。それは1898年，1911年，1913年のことである。これらが1900年と1908年の発表に付け加えられるのである。その他のノートは恐らく散逸してしまった。公表されたテキストの原稿も，恐らくファヨール自身によって破棄されてしまったのである。

『産業ならびに一般の管理』は，戦争という状況に関連して急遽執筆された著作ではあったが，彼の思想の成熟の結果なのである。出版後，広く普及することになる彼の思想の形成過程は，その出版の18年前に遡るものであったのだ。

結　論

『産業ならびに一般の管理』は未完の思想による，しかしそれでも心動かされる，だがやはり建設途上の，未完の著作である。この著作は 18 年間の熟成の成果である。その後の年月をかけて，ファヨールは自身の学説を深化させることになるが，これについては本書第 8 章で再び取り上げられるだろう。

最後に，第 3 部と第 4 部が出版されなかった理由について検討しよう。少なくとも，なぜファヨールは第 3 部を，1918 年以降，『鉱業協会誌』において，あるいは『産業ならびに一般の管理』の出版社であるデュノ社から出版しなかったのか？　この出版がなされなかったことについて，ファヨールは控えめに語っている。「諸般の事情により私はこの計画を修正した」[80]。その理由については何も語られていない。

戦争について取り上げるはずであった第 4 部は，検閲によって，あるいは自主的に執筆を断念したのかもしれない。私的な領域において表明された政府批判を，公の場に流布させてはならなかったからである。

第 3 部では，いくつか衝撃的なテーマが扱われている。

①　アナトール・ドゥ・セズヴァールが取締役会で疎んぜられていたという 1888 年の話は，1898 年に父親の地位を引き継いでいた息子のジョゼフ（Joseph）を怒らせた可能性があること。

②　政治に関する部分は，間違いなく，彼の鉄鋼協会の同僚たちにとってあまりに生々しすぎる話であったこと。

③　ストライキに関する部分は，統計上の数字が欠落しているゆえに根拠に乏しいものである。モンリュソンのストライキに関する説明は社会対立を扇動する危険性がある。これに対し，他の雇主たちは，このテーマから教訓を得ようとはしていない。

④ ファヨールによる労働組合の概念はさまざまな議論を引き起こす危険がある。

⑤ ポンタ・ヴァンダンとジュドルヴィルの事例は疑わしい。この2つの重要な投資が，普仏戦争という偶然により，敵の領地内で行われたことになるからである。この点はごまかしのきかないところである。1908年時点での同社の歴史的記述を行うことは容易である。

⑥ その他としては，戦争中，生産指標は軍事機密であると認識されていた点を挙げることができる。

これらのテーマの1つでも，ファヨール側，あるいは『鉱業協会誌』側，あるいは彼の職業上の関係者たちに，出版を躊躇させたのかもしれない。何が出版を妨げたのか，われわれは知らない。ファヨールはこの点を訂正するために原稿を修正することができたはずであるが，それは彼のやり方ではなかった。当時75歳だった彼は，自らのエネルギーを国家の改革に向けることを選んだのであった。

注
(1) ファヨール文庫，整理番号 HF5bis DR3。
(2) Stéphane Mony, *Étude sur le travail*, Hachette, 1877.
(3) 例えば，Wilbois et Vanuxem en 1920.
(4) Henri Fayol, ≪De l'importance de la fonction administrative dans le gouvernement des affaires≫, conférence faite à la Société d'encouragement pour l'industrie nationale (séance du 24 novembre 1917), *Bulletin de la Société de l'Industrie Minérale*, No.12, 1917, pp.225-267.
(5) ファヨール文庫，整理番号 HF4 DR1, janvier 1880。
(6) ファヨール文庫，整理番号 HF1-2, クレルモン-フェランに登録された1874年の特許。
(7) ファヨール文庫，整理番号 HF4 DR2, 1888,「コマントリーおよびモンヴィック炭鉱の業務組織」と題された86ページの自筆ノート。本書第8章参照。
(8) ファヨール文庫，整理番号 HF4 DR6, 16 octobre 1912。
(9) ファヨール文庫，整理番号 HF4 DR5, 6 février 1911。1888年以降のコマントリー・フルシャンボー・エ・ドゥカズヴィル社の歩みについてのノート。
(10) ファヨール文庫，整理番号 HF4 DR3, 14 novembre 1889。ダルシー氏との会談に関する報告書。
(11) ファヨール文庫，整理番号 HF4 DR5, 16 juin 1908。コマントリー炭鉱に関する会議。
(12) E. Montusès, *Le député en blouse*, Édition Horvath, 1982, p.19, 25. この協同組合はダルシーによって設立され，ファヨールの時代にもコマントリーに設置されていたが，製鉄所（コマントリー・シャティヨン）のためのものであった。
(13) M. Lévêque, ≪Histoire des forges de Docazeville≫, *Bulletin de la Société de l'Industrie*

Minérale, No.9, 1916, pp.5-97.
(14) H. Guitton, *Fête du travail à la mine de Commentry le 28 septembre 1873*. ファヨール文庫，整理番号 HF1。
(15) E. Montusès, *Le député en blouse*, Édition Horvath, 1982, p.18.
(16) ファヨール文庫，整理番号 HF4 DR4, 16 janvier 1898。
(17) ファヨール文庫，整理番号 HF4 DR4, 29 jouillet 1898。このテキストはブランパン（1974）によって転写されたものである。
(18) Ibidem.
(19) ファヨール文庫，整理番号 HF5bis DR1。
(20) ファヨール文庫，整理番号 HF5bis DR1。
(21) ファヨール文庫，整理番号 HF7 DR5, Madeleine Grangé, 1964, lettre。
(22) I. Flachant, *Réponse au questionnaire de la commission de l'exposition universelle de 1878*, 1878.
(23) 1905年当時，鉱夫の法定労働時間は1日8時間に決められていた。
(24) すなわち，労働を禁じるということである。
(25) Archives du Monde du Travail, Archives de Commentry-Fourchambault et Docazeville, 1914年から1918年までの取締役会報告書。整理番号 AN 59 AQ 13, CA du 10/61914 et CA du 16/7/1914。
(26) Archives du Monde du Travail, Archives de Commentry-Fourchambault et Docazeville, 整理番号 110 AQ 50。
(27) ファヨール文庫，整理番号 HF4 DR4, 16 février 1898。ギュスターヴ・ルボン（Gustave Lebon）『大衆心理』の読書ノート。
(28) S. Mony, *Étude sur le travail*, Hachette, 1877, pp.453-455.
(29) I. Flachant, *Réponse au questionnaire de la commission de l'exposition universelle de 1878*.
(30) ファヨール文庫，整理番号 HF4 DR6, 1911。Le rôle du directeur, recherche d'un directeur pour Docazeville : qualités administratives et qualités techniques.
(31) Henri Fayol, *Conférence sur l'Administration industrielle et générale*, 5 et 14 mai 1923, École supérieure de guerre et Centre des hautes études militaires, p.25.
(32) ファヨール文庫，整理番号 HF4 DR4, 17 février 1901, p.12。
(33) ファヨール文庫，整理番号 HF4 DR5, 25 avril et 27 mai 1911。
(34) ファヨール文庫，整理番号 HF5bis DR2, 12 septembre 1917。
(35) M. Bellom, ≪L'enseignement économique et social à l'École Nationale Supérieure des Mines, le rôle social de l'ingénieur≫, *Le génie civil*, 1906.
(36) このシステムはイギリスの炭鉱では1945年においても依然として存在し，機械化に伴って放棄されたものである。労使問題は支払方法の変更への抵抗から生じた。タビストック研究所は，この問題の観察から社会技術理論を確立したのである。
(37) ファヨール文庫，整理番号 HF4 DR5。
(38) H. Simon, *Administrative Behavier*, Macmillan, 1947。
(39) ファヨール文庫，整理番号 HF4 DR4, 13 juin 1898。
(40) ファヨール文庫，整理番号 HF4 DR3, 4 février 1890。
(41) ファヨール文庫，整理番号 HF4 DR4, 17 février 1901。
(42) ファヨール文庫，整理番号 HF4 DR4, 13 juin 1898。≪Prévoyance : utilisé et nécessité d'un programme≫.

注　243

⑷3　*Administration industrielle et générale*, p.26.
⑷4　*Administration industrielle et générale*, p.110.
⑷5　ファヨール文庫，整理番号 HF4 DR4, 29 juillet 1898。このテキストはブランパン (1974) によって転写されたものである。
⑷6　*Administration industrielle et générale*, p.83, 84.
⑷7　*Ibidem*.
⑷8　Archives du Monde du Travail, Archives de Commentry-Fourchambault et Docazeville, CA du 10/6/1914.
⑷9　*Administration industrielle et générale*, p.109, 110.
⑸0　ファヨール文庫，整理番号 HF4 DR1, janvier 1888。
⑸1　Henri Fayol, *Conférence sur l'Administration industrielle et générale*, 5 et 14 mai 1923, École supérieure de guerre et Centre des hautes études militaires, p.26.
⑸2　1999年版では誤って「彼の」となっている。
⑸3　ファヨール文庫，整理番号 HF5bis, 1923年8月18日に始められたタバコ専売公社に関するノート (cahier Tabacs commençant le 18 août 1923)。
⑸4　ファヨール文庫には，1916年の主著のタイプ原稿（整理番号 HF5）と，1908年の講演の一部分である，1908年付けの7ページのタイプ原稿（整理番号 HF4 DR5）が所蔵されている。
⑸5　このテキストのコピー一部がファヨール文庫に送られていた。
⑸6　この部分以降は，第3部第4節（本書第5章参照）で示されているテキストである。
⑸7　第3部（本書第5章参照）との類似部分はここまでである。
⑸8　本書第8章参照。
⑸9　会議のテキストは，この部分までは，1908年の『鉱業協会会議月次報告書』に完全に収録されている。会議の残りの部分は要約され，タイトルが示されているだけの部分も多い。
⑹0　このフレーズは他のテキストに再び登場することはない。
⑹1　この定義は，『産業ならびに一般の管理』では，管理 (*Administration*) を翻訳する方法についての論争を引き起こしうる要素が取り除かれている（本書第9章参照）。
⑹2　このような業務（構造あるいは機能？）に関する相互浸透の命題はとりわけ混乱している。この命題は能力に関する推論（『産業ならびに一般の管理』第2章）において，よりうまく説明されている。
⑹3　このような長大な展開が，ファヨールが同時代人を理解させるのに苦労していたことを物語っている。
⑹4　これ以降の部分は『産業ならびに一般の管理』第4章（第2部）と類似している。時には，同じ思想についてこのテキストの方がより豊かに展開している箇所もある。
⑹5　マタイ福音書第6章第24節「何人も2人の主人に使えることなかれ・・・汝，神と金に同時に仕えることなかれ」，ルカ福音書第16章第13節「いかなる従僕も2人の主人をもてない。なぜなら，1人を嫌い，もう1人を愛することになるからである。なぜなら，1人に愛着を抱き，もう1人を軽蔑するからである。汝，神と金に同時に仕えることなかれ」。
⑹6　「フライパンの柄を握る」とは「事業を手中に収める」ということを言おうとしているのだろう。
⑹7　この基本的原則，派生的原則という概念は経営学の公理化の1つの試みである。これは，アーウィック理論の後の展開に似ている（本書第9章参照）。
⑹8　ファヨールの家庭の状況については何も知られていない。
⑹9　ここで展開されていることは後に取り上げられないものである。
⑺0　『産業ならびに一般の管理』では，「行動の一元性」が「指揮の一元性」になる。

⑺1 「意見の一元性」は『産業ならびに一般の管理』では取り上げられていない。
⑺2 『産業ならびに一般の管理』では,「規律」は14の「原則」の1つとして紹介されている。
⑺3 『産業ならびに一般の管理』では,「予測」は「管理の要素」の1つである。
⑺4 管理過程に関するファヨールの推論は,労働過程に関するテイラーのそれ(唯一最善の方法)と類似している。
⑺5 「組織図」は,『産業ならびに一般の管理』では「組織」に関する節で扱われる。
⑺6 『産業ならびに一般の管理』では,不都合が生じた場合の補佐については示されていない。
⑺7 『産業ならびに一般の管理』では,ファヨールは「業務地図」の例を示していない。
⑺8 ファヨールは常に,例を示すのが非常に下手であった。
⑺9 このテキストは1908年には不完全な形でしか公表されなかったので,出版継続の計画は頓挫してしまった。これらの見通しは『産業ならびに一般の管理』で再び取り上げられることになるのである。
⑻0 H. Fayol, ≪Préface à Administration industrielle et générale, l'éveil de l'esprit public≫, études publiées sous la direction de Henri Fayol, *Bulletin de la Société de l'Industrie Minérale*, No.12, 1917, p.149.

表1 『産業ならびに一般の管理』の主題を取り扱っている自筆ノートおよび初期のテキストの日付

『産業ならびに一般の管理』第1・2部のタイトル	ページ（1999年版）	主題	同じ主題が記述された日付	出典
管理の定義	5-8	6つの機能 POCCC	1911年5月27日	HF4DR5
	6	財務	1914年1月6日	HF4DR6
	7	会計	1908年6月	講演
能力	9-15		1900年6月23日	講演
管理教育の必要性と可能性	16-19 74		1900年6月23日	講演
諸原則	23		1899年7月29日 1908年	HF4DR4 講演
分業	23-24		1916年2月	HF5bis
権限―責任	25			
規律	26-27	規律	1908年6月 1914年1月4日	講演 HF4DR6
命令の一元性	28		1908年6月	講演
指揮の一元性	29			
個人的利益の一般利益への従属	30			
従業員の報酬	30-37	報酬の形態	1913年	HF5bis
	36	充足の制度	1913年12月13日 1888年	HF4DR6 Flachat
集権化	37	集権化	1908年6月	講演
階層	39-40	階層	1908年6月	講演
秩序	41-42	秩序	1908年6月	講演
公平	43			
従業員の定着	43			
イニシアチブ	44	イニシアチブ	1916年2月	HF5bis
		自尊心の問題	1913年10月 1913年12月19日	HF4DR6 HF4DR6
従業員組合	44-47	従業員組合	1913年12月19日	HF4DR6
管理の諸要素				
予測	48-61	予測 計画	1898年6月13日 1899年4月23日 1908年6月	HF4DR4 HF4DR4 講演
		外部との関係	1914年1月4日	HF4DR6
組織	61-108		1911年	HF4DR5
	62 point 16, 45	規則と書類の濫用	1914年1月4日	HF4DR6
	69	コマントリーの組織，機能の記述	1888年	HF4DR2
	63-71	組織表	1908年6月	講演
	74	改善 相互教育	1900年6月23日 1901年2月17日	講演 HF4DR4
	75-80	テイラーへの反論	1913年	HF5bis
	73＋81-82	長の援助	1914年1月15日	HF4DR6
	81-88	長の資質 上位の長	1913年9月19日 1913年11月20日	HF5bis HF4DR6
命令	108-114			
	111	長の好例	1913年12月19日	HF4DR6
調整	115-119		1911年	HF4DR5
	116-117	部門長会議	1908年6月	講演
	113＋119	記述による報告	1880年1月 1882年3月18日	HF4DR1
統制	119-121		1888年 1911年	HF4DR1 HF4DR5

第7章
公営企業の経営改革

ジャン‐ノエル・ルティエール

　もし，国家に従属する公権力の使命がその資格からほとんど疑いようのない正当性を享受しているとしても，公企業の全てが同じようにそういうわけにはいかない。ここで，われわれは，そうしたもののなかの1つとして，2世紀以上の間，専売という法的体制下に置かれ，しばしば社会における国家の役割を表象することから引き起こされる羨望[1]や論争の対象になったタバコ産業に注目する。この行政機関は，多くの経済的セクター[2]の社会主義化に対する熱望が表明された19世紀末に特にそうであったように，社会的緊張が高まった時期にとりわけ解体の試みにさらされた。リベラルなエリートが国有企業に対して射かけた矢は，当時，集産主義の脅威がリアルなものか，空想的なものかは別にして，その形を見せていただけに，より一層鋭いものであった。こうした思想の流れを象徴する人物の1人，ポール・ルロイ－ボリュー（Paul Leroy-Beaulieu）によって書かれた多くの著作は，工廠，郵便，タバコにおいて支配的な擬似社会主義体制が彼に引き起こした激しい恐怖をよく示している。「過度の一般経費，あたりを構わない，不正確で混乱した会計，規律を欠いた，のらりくらりしている人員」は，「そこではすべての産業が消えうせてしまうこの集産主義的，組合主義的体制」[3]の傷口を表現しているのだろう。民間企業がより成功裡に果たしていると見なされる収益性という要求を満足させる公的（産業の）企業の無能力ぶりが，王権に由来する機能だけに国家活動を制限しようとする当時公表されていた全ての声明の中心思想を提供していた。こうした声明の強調点は，歴史的な配置，

あるいは，それらの作者の世代に応じてよく変化し，全ては，タバコの行政機関に関する公的立場に敵対的なパンフレットがあたかも時代の雰囲気に部分的に抵抗していたかのように，起きている[4]。この主題に関して，1925年に，「マネジメントあるいは管理科学の創設者の1人」[5]と考えるのが習慣となっているアンリ・ファヨール（1841-1925）によって表明された見解は，こうしたレトリックの不変性に背いている。われわれは，この章を彼の構想を明らかにすることに当てよう。しかし，あらかじめ，その賭け金を理解するために，われわれは，彼が専売に対する見解を開陳するに至ったコンテクストと枠組みを提示する必要がある。

1. 鑑定に付されたタバコ企業

(1) 大臣の要請

ファヨールは，アンドレ・シトロエン（André Citroën）[6]が議長を引き受け，「タバコおよびマッチ専売の組織と機能に関する問題」を研究する目的で財務省によって設置された委員会に参加することで，1923年4月にタバコの行政機関を目の当たりにする。しかし，この経験が彼に呼び覚ました論評に取りかかる前に，こうしたことは，それに先立つこと2年，PTTに関して取り組んだ彼の研究に引き続いたものであることを思い出しておく必要がある。電信と電話を研究するという使命が，PTTに関する国務次官，ルイ・デシャンプ（Louis Deschamp）によって彼に任された。民営化[7]の激しい宣伝者である彼は，専売（タバコ[8]とマッチ，火薬と工廠，国立印刷局，郵便と電話など）を非難する攻撃に，彼が属していた国民連合[9]のリベラルな動きに支えられながら，活発に参加している。「国家の除去」のためにあまりにも明白に背負われた取り組みと確信は，彼をしてファヨールの結論に喜ばせるしかなかったであろう。「私は，管理に関する数多くの問題点を確認し，(特命を帯びた専門家として書いた)。その主要なものを以下に挙げる。1. 企業のトップとして，国務次官が不安定で無能力であること。2. 長期の活動計画がないこと。3. 貸借対照表がないこと。4. 議会がむやみに

過度に介入すること。5．熱意に対する刺激も，貢献に対する報酬もまったくないこと。6．責任が欠けていること」[10]。この欠点に関する独特の調子を心にとめておこう。それほど，それらの類似性は，それから3年後，同じくタバコの行政機関にまとわりつくものと著しい。診断のこうした類似は，ル・プレーみたいな人のように，事実[11]の厳密な検証に基づく進め方を確立することにそれでも大変気にかけていたこの鉱山エンジニアによって，管理の世界の特異体質に関する重要性がわずかしか認められていないことを示しているようにわれわれには思われる。製造に関する性質，作業組織，執行者として管理する人の立場と条件を無視して，こうした見解は，何よりも「（うまく機能するには）（あまりに）ひどいトップによって構成されている組織」である全ての国営企業に共通して認められる問題点を引き合いに出そうとする明白な意思から生まれている。

(2) 委員会の反逆者，ファヨール

検討委員会は，1923年4月から1924年3月までの間に30回ほど招集されている。国民連合の政府の下で設立された委員会は，1925年3月に報告書を提出している。その1年ほど後に左翼連合が権力を獲得しており，支配的な考えは，その後は，国家の離脱よりもむしろ，国家改革，その「産業化」へと向かっている。その査定を実現するために，委員会は，存在する20ある製造所のうち4つを訪問し，（小売商，製造における従業員の異なる労働組合や組織，大農園主）の代表とさまざまな段階の上級職員の何人かに対する聞き取りに着手している。彼らの不平や苦情を積極的に表現させる聞き手に特権を与えている調査方法は，明らかに査定[12]の中味や結論と何のつながりもない。それは，後で見るように，ファヨールが他の委員，とりわけA．シトロエンと対立していくことになる紛争とも何のつながりもない。なぜなら，いくつかの観点は，企業の生産性に関する厳密な計算，あるいはまた，フランスのシステムの利点と欠点を評価できるような国際比較を試みるのにふさわしい調査として探索されないままになっているからである。アンドレ・シトロエンによって提出された221ページの報告書，同じようにファ

1．鑑定に付されたタバコ企業　249

ヨール個人の署名入りの 12 ページの覚え書きも支払い不能を強調し，それを嘆いている。前者はそれに触れているだけであるが，後者は厳しく行っている。調査の不完全性についての合意は，ファヨールが全体の説明[13]に追加（付録 C）して彼らの対立を公にさせているほど，2 人の間における論争が深刻であることから，実際，拒否されている。二重の取り違えが彼らの分裂の原因である。一方では，裏切られた期待があり，他方では，却下された結論がある。実際，その真意には，何のあいまいさも現れるはずはないだろう。「主要なことは，タバコの製造がいくらかよいかであるとか，いくらかうまく組織されていないか，を知ることではなく，専売が税の徴収のいいシステムであるかどうかを知ることである」。そこから，深い不和は，確立された確認事項（行政機関に認められる問題点は，ほとんど大方両者に認められている）からよりも，それらを解釈し，そこから教訓を引き出すやり方から生み出されるようになっていった。あまり詳細に入り込むことなく，この論争の賭け金と用語をはっきりさせておこう。ファヨールは，「技術的，商業的，財政的，管理的問題に取りついて，専売の原則に関する問題を取り扱うことを控えている」委員会の行動を酷評することから始めている。付属的なものによって主要なことを追求しながら，委員会は，ファヨールにとって，税の徴収が本来的にいえば産業的な市場に集中する行政機関の第一義的な使命を構成しているにもかかわらず，それについて考察することを放棄したことになるだろう。実際，非難は，委員会のメンバーに対して「（一度は改革された）税の徴収に関わる他のどのようなシステムもよい結果をもたらさないと宣言する」A. シトロエンによって行われた提言に触れることで，より一層激しいものになっている。ファヨールは，専売の保護を結局は認めるように導くこのような文章に，分析の忌避を見出さずにはいられないのだろう。容易に想像できるように，彼の期待はずれは，報告書のなかに読会への忠告を表現している彼によって急遽行われた勧告のなかに強烈に明らかにされている。「委員会は，この問題を取り扱う必要はないし，それを実行できる立場にもないことを世論に対して明らかにし，したがって，委員会によって形成される意見は，何の厳密な市場調査を頼みにもしていないことを

世論に対して予測させなければならない」。いったん，「全体的に利点が欠点に対して優位を占めるかどうかを見分けることが非常に難しい[14]」ということが分かってしまうと，委員会はどうやって国家の懐にタバコ産業を保持するのを認証することに対する正当化を与えることができるだろうか。こうして，専売と自由化の体制[15]を比較して利点と欠点を簡潔に考察することで補強されるファヨールによる糾弾文書は，委員会の宣言[16]に対して述べられたものであることを知ることで，ますます理解できるようになる。法的性質に内在すると見なされる全ての問題点をもつ国家的システムに苦しめられてきた，ファヨールは，廃止が，さらに，彼自身の言葉によると，「国家の障害物の除去に向けた第一歩」に属すると付け加えることで，激しくその廃止を主張している。したがって，この口頭弁論は，委員会の提言に基づく反証として提示されている。ファヨールの非難は，公企業が民間企業を統治するのにかなったロジックに従いうると信じさせようとする「幻想」に対して，激しいものとなろう。彼は，「委員会によって提案された改革は，管理の無秩序の永続的な原因に対するか細い，あるいは無力な行為にしかすぎない（だろう）」と主張することで，決定的な一撃となる結論でくぎを打ち込んでいる。彼によれば，「それ（委員会）が十分に考慮していないある種の自然法則」によって，民間企業で効果のある手段や規則は，「行政機関」によって採用した場合には，損なわれることが余儀なくされる。感染に関する公衆衛生のレトリック（健康な／汚染された，国家統制された病気）に訴えることで，彼は妥協の拒否を知らせている。『国家の産業的無能力』の著者にとって，システムの改良に期待することは，簡潔にまとめられたあの文章に成果があるのを理解することを拒否し，「問題を引き起こし，無秩序をもたらし，民間企業を無視する原因」を閉じこめてしまう有害さの力をひどく過小評価することに戻ることである。

2．無秩序のさまざまな原因

「機能を改良するために，委員会から提案された手段の検討」と題された

長い章において，委員会は，8つの軸（栽培，購買，製造，倉庫，販売，人事—支払い，採用，育成—，管理，会計）に基づいて，委員会がその妥当性を認識し，勧告を組み入れている批判を拒絶している。より簡潔な覚え書きで，ファヨールは，「機能に問題を引き起こすにとどまらず，組織を妨害する」原因に属すると彼には思われる非難を幸運にも手に入れながら，部分的に非難の目録を取り上げている。そうすることで，彼は，幾度となく強調される命令という彼の強迫観念を裏切ることがなくはないのだが，われわれに国営企業の問題点に関する非常に個人的な要略を提供してくれている。それらをまとめると，担当省の不安定さ，過度で細かい規制，刺激の欠如，労働組合への従属，最後に，議会の過度の介入ということになる。

(1) 過度の官僚化と管理不足

タバコの行政機関[17]は，非常に早くから大企業のモデルを提供している。部局の分割，管轄地域への分散（1923年に20の製造所），重要な労働力の動員（1万6,800人の労働者でその85％が女性である。1,000人の監督者でその28％が女性である），ピラミッド様式に基づく管理，生産と社会的管理に関する統一された手続きへの服従，製造の課業の細分化，こうしたものがその特徴となっている。タバコ行政機関は，財務省の2つの部局に分割されている。すなわち，タバコの完成品を販売することを割り当てられた間接的に貢献する部局と現地での栽培，外国産のタバコの供給，製造を任される国家製造局である。後者は，製造と建設，統制と会計，最後に栽培と倉庫という3つの専門的な行政部門を統括している。それぞれの部門には，検査という任務を，訴訟の場合に，ときには，交渉という任務を帯びた独自の検査官（エンジニアの責任者）がいる。国内および海外の管轄地域全体に散らばった施設は，一般に「行政中心地」と呼ばれているものに依存しており，タバコの管理（貯蔵倉庫あるいは栽培業務に関わる製造所），製造の管理（倉庫に転送する以前に原料を加工するために原料を受け入れる製造所），栽培あるいは倉庫の管理（そこでは製造が存在しない）に対応したものとなっている。ここでは，手短に製造の管理に関する様式に限定して示しておこう。

トップには，責任者，エンジニア（製造と人事に責任をもつ），コントローラー（会計の任務を帯びた）から構成される委員会がある。コントローラーについては例外があり，しばしば平から上がってくる古株の事務員がなることがあるが，他のメンバーは，たいてい理工科学校の卒業生である。この3人は日常的に集まって，やり取りしたり，提案したり，（採決の前に）決定したり，議事録を作成したり，彼らの議論や決定を「毎日の打ち合わせで出された記録簿」に書き留めたりしている。この記録には，製造の手続きと労働力の問題に関する資料が含まれている。そこには，また，予算と同様に，例外的な資源配分，落札者市場，労働の組織に関係する審議も含まれる。施設の事業の監督は，全体の管理（パリ）によって固定された規制枠組みに含まれる。つまり，企業の社会的，技術的，会計的な生活全体に関する「通達」と呼ばれる付加の対象となる訓令（1832，1862，1888，1913）に含まれるのである。製造を統治する3人の上級職員に不一致があると，必ず記録されているのだが，責任者が優越的な発言権をもつ。この上級職員たちの権力は，強く監督されており，全体の管理から委譲された権力がほとんどであるのも同然である。

　このような構成は，ファヨールの批判に晒されている。彼にとって，企業規模が大きいことと権限の源泉が細分化されていることは，命令系統を弱くして，決定のプロセスを重くするだけでなく，さらに麻痺させる。民営化されていても，産業をうまく動かすことをいつも危うくするように影響を及ぼすこれらの要素は，タバコ産業の場合には，その有害さを二重にして動かなくさせる原因と結びつくことにそれでもやはり変わりはない。抑制できる障害と考える委員会とは反対に，彼，ファヨールにとっては，それらは飼い慣らせないと見なされる。2つの力の流れが彼の覚え書きを読むと引き出される。1つは，官僚制に特有の枠組みから生じる障害に目をつけたものであり，もう1つは，管理について（省庁の）保護下にあり，（他方で労働組合と議会の）影響下にあることに関わるものである。この2つが重なり合い，結局は，上級職員の権限を失わせることに帰着する。官僚制の枠組みに基づく苦しみについて，まずは，考えてみよう。業績を担保にして，1つの経営

機関によって管理される企業とは異なって，専売は，予測全体を危険にさらし，生産（供給）と販売（需要）の調整を深刻なほど複雑にする管理の分割を体験している。思いがけない在庫不足に応えるために1，2時間，労働時間を延長するために「夜間」にしばしば頼ると，長い期間，調整の欠陥を取り繕うことに従事することになる。1900年頃には，在庫不足により，機能停止に陥っている。供給管理の悪さに満足できない小売商の不平が，反対に，販売があまりに自律化されていることによって，業務の非効率さが続いていることを明るみに出してしまうだろう。再帰的に，予算的枠組みによって，また，財務省（税務行政庁の検査の管理，それ自体が国家会計の支出の検査部門あるいは予算の検査部門にも従属している）から秘密裏に送られる書類から義務づけられた運行によって，導かれる厳格さは，異議申し立てを膨らませる。こうしたことは，手続きののろさ，システムの惰性，イノベーションへの抵抗に不満な経営者側の職員と同じように，労働組合の非難も引き起こす。1922年における集会以降，タバコ国民連盟は，次のように不安になっている。「われわれは，製造において近代的手法を採用することは，以前よりもかなりの利益をもたらすこともよくわかっている。反対に，みんなが時代遅れの方法に満足してしまっており，上層の管理側の職員においては，議会で準備されている機械化（解体は問題である）を正当化するために，ひどい惰性の力，さもなければ，私利私欲の力を感じている」。たとえ，見ての通り，この批判が「組合」側の解釈を支持することに役立つとしても，それは，それでもなおシステムに認められるかなりの問題点に狙いを定めている。委員会は，何の驚きもなく「責任がつかむことができなくなっている」，「予算の費目あるいは予算が1年ごとであることによって支出の専門化が産業管理と対立する」と嘆くことで，そのことに対しても反応しようとするだろう。それをかわすために，委員会は，財政的な自律[18]が与えられ，統一された管理機関，「タバコ局」に守られた「タバコ公社」の創設を提案している。この改革の提案を前にして，ファヨールの疑い深さが，単に方法に対する彼の視点を表明させるだけでなく，民営化の提唱における彼の本当の信念[19]を露にさせている。彼にしてみれば，部局を再編することで，どの

ようにして上級職員に「命令して，従属させる」権力を返すのに十分であるというのか。どうすれば，この権力が，無能力な省庁によって押収されたり，打算的な選挙至上主義[20]で動かされる議会と争われたり，あるいは，次第に力を強める組合によって腹を立てられたりしないようにできるのか。到達すべき利益，あるいは，回避すべき倒産という形態の下で民間企業の成功と未来を保証している刺激が国営企業にはないことを知りながら，どのようにして責任感を取り戻させることができるのか。行政機関の責任者に資本主義の企業家精神を否定しながら，同時に，ファヨールは，彼らから，その起源を，彼によれば，「義務感，廉潔心，有徳心」[21]にもつ取り組みへの動機づけと「道徳的責任」を引き出している。役人たちが犠牲と献身の感覚を示すことを確認できずに，ファヨールは，『国家の産業的無能力』において展開してきた考え，その種の人間はまれで，「成し遂げた義務への満足は，うまくできなかった仕事の苦しみのために残存することはできない」という考えを捨てていない。組合主義[22]の一団においては別のイデオロギー的な図式に従っているものの，もし，こうした考察が同じように長い時間をかけて醸成され，見出されたものでなければ，これらの考察をそれらの作者の反国家管理主義という前提のせいにする危険があるだろう。しかしながら，タバコ産業においては，それでもやはり著名な数多くのエンジニアによって全てが成し遂げられた優れたキャリアを理解すると問題が残るようにわれわれには思われる。マンハイム（Mannheim），ブル（Boullet）[23]，バロン（Baron），ボール（Bohls），ブロ（Belot）[24]のような人々のプロフィールと，その能力からすれば圧倒的に違約者を快適なものにする[25]その他の多くの人々のプロフィールは，ファヨールによって見事に無視されている彼らの「国家精神」への熱意を回避してしまうと，理解することができないままになる。ファヨールが上級公務員の無責任さを説明するために装っているように，もし，本質的なことは，金銭的な動機づけの欠如であるよりも，彼らの特権を無にし，管理機能の感覚を失わせることによる失望にあるとすれば，ファヨールが彼らの特権の剥奪を誇張していると信じる根拠はないだろうか。ファヨールは，半分満たされたグラスを考えることが正当である場合に，半

分空になったグラスに絶望してはいないか。

　ファヨール自身が正にその象徴として取り上げている採用の実例は，上級職員にのしかかる制約を明らかにするのを可能にしてくれる。われわれは，労働力の有効で合理的な管理（価値において）に必要となる規範に必然的に背くことのない共和制の原理に従って，彼らが行動する理由がそこにはあったと述べることができるだろう。労働者の採用は，1862年以降，評価される候補者に関してポストへの平等なアクセスに配慮する，しかも明確に定義された基準（道徳性，年齢，健康，それから国籍）によって，そうする目的をもつ規則に従っている。定められた条件を満足させる限りで，求職者は，彼らに申込番号順に交付したエンジニアのもとに，性別ごとに申し込みにいく。申込の優先順位は，責任者が行政機関に問い合わせることなく，違反することができない権利である。それでも，上級職員と現場の職員に入り混じった利害は，たちまちこのような手続きに打ち勝つことになる。1880年以降，とりわけ目立った候補者過剰を前にして，上級職員は，労働者の親類縁者のメンバーを優先的に申し込ませることに同意している。規則の方向転換は，規則に基づいて申し込むということを前にすると，えこひいきとなるだろう。引き続いて出された通達（1889，1900，1905，1911，1915，1920）は，雇用供給の独占を示している。その大部分（3分の2，2分の1，あるいは4分の3）は，絶えず組合の圧力の下で，管理側から多少なりとも率直な同意がなくもない状態で増加している。こうしたことに，確かに選抜で採用されてはいるが，係員（現場監督）のポストへの旧軍人のアクセスの独占ともいうべきこと，それから，1915年以降は，戦争未亡人や孤児に利益を与える優遇措置（3分の1）が付け加わる。このような配置は上級職員の労働力の余裕を確実に弱めるという事実以外に，それは，それでもなお，職員との関係を調和させ，上級職員のある人たちにとっては，戦術的な影響力を尊重することが重要な駆け引きを容易にすることに貢献している。全体の管理者からナントの責任者に旧軍人と「手作業の」労働者の娘という保護対象者の1人を有利にするための商業省と産業省の推薦書が送付された後に，1901年にナント製造所の責任者から全体の責任者に送られた手紙では，この点は

明らかである。「1898年に申し込んだそう年老いていない候補者のなかには，うんざりするほど多くの結婚している娘がいて，彼らの希望にもかかわらず非常にゆっくりと生まれる欠員を辛抱強く待っている労働者の兄弟もいる。私には，形式的に製造所の職員と親戚関係が緊密な数多くの求職者と同じ取り扱いを適用することなく，講じられた措置に対応して，モルヴァン（Morvan）氏の申込手続きにすることはできないように思われる。結局のところ，私には，近親者が長い期間申込をしている男性，女性の労働者たちの一部に非常に激しい不満を生み出すことなく，E.モルヴァン氏に対して大きな優遇措置を取るのを認めることはできないでしょう」[26]。苦労なく同じような他の実例を提供できるこのような手紙から，多くの教訓を引き出すことができるだろう。こうした手紙は，親戚と保証人に対して十分持分を留保するという規則が協調組合主義的な配慮のなかにあり，平等の原則がむしろ十分に上級職員によって受け入れられていることを示している。しかも，彼らは，それを行政機関側の好意の証拠としてしばしば言い訳にしている。次に，こうした郵便物は，規則の完全な両義性を示しており，たとえ責任者を制約しているにしても，省庁やすばやい議会に対して，実際には，決定を曲げるために，彼らの立場を利用して抗弁できる武器をも表している。こうした留保をしても，規則に関係する配置は全て組織的に加入をもたらしたわけではないことを認めなければならない。労働力の質は，決して親戚や戦争の未亡人の採用で苦しめられていない一方で，ファヨールが嗅ぎつけていることとは反対に，監督のポスト（現場監督）を割り当てられている旧軍人の採用に関しては同じようにはいかない。責任者たちは，しばしば限られた能力の推薦された人々，ましてや，女性の作業場において，軍隊風の権威主義と規律の区別もたいていつけられない人々に直面させられた。1913年にタバコ産業を取り上げた授業において，エンジニアのブロンドー（Blondeaux）は，いくつかの取るに足らない理由で処罰を増やして行く困った傾向に対して，若い学生たちに警告すべきだと強く確信していた。おそらく，彼は，守備隊においても想定されるような監督者に照準を合わせていた。こうしたポストを労働者に開放することは，また現場監督の態度を非

難することから生まれる不満，さらには，頻繁なストライキからも不思議ではない。こうしたポストの開放は，1880年から倹約のために実現されたのであるが，第1次世界大戦以後，上級職員に支持されながら，労働者の重要な権利要求になっていたことに注意しておこう。

(2) 労働者の問題と組合の問題

1923年には，産業界は，また過去とは切り離された白紙の状態には程遠い状況にあった。過去には，企業における社会的関係は，はっきりと全面的に雇用者に権力は握られ，産業法はほとんど細心細密には適用されずにいた。ファヨールは，そのことは忘れられていないと思うが，敵対的な雇用者に対して，社会的関係の調停という重大な責任を負う代表として彼らが任命されているのであるから，労働者の代表と向き合うようにという希望をしばしば表明していた[27]。タバコ産業における労働組合の存在によって呈される形態が国営企業の不治についての確信を作り出すことにかなり役立つという限りで，その性質を簡潔に説明することが重要である。

全体の管理者は，早々に1884年の法律において申し込まれる配置を子細にわたって尊重するように，各施設の経営委員会に促している。1887年以降，マルセイユで最初の労働組合が結成され，1890年にはフランス・タバコ製造総労働者国民連盟の設立によって促進される一連のプロセスが開始された。1902年に支持された主張において，C. マンハイム（専売の改革プロジェクトの張本人で，1923年に委員会によって聴取されている）は，当時，行政機関が労働組合から交渉を引き出すことの利益を執拗に強調している[28]。全ての人は，自らのキャリアを技師長として終えたこの上級職員が管理における支配的な考えを反映していると考える傾向にある。タバコ連盟の労働組合は，（委任を行使する特別の許可，表現の様式，規律委員会での弁護権など）代表の権利を公式化する規則に助けられて，交渉に好意的な改革的な労働組合であり，それにとどまっていた。

政治的な状況はどうであれ，連盟は，タバコの区域の議員を支援する準備に全力を尽くしていた。簡単にその理由が理解できることだが，彼らは，予

算の投票直前には，製造所の労働者の利益を守るために，演壇にしばしば介入した。このように，1900年6月の『エコー・デ・タバ誌』には，議会が権利要求を受け入れなかった場合には，監督官庁に向けて，議会での質問の脅しを読むことができる。

　その当時，特に重要で特異な組合組織率に付け加えられて，労働者の利益を表現し，防衛するこの強力な（議会の）てこ入れ措置は，ファヨールには，少なからず管理を弱体化させる要素として見えた。さらに，ファヨールが詳細に説明しているように，省庁の権限は，労使間の紛争の際には，労働者側に有利に仲裁することが禁じられていないのである。上級職員の権利放棄を保証している法令の主文をいくつか実例として引き合いに出しながら，ファヨールは，特に，作業場の配置転換と報酬の過剰な率を取り上げている。前者に関しては，（1902年の）激しい闘争によって獲得された（1905年の）規則が問題であり，それは，利用可能な空きポストの割り当てに対しては年功が確立されている。選抜を犠牲にして年功を認めることは，えこひいきを疑われ，昇進の取り扱いに平等に見出される確かなよく知られた論理との対立を生み出す。タバコの労働組合は，この種の権利要求においては，早々に，成功していることがよく知られている。報酬に関しては，タバコの労働組合は，長らくほとんど魅力的でないままにとどまっている。いわば一時的な労働者がさらにその費用を負担することになり，1880年代の10年間だけ奨励されていた雇用保障を除けば，労働者の報酬が民間の給与と競うためには，世紀の曲がり角まで待たなければならない。それはともかく，1923年には，この報酬が，そのことをスキャンダルとした委員会とファヨールの評価によれば，民間の率よりも50％以上も高いものであった。われわれがもってきた比較は，とりわけナントの缶詰工場において実施されている給与と比べたもので，その違いはさほど重要ではないことを示している。貧しいもののなかでつつましいタバコの労働者から始まったとしても，公平にいえば，当時は，労働者階級のなかで彼らが特権的であることを認識する必要がある。しかし，世紀の初めには，雇用者のモデルになっていることを自慢していた行政機関を告発する理由はあるだろうか。

民間企業の経営者は，労働者の要求に抵抗する手段を保持している一方で，ファヨールの言葉によれば，「労働組合と議会が交えていた襲撃」は，それに対抗しようとする行政機関の管理をすぐに断念させていた。ここでは，タバコにおける社会的関係の現実を，そして，そこでは，この申し立てがゲリラ的性格を示しており，その複雑さを全て説明するために十分な紙幅がない。1923年11月26日，ボルドーで突発したストライキについて言及するだけで満足しよう。このストライキでは，行政機関は，ファヨールが信じさせようとしているようには，扱いやすく，あきらめた組織になったわけではないことを示している。その運動は，労働組合の書記である職長に加えられた軽微な懲罰に対して連帯することで始まった。釈明要求された責任者は，やじや口笛のなかで製造所を立ち去った。懲戒のための処罰（24時間の停職）は，中央行政によって許可されている通知にしたがってこの不服従行為の張本人に対して取られた。労働センターでの総会に集まって，関係していた労働者たちは，全体の管理者に抗議を送り，次の日には秩序をもって，冷静に製造所に戻ることを決定した。懲罰は，維持されていた・・・。

結　論

　一方で全体の管理，他方で省庁と議会の間に存在する有機的なつながりに焦点を当てると，ファヨールは，承知の上でのことなのか，そうではないのか，技術的正当性と同様に社会的正当性が確かなものであり，特に，自らの特権に執着する理工科学校卒のエンジニアによって導かれる行政機関がもつ個人的な利益の多くを無視しているようにわれわれには思われる。同じように，彼は，製造所のハイアラーキーによってそこでの職員と保っている関係という具体的現実を見落としている。そのことで，彼は，万一の場合には，上級職員が利用できる規律の権力を過小評価することに導かれるはずである。彼が担った証明は，確かに本当ではあるが，部分的である細かいことにこだわる規則という次元において，ファヨールがひたすら感じている国家の文化が彼に抱かせる考えと異ならないし，それ以外のものではない。規則の

インフレーションは，上級職員から「いっしょにやっていく」という意思を彼らに失わせるほどに，自由を奪ったわけではない。官僚批判は，明白さという美徳で飾られているが，それが，この場合のように，経営者に最大限操作する余裕を申し出ている民間企業という紋章をさらに美しく見せるために，公企業の信用を失わせることを狙っているだけだとすると，すぐに説得性を失ってしまう。

　もし，そこから何かファヨール派のテーマ（合理的経営を機能させるために十分に適応された法則を発見する目的で，問題を共有化し，観察や研究を共同するための産業エリートの勧告など）を受け継ぐとすれば，行動基準において多くの教えを確立しているタバコ行政の信じられないほどの早熟を認めざるをえない。製造方法に関する実験に訴え，結果の照合と伝達に訴えることで，そこに，長い間のうちに，「共通の通達」に含まれる条項に関する決まり文句を形成している。このように，国家の産業企業に対する彼の反発は，また，組織の欲求の何がしかをそれでも満足させることを示しているタバコ行政機関に信用を与えるものを全て彼から回避させてしまうだろう。管理とやり遂げられた努力に関する合理的分析，より良い生産性に関する研究，労働の過酷さに留意し，製造物の品質を改良することへの配慮，これらをこれほど早くよりどころにする製造の構成が彼によってまったく褒められていないことには，実際，驚かされるだろう。ファヨールが，鉱山エンジニアに対して，見込みのあるイノベーションを彼らと相互に助け合う気にさせて，彼の助言を公表し，しかも無駄に終ったときに，そのずっと以前に，タバコのエンジニアたちは，至るところで成功している確かなよい方法を交換することから製造が引き出すことができる利益を理解していたのである[29]。確かに，いくつもの障害はあったが，そこには意図があり，支持され，しばしば立ち戻されている。しかし，命令に関する彼の強迫観念を知っていると，反対に，労働者の権利要求が受け入れられることによって強制された好意が彼に抱かせる恐怖には，それほど驚かない。本当に社会的実験として，タバコ産業は，施設全体に漸進的に広げられる社会的制御の形態（要求が出された権利は1862年にさかのぼる！）と同じように，早くから保護的制度

を理解していた。労働の権利は，共通の権利のなかに組み入れられるまでに長くかかっている。こうした規則は，1923年にはまだ現実であった雇用者の神聖な権利(30)である恣意的権力を正確には制限する目的であった。

注

(1) 他にも，1870年，敗北の翌日にロスチャイルド銀行によって専売権の買戻しが申し出られたことを思い起こすことができる。

(2) 1890年は，公企業における強力な労働組合連盟の結成によって銘記されるべき年であり，CGTの改革的な労働組合連盟は，鉱山と鉄道においてそれらの活動セクターの国有化を要求している。この問題については，J.Siwek-Pouydesseau, *Le syndicalisme des fonctionnaires jusqu'à la guerre froide*, Press Universitaires de Lille, 1989を参照されたい。

(3) Paul Leroy-Beaulieu, *L'État moderne et ses fonctions*, Guillemin et Cie, Paris, 1890.

(4) 1918年以降，公企業の批判者は，寛容になるどころか，戦時経済の国家による管理（怠慢，乱脈経理など）に対する批判的な評価が有利になるような雰囲気を活用している。「タバコの専売」と題して，1919年に国の壁に貼られ，経済的利害を統一する機関紙である経済復興誌によって発行されたポスターは，こうしたプロパガンダに参加して，「喫煙者にタバコがなくなっている間に，公社は，マルセイユの埠頭を傷むに任せてしまったので，埠頭をだめにしてしまった。もし，タバコの取引が自由化されていれば，われわれにタバコの危機はなかっただろう」（Arch.Nat F/7/13818）と宣言している。

(5) D.Reid, «Genèse du fayolisme», *Sociologie du travail*, N°1, 1986.

(6) 専売の解体騒ぎを知り，この委員会の設立に逆上して，タバコの小売商は，1923年10月25日にツーロンで「A.シトロエンとその会社によって主催されるコンソーシアムにおける専売の譲渡に反対して」（国家公安委員長宛のツーロンとラ・セイヌの警察署長の報告書，Arch. Nat F/7/13818）集会していた。確かに幻想的に，こうした恐れは，強迫観念の兆候としてとどまったのではなく，タバコ行政に関わるさまざまな職員や作業者に彼らの立場を問題にして再検討する課題に取り組ませた。A.シトロエンの人柄は，そのことをおわかりになるだろうが，彼らを安心させるものではなかった。この点に関してはP.Friedenson, «L'idéologie des grands constructeurs dans l'entre-deux-guerres», *Le Mouvement social*, N°81, octobre-décembre 1972, pp.51-68を参照のこと。

(7) J.Jolly, *Dictionnaire des parlementaires français*, tomeIII, PUF, 1963；S.Rials, *Administration et organization*, 1910-1930, Beauchesne, Paris, 1977.

(8) 大戦直後，専売を解体する意思や動きは，それに依存する全ての作業者（当惑した労働者，栽培者，小売商）によって厳しく守られてきた体制におしかかるかなりの脅威を示している。その証拠に，1920年5月にアメリカの産業グループによってタバコの専売を買い取りたいという提案，あるいは，1922年7月に経済利益団体（注3を参照のこと），財界人協会に譲渡するという予算の報告者であるボカノウスキー（Bokanowski）によって支持されるプロジェクトによって，引き起こされた大量の労働組合の集会がそれらに引き続いて起きている。1923年および1924年は，こうした恐怖を動機にした反対運動が盛んである。

(9) イデオロギー的と同じように選挙のために国家専売の維持に加担する急進的な政党の砦としてとどまっている上院に対して，下院議会は，いわゆる国民連合で過半数が支配されており，国民連合は，解体と民間企業への払い下げの意思に敏感な議員の大きな部分と結びついている。

(10) H. Fayol, *L'incapacité industrielle de l'État*, 1921（佐々木恒男編訳『経営改革論』文眞堂，1989年）. PTTにおける国務次官，彼が経営者の1人を占めている「ラジオ・フランス」とい

う民間会社に TSF の業務を譲渡することの推進者である L. Deschamps によって要請された報告書。

(11) もし，Donald Reid（すでに引用した論文）が強調しているように，ファヨールにおいて，労働の組織に対する理解が鉱山のエンジニアとしてのキャリアに負っているとすれば，ファヨールの進め方をル・プレーの進め方と関係づけることは大きな利益がある。ル・プレーの理論的な企ては，同じように経験的な投資の必要に基礎を置いているが，たとえイデオロギー的な前提に還元されないにしても，それによって強く浸透されたままである。F. Arnault, *Frédéric Le Play, De la métallurgie à la science social*, Presses de l'université, Nancy, 1993, A. Savoye, *Les débuts de la sociologie empirique*, Méridiens Klincksieck, Paris, 1994, A. Cheu, ≪La famille-souche, questions de méthode≫, postface à F. Le Play, *Les Mélouga*, Nathan, 1994, pp.177-237 を参照のこと。

(12) ファヨールは，リュイリー（Reuilly）製造所に関する個人的な調査をパリに持ち帰っている。ファヨール文庫，整理番号 HF5bis には，この訪問の際にメモでいっぱいの4つの覚え書きが含まれている。Frederic Blancpain（1974）は，この覚え書きの一部を転写している。

(13) ファヨールによって署名されたこの覚え書きを通じて漏れ出し，報告書において再現されている対立をより明らかにするために，ファヨールの展開を振り返ることが適当である。30回目の最後の任務を果たす審議が1924年5月30日に行われたのに対して，ファヨールの覚え書きは，A. シトロエンによって提出される報告書のプロジェクトに関係するメンバーの前に1925年2月28日になされた報告を文書という形で繰り返されている。最終報告書には，1925年3月30日という日付が付けられている。スケジュールに関する詳細は，もし，それがこの論争のダイナミックを部分的にも掴むことを可能にしなければ，余計なものになるだろう。報告書の最後のパラグラフで，ファヨールの反論者としての立場を取っている A. シトロエンは，断固として批判を作成する決意をしているファヨールのような人物に対して抗弁しなければならなかった。

(14) 分析手法に関する問題は，評価それ自体がそれに依存しているのであるから，ここでは第一義的な重要性をまとっている。タバコ税の収益計算が問題であるとすれば，報告書が予測しているが，比較の視点を提供するのにふさわしい産業がフランスの自由市場に存在しないのに，いわゆる産業の利益と国税上の収益の区別をどのように確立するかということではないか。

(15) ファヨールの論証の弱さは，しかも，多少あいまいな用語ではあるが，国際比較のある種の充実さを主張するだけでなく，国際比較が「関係する地域の社会状態，風俗，地理的，農学的条件を十分認識すること，そうしたことは（彼が付け加えている），委員会に割り当てられた目的を越えている」と主張することで要求している厳密さを主張している A. シトロエンから免れることはできないだろう。

(16) 委員会は，専売を維持するか否かに関する決定を下すためによく事情を心得て政府に明らかにする必要性を引き出しながら，タバコ税の徴収に関するさまざまな国家システムを検討する今後の研究を行うことを要請することで，報告書を締めくくらざるをえなかった。

(17) より詳細な紹介については，以前にわれわれが出版した3つの文献を読むことで参照するのを許されたい。≪L'Administration des tabacs : une entreprise séculaire. L'exemple de ≪La Manu≫ de Nantes, 1857-1914≫, *Entreprises et histoire*, N°6, septembre 1994, ≪L'industrie des tabacs dans la deuxième moitié du 19ᵉ, un patronage d'État≫ dans *Aux sources du chômage 1880-1914*, (dir. M. Mansfield, R. Salais, N. Whiteside), Belin, Paris, 1995, ≪Au service de l'Etat. L'Administration des tabacs avant 1914≫ dans *L'État contre la politique*, (dir. M. Kasulinski et S. Wahnich), L'Harmattan, 1998.

(18) いわゆる公社は，日の目を見ていない。しかしながら，1926年8月7日の憲法の名において，

SEIT, タバコ産業開発局というものが作られ，法人格と「国防債権，タバコ産業開発，公債減債のための償却管理基金」に基づく予算の自律が与えられている。このSEITは，公式には，この基金に関する経営委員会の権限の下に置かれているが，実際には，過半数が財務省から出てきており，経営委員会から指名された責任者によって管理される10名のメンバーからなる技術委員会の権限下に置かれている。議会からのコントロールから解放されて，職員は以前と同じ立場を保持しているものの，予算は，商業会計に属する。

(19) 1926年に支持された専売の再編の総合評価について，1930年にアンドレ・シトロエンが表明した判断を頼りに，言葉の乱用としてではなく，その信念について語ることができるのがたやすく認められるだろう。「私は，1924年の委員会で謹んで提出した報告書の結論において，多くの人がしきりに勧めていたが，民間企業へとタバコ開発を移転することは有用ではないという意見を表明したことを思い出す。実際，私は，タバコの専売は産業ではないと述べている。それは，税を徴収するための組織である。なぜなら，生産物の価値は，販売価格のかろうじて20％にしか対応しないからである。この組織を産業企業へと転換することで何が得られるというのだろうか。立証することはできないが，原価の10-15％引き下げることを認めるとしても，最高で，2，3％であろう。その上で，販売を委ねられる商人の支払われるコミッションは，現実に小売商が受け取っているものよりも確実にかなり高くなるはずである。したがって，その結果，国家は，最低でも10-15％の減収を被ることになるだろう。このような条件下で，専売をなくすことは問題外である」。A. Lebrun, *Sur l'industrialisation d'un monopole*, 1930, 引用とS. Rials (1977) の著作からの引用と抜粋を参照のこと。同じくA. シトロエンは，次のように結論づけるはずである。「国家は，産業の運営に適している。国家の事業は，成功する事業でありうる。それらに必要な柔軟性を与えてやるという条件があれば」。Comité Parlementaire Français du Commerce, *Sur l'industrialisation d'un monopole*, 1930を参照のこと。

(20) ローザンバロン (P. Rosanvallon) が考えているように，もし，「官僚制の廃棄 (2つの大戦間に) がもはや，19世紀におけるように，政治権力との関係で代表制の問題あるいは行政の自律の問題に結びつけられないで，もっと技術的で，もっと手段的な様式で起こっているとすれば，外的な指示対象を必要とすることなく，それ自体で意義があり」，ファヨールは，この2つの時代にまたがる世代に属することになる。P. Rosanvallon, ≪État et société, 19ᵉ siècle à nos jours≫ dans *L'État et les pouvoirs* (dir. J. Legoff), dans *Histoire de la France* (dir. A. Burguière, J. Revel), Seuil, 1989, pp.491-616.

(21) H. Fayol, *L'incapacité industrielle de l'État*, p.38.

(22) 例えば，1909年の会議における官房副長官，マラルドゥ (Malarde) の声明，*Le Matin*, 6 février 1909。

(23) 技師長，1913年にナントで現れたタバコを平たい箱に詰める初めてのフランス製機械の発明者。

(24) 技師長，1881年と1882年ではナントで技手。その後，水力の梱包に代わるが，刻みタバコを詰める自動機械の発明者。

(25) エンジニアの待遇は，民間セクターにおける同等のポストに対応させると，50％は低い手数料と評価できる。この違いは過大評価であったとしても，以下のようなことは免れない。「20年以上非常に繁栄している民間セクターは非常に魅力的となっていて，行政の枠組みから違約を行使することは，民間の給与に対して公的部門の給与が遅れをとっていることと結びついて，かなり広がっている。こうして，1919年から1924年の間に，1400名の理工科学校の卒業生，500名の土木あるいは鉱山エンジニアが産業に流れている。1914年から1917年の同期昇進者のなかでは，エコール・ポリテクニークの卒業生の78.8％が出口で，あるいは，その後に放棄

している」。C.Charle, *La crise des sociétés impériales, Allemagne, France, Grande-Bretagne*, 1900-1940, Seuil, 2001, p.382.
(26) A-D de Loire-Atlantique, cote 80 j 191.
(27) P.Friedenson, ≪Le conflit social≫ dans *L'État et les conflits* (dir. J. Julliard), dans *Histoire de la France* (dir. A. Burguière, J. Revel), Seuil, 1990, pp.355-453.
(28) C. Mannheim, *De la condition des ouvriers dans les manufactures de État*, Thèse de droit, Université de Paris, 1902.
(29) 1900年6月23日の講演。
(30) タバコのエンジニアでもあったラマルク（Lamarque）は，「経営者が自らの意向で先導して，導いていく事業に関する市場に対して絶対的な責任をもつ」(A.Lamarque, *Le monopole des tabacs*, Thèse de droit, Université de Bordeaux, 1927)。経営者に体現されるようなよい経営を確立することに専売の保護への希望をおくことで，ファヨールの視点を共有している。彼らの意向で！そんな言葉が発せられている。ところで，国家の労働者の立場を特に明示しているもの，第2帝政の間から始められ，それから継続して19世紀の最後の20年で強化された長いプロセスの成果が，公益に従事する国家のハイアラーキーがまさにその両者を行政に従わされるという資格で，国家の労働者を国家に引き入れているこの特異な権力との関係のなかに正に保たれている。

第8章
管理の用具

ジャン-ルイ・ポーセル

　アンリ・ファヨールの考え方のなかで，なにを保存しなければならないだろうか。彼の弟子たちは，管理とは予測し，組織化し，命令し，調整し，統制することであるという形式（POCCC）を繰り返してきた。マゼラ（Mazerat）のような他の人たちは，1925年のサン・テチエンヌでの祝宴の時に，「ファーヨリズムとは，実際には，真の管理者の学校である」と主張している。全体的な要約はどこにあるのか。すべての著作が，多様な側面をもっている。それを1つの点に縮めるのは難しい。しかし，ファヨールの考え方で最も独創的と思われることは，管理手段に関するところである。この独創的な側面は，未だに世に認められていないが，きわめて今日的である。実際，管理の諸科学は，管理の用具が良き管理の条件であるという仮説に基づいてはいないだろうか。

　ファヨールが管理の用具という表現を考案したのではない。この表現は，ずっと後になって使われた。反対に，ファヨールは管理手段という考え方を考案したのであり，彼はそれを管理用具という名称で描いたのである。これらの用具の1つひとつには，違った歴史がある。会計，予算，原価といった技術は，ファヨールよりもずっと前から存在していた。企業では，ファヨールが強調する以前から，予測ということが確かに存在していた。しかし，彼は恐らく組織図（組織表）を描いたり，1888年に職位明細書を作成したりした最初の人物であろう。文書の伝達明細も同じく独創的なものである。

ファヨールの貢献は，管理者が予測し，組織化し，命令し，調整し，統制するのを助ける道具や手段のすべてに共通する性格を特定するところからもたらされている。管理の諸原則と諸要素は抽象的だが，理論を形成している。管理の用具が理論に繋がるものとすれば，理論を応用するものは具体的手段である。国家の指導者のなかで，管理の理論の抽象的な考え方が管理手段の具体的な考え方に結びつけられている時代が，すなわち公共部門に活動計画，報告書，会議，組織表といった管理の用具の主要ないくつかのものが，間もなく現れるだろう[1]。

ファヨールがその生涯の最後に，どのようにしてこのような考え方に辿り着いたかを示すために，先ずは彼が1898年以来用いている呼称を追跡してみよう。次いで，ファヨールの他の著作で確認している管理用具の目録を作成してみよう。

最後に，ファヨールが主著『産業ならびに一般の管理』で言及している個所を，また必要に応じて他の著作で用いている個所を指摘することで，管理の用具の1つひとつについて彼が述べていることの詳細なレビューを作成してみよう。

1．管理の用具という考え方を示すために選ばれた名称

ファヨールの時代には，管理の用具という考え方も，管理の用具という表現も存在していない。メタファーが問題である。管理用具とは，ミシェル・ベリー（Michel Berry）の美しい言葉によれば，「見えざる技術」なのである。管理の用具とは，肉体労働の仕事を助ける身体用具と同様，管理という知的な仕事を助けるものである。こうしたメタファーは，すでにファヨールによって管理手段という表現で提案されている。

ファヨールは非常に早く，1898年にこの考え方を発見している。ブランパン（Blancpain, 1974）はそのテキストに以下のように引用し，それをドナルド・リード（Donald Reid, 1986）が強調している。すなわち，「私がドゥカズヴィル炭鉱の復興を引き受けたとき，私は，自分の技術的な優位さ

1. 管理の用具という考え方を示すために選ばれた名称　267

も，私の協力者たちの優位さも考慮に入れていなかった。私は，組織者，人間の運用者としての自分の能力を考慮していた。私は，自分が従っていた原則や規則のお陰で，多数の協力者を得ていることを知っていた。何年も経ずして，器用さにも規律にも欠けると思われていたドゥカズヴィルの 3,000 人の労働者は，それらの事業所（鉱山と他の事業所）をもっと繁栄したレベルにするのに十分な価値があることを示した。奇妙なことに，その同じ人々が，時を経ずして衰退と革新との手段となったのである」(2)。

　これがそのような考え方の誕生である。ファヨールによって追究された規則や原則が，ドゥカズヴィル炭鉱で，1892 年に成功を収めたのである。ファヨールはそのことに気付いていた。成功の原因というテーマは，1888 年のコマントリー・フルシャンボー炭鉱の再興について，主著第 3 部（本書第 12 章参照）で再び取り上げられている。同じ論法が，企業の管理の用具を国家に移転させるために用いられている。企業のために機能したものは，戦争によって痛めつけられた国家にも適用されるべきである。われわれの事業と国家の事業の管理を改善するためには，できるだけ早く次の 2 つのことを行う必要がある。

　1）　わが国の学校，すべてのわが国の学校に管理教育を導入すること。
　2）　とくに民間事業におけると同様に公共部門でも，実験によって認められた管理方式を応用すること(3)。

　それ故，管理の用具という概念は，ファヨールのすべての著作を貫いているのである。これが，成功を保証し，成功を獲得できる管理という分野であり，管理の理論の具体的な現れなのである。その考え方が不変のものであるとしても，その語彙は進化してきた。表 1 は，それぞれのテキストにおいて採用された表現を示している。あるテキストから他のそれへと，管理の用具という考え方は，さまざまな呼称のもとに広がりをもっている。管理方式と管理手段は，最も頻繁に用いられる表現である。1925 年，クロニーク・ソシアール・ドゥ・フランス紙との対談で，ファヨールは，「企業の管理を最もよく評価するにはどのような方法があるか」という質問に対して答えている。彼の答えは明瞭である。管理手段とは，それが申し分のないものであれ

ば，企業の状況と運営を正確に分かるようにするものである[4]。

　管理手段という最終的用語は，いろいろ模索した後，1922年頃に固定された。ブランパン（1974）は，この用語がそうした模索によってすべてが準備された新版のために，デゾーブリオ（Robert Désaubliaux）との討論を通じてもたらされたと記している。その表現は新版を満足なものにし，新版はその表現を持続しているのである。

　ファヨールは，管理手段という用語を次のように定義している。すなわち，管理手段とは，職長に情報を与え，あらゆる状況下で彼が合理的に意思決定できるようにする資料の全体のことである[5]。手段は意思決定の準備をする。これは，ファヨールが意思決定に言及する稀な場合の1つである。『PTTの経営改革』の9ページでファヨールは，管理手段という表現を15回も繰り返している。彼はきっぱりと次のように力説している。すなわち，「私はしばらく前から管理手段ということに没頭している。というのも，大企業の経営にとって必要かつ重要なこの道具に，これまで人々の注意が十分に惹きつけられてこなかったからである」。

　主著第3部（本書第5章参照）で，彼は管理過程について再び話している。人は，何がこの過程を構成しているかを知っている。すなわち，何年間，何十年間の予測の手段として創られた活動計画，それぞれの事業所での部門責任者の会議，社長の下で行われる取締役会，社会的組織表，注意深い採用，従業員の養成，積極的な全般的統制，一般諸原理の観察，迅速かつ明確な会計などである。たくさんの道具があり，ファヨールはそれを一覧表にすることからはじめ，それは止まるところを知らない。

2．ファヨールによって記述されたさまざまな管理の用具

　管理の手段は，何から構成されるのだろうか。この疑問に答える2枚のタイプ打ちのノートがファヨール文庫にある[6]。その1枚は表1に再現されているが，1ページもの（ここでは「ノート1頁」と呼ぶ）である。もう1枚は，5ページからなる（ここでは「ノート5頁」と呼ぶ）ものである。それ

は表2に再現されている。この2つのノートは同じ構造をもっている。管理活動という名称の下に，管理の用具を通じてそれらを実現する5つの管理要素（予測，組織化，命令，調整，統制）が関連づけられている。この2つの資料は，次のように詳しく分析される。

それまでは，ファヨールのさまざまなテキストのなかで捜し求められたが，それらのなかでファヨールはこの管理の手段について語り，それを推奨していた。表2は，こうした推奨が頻繁なことを示している。この考え方は，ファヨールのすべての著作にわたっている。この表では，「ノート1頁」のプランが採用された。「ノート1頁」には時間測定が記載されていないので，同表には時間測定は記載されていない。時間測定は，1917年から1921年にかけて引用されている。1923年から1925年にかけては，時間測定は消えている。このことは，2つのノートの年代を推定するのを可能にしている。それらは1922年に作成された可能性が高い。表1に見られるように，管理手段という表現が存在し始めるが，管理活動という表現も残存している。

表2が示すように，資料毎に管理手段は異なっている。ファヨールが最も頻繁に語るのは，活動計画，組織図，部門責任者会議，文書送達，（会計の）年次・月例・週間報告である。

これら5つの管理の用具は，他の管理の理論の実践的な部分の核となっている。しかし，それらの過程は無数にある。良き管理の用具は「ノート5頁」に詳しく載っている。

会計について，不思議なことに気が付くだろう。主著で，ファヨールは管理活動，商業活動，財務活動と同様に，会計を6つの活動（もしくは基本職能）の1つとして位置づけていた[7]。さて，彼の意図は管理の諸活動を詳しく説明することである。彼はそのために，会計をもう一度見直さざるを得ない。会計は，報告の領域における統制の項目のなかに置かれている。予算は，とくに予測（支払いのための口座開設）の道具として現れている。他方では，見積もりは，当然，財務的な部分をもっている。

したがって，会計は少なからず至るところで見られ，行われている一職能

囲み記事 1　「ノート 1 頁」（ファヨール文庫，整理番号 HF5 bis DR1）

	産業企業における研究項目 ―：―：―：―：―：―：―：― 次の領域における管理活動
予測という 考え方	外部資料（定期的な作成と公表―関係者に周知するための広報―カードの管理） 内部資料（管理の手段―図表―文書の分類法―事務手段） 活動計画（企業の全般的研究，長期計画，年間計画） 支払いのための口座開設 売買に当たっての遵守規則―契約の型―売買条件 改善業務
組織化という 考え方	組織図（事業所の様式―多様な管理原則の観点からのチェック） スタッフ，研究部門，労働者養成の役割 従業員の採用 職業訓練―管理職の養成 昇進―従業員規定―無能力者の排除 報酬
命令という 考え方	会社の定款（社長，管理職，取締役会，監査役等の役割） 部外者に対する公的権限と実際の権限 郵便物と用件の送達
調整という 考え方	部門責任者の会議 文書の伝達―架橋の採用―部門間の隔壁を避ける方法 事業所間の共通の業務（営業，研究部門等の代表者） 事業所間の調整
統制という 考え方	年次・月次・週間の報告書 監査―特別監査 棚卸 支出と業績のコントロール

3．管理手段の詳細　271

（もしくは活動群）であるとともに，管理職能において用いられる管理手段の一要素でもある。そこでは職能の概念は，より不明瞭なものとしか見られない。管理の理論は，大きな一貫性によって特徴づけられてはいない。当初から現れていたとしても，このような考え方が徐々に現れてきたものとして，管理手段についての考え方をめぐる一貫性を再構成しなければならないことは疑いない。

　ファヨールによって言及された管理の用具のほとんどは，現代と同じである。それらを発明したのは彼ではない。彼の貢献は，管理におけるそれらの同類性と役割とを突き止めたことにある。ファヨールがそれらを理解する仕方の特殊性に注目しよう。

3．管理手段の詳細

　表2は，主著が管理手段の多数の要素について語っていることを示している。掲載個所の詳細は表3に示されている。読者はそれを参照するように導かれる。この著名なテキストを注釈する必要はない。用語の場所としては，この書物の約半分が管理手段について割かれている。しかし，この管理手段という考え方の案内図が作成されていないために，またとりわけその表現がそこに記載されていないために，約半分がそれに割かれているのが分からない。

　ファヨールは管理用具について他の文書でも語っており，またすでに触れた「ノート1頁」から「ノート5頁」でも話している。ファヨールが主著で述べている以上のことを詳細に検証するためには，「ノート1頁」の案内図に沿っていくのがよかろう。それに応じて，「ノート5頁」に見られる詳細とファヨールの他のテキストが提示されよう。

(1)　予測のための管理用具

　予測という言葉は，今日のフランス語では奇妙に感じられる。それは先見性の無さの反対語である。それは，ラルース小辞典によれば「予測させるも

のの質」である。人は，前もって考え，先取りし，計画するなどによって予測するのである。予測の主要な用具は活動計画である。

①活動計画：活動計画とは，今日，われわれがビジネス・プランと呼んでいるものの説明書である。ファヨールは主著でこのテーマを，期間内での計画の構成について，全体的な一貫性について，計画の集合的な準備について強調しつつ，大いに発展させている。彼は，技術的，商業的，財務的，会計的，保全的，管理的に，予測というものを克明に描いている。つまり，管理活動に属する予測においては，その他の諸活動が再び現れる。そのことは，管理活動の固有の次元である情報というものと，その他の諸活動において論じられる現実世界との間の相違について記述した場合に，まったく正当性が証明されるであろう。情報とは事実に関わるものである。予測とは，本質的に情報的，したがって管理的なものである。

ファヨールは，コマントリー炭鉱で長期計画化を実行したことがある。彼は，とりわけ鉱脈の枯渇を予測していた（本書5章参照）。製鉄業の活動については，鉱脈は同じではない。実際の計画は独特である。それは段取りである。難しさは製造の諸過程，種々の機械類および必要な人員の組合せの順序にある。ファヨールの時代には，段取りを扱う手段はガント・チャートである。これらのチャート図の紹介がフランス人の人たちに行われたのは，1915年の『金属業界誌』においてであった。

②全般的研究：全般的研究の非常に微かな手掛かりが，1923年と1925年の著作に明示されている。その研究は，企業の過去と，あり得べき将来に対してと同様に，企業の現在の状況にも向けられている。それは，長期にわたって通用する展望なのである。歴史は，企業の創設，企業が続けた転変，および企業がもたらした諸成果・・・を思い起こさせる。・・・あり得べき将来とは，過去，現在，および突発し得る経済的・政治的・社会的な出来事を考慮して人が予見するものである[8]。それは，ファヨールが企業のトップに予測の責務を果たすように勧めている1つの予測の実践なのである。われわれはそれに，「戦略」という現代の用語を当てはめることができる。

囲み記事2 「ノート5頁」（ファヨール文庫，整理番号 HF5 bis DR1）

Ⅰ：予測という考え方による管理活動

外部資料：一般資料，定期的な資料の検査と回覧，興味深い情報サービスの連絡，カードおよび文書の管理。

内部資料：管理手段としての基本文書の存在— 全般的研究，活動計画，報告書もしくは会計報告，部門責任者会議の口頭手続き，組織図（関連項目による諸点との関係）。過去の注文，在庫，販売のグラフ。調達と販売に関する資金繰りの見通し。
書類の整理の方法。官僚的なやり方。

企業の活動計画

　a）全般的研究と長期計画
　　　行動計画の期間，設立時期，内容，実現方法，秩序，予測される問題点，協力する人員。取締役会による承認，結果。
　b）年間計画
　　　製造および運営の週間・日程計画。

製造票
　　設置方法，内容，利用。

支払いのための口座開設
　　（新規作業計画の設備様式，関わった支出の証明，信用期間，実施計画，研究の焦点の一覧表と作業実施の統制）。

売買に当たって遵守規則
　　販売市場と購買市場の一般条項，諸条件，仕様書，販売のための予備見積，設置様式，許可，科学研究所・学術団体等との連携

改善業務
　　組織，権限，役割

Ⅱ：組織化という考え方による管理活動

組織図
　　各事業所および全般的指揮の組織図—設置の時期—組織図が確立する権威—組織図を統制する権威。命令の一元性の観点からのこの組織図の検査，肩書なしの職能—各所属長の配下の人数等。
　　スタッフ，研究部門，労働者養成の役割。取締役社長のスタッフ（およ

び地方責任者についても当然である）—その従業員は執行従業員とは異なるのか

従業員の採用
　　採用の方法—雇用の条件（肉体的，知的，倫理的諸条件）
職業訓練—管理の養成
　　見習い以前—学校
　　研修生の育成
　　幹部職員と従業員の養成—教育を完了し，階層組織を上昇するために従業員に与えられる手段—事務所，現場，工場もしくは部課長の後任を養成するためにとられる一般的な方法
昇進—従業員規則—無能力者の排除
　　従業員選抜の方法（試験，評定）
　　従業員の統制（欠勤記録，従業員カードの整備）
　　誰が昇進を提案するか—誰が意見を述べるか—誰が（係りの諸カテゴリーに応じて）決定するか
　　従業員のための種々の組織—福祉サービス，退職年金
　　無能力者の排除
報酬
　　a）職員と幹部職員向け
　　　　報酬の基礎—成果と利益への参加
　　b）労働者向け
　　　　慣行による賃金のタイプ（日給，職務給，各種手当）—利益参加
　　c）家族手当—現物支給

　Ⅲ：命令という考え方による管理活動
会社の定款
　　複数の上長か単一の長か，その肩書，権限—取締役会あるいは経営委員会との関係—取締役会あるいは経営委員会の開催頻度—社長を除いて取締役会に直接関わる人員。
　　安定性—上長の指名の方法—契約はあるか。
会社が部外者に対して責任を負うために，様々な代理人に委任された権限および意思決定の実際上の権限
　　事務所責任者の実際上の権限：技術的，商業的などの観点において—い

くつかの事務部署は全般的管理から課長を解放するのか。
　　　イニシアティブと集権化。
郵便物と用件の送達
　　　秩序の確立と伝達の方式（単数もしくは複数の上司，経営委員会，取締役会のそれぞれの役割）

　Ⅳ：調整という考え方による管理活動
部門責任者会議（事業所と中枢部門において）
　　　現行の諸会議
　　　定期性
　　　議長の職責
　　　日常の規律の完成
　　　議事録もしくは会計報告
文書の伝達―架橋の採用―セクショナリズムを避けるための他の方法―
共通事務：事例
　　　（営業組織。営業部課が中央事務に集中化されていない場合，販売と購買の事務所長と各種の外交員との関係はどのように樹立されるか。）
　　　（研究組織。中央研究所があるか。存在する場合は，その権限はどうか，その役割はどうか，それを利用する各種事業部署との関係はどうか。存在しない場合は，諸事業所において，通常の手段から離れた，複数の業務に関連する諸研究，もしくはある業務に関する機械設備の改良研究はどのようになされるのか。利用者の業務と専門業務との関係。）
　　　諸事業所間の調整―管理職の会合
　　　共通および相互の資料収集。

　Ⅴ：統制という考え方による管理活動
年次報告―月刊報告―週間報告
　　　それらの内容―強制的に与えられる情報
　　　各種報告の署名と検印（下部組織等からの報告に対する部門長の監察）
　　　中央事務への送達日―取締役会に対して行なわれる諸報告
　　　簿記―統計の活用―原価統制
検査―特別統制
　　　各事業所における購買統制

> 各事業所における在庫統制
> 各事業所における生産高統制
> 各事業所で製造される製品統制
> 各事業所における廃棄物統制
> 会計の統制（各事業所および全般的管理において）
> 取締役社長，部長，スタッフによる各事業所訪問。
> 棚卸
> 　書類による普段の棚卸（実施される時期：週間，月間等）
> 　原材料棚卸（時期，事業所毎の方法）
> 費用と成果の統制
> 　新規作業のための費用の比較および予測—貸方超過
> 　成果と予測の比較（総成果および新規施設によって得られた成果）

　ファヨールは先駆者である。彼は企業の歴史に現実的な関心を示している。彼自身，1908 年と主著第 3 部で，コマントリー・フルシャンボー炭鉱の歴史を描いた。1916 年には，ファヨールは，部下のドゥカズヴィル炭鉱支配人レヴェック (Lévêque) に，同事業所の歴史を著述するよう依頼している。この論文は，『鉱業協会誌』に発表された。

　③資料収集：予測の手段として，ファヨールは外部資料の収集を挙げている。それは公示情報，資料収集，出版，カードによる文書処理，関心のある人々へのコミュニケーションなどに依存している「覚醒」である。暗にこれらの活動を保証し，情報を選別的に普及させるのは中枢部である。この資料収集業務の組織は，予測の管理手段の一部をなしている。企業の外観は，こうして管理に影響を及ぼすものと見なされている。

　こうした範囲の広い覚醒は，技術面で強化される。企業は，科学研究所や学者集団との絆をもたねばならない。技術上の進化，さらにそれへの参加を知るべきである。ファヨールは，外部の学者たちにアンフィー鉱山の工場を公開し，金属研究をも豊かにさせた。

　出版や学術的接触による資料収集は，外部に向けられた。管理手段について明確に叙述した，内部に向けられた資料収集もある。「ノート 1 頁」と

「ノート5頁」では，官僚的な手段が現われているように見える。それは，管理手段とどのように異なるのか。ファヨールは，そのことについて詳しく述べていない。

　形式化の成果であるこうした内部の資料収集は，ISO9000規格に関連づけることができる。ISO9000規格は，製造過程の形式的な描写を保証する。この形式化は，生産する方法の変形を限定することによって，品質を保証するように仕向けられている。ファヨールによって用意された製造票は，この種のものである。部外者との契約，見積書の手続の一般条項は，同様に予測の手段の一部をなしている。

　こうした内部資料収集のすべては，その現実的な意味においては，組織化という項目を構成するであろう。ファヨールは確かに，こうした資料収集の永続的な性格を強調している。他方で彼は，今日見られるように，組織についての資料収集に固有の定義を与えている。その前に，改善業務と名づけられた最後の手段に注目しておきたい。はるか以前から語られている職業養成が問題であると確信される。恐らく，行動の中に起源をもつ管理者それ自身による実証的研究からの，相互改善が問題である。

(2) 組織化のための管理用具，人的資源管理

　組織化とは資源の割り振りである。企業を組織化すること，それは企業活動に有益なすべてのもの，資材，設備，資本，従業員を配置することである[9]。われわれは資材調達のための資材調達計画法（MRP）[10]，工場の設計，機械への投資決定，ファイナンシャル・エンジニアリングを考えることができる。しかし，ファヨールがいっているように，彼は社会的組織に関するものしか取り上げない。彼はそこに非常な重要性を認めている。この部分は，主著の117ページまでの47ページ分，全体の40%を占めている。それは人的資源管理（GRH）である。

　① 報酬：3つの解決策，すなわち日給，職務給，出来高給がある。われわれはそれらを組み合わせ，それにボーナス，利潤参加，補助金，名誉心の満足を付け加える。ファヨールはこれらの制度をよく知っており，彼にとっ

てはどれも，理想的で，どこにでも適用できるものではなかった。本書第6章は，従業員に支給するためにファヨールによって用いられたさまざまな方法を解説している。

　これら3つの方法はそれぞれ有利さと不都合があり，それらの有効性は状況と管理者の質にかかっている。1916年に，ファヨールは支払方法についての原則をもっていなかった。逆に，1901年には，彼はこの問題（本書第5章参照）で5カ月間のストライキにあった。彼はモンリュソンの鋳物工の出来高払い制度を維持しようとしたが，労働組合はフランス全土で，日給制度への移行を望んでいた。彼はよい方法をとり，ストライキは彼の工場では実際上消えてなくなった。

　しかし，報酬は多くの副次的なことを含んでいる。使用者は・・・工場の外で担当者を雇い入れようとする。ファヨールは学校に補助金を出し，労働者住宅を建てさせた。彼は「社会福祉」に大きな支出をした。しかし，彼はそこに危険があるのを知っていた。この危険とは，それが労働者協同組合に対する支持[11]であることが彼には分かっていた。経営者としての行動は・・・控え目で慎重でなければならず，とりわけ人々の自由を自らに課し，・・・絶対に尊重するのを望ましいとすることでなければならなかった。これは古典的な温情主義ではなかった。

　報酬の決定は管理者の重要な特権である。コマントリーでは，採掘の主任技師が各部門の技師と協力して，採掘工，木工，その他の人たちの給料を決めた。・・・彼は帳簿を閉じる前に監督者に提出するスコアカードを点検する。彼は堅坑夫の支払書をチェックする。・・・主任技師は採掘工，木工，その他の・・・給料を決める。・・・すべての給料は帳簿に記録されている[12]。

　全体として，報酬についてのファヨールの考え方は複雑である。報酬の運営は管理者に委ねられている。なぜなら，それは全般的管理の重要な手段であるからである。しかし，それは階層的なラインによって遂行される人的資源管理の唯一の要素ではない。

　②職員養成：ファヨールは職員養成に熱心であった。彼はコマントリー

の学校で，個人的に関わっていた（本書第5章参照）。彼は企業の要請に応えられる実務的な養成と授業科目を望んだ。彼はそれを組織化の1つの用具と考えた。

「ノート5頁」で，職員養成はすべてのレベルで詳細に述べられている。それはとりわけ，成果の操作的な性質と結び付けられている。必要な場合には，管理者を代理する補助者を養成し，内部昇進に役立てることが問題である。アメデ・ファヨール（Amédée Fayol, 1963）は，彼の伯父が坑内の監督者を「副技師」と名づけていたことを報告している。それは今日では，当然のことのように思われる。この内部昇進は，その時代には例外的なことであった。管理原則は，つねに順応主義的ではない実践にしっかりと根を下ろしている。

「ノート5頁」は職員養成の手続きの形式化へと誘う。誰が提案するのか，誰が意見を述べるのか，誰が決めるのか。われわれは，ファヨールが各人の役割の正確な配分を規定することに強い関心をもっていたことを見出す。

③ 組織図（組織表）：組織化の主要な用具，ほとんどすべてのファヨール主義者のテキストに引用されているものは，組織または社会体の図表と呼ばれる組織表である。それは職務明細書を伴っている。

この用具はかなり成功している。それは恐らく，100人以上の従業員を擁するほとんどすべての企業に存在している。しかし，名称は変化した。「組織表」という実際の用語は1952年の日付である[13]。この時代，人々はファヨールの言い回しを忘れていた。

囲み記事3　コマントリーの部門技師の職務明細書
（ファヨール文庫，整理番号HF4 DR2で示されている資料による）

採掘は3つの部門に分かれ，3つの技師部門を構成している。
部門技師は任されている作業集団で行なう坑内労働を監督しなければならない。彼らはすべての作業について，その部門の坑夫長とその他の作業員を指揮，指導，監督する。彼らは，作業員に定められた安全方法を説明する。
彼らは採掘主任技師の指揮下にあり，その担当部門のさまざまな特殊事情を上長に報告する。

> 彼らは少なくとも週1回は作業現場を巡回し，安全と経済的に最良の条件を確保するために，部門が必要としていることを把握して作業を進行させる。
> 彼らは，自分の部門の作業で注意している事故について報告する。
> 彼らは自分が重要な事実だと考えること，あるいは監督者である技師との口頭での関係で学んだことを，作業進捗日誌に書き留める。
> 彼らは毎月，その部門の作業の成果の報告，採掘に関係するすべての事実についての関係を構成する方法，得られた主たる成果を採掘主任技師に報告する。
> 彼らは炭鉱の経理部門に対して，自分の部門の会計を確定しなければならず，自分の部門の必要のためにしか，炭鉱の経理責任者との関係はない。すなわち，彼らは，自分の部門の計画が毎月，規則的に遂行されているということを監督するのである。
> 彼らは，取締役に報告する採掘主任技師の許可なしには留守にすることはできない。

1888年に，ファヨールはコマントリーでの20の責任者のポスト，門番に対する管理者の仕事の詳細を書き記した[14]。囲み記事3は部門技師のポストについての抜粋である。コマントリーの詳細な20のポストの全体は，われわれが図1で見るような組織表を描くのを可能にする。約70の違ったポストがそこには示されている。彼の不屈の意志にも拘わらず，ファヨールはすべてのポストを描いてはいない。とりわけ，門番は別として，すべての命令実行者の仕事が描かれていない。

この組織表は，1916年にファヨールによって刊行されたものと比較される[15]。しかし，大きな違いがある。主著では，能率が最も重要な「地下労働」に携わる人たちについて，技師レベル以下の所にまでは，彼は降りて行かない。コマントリーでは，坑夫長の役割をかなり詳細に述べている。職務の説明と実際の組織表は，部下のレベルでは非常に詳細にわたっている。その職務明細書は門番までは関心があるが，労働者にまでは届いていない。

左から右へと拡がってバランスしているこの組織表は，現場からトップまで構造化された，実際の組織表の別形態である。「近代的な」この形態もまた，ファヨールによって利用されている。問題は恐らく，恣意的な図形であ

る。そこでは，多分，意味論が関係している。「上」の人は「下」の人に命令する。反対に，大カッコは全体の継手を表している。保守部門は，機械，電気，建物の3つの係りに分けられる。水平的な系統図は，後に行くほど，全体の分解を示している。

　④ スタッフ：理想的な管理者は実在しない。現実の管理者はスタッフで補われている。スタッフは，行わねばならないすべてのことを行う時間あるいは能力がない管理者の拡張である。例えば，企業の製鉄部門の経営を助けるために，ファヨールは内外の専門家の助言を求めた。スタッフは，テイラーの機能部のファヨール版である。その役割は，管理者の直接の支配下にあるのと同じである。

　ミンツバーグ（1979）は階層的ライン以外の，直接に生産的でない諸部門を2つの方法で解釈できることを示している。彼は「技術構造」と「ロジスティック・サポート機能」を区別する。同様に，ファヨールはスタッフの上に，共通部門を見つける。それは調整の見出しの下に引用されている。さまざまな事業所に共通の部門は，規模の経済がある時には，重複を避けるために創られる。それは営業，研究所，その他の多くの部門の代表者の場合である。これらの共通部門は，組織構造のなかに階層的でない諸関係を導入するという危険がある。ファヨールが部門技師と経理部の関係（囲み記事3を参照）を詳細に述べているのは，このためである。技師と会計係りとの関係は，絶対に，階層的なものであってはならない。それは，それら部門の必要に限界を齎す。

(3) **命令と調整のための管理用具**

　ファヨールにとって，命令は企業，すなわち社会体を機能させることにあった。命令の目的は，各単位を構成する従業員から最良の手段を引き出すことにある。しかし，命令することは簡単ではない。ファヨールは命令する側に個人的な資質を必要とする「命令の技能」という古典的な表現をしている。

　そこで，ファヨールは調整を付け加える。調整すること，それは，企業の

機能と成功を容易にするような方法で，企業のすべての活動の間に調和をもたらすことである。この調和を，命令そのものと区別するのは困難であるように思われる。ミンツバーグは，命令（監督）を調整のための道具の1つと理解している(16)。われわれがここで，ファヨールによって区別された2つの要素を再編成しようとするのはそのためである。

調整は，ある活動が企業のすべての活動に対してもたらす結果を考慮することにある(17)。ファヨールはまた，すべての相互作用を考慮するシステム論者としても立ち現れる。彼は，他者との相互作用を考慮するのを妨げる障壁と闘う。この障壁によって，各部分はその個別責任を紙切れ，命令，通達に委ねる。それは企業にとっての災難である。

調整のもう1つの側面は，提案という考え方に基づいている。各生産手段は，他の生産手段との関係で重視されている。どのような生産手段も，過度に重要なものはない。それぞれは他のものに対しての障害ではない。この側面はすでに，組織についてのファヨール主義者の考え方に再び結び付けられている。

会社の定款は，ここでは奇妙なことに，命令の手段として位置付けられている。人々はそれを組織の項目に入れ，予測という見出しを付けながら，さらに内部資料の項目の下に置く。ファヨールの選択は，確かに彼の個人史を反映している。彼は自らの公式の権威を確立するために闘わねばならなかった。1888年に彼は社長に指名されたが，彼は取締役会のメンバーではなかった。彼は，取締役会に自分を認めさせるには不十分であったのである。

① 部門責任者の会議：部門責任者の会議は多機能な管理手段である。それは命令にぴったりの方法であり，命令を与える。それはまた，文章での報告と口頭での執行報告を通しての，執行のコントロールの場でもある。さらにまたそれは，どのような命令が同僚に与えられているかを知った協働者たちの間での調整の手段でもある。このようにして，彼らは可能な相互作用を事前に理解できる。部門責任者の会議は，部門長の協力者の間で情報を下に降ろしたり，再上昇させたり，水平的に移動させたりすることができる。

部門責任者会議の特徴は，それを司会し，議事日程を確定し，議事録を作

3．管理手段の詳細　283

成するという，その定期性にある。これは，この管理手法を用いる時の実際的なやり方である。

　事業所間の調整は同様の方法で，事業所長の会合によって確保される。情報交換，情報共有が彼らの間の調和を容易にする。

　② 文書の送達，情報システム：情報システムは管理の1つの方法である。郵便の進歩と資料の送達は，この時代の「文書」技術という情報システムを形成していた。それは確かにこの時代に現れ，コントロール（中央部への送達日付）にとって役立つものであったから，ファヨールにとっては極めて重要であった。

　ファヨールによって考えられた情報システムは，責任者間に指令を発し，協力者たちによって発せられた報告書，顧客の注文のような，さまざまな文書からなっていた。階層組織的な経路は，コミュニケーションが辿る経路である[18]。それは，確実な伝達の必要性（情報システムの信頼性）と命令の一元性によって求められる。

　これらのコミュニケーションは書かれたものである。ファヨールは，それを受領した人たちによって反復される，口頭での命令の伝達を考えていない。この方法は，ドイツ的な組織構造における命令の習慣である。それは少なくとも，部下がその命令を理解したということを知らせるのを可能にする。新入者に言葉で話すことによって，彼らは少しはそれを理解する。ファヨールは確かに，書かれた文書でもって大いに公式化したのである。

　しかし，ファヨールは文書化の重荷を知っていた。彼は成文コミュニケーションの弊害を考えた。何時の場合にもそれが可能なら，連絡は口頭でなければならない。われわれはそれによって，明確さと調和を手に入れる[19]。ファヨールは，彼が従業員の団結について語り，それ故，内部関係者間のコンフリクトに反対する，反形式主義者の立場を取った。彼は直接の，口頭でのコミュニケーションがすべてのコンフリクトを除去できると考えた。

　伝達の早さが重要である時，同一レベルの従業員間での直接のコミュニケーション（側生コミュニケーション）が利用できる。ファヨールはそこで架橋について考える。架橋は，階層的な明確なコントロールの流れの下にあ

る。ファヨールがコミュニケーションと命令を上手く区別しなかったように，彼が定めた構造もまた，マトリックス型のものであるように思われる。

要するに，ファヨールは情報システム（文書の流れ）を識別した。彼は，階層的なツリー型と同型であるものを推奨する。さらに，彼は加速のために，より直接的なコミュニケーション（架橋）を提案する。これらの側生的なコミュニケーションは，命令のいかなる側面ももつべきではない。

直接で階層的でないこのような連絡は，ファヨールに対して理論的な問題を提起した。彼はそれを無視するかのようであり，そこで彼は（統制のための）検査とかスタッフといった共通部門について語る。彼は何としても，命令の一元性についての理論を放棄するのは避けたいのである。

(4) 統制のための管理用具

統制は，すべてが採択された計画，与えられた命令，認められた原則に従って行われているかどうかを確かめることにある。それは欠陥や誤りを正し，その再発を防止するために，それらを告知する。それはすべてに適用され，制裁を伴う。協力者をコントロールするのは責任者である。

① 報告：コマントリー炭鉱の従業員の仕事の説明のなかで，報告についての記述は極めて詳細である。取締役は社長を日常的に支える。・・・彼は毎週，採掘量と在庫量の週報を作成しなければならない。・・・毎月，彼は前月の作業量を集計し，それに売上を付け加える。彼は毎年，全体状況，資源，売上についての報告書を作成しなければならない。

別の取締役についての説明も強烈である。採掘の主任技師は毎週，毎月の報告書を取締役に提出する。月例報告書は(1)行われた作業量の説明と(2)売上の，2つの部分を含んでいる。彼は事故の報告もする。主任技師は作業のすべての特徴を労働関係誌に記載する。彼は事故報告書も作成する。

坑夫長は毎朝，日直と夜勤の労働者によって前夜に行われたことを日誌に記載する。土曜の夕方，彼はその週のことをしっかり考え，月曜の朝に日誌に記載する。・・・彼は毎朝，工場から石炭の機械準備状況を聞き，前夜送られたトロッコ班による書付を受け取る。これらのことを知った後，彼は，

作業員が彼に相談できる場所に掲示を出す[20]。

　ファヨール主義の企業は現場から上層部への方法で情報を循環させ，生起した諸事実を示す報告によって，きめ細かく説明する。それらの情報は，従業員にも提供される。これらの報告は頻繁であり，年毎，月毎，週毎である。このような急速なリズムは良好な再活性化を可能にする。今日，われわれは，再活性化は最近発見されたものであるという幻想を抱いているが，この時代の企業もまた，そのような願望をもっていたのである。最初の目的は採掘の不測の事態，とりわけ坑内での重大事に対処することであった。第2の目的は，命令の逸脱が長期間続き，大きな影響を及ぼすのを避けるために，処罰することであった。

　② 検査：部長は，報告書を読むことで満足してはならない。彼は現場に行かねばならない。それはラ・フォンテーヌ（Jean de La Fontaine, 1621-1695, フランスの詩人）によって設えられた「長の眼」である。現場への訪問者は活動の場，すなわち作業員の現実と接する重要な要素である。コマントリーでは，採掘の主任技師は毎週，炭鉱を3回は訪問し，部門付きの技師は少なくとも週に1度はすべての作業現場を見なければならなかった。・・・炭鉱の責任者は，部門の順調な運営を確保するのに必要なだけの出張をし，操業しているすべての作業現場を少なくとも2回は訪問した。・・・

　その場で確認された心配事は，危険な場合には，責任者へと取り次がれる。もし炭鉱地区が非常に危険であるなら，炭鉱の責任者は自らそこを訪れ，あるいは部下に見に行かせた後にしか，作業員を坑内に入れてはならない[21]。

　ファヨール主義の責任者はすべての部門を巡回する。しかし，彼はすべてのコントロールを行うだけの時間はないので，彼はこの仕事を専門家，すなわち検査係に委譲する。彼は会計係と同様，検査係をコントロールしなければならない。コマントリーでは，部門会計を検査するのは主任技師である。

　マネジメント・コントロールの考え方は完全に，ファヨールの管理原則に結び付いている。これらの原則の実現は，予測と結び付いている。原価が計算される。会計は良き管理のコントロール手段である。

新しい仕事のための出費は予測に付け加えられる。予測との偏差が確認される。それは一般に貸方超過である。

したがって，「ノート5頁」は，管理手段の大きな多様性を示しており，それは管理手段が容易にする管理の諸要素と結び付いている。

確かに，ファヨールはそれらすべてを発明したわけではないが，彼は管理におけるそれらの重要性を強調した。しかし，彼の考察のこの側面は，ほとんど継承されていない。

(5) ファヨールの考え方の発展

表2は「ノート1頁」に従って作られている。管理手段の分類は『産業ならびに一般の管理』のそれと同じではない。ここでは，次のような違いがある。

① 組織にあった改良は，予測に入れられている。
② 原則とされていた報酬は，組織における管理手段となっている。
③ 命令に入れられていた無能力者の排除は，組織に入れられている。
④ 指令にあった部門長会議は，完全に調整に入れられている。
⑤ 指令にあった報告は，統制に入れられている。
⑥ 指令にあった検査は，統制に移されている。

これらの修正は，ファヨールが彼の考察に与えた構造における彼の後悔を示している。もしもその後のテキストが弛まず繰り返されているように思われるなら，完全に凝り固まっているものは何もない。

4．管理用具の隠蔽の理由

これらテキストの読み返しの最後に，管理用具という名の下で，管理手段という考え方がファヨールの考え方そのものをよく構造化しているように思われる。なぜわれわれのテキスト読みに，容易にそれを見ないのか。なぜ彼の信奉者達は指導者の考え方のこの側面を無視するのか。なぜ彼らは責任者の理論の前に，それを行なおうとするのか。なぜ修道士ポール・ドンクール

(Paul Doncoeur)[22]は，管理者養成にファーヨリズムを還元しようとするのか。

　管理用具は，ファヨールの周辺的あるいは未刊行の書き物のなかにしか現れていないと，人々は考えている。それは絶対に事実ではない。それは灯台となるテキストである主著『産業ならびに一般の管理』のなかで大いに書き記されている。ただ，表現力が欠けているだけである。それはさらに6年後に作り上げられた。その考え方は，ほとんどすべての公刊テキストに示されている。

　2つのことが影響していると思われる。第1は成功という影響である。比較的平凡な，責任者というテーマは1916年に直接の承認を得た。その成功は結局，ファヨールの意図と結び付いた。彼は大喜びで，読者に誤りを知らせようとはしなかった。彼は，管理が策略と呼ばれた時代に，管理用具を平行して推進しようとして，このような解釈を受け入れたと，われわれは考えることができる。

　1916年の『産業ならびに一般の管理』は，ファヨールの考え方の戦争という状況への適用であった。もしそうであるなら，そこには戦争の作戦指導への管理原則の適用についてのメッセージがある（本書第4章参照）。もし管理用具が非常に強調されているのなら，この主要なメッセージは弱められるだろう。要するに，戦争は，公式化された管理用具が最も有効である場所ではない。それ故，強調されるのは責任者である。オーソリティーについて，責任，規則，指揮の一元性について，集権化，階層組織，命令について，強調されるのである。

　第2の影響は，（管理の用具という）メッセージと（ファヨールという）媒体との取り違えからもたらされている。この経験豊な紳士は，生まれつきのオーソリティーをもっている。彼に魅了された信者達は，彼をグル（教祖）に祭り上げた。ファヨールの発話が何であろうと，彼らはそれを自らの知的指導者の優越性の証として，恐らくは理解したのであろう。CEGOSの創始者であるジャン・ミロー（Jean Milhaud）は1925年11月にファヨールと会談しようとしていった。彼は葬儀場で倒れた。彼は1956年の手記の

なかで，その印象を次のように述べている。「ファヨールの弟子達の間では，彼は一種の神秘的な偶像崇拝であった」。

　メッセージの中味と容器が相互に作用を及ぼしている。匿名の管理用具は，それを用いるすべての人たちによって取り込めるものである。それ故，それらはいっそう受容される。その発明者の意見を聞く必要もなく，各人はそれらを自分のものとする。道具という概念は，その始まりが忘れられて，多くの集団が勝手に自分のものとする。滑車の発明者は誰なのか。その真似，適用，使用による改善は創造の過程を取り戻す。その成功は，その源の忘却によってもたらされる。

　ファヨールの考え方は非常に個性的であった。テイラーのそれについても，同じことがいえる。テイラーは科学的管理あるいは OST という別の名称で普及した。発明者の名前は覆い隠された。世界中の人がこの科学性を盗むことができる。すべての技術者はこの人によって語られたことを理解する以前に，テイラー主義者である。もしもこのような仮説が正しいのであれば，その普及を難しくしているファヨールの考え方に課せられているものは，彼の個人的なレッテルである。匿名の概念は，その著者が知られているものよりも成功のチャンスがある。管理の用具という概念は，人々がそれをファヨールに結び付けない時に成功する。例えば組織図は，その発明者を知らずに，1950年頃に，フランスの企業で作られた。

　ファヨールの考え方のなかから，弟子たちは責任者という概念を引き出す。それは最も理解しやすい。彼らは教祖の論理を逆転させる。マゼラ(1923, p.15) は 1908 年の講演のなかで，1888 年頃の経験に，すなわち「同じ鉱山と同じ工場，同じ設備，同じ販路，同じ財源，同じ従業員」に言及する。しかし，結論は変わっている！すなわち，「責任者だけが別である」。ファヨールが管理過程の優秀さの証拠を見つけたのはそこである。マゼラは経営者の優秀さに結論付けている！

　このことはマゼラ自身が後に，管理の用具を重要なものと見なすのを妨げてはいない。「ファヨール氏は管理の用具の必要性についてさまざまに繰り返して，長々と述べている。なぜなら，彼によれば，世間の人たちの注目は

4．管理用具の隠蔽の理由　289

大企業の管理に欠くことのできないこれらの用具に充分に向けられていないからである」(1923, p.26)。しかし，恐らく，ファヨールが管理研究所（CEA）で繰り返したことの繰り返しが問題である。弟子達はこのことが分かっていない。ここに，このような無理解の別の事例がある。ジャン-ポール・パレウスキー（Jean-Paul Palewski）は，企業の管理者の役割について，1924年に論文を発表した[23]。彼は当然そこで，テイラーとファヨールについて語っている。彼は管理の用具について8ページを当て，特に活動計画，組織図，報告，資料といった点を詳しく述べている。しかし，この部分は，「小さな管理方法」という驚きで終わっている。これ以上のメタファーは必要ではない。それは人々によって用いられるメモ帳，手帳，デスク・ダイアリーである。ファヨールがそれらをもたなかった証拠が分かる。

それから20年後，パレウスキーは再び過ちを犯した。彼は「管理技能の過程」を，①組織図と部門図，②従業員の選別，③従業員の教育，④参考資料，⑤注文の説明と報告，⑥部門長会議，⑦報酬の進展，⑧作業準備，生産計画，販売計画，⑨作業と資材のコントロール，⑩活動計画，予算統制について詳しく説明するなかで示した。

それは全くファヨールの用語ではないが，考え方は彼と同じである。管理の5つの要素，POCCCとの繋がりを欠いている。そして，さらに驚かされる。11番目の「方法」は，「計算し，書き取らせ，書く機械，カード，ファイル，計算機から，紙バサミ，注文の書式，報告の構想，手帳，メモ帳，募集の紙切れ，作業キップなど，管理技法の過程の物的な実現に向けられたもの全体と定義される管理の用具である」[24]。誤解は考え方全体についてである[25]。

ファヨールの別の弟子であるラマルク（Lamarque）もまた，次のような考えを強調している。すなわち，「事業においては，アンリ・ファヨールが管理用具と特に示唆的な名前を付けた，良き管理のための別の要素がある」。それは事業の管理機能，すなわち予測し，組織化し，命令し，調整し，統制することを管理者が普通に遂行できるようにする参考資料である（Lamarque, 1927, p.106）。われわれは出発点に戻り，管理の用具は結局，

組織の具体的な活動と結び付いていることを認める。

　弟子達にとって，管理原則は漠然としたものであった。他方，ファヨールは常に，問題となる主要な点について明確ではなかった。良き収益を上げるには，良き機械と良き従業員がいるだけでは不十分であり，とりわけ「良き管理」が必要であると私は考える。「良き管理」によって，何を理解しなければならないのか。「良き管理」の特徴はよく知られている。すなわち，良き責任者とスタッフ，良き管理用具である[26]。良き管理は3つの要素から構成されている。それら全体を考察して，ファヨールはそのうちの1つのものを特別扱いするのを避けた。

　しかし，時には選ばねばならない。ファヨールはこの同じテキストのなかで，言い足している。良き管理は良きスタッフを構成し，実際には良き管理の用具になるだろうと認められる。かくして，問題は良き管理者を獲得することに帰す。ここに，1つの論理的な解決がある。良き管理者はその管理用具を構成するだろう。かくして，ファヨールは能力不十分な管理者を助けるために，企業のなかに管理用具を位置付けることになるすべての活動方法に取り組むのである。

　しかし，彼は管理用具と管理者に反対しなければならないだろう。機械がそれを操作する人間の能力を向上させるように，管理者の能力を向上させるために，管理の用具は彼らの手中にある。管理の機械，管理の歯車という表現は，管理者の推進力に従い，良く結び付けられているその全ての部分は全体を動かし，目的そのものに貢献するという組織の考え方をもたらす。そして，それはすばらしいことである[27]。管理者の活動は組織の機構によって拡大される。

5．管理の用具の近代的特質

　それ故，管理の用具は，管理者のそれと比べて，ファヨールの考え方の重要な概念である。それは管理の5つの要素に区切られた1つの概念である。彼はそれを強調する。反対に，14個の管理の一般原則は独立しており，そ

5. 管理の用具の近代的特質

れはファヨール理論の通常の表現を弱めている。管理用具という考え方は，ファーヨリズムに専門的な支えを与えることができる。管理用具を位置付けた助言者は管理原則を示し，有効にし，深く究め，普及させる。それは今日，取締役会の活動の大きな部分である。彼らは決してテイラリストの介入を受け付けなかった。ファヨールは確かに，この分野で早過ぎた先駆者であった。彼はその弟子達，彼の最も親しい人たちを理解させることができなかった。

さて，ファヨールの近代性である。しかし，これら管理用具の名称は変化している。表4はファヨールが付けた名称とわれわれが用いている名称とを対比している。われわれの管理方法はファヨールの遺産ではなく，その後の再発見の成果である。多くの管理方法は，ある時，それを作り出した人たちによって，あるいはそれらを必要としている人たちによって，あるいはそれらを利用している人たちによって創り出されたのである。少なくとも，有史前から工業化の時代まで，それらはそうであったのである。労働者はその労働に用いた方法を手に入れていた。

管理の用具はファヨールの著述では充分に説明されていない。『産業ならびに一般の管理』の構造は，多くの混乱をもたらしている。他のテキストはもっと一貫性がない。われわれは，このような錯綜を会計用具のところで見出す。「ノート5頁」の分類学のところでは，多くの管理用具は，われわれが当然にそれらを位置付ける場所とは違ったところに置かれている。確かに，概念的に整序しようとする努力によって，管理原則の読みやすさが改善されるだろう。

時間測定は理論的な困難の一例である。テイラー主義者達に押されて，ファヨールは1917年と1921年の著作で，時間測定について語っている。時間測定は何らかの組織機構，労働者，施設，工場，事務所などの可能な生産高を決定することを目的としている。それは所与の労働者が必要とする要素的作業を分析し，それらを遂行するのに必要な時間とこれら作業の全体を測定することからなる。そして，彼はテイラーを称えるのを怖れない。テイラーに刺激されて，管理用具としての時間測定は作業組織と工場に取り入れ

られ，そこで大きな役割を果した．・・・人々が最初，時間測定する時，・・・人々は一般に「判断」されたものと時間測定されたものとの間で明らかとなる乖離に驚かされる．この差異は2倍，時にはそれ以上に大きい．・・・人々はそれまで用いられてきた用具の欠陥と実現されるべき節約を考える(29)．

　時間測定，すなわち工場における改善に有効な方法が事務にもまた適用される．工場では，時間測定は個人の生産高を増大させ，一般に労働者と使用者に同時に利益をもたらす節約の実現を可能にする．公共部門では，時間測定は同様の結果をもたらし，国家に，新規の予算なしに，公務員の不十分な給与のせいである能率の危機を解決できるようにする．・・・戦争未亡人の年金を精算しなければならない手続きに，時間測定を適用することを想定してみよう．・・・市役所と申し立てが迅速である時，年金資格は3カ月で得られるだろう．しかし，その時間は長くなり，時には1年以上にもなる．

　ファヨールは，この方法を省庁に適用するのが有効であると気づいた．キルティングはもう「革のリング」を見分けない(29)．それ故，なぜ時間測定は1922年以降，ファヨールのテキストから消えたのか．この問題はファヨールとフランスのテイラー主義者との関係の問題を浮き立たせる．われわれは，時間測定を管理の5要素の一項目に分類するのは無理であるという仮説を危うくさせることができる．製造カードも同じ性質のものである．それらは奇妙なことに，予測に分類されている．しかし，それらは気づかれないままである．それらは，テイラリズムの中心的な方法にとってはいっそう難しいだろう．ある種の矛盾が管理原則を壊れやすいものにしている．

　ファヨールは，管理の用具についての彼の理論の最先端のところにまで行っている．今日，われわれがそのことを暗に示すように，彼は，管理の用具は使用する管理者とは別に，良き管理を可能にするものと考えていた．管理の用具は管理者の教官，彼らの巧みな仲介者であった．彼は1913年7月16日に，次のように書いている．すなわち，「司令部，それは遂行できない命令を少しも償わない．どのような管理の用具や資本，劣った人間の価値も不十分な命令がもたらす災難を防ぐことはできない」(30)．責任者は他のすべ

ての要素へのステップである。そして，ファヨールの弟子達は決して，このドグマの原因を勇敢に解明しようとはしなかった。

　ファヨール主義者の組織化という仕事は，組織図，職位の明確化，報告書作成計画，部門責任者会議の準備，従業員集会開催のための研修，予測の仕上げ，活動計画（企業戦略）の助言，監督，月例成果計算，危機的な過程のための架橋の組織化，といった管理の用具の近くに位置付けられる。

　社長として，ファヨール自身，これらの問題を処理するために専門家を取り込むことを知っていた。しかし，彼は，ケース・バイ・ケースで動員される，この外部のスタッフについて語ることを知っていなかった。

注

(1) ファヨール文庫，整理番号 HF5 bis DR1。ジャン-ルイ・ポーセルによって取り上げられた日付のない「ノート」。
(2) ファヨール文庫，整理番号 HF4 DR3。ジャン-ルイ・ポーセルによって取り上げられた 1898年10月29日の「ノート」。
(3) アンリ・ファヨールの『産業ならびに一般の管理』と『公共心の覚醒』（ファヨール編で出版された研究，『鉱業協会誌』1917年，第12号，152ページ）への「序文」。これはジャン-ルイ・ポーセルによって取り上げられた。
(4) アンリ・ファヨール「ファヨール氏との対談，企業の管理と管理手段」，L.M. ドュ・クルーゼ（L.M. du Crouzet）の署名，ラ・クロニーク・ソシアール・ドゥ・フランス紙，1917年1月，10-26ページ。
(5) アンリ・ファヨール『PTT の経営改革』，Dunod, 1923年。
(6) ファヨール文庫，整理番号 HF5 bis DR1。
(7) 主著第1章，5-7ページ。
(8) アンリ・ファヨール，軍事大学と軍事高等研究センターでの「主著についての講演」，1924年3月5, 14日，47-48ページ。
(9) 主著，6ページ。
(10) 資材調達計画法（MRP）。生産管理で用いられる調達管理方法。
(11) ドゥカズヴィルで，技師ワトラン（Watrin）は労働者協同組合を支えた。彼は1886年に暗殺された。この事件は炭鉱界に痕跡を残し，1892年，この炭鉱を買収するのをファヨールに認めさせた。
(12) ファヨール文庫，整理番号 HF4, DR2，「コマントリーとモンヴィック炭鉱の技術部門の組織」，1888年。
(13) Alain Rey 監修『フランス語歴史辞典』（ロベール社）によれば，forge という言葉は「フローチャート」と訳されている。
(14) ファヨール文庫，整理番号 HF4, DR2, 前掲資料。
(15) 主著，69ページ。
(16) Henry Mintzberg, *The Structuring of Organizations*, Prentice Hall, 1979. フランス語訳，*Structure et dynamique des organisations*, Éditions d'Organisation, 1982.

(17) 主著, 115 ページ。
(18) 主著, 38 ページ。
(19) 主著, 45 ページ。
(20) ファヨール文庫, 整理番号 HF4, DR2, 前掲資料。
(21) 同上。
(22) Doncoeur, S. J., 『管理者の学校, ファーヨリズム, 管理者, 彼らをどのように育成するか』, Action Populaire 社, パリ, 1921 年。
(23) Palewski, J.-P., 『大企業における管理者の役割：経済心理学研究』, PUF, 1924, pp.430-437.
(24) Palewski, J.-P., 『科学的管理法』, クセジュ文庫, No.125, 1944, pp.66-75.
(25) このような誤りは, ファヨールの孫娘の夫, ロベール・デゾーブリオ (Robert Désaubliaux) が情報処理という仕事のための役所の設備, とりわけ単純な基準で抽出を可能にする余白部の穿孔を商品化したという事実によって強められた。
(26) Henri Fayol, *La réforme administrative de PTT*, Dunod, 1923, (佐々木恒男編訳, 『経営改革論』, 文眞堂, 1988 年), p.2.
(27) 主著, 66 ページ。
(28) Henri Fayol, *L'incapacité industrielle de l'État: PTT*, Dunod, 1921, (佐々木恒男編訳, 『経営改革論』, 上掲), pp.107-108.
(29) Henri Fayol, 「事業経営における管理職能の重要性について」, 国営企業奨励協会での講演 (1917 年 11 月 24 日の会議), 『鉱業協会誌』, 1917 年第 12 号, pp.259-260。
(30) ファヨール文庫, 整理番号 HF4, DR6。

図1 コマントリーとモンヴィック炭鉱の組織表
（ファヨール文庫，整理番号 HF4DR2 で示されている資料による）

```
取締役
├─ 採掘主任技師
│   ├─ 部門技師 ─── 日勤坑夫長 ─── { 係毎の副責任者 ─ { 坑夫
│   ├─ 部門技師 ─┬─ 夜勤坑夫長 ─── { 係毎の副責任者 ─ { 坑夫
│   │           └─ スコアラー ──── { 助手
│   ├─ 部門技師 ─── 内部厩舎部門 ─┬─ 馬丁，見張り
│   │                              └─ 番人，獣医
│   │
│   ├─ 選炭，洗炭，カーボン化
│   │   カーボン凝固部門の責任者 ┬─ 受取係
│   │   （部門副責任者）          ├─ 選炭係
│   │                              ├─ 搬送係
│   │                              ├─ 洗炭係
│   │                              ├─ カーボン化係
│   │                              └─ カーボン凝固係
│   │
│   ├─ 鉄道部門の責任者           ┬─ 2人の鉄道監督者
│   │   （機関車の車庫の責任者）   ├─ 2人の実行計画の監督者
│   │                              ├─ 指令伝達係
│   │                              ├─ 伝令受取係
│   │                              └─ 2人の搬送者
│   │
│   └─ 建設，諸作業，厩舎，必要機材一式 ┬─ 馬丁，助手
│       の責任者                          ├─ 見張り，獣医
│                                          └─ 馬具製造係，駐車係
│
├─ 機械技師（工場技師）
│   ├─ 研究所責任者 ────── { 製図係
│   ├─ 製鉄工場の責任者 ─┬─ 修理工場の責任者
│   │                      ├─ 組立工場の責任者
│   │                      ├─ 鉄工所の責任者
│   │                      └─ ボイラー工場の責任者
│   ├─ 木材工場の責任者 ─┬─ 木工品工場の責任者
│   │   （大工の副責任者） ├─ 車大工工場の責任者
│   │                      ├─ 大工の工場班の責任者
│   │                      ├─ 車の割振工場班の責任者
│   │                      └─ 製材所の責任者
│   └─ 機械とボイラーの監督者 ┬─ 機械工
│                              ├─ 運転手
│                              ├─ 機械修理工
│                              ├─ ポンプ係
│                              └─ トロッコ修理係
│
├─ 発送責任者（駅係）
├─ 経理責任者，中央事務所
├─ 商店部門の責任者（番人）
├─ 測量責任者
└─ ガードマン
```

第8章 管理の用具

表1 管理の用具について語るためにファヨールによって用いられたさまざまな表現

文献資料	管理の用具を表す基本用語
1898	原理，規則，過程
1900	管理問題，管理機構，管理用具のための規定
1908	管理問題，管理過程，道具，手段
1916『産業ならびに一般の管理』 　　　第1部，第2部	活動，管理機構，管理装置，原理，規則， 方法，過程，道具
1916　同，第3部	管理過程
1917『公共心の覚醒』　　　　EP	原理，一般規則，過程
1917「管理職能の重要性」　　FA	管理過程
1919『国家の産業化』　　　　Etat	管理過程，管理の過程
1921『国家の産業的無能力』　PTT	原理，規則，管理過程，管理の過程
1922「ノート1頁」　　　　　1P	管理活動，管理手段
1922「ノート5頁」　　　　　5P	管理活動，管理手段
1922「1974年，ブランパン 　　　による写し」	管理手段
1923『PTTの経営改革』　　　PTT	管理手段
1925「ファヨールとの対話」	管理手段
1925　ヴェルネー	管理手段

表 2　ファヨールの記述に見る管理用具

	1900	1908	1916主著第3部	1917 EP	1917 FA	1919 Etat	1921 PTT	Note 1P	Note 5P	1923 PTT	1925 クルーゼ	1925 ヴェルネー
予測	X	X	X		X	X		X	X	X		X	X
外部資料								X	X			
内部資料								X	X	X	X	X
活動計画				X	X	X	X	X	X	X	X	X
支払いのための口座開設								X	X			
売買に当たっての遵守規則—契約の型—売買条件								X	X			
改善業務								X	X			
組織化	X		X	X	X		X	X	X		X	X
組織表		X	X	X	X	X	X	X	X	X	X	X
スタッフ，研究部門，労働者養成の役割			X					X	X	X		X
従業員の採用	X		X	X			X	X	X			X
職業訓練—管理職の養成	X		X	X				X	X			
昇進—従業員規定—無能力者の排除			X					X	X			
報酬	X		X					X	X	X		
命令			X	X	X		X	X	X		X	X
会社の定款（社長，管理職，取締役会，監査役等の役割）								X	X			
部外者に対する公的権限と実際の権限								X	X			
郵便物と用件の送達								X	X			
調整			X	X	X		X	X	X		X	X
部門責任者の会議		X	X	X	X	X	X	X	X	X	X	X
文書の送達—架橋の採用—部門間の隔壁を避ける方法								X	X			
事業所間の共通の業務（営業，研究部門等の代表者）								X	X			
事業所間の調整								X	X			
統制			X	X	X	X	X	X	X		X	X
年次・月例・週間の会計報告書		X	X	X	X	X	X	X	X	X	X	X
監査—特別監査			X					X	X			X
棚卸			X					X	X			
支出と業績のコントロール			X					X	X			

表3　主著における管理用具への言及個所

管理の諸用具	主著，第1部と第2部のページ
予測	7〜8
外部資料	
内部資料	
活動計画	48〜61
支払いのための口座開設	
売買に当たっての遵守規則	
改善業務	74
組織化	7〜8
組織図	63〜72, 80, 88〜89
スタッフ，研究部門，労働者養成の役割	73, 75, 81〜82
従業員の採用	83〜91
職業訓練―管理職の養成	16〜19, 91〜94, 99〜106
昇進―従業員規定―無能力者の排除	109〜110
報酬	30〜37
命令	7〜8
会社の定款（社長，管理職，取締役会，監査役等の役割）	
部外者に対する公的権限と実際の権限	
郵便物と用件の送達	
調整	7〜8
部門責任者の会議	113, 116〜118
文書の送達―架橋の採用―部門間の隔壁を避ける方法	
事業所間の共通の業務（営業，研究部門等の代表者）	
事業所間の調整	
統制	
年次・月例・週間の（会計）報告書	113〜114
監査―特別監査	111〜113
棚卸	119
支出と業績のコントロール	119

表4　アンリ・ファヨールの用語と管理用具の実際の名称との対比

ファヨールの名称	近代的名称
管理の方法	マネジメントの方法
活動計画	ビジネス・プラン
全般的研究	戦略
支出の為の口座開設	総予算
外部資料	(技術的な) 監督
無能者の排除	責任のないポストに古手の高い職位の管理者を任命する。棚上げにする。
組織図	機構図
スタッフ	スタッフ部門
能力	コンピタンス
資料の送達	情報システム
架橋	側生的コミュニケーション 管理過程
報告	計器板 バランス・スコアカード
指図価格	内部振替価格
原価管理	マネジメント・コントロール

第9章
イギリスへの影響

トレーヴァー・ボインズ
イアン・G. スミス

　20世紀中葉の国際的に尊敬されているイギリスのマネジメント思想家であり, 実務家でもあるリンダール・アーウィック (Lyndall Urwick) によれば,「アンリ・ファヨールは, 20世紀前半の終わりまでのマネジメント運動にヨーロッパが貢献した最もすぐれた人物であった」(Urwick, 1956, p.21)。実際,「管理の理論の全体に彼が追加したユニークでオリジナルなものは, アドミニストレーションを1つの別個の機能として分離し, 分析したこと」であった。イギリスにおけるファヨールの影響を評価するために, 本章は4節に分けて論じ, 1つの結論を導き出す。第1節で, われわれは簡潔に, ファヨールの著作が英訳された事情を検討する。第2節と3節では, イギリスの管理思想と実務に対するファヨールの著作の影響を検討する。第4節で, われわれは20世紀初頭におけるファヨールの見解の妥当性を考える。われわれは最後に, 若干の短い結論的な意見を述べる。

1. ファヨールの著作の英訳

　ファヨールの主著『産業ならびに一般の管理』はもともとは1916年にフランスで活字にされたが, それがイギリスで管理の理論と実務に関心を抱いていた少数の人達に注目されるようになったのは, 1925年にデュノ社によって書物の形で出版されて姿を現したことであった。これらの人達の1人

1. ファヨールの著作の英訳　301

がアーウィックであり，彼は後に，「私と同様，他の国々で管理を研究しはじめた若い人達とフランス語を読める人達にとって，ファヨールの小さな書物は一種の啓示であった（Urwick papers, 3/5, f. 3）」[1]。

アーウィックが，1928年の暮れにジュネーヴの国際管理研究所（IMI）[2]の所長に任命された時，彼がしようとした最初の仕事の1つは『産業ならびに一般の管理』の英訳版の出版の手筈を整えることであった[3]。英訳の仕事は，アーウィックがファヨールの著作を紹介した友人であるクーブロー（J. A. Coubrough）によって自発的に行われた。彼は，アーウィックとロントリー社の社長であるロントリー（Benjamin Seebohm Rowntree）とも親しかったメリアム（Charles Franklin Merriam）と非常に親しく，メリアムは1926年暮れから1927年初めにかけて，管理研究グループとして知られる，新しいマネジメント思想と実務の交換と普及のための組織を設立した。その成果として，英語版が *Industrial and General Administration* というタイトルで，IMIの謄写版の報告書として，1929年に出版された（Storrs, 1949, p.iv）。アーウィックはこの翻訳書による影響，とりわけアメリカにおける影響にいささか落胆した。

　あー！　アメリカにおける管理の著作の出版ですでに起こっているうるさいほどの盛大な大騒ぎと同じような影響を，ジュネーヴのIMIがほとんど引き起こせなかったことを理解する経験が私にはなかった。さらに，商業的なマーケティングのやり方を知らなかったので，われわれは完全にハンディーを負っているということも，私はまったく知らなかった。私は，アメリカの後援者である20世紀財団がわれわれのためにアメリカでの宣伝をしてくれるものだと思っていた。彼らが研究所の所得の大きさを知った以上，彼らがそのような宣伝活動をわれわれのために行うというのはまったく不自然なことであった（Urwick papers, 3/5, f.4）。

ファヨールの考えをイギリスで広めるのを促進するために，IMIは数百部のクーブロー訳のコピーを出版社ピットマンに持ち込み，配布しようとした（Storrs, 1949, p.v）。しかしこれは，若干の読者はすでにその訳書を読んで

いた（次節，「イギリスの管理思想に対するファヨールの影響」を参照）ので，ほとんど効果がなかった。第2次世界大戦前，アーウィックはまた，グリアー（Sarah Greer）によるファヨールの論文「国家における管理原則」の英語での発表に一部関わっていた。この論文は，1923年，ブラッセルで開催された第2回国際管理科学大会に提出されたものであった。この論文は「国家における管理の理論」というタイトルで，1937年に，アーウィックとアメリカのギューリック（Luther Gulick）が共同で編集した『管理科学論集』（*Papers on the Science of Administration*, Columbia University Press）に収録された。

しかしながら，ファヨールの考え方がいっそう知られるようになったのは，1949年に，彼の主著『産業ならびに一般の管理』の第2回目の英訳本が出版されたことによってであった。ピットマン社から出版され，アーウィックによる16ページの序文を付されたストーズ（Constance Storrs）訳のタイトルは *General and Industrial Management* であった[4]。ファヨールの主張はアーウィック，ギルスピー（Gillespie, 1948），ブラウン（Brown, 1948），ブレック（Brech, 1953），ウォーラス（Wallace, 1959）を含む，戦後イギリスの多くの管理の著述家たちの著作に取り入れられて，この訳書は確かにイギリスの管理思想に大きな影響を与えた（次節を参照）が，ある人達は，ファヨールの主張の影響は，主著の英訳に付随する諸問題によって限定されていると主張した。事実，ストーズ訳の出版時，アーウィックはその序文のなかで，フランス語には英語の Management[5] にぴったり当たる言葉がないと指摘（Storrs, 1949, p.xii）して，ファヨールの Administration という用語を Management と訳す考えに疑問があるといっている。この問題を議論するのに多くのページを割いて，アーウィックは次のように結論づけた。すなわち，このようにフランス語を話す諸国で，権威のある人によって厳密に定義され，論理的な意味で使用されている用語，そして英語に正確に書き写される用語は，このような明確な意味をもたない別の英語の言葉によって訳されるべきであるというのは残念なことである（Storrs, 1949, p.xiv）。後のある評論家はさらに踏み込んで，（アドミニ

ストレーションだけではなく，ドクトリン，事業の統括，予測，その他の多くの表現を含む）ファヨールの重要な言い回しのいくつかについてのストーズの訳語の選択は，多くのイギリスの読者を，彼の著作は限られた適用性しかないという考えを持たせるように導いたのである，といった。このようにして，ブロディー（Brodie）は次のように結論づけている。すなわち，アドミニストレーション機能についてのファヨールの概念の広さは，確かに，もともとのフランス語には決してない。しかしながら，もし彼の諸著作との接触がストーズの翻訳に制約を加えたのであったのであれば，多くのイギリスの読者にとってそうであったように，ファヨールはもっぱらインダストリアル・マネジメントに関係した著者であり，思想家であったという印象をぬぐうことはできない（1962, pp.316-7）。ブロディーの見解にあるように，そのような見解は誤解され，そして彼の意見では，ファヨールの主張の広さを最も明確に示すには，彼の著書の最も適切なタイトルは『ビジネスならびに一般のアドミニストレーション』[6] であろう（1962, p.316）。

　訳語の問題にもかかわらず，1949年のストーズ訳の出版は，イギリスの管理思想に明確な影響を与えた。アドミニストレーションをマネジメントという用語で訳すことは，イギリスにおける管理の質が大きな関心を呼ぶようになりつつあった時代に，このような一定の役割を果たした。

2．イギリスの管理思想に及ぼしたファヨールの影響

　チャイルド（John Child）は，30年前に出版されたイギリス管理思想史の著作のなかで，次のように書いている。

　　管理の著述家たちによって以前に定式化された考え方は，1つの学派を創出するという意味で，次世代の思想に何らかの影響を及ぼすというのは，おそらくほとんど議論の余地はないだろう。かくして，多くの次世代の著述家たちはファヨールやフォレット，テイラー・・・といったパイオニアたちによって進められた考え方にしばしば依存した。しかしながら，管理運動の外部の独立した所からもたらされた別の種類の考え方

もまた，イギリスの管理思想の発展に，何らかの独立した影響を与えた（1969, p.234）。

戦間期，イギリスには2つの管理論の源泉があったが，どちらも第2次世界大戦前には大きな影響力をもたなかった。それは一部には，それらが中心と意見の一致をもたなかったからであった。これら源泉はロントリー学派の考え方やファヨールを含むテイラーと科学的管理学派から得た「科学的」な考え方のような，実務から生み出されてきた自生の理論であった。1920年代末，イギリスの著述家と実務家（Rowntree, 1927 ; Cadbury, 1928 ; Casson, 1928）は，企業における調和と安定，そして生産性のための重要な要件として，ある程度の作業の統制をはっきりと認めた。このような考えは，経験と1926年のゼネストによってもたらされた恐怖によって次第に強化された。経営者側が労働組合と協力する必要性についてのこのような主張は，不幸にも，選ばれた保守的で，表立たない，有能な経営者グループによって行使された生産と労働に対する以前よりも増大した統制によりもたらされた優位性についての，経営者側の平行した自覚を伴っていた（Lee, 1925 ; Bowie, 1930 ; Urwick & Brech, 1947）。このようにして，ノースコット（Northcott, 1928）やアーウィック（1929）のような産業民主主義の支持者も，従業員からより多くの努力を引き出すような，「友好的に説得する」ことに代表される「民主的リーダーシップ」を意味する組織的コミュニケーションのメカニズムに彼らの関心を限定した（例えば，Lee, 1928を参照）。

このことは一部には，1930年代の初めまでに，コントロールによる生産能率についてのテイラーの主張がイギリスで勝利を得はじめ，産業民主主義が弱まり，コミュニケーション・プロセス程度のものとして示されたという事実を反映していた。しかしながら，あるイギリスの管理の著述家が書いているように，一方での産業民主主義と科学的管理法との間には，対立はなかった。1920年代後半から40年代後半までの20年以上にわたって，アーウィックは一連の合理的な管理原則を発展させるために，テイラーやファヨールを含む現代の管理思想の諸潮流を1つに纏め上げようと尽力した（Urwick, 1937 ; Child, 1969）。それに続く20年間，彼は自身の考えを育て

ようとした。それは最初は肥沃な環境をもたらす世界においてであったが，次第に，1960年頃から，そのような考えは批判の対象となり，新参の諸理論と概念から攻撃されるようになった。

(1) 一連の合理的な管理原則を開発しようとするアーウィックの試み（1928年から1945年まで）

演繹的な「管理原則」を打立てようとする過程でアーウィックが行った大きな第一歩は，「命令と統制の原則」と題した論文をリー（J. Lee）の『産業経営辞典』（1920）に発表することであった。この論文のなかで，アーウィックは機能モデルについてはテイラーに負っていること，そして原則を求める研究は科学的管理の概念から自然にもたらされるということを認めている。チャイルド（1969, p.86）は，アーウィックの管理の概念枠組みはファヨールに影響されていると指摘している。しかしながら，この初期段階で，アーウィックは依然として，彼の考えを組織立てて述べる途上にあった。この論文では，「諸原則」は，権限を責任と対応させるといったような組織的指針にしようとする試み（Child, 1969, p.86）とともに，むしろ漠然とした管理業務（例えば，調査，命令，実験など）の様式化に等しかった。しかしながら，アーウィックが彼の仕事に成功したのは，それに続く15年から20年の間においてであった。ここでの決定的な要因は，1931年に刊行されたムーニー／ライリー（J. D. Mooney／A. C. Reiley）共著の『前進する産業！』から受け入れたものとして現れた。この著作の中で，彼らはドイツのアンダーソン（Louis F. Anderson）の論理的な試みを，開発された諸原則の試みの重要性のテストに応用した。要するに，アンダーソンの論理は，2つの主張を含んでいた。すなわち，もしある原則が正しく認識されるなら，それは有効性をもつあるプロセスへと導くことが認められるだろう。そして，もしもあるプロセスと有効性が正しいと認められるなら，逆にそれらは原則，プロセス，有効性として認められるだろう（Urwick papers, 3/5, f.5）。アンダーソンの論理をファヨールの6つの管理要素に適用し[7]，そしてファヨールの管理職務のあるものに適用して，アーウィックは管理の全

過程をカバーする9項目の論理的な案をもたらすことができた。もちろん，彼が後に認めているように，彼は依然として雑多に並べられたファヨールの「原則」と「管理職務」の仲間であった（Urwick papers, 3/5, f.6）。

　1930年代の後半と40年代初めに，アーウィックは合理的な管理原則のセットに総合しようとして，多くの著述家の著作を検討した。1942年初頭までに，彼は成功し，その年の5月と6月に，彼の考え方の成果が，ロンドン・ポリテクニークにおいて，産業経営研究所（IIA）のロンドン支部で行われた一連の講演で示された。それらは1943年11月に『管理の要素』というタイトルで書物の形で出版された。この出来事を要約してレン（Wren, 1972, pp.357-358）は，「アーウィックは彼自身の考え方をファヨール，ムーニー／ライリー，テイラー，フォレット，グレイクナスの考え方と結びつけることによって，29個の管理原則と多くの下位原則を導き出し，それらの統合のための彼の研究を拡大した」と書いている。アーウィックの管理原則が第2次世界大戦の勃発以前には十分に研究されなかったという事実にもかかわらず，ファヨールの著作を1940年以前に出版しようとした彼の努力は非常に重要なことであるというのは，驚くべきことではない。

(2)　1945年以降

　戦前のイギリスは空白で，管理の原則と理論の強固な焦点が存在しなかったと特徴づけるなら，戦後は明らかに違っていた。事実，アーウィックの著作によって，少なくともある一貫した管理の理論体系がイギリスに現れた。このような発展は正確には，さまざまなレベルでイギリスの管理を強化する必要性が次第に認識された時代に起こった。戦中・戦後の産業問題は，イギリスの管理の脆弱さの認識を増大させ，大きくなりつつある批判の声を浸透させた。疑問は管理の不可謬性（Puckey, 1944, p.4）と産業の生産性の劣悪なレベル（Benny, 1943）について起こった。戦後の経済発展がプレッシャーとなり，管理に対する国民の尊敬の更なる低落に拍車をかけた。この時期を振り返って，チャイルド（1969, pp.112-113）はそれを次のように要約している。

批判はいまや，管理者が提供する成果と彼らが用いている管理手法に主として向けられた。・・・戦後の経済危機，賃金格差の均衡・・・が管理の成果に対する注意の焦点となった。事実，これが厳しい批判を招き続けた。

1945年以降の管理の成果に対する関心の増大は，同時に，管理の考え方と概念を発展させるように，管理の理論提供者に対して大きな圧力をかけた。そして彼らに，1940年以前よりももっと，実務に影響を及ぼす潜在的にはよりよい環境をもたらした。管理の理論運動のあるメンバーによれば，この問題の重要な部分は，イギリスの管理者たちの，管理の概念や方法を実務に応用する意欲のなさであった（Brech, 1953 ; Meigh, 1954, p.132）。しかしながら，理論と実務のギャップは，主として戦前には実際に存在し，そして諸概念は大いに無視された。今や，新しいアプローチの時代となった。

門戸は開放され，イギリスの新古典派が歩みはじめた。アーウィックは彼の著書『管理の要素』で基礎を与え，1945年のストーズによるファヨールの主著の新訳出版とともに，状況は，管理の著述家たちにとってまったく新しいわけではないが斬新な理論と実務モデルを示すように要請した。アーウィック（1950, 1956）とブレック（1953）は管理思想の現代イギリス学派の人たちのなかにあり，彼らは1950年代初めにファヨールをイギリスの読者のところに連れてくるのを助けた人たちであった。そのような資料に対する読者層は拡大し続けており，新しい理論に対する態度はより積極的であった。イギリス管理研究所（BIM）が「管理の基準を打ち立てるために」，1947年9月に設立された（Renold, 1948, p.151）。BIMと産業経営研究所（IIA）の2つの団体が次第に接近し，1957年にBIMがIIAを完全に吸収した（Rose, 1954 ; Brech, 1997）。初期の厄介な問題にもかかわらず，BIMの会員数は次第に増え，IIAの会員数が1939年にはわずか517名にしか過ぎなかったのと比べると，BIMの会員数は1963年には1万9,000人に達した（Child, 1969, p.113）。他方，人事管理研究所（IPM）の会員数もまた1939年の760名から，1963年には5,730名に増大した（Child, 1969, p.113）。これらの数字は大きくはないが，しかしそれはファヨールの著作という種の

ための肥沃な苗床を用意すると同時に，アーウィックによって守られたものであり，少なくともこれらの著作に含まれる考え方が開かれた自己批判の雰囲気のなかで，管理の成果に対する批判に反証を挙げようとする1つの方法をもたらした（Brown／Raphael, 1948；Renold, 1950）。

新古典派の理論が姿を現し，イギリスで「支配権を握っていた」おおよそ1950年から1970年の間，理論は実務に対して影響を及ぼす機会をもっていた。アーウィックの理論を含むこれらの理論は，彼がファヨールによって影響されたように影響を及ぼし，ブラウン（1947），ギルスピー（1948），ブレック（1953），ウォーラス（1959）のような注釈者がほんのわずかなことを述べるための言葉を語り，あるいは書いた。ファヨールの影響は，イギリスの管理思想の生誕と1950年代と60年代における管理の成果を支える過程での決定的な要素であった（Pollard, 1974；Pugh, 1971）。チャイルドによれば，テイラー，フォレット，その他の人たちの著作とともに，ファヨールの著書は，1960年代末に至るまでのイギリスの管理の発展において，明らかに重要な役割を演じた。デール（Dale）は次のようにいう（1965, p.98）。

　　ファヨールの考え方は今日の管理の諸理論に対してだけではなく，重要な職位についている多くの管理者の目的と行動にも影響を及ぼしている。ファヨールの著書を読んでいない多くの人たちは二番手あるいは三番手を通じて彼の原則を学び，それらを自身の組織に応用した[8]。

組織理論家であるピュー（1971, p.133）教授は，ファヨールを求めることに関してもっと熱心であった。

　　ファヨールは，管理者は何をなすべきか，いかなる原則によってその仕事をなすべきかについて，理論的な分析を提供した最初の近代管理論の著述家であった。権限と責任，命令の一元性，良好な秩序，団結心等についての彼の原則は，管理者の用語として共通に認められているものである。

しかしながら，1960年代末以降，新古典派の影響力，したがってまたファヨールの影響力はイギリスで衰えた。別の考え方が登場し，とりわけウッドワード（Woodward, 1958, 1965）とバーンズ／ストーカー（Burns/Stalker,

1961)とともにはじまった組織と管理のコンティンジェンシー・モデルは，ファヨールのアプローチの普遍主義とイギリスの新古典派の著述家達によって主張された「唯一最善の方法」に決定的に挑戦した。それにもかかわらず，普遍主義の概念と「唯一最善の方法」は死滅せず，そしていずれにしてもファヨール自身，彼の考え方は異なれるコンテクストにあっては修正を必要としているということを認識していた。これはコンティンジェンシー・アプローチの基礎であった（Dale, 1965）。このようにして，ファヨールの諸原則は，管理の理論と実際を理解するのに避けて通れない有益な手がかりとなる「礎石」として，管理に関する最新のテキストのなかで主役を演じ続けるのは恐らく驚くべきことではない。さらに，ファヨールの考え方は「ランニング前の助走」の例であって，それは今日に至るまで，関心と学習を惹きつけているイギリスの戦後の考え方と教育への1つの影響力として考えることもできる。

3．イギリスの管理実践に対するファヨールの影響

　確かにイギリスでは，ビジネスと密接な関係をもっていた幾人かの人たちが戦間期にファヨールの考え方を知っていたが，彼らがどの程度それを普及させたか，実践に広めたかを正確に決めるのは難しい。しかし，第2次世界大戦前の彼らの影響力は小さかったと思われる。1920年からIMIを去った1928年までの間，ロントリー社に雇われていたアーウィックは1924年に，ファヨールの『産業ならびに一般の管理』は恐らくヨーロッパ，とりわけラテン諸国におけるビジネス・マネジメントの考え方に，他のどれよりも大きな影響を与えた，と述べた。（しかし）この国では，この理論はあまりよく知られていない・・・（Urwick, 1976, p.16）。

　配本の問題で，ファヨールの主著のクーブロー訳は限られた影響力しか与えられなかったが，しかしそれは戦間期のイギリスで管理の実務の開発に携わっていた人たちによって読まれていたことは確かであった。例えば1935年，デント（A. G. H. Dent）は『管理の計画と統制』というタイトルの自著の参

考文献にクーブロー訳を引用した。その1年前，ローズ（T. G. Rose）は彼の著書『管理における強い統制』の序文の中で，次のようにファヨールに言及している。

「この強い統制の手法が（リノタイプ・機械会社の会長である）ポーレン（Pollen）氏の指導のもとで用いられるようになった時，ファヨールの初期の著作をわれわれは知らなかった。われわれが創ろうと考えていたものが，実は，ファヨールが死ぬまでやっていた管理制度の論理的な完成であるという事実をわれわれに気づかせるようになったのはジュネーヴの国際管理研究所（IMI）によるファヨールの主著の不完全な翻訳であったが，それはコントロール・システムが完成し，その最終的な感触を受け入れつつあった後であった」（初版への序文，ローズによる再版，1947, pp.xii-xiii）。

この文章の最後の部分は1925年にファヨールの著書が出版された過程の完全な理解の欠落を示しているが，ローズは明らかに彼の著作に気づいていた。多くの点で，リノタイプ・機械会社の経験は，管理の理論における自然な発展を反映するべく出現した。さまざまな国で，いろいろな個人や団体が同じような形で動いていた。

イギリスの会社での管理実務にファヨールの著作が影響を及ぼした別の証拠は，入手するのが難しい。事実，20世紀におけるイギリスの管理実務の史的研究は非常に未熟であり，戦間期にイギリスで会社がどのように管理されていたのかについてのわれわれの知識は，アーウィックとブレックが彼らの独創的な3巻本『科学的管理の形成』を出版した1940年代末以来，ほとんど進歩していなかった。イギリスでの科学的管理の研究は，ハンス・レーノルド会社での事例に関する限りでは，テイラーの著書の影響という明白な証拠があり（Boyns, 2001），そして初期のマネジメント・コンサルタントの役割，またUrwick, Orr and Partners and Personnel Administrationというプロダクション・エンジニアリングの役割についての明白な証拠があった。しかしながら，いくつかのイギリスの会社が組織図を使い始め，ファヨールによって敷かれた路線に従っていると思われる組織構造を発展させ始めたのは明らかであるとはいえ，ファヨールの考え方が応用されたとい

3．イギリスの管理実践に対するファヨールの影響　311

う直接の証拠はない。しかし，そのような証拠の数は現時点では相対的に少ないが，このことは，ファヨールが直接に影響を与えたということを何ら結論付けるものではない。むしろ，この証拠は単に，（リノタイプ・機械会社におけるように），同じような考え方の同時的な発展，あるいはアーウィックのように，ファヨールについてのイギリスの解説者たちの影響力を反映しているだけであった[9]。

　戦間期における新しい管理実務の発展に対する別の影響は，管理組織の成長と国際会議であった。国内外ともに，これらはビジネスマンとさまざまな国からの管理思想家がそこで出会い，意見や考え方，そして経験を交換する場を提供した。しかし，これが，（常連だと思われる）よく情報を与えられた人たちの小さなネットワークを超えて，どの程度広がったかはそれほど明らかではない。イギリスにおける1つの問題は，管理の周辺で生まれてきた小さな，非常に分断された組織という過小性であった（Brech, 1997）。イギリスでは，1925年にフランスで発展し，ファーヨリストとテイラリストがそれぞれの立場を脇において，自らの活動を調整するための「フランス管理協会（CNOF）」を結成したような，包括的な団体を決定的に欠いていた。アーウィックは，CNOFの結成は，「イギリスで同様の考えが実現され始める20年以上も前に，フランスに統合された管理団体」をもたらすことになった，といっている（Storrs, 1949, p.x）。

　管理団体の活動を調整する包括的な団体を作ろうという試みは早くも1930年に，アーウィックによって論じられ，彼はその時，「イギリス管理研究所（BIM）についての覚書と制定」を書いた（Urwick papers, 8/2/2, f.72）。同様の歩みは1937年にも，イギリス管理会議の結成という形で行われた。この会議は22団体を合体し，国際会議でその構成メンバーが代表として活動し，管理に関するその他の諸活動を行った。しかしながら，全体としての影響力は小さく，1945年には通商委員会会長であるスタフォード・クリップス卿（Sir Stafford Cripps）が，中央管理研究所（Central Institute of Management）の設置の適否を検討しているクリーヴ・バリュー卿（Sir Clive Ballieu）の指導下にある委員会を立ち上げた。政府

がBIMの設立を援助するために5年以上にわたって総額1万5,000ポンドの補助金を与えたのは，この委員会の協議の結果であった。IIAとBIMが1950年に合体し，恐らく初めて，イギリスは統合された管理団体をもつことになり，管理基準の策定に取り掛かった。よりよい管理の達成における1つの重要な要素は，管理教育のための改良された準備であった。

(1) 管理教育

ジョージ（George, 1968, p.11）によれば，管理の普遍性という概念の発展に加えて，さらに管理のはじめての包括的な理論を用意することについて，ファヨールは第3の革新的な考え方，すなわち管理教育についての実践性と必要性という考えをもっていた。イギリスでは，とりわけ第1次世界大戦後，幾人かの人たちが管理教育を勧め始めた。その中で，最初の人はエルボーン（E. T. Elbourne）であり，彼は1919年から20年にかけて，産業経営研究所を設立した。それは，使用者と被雇用者の双方にとって利益になるように，産業企業のよりよい作業にふさわしい考え方と実務を交換し，発展させるための手段を用意するために設置されたものであった（Roseによって引用されているIIAの設立趣意書草稿, 1954, p.4）。IIAの年代記編者によると，「目指されたもの，それは要するに，管理の発展のための，とりわけ教育の視点からする団体であった」（Rose, 1954, p.6）。しかしながら，IIAは1920年代に変化に富んだ歴史をもち，数年間は瀕死の状態にあったが，しかし以前とは違って，管理教育のためのシラバスが確立された。このような変化は，1928年に，ロンドン・ポリテクニークによって，結局，採用された。20世紀財団による財政的支援の打ち切りにともなうIMIの消滅と共に，1934年，ジュネーヴから帰国したアーウィックは直ちに，IIAのフェローに就任した（Urwick papers, 8/2/2/, f.74）。

恐らくファヨールの主著を読んだ結果として，管理教育に強い関心をもったアーウィックは1940年代から60年代にかけて，イギリスにおける管理教育の発展に大きな影響を与えた。1944年，彼はIIAの教育委員会の会長に就任し，1945年には文部省の管理教育委員会の会長に招聘された。しばし

ば「アーウィック報告」と呼ばれるこの委員会の報告書は，統合された管理教育のシラバスを作り，イギリスにおける管理教育に対する強力な推進力をもたらした。1947年，BIM の結成において，アーウィックは2人の合同副会長の1人となり，BIM の教育委員会の会長に就任した。彼はまた，1948年の Henley-on-Thomas における管理者養成学校，現在のヘンレイ・マネジメント・カレッジの設立を支援した中心的な人物であった。一部には，1940年代におけるアーウィックの数多くの活動の結果として，そしてまた一部には管理者を代表する諸団体の変化のために，とりわけ IIA と BIM の緊密な関係の結果として，1949年に，BIM は文部省と合同で，管理研究のための国家プロジェクトを管理することになった。その目的は，関係するさまざまな職業団体に対して調整権限を行使する BIM とともに，共通の研究計画と修了証書についての合意を得ることであった。その結果，IIA，IPM，運輸経営研究所，労使協会，事務管理協会，購買事務協会を含む専門職管理団体の多くは，彼ら自身の検定と引き換えに共通の中間的な修了証書を受け取ることに同意したが，プロダクション・エンジニアー研究所とエコノミック・エンジニアー研究所は修了証書の保有者に対して一定の免除を与えることに同意した（BIM, 1951, pp.2-6）。計画はまた，管理研究における最終レベルの資格，すなわち学位にまで進んだ[10]。

　しかし，結局，アーウィックとその他の人たちの努力は，1950年代のイギリスでの管理教育に著しい変化をもたらしたとは思われない。事実，アーウィック自身は発展の速度にいささか失望し，管理教育の分野における強力な影響力を欠いていたために，そしてもっと一般的には管理運動全体を調整するのに失敗したために，次第に BIM との自身の結びつきを断ち切った（Urwick papers, 8/2/2, ff.81-82）。管理研究における BIM の修了証書は，1962年までに1,450名の学生を惹きつけただけで，成功とはいえなかった（Wilson, 1995, p.220）。アーウィックは「管理に関心をもつ，この国の最高の頭脳を獲得する」希望をもっていたが，進展は緩慢であり，とりわけ「大学に管理を教科目として認めさせ，アメリカのハーバード・ビジネス・スクールと同じように，その教育についてビジネスと協力するようにさせ

る」のは緩慢であった（Urwick papers, 8/2/2, f.81）[11]。管理教育財団を推進して，政府は1960年代の初めまでに，大学にビジネス・スクールを設置する必要性を考えるようになったが，しかし管理訓練に対してより伝統的なアプローチを主張するサヴォイ・グループの諸活動によってその発展は遅らされた（Wilson, 1995, p.220）。政府はこの問題を検討するためにフランク委員会を設置し，委員会はロンドンとマンチェスターの大学に2つのビジネス・スクールを設置するように勧告する報告書を出した。ロンドン大学は1965年にビジネス・アドミニストレーションの修士課程を開設し，学生を引き寄せられることを示したが，マンチェスター大学は1970年代まで，財政的に苦労した（Wilson, 1995, pp.220-221）。しかし，ロンドン大学の成功を支えた学生の多くは海外からの学生であり，初期のビジネス・スクールがイギリスの管理実務に与えた影響力は相対的に極く僅かなものであった。

(2) **1970年代とその後**

バースとカーディフの大学でのように，出現しつつあるビジネス・スクールといくつかの小さな管理学部で1970年代に管理教育に携わっていた人たちは，彼らの関心を，管理の理論から組織論や行動理論の分野で成功しつつある重要な研究結果に振り向け始めた。しかし，イギリスにおける管理実務はこの新しい知識にはほとんど関心を払わず，科学的で古典的な管理原則への支持を主張し続けていた。1970年代後半までに，イギリスの管理は，とりわけ石炭，鉄鋼，運輸，自動車生産ならびに公共部門といった基幹産業での経済的な停滞と進行する労使紛争を蒙り，再び，厳しい批判の対象となった。多くの評論家はこれらの問題に対する管理，とりわけ新しい考え方を採用し，組織が直面している新しい経済社会の現実に適応させることへのイギリスの管理者達の抵抗感を非難した。これらの批判のなかで主要なものは，イギリスの管理者達が彼らの会社の業績に対して無関心であり，関わろうとしないという見方であった（Handy, 1978; Mant, 1979）。イギリスの管理者達は地位には関心をもつが業績には関心をもたないという主張（Lawrence, 1984），そしてイギリスの管理者の行動が低い企業業績へと直

接導いているという主張（Fores／Glover, 1978）であった。さらに，主要産業部門の凋落といういっそう深刻な問題とこの10年間におけるイギリスの管理者の不適切な役割という問題があった。チャタートン（Chatterton）とレオナルド（Leonard）はこれらの問題を「イギリス病」と書き，この病の主たる原因として製造業における下手な労働力管理とその結果としての企業の失敗を非難した。

1979年，マーガレット・サッチャー（Margaret Thatcher）の保守党政府は選挙に圧勝し，ビジネスの風景と管理が行われる経済社会環境を覆せないようにしてしまう政策を導入した。1980年代中頃までに，高い失業率，不振な大製造業の閉鎖，公共部門の組織の民営化が，産業における不穏な状態がほとんど根付かないようになるほどにまで，労働組合を弱体化させた。それに伴うサービス部門の雇用の増大が，より生産的な労働力でもって，より低い単位当りコストをいかにして達成できるかについての論争のなかで中心を占めた人的資源管理理論とともに，管理の理論と実務への新しい挑戦を提供した（Nolan, 1989 ; Ray, 1987）。しかし，これらの努力の多くは企業業績をほとんど改善せず（Gregg et al., 1993 ; Smith, 1993），そして人的資源管理の理論によって実務に対して与えられた積極的な影響は見出すことができなかった（Keenoy, 1990）。イギリスにおける「有効な」管理実務を下支えする合意された考え方は，依然としてほとんど存在せず，事実，「ファヨールの時代」の方が恐らく（束の間ではあるが）どの時代よりもいっそうこの種の影響を与えているようであった。

4．ファヨールの著作の21世紀への妥当性

現代のイギリスの入門的な管理論のテキストはしばしば600〜700ページ以上であるが，それらは通常，ごく僅かにファヨールに触れるだけである。あるものは数頁を特に彼に当て，彼の管理者としてのキャリアに簡単に触れ，彼の管理の要素論あるいは14個の管理原則について述べているが，普通はそれ以上の説明はない。ある種のテキストでは，脚注やごく僅かの参考

文献はテキストのいたるところに見られるが、ファヨールについての記述は限られており、古典派あるいは古典的管理思想についての節の中で簡単に述べられている。それ故、管理原則を決定するのに役立ったファヨールの先駆的な著作に注意は払われるが、彼の著作についての記述はこの程度である。このことは、これら多くのテキストのいたるところでファヨールの影響が見出されないということを主張しているのではなく、通常はこれらのテキストの最初に現れてくる管理論史についての章以外では、ファヨールについて特別に言及されることはほとんどないということを指摘しているだけである。もしファヨールがこの点に関して悪く取り扱われていると思われるなら、われわれは多分、アーウィックについての思想を削除すべきであろう。ジョージ (1968)、チャイルド (1969)、そしてレン (1972) といった人たちの、管理思想についての初期の歴史家によってなされたアーウィックの果した役割を認めるにもかかわらず、アーウィックはしばしばまったく注目されていない。もっと最近の評論家は、「もしすべての哲学に一連の脚注でプラトンに触れるのであれば、管理の理論はファヨールのオリジナルな覚書に大いに触れるべきである」といった (Hales, 1993, p.3)。

もっと最近では、管理思考の焦点は管理の諸機能から、管理者は何をするのかについての検討を通じて、管理と管理することを理解しようとすることに変化してきている。このような研究の発展における中心人物はミンツバーグ (1973) とコッター (Kotter, 1982) であり、このようなアプローチに焦点を合わせた研究者達の著作の最近の評価がホールズ (Holes, 1993) によって行われている。

多くの点で、管理者がなすべき仕事に焦点を合わせている人たちは、ファヨールの恐らくは「紋切り型」のアプローチを拒否する傾向にある (Collins, 2000, pp.56-58)。しかしながら、「ファヨールの著作はしばしばその時代の旧さ故に、あるいは観察的な発見によって取って代わられつつあるように思われるが故に、直ぐに拒否されるけれども」、このような人たちは、ファヨールの著作が観察と自身の経験に基づいていることを認め損なっている、とある最近の著述家は指摘している (Fells, 2000, p.345)。ミンツ

バーグやコッター，ホールズらの理論モデルのような，もっと最近の管理論モデルを検討して，これらのモデルはファヨールの管理の要素論を否定しておらず，むしろそれらはこの要素論を強化しているということをホールズは発見した（2000, p.354）。事実，結論的に，戦間期の管理の著作についてのアーウィックの分析を思い返して，ホールズは，「ファヨールのモデルを含めて，すべてのモデルは，基本的なレベルでは，相互に結び付いているように思われる，と注意している。使用されている用語や取られている見通しについてのモデル間の相違にもかかわらず・・・各モデルは本質的には他のモデルと同じか，もしくは他のモデルの部分集合と考えられる（2000, p.359）」。かくして，ホールズの考えでは，ファヨールの著作の本質は時間というテストを示しており（2000, p.359），それはブレックが40年前に行ったことを思い起こさせる，という見方である（1963, p.86）。

結 論

ファヨールは教えることができ，学ぶことができる一連の原則からなる管理の理論を発展させた。イギリスにおける彼の直接の影響は，1949年以前には，彼の主著の広く読まれる翻訳がなかったという事実によって限定されていた。1929年の最初の翻訳は，限られた範囲で，それほどの影響力はなかった。しかしながら，1949年の翻訳にも問題がなかったわけではなく，ファヨールの考え方の範囲と応用について，狭すぎる見方を多くの読者に与えることになった（Brodie, 1962）。ファヨールの影響はまた，彼の著作が不完全で，当初予定されていた第3部と第4部が書かれなかったという事実によって限定された。恐らくは，20世紀中葉の数10年間のイギリスの最も有力な管理の思想家であるアーウィックがファヨールの著作の影響を受けたということが事実ではないにしても，ファヨールの考え方はイギリスの管理思想と実務に関してはほとんど休眠状態であった。ファヨールの考え方の上に打ち立て，あちこちから借用してきたその他の人たちの考え方と結びつけて，アーウィックは第2次世界大戦終結以前に，彼自身の総合を作り上げ

た。ファヨールはアーウィックとイギリスの新古典派のその他の人たちに影響を及ぼしたという点では基本的な役割を演じたが、彼はただ彼らに影響を及ぼしただけではなかった。ひとたび新古典派の管理思想が1960年代以降、衰退し始めるや否や、アーウィックとファヨール双方の著作は目立たないところに追いやられた。それにも拘らず、1960年代末以降、管理の理論と実務を内包するイギリスで出版されたどのような現代の著作も、普通は、ファヨールの著作の意義と内容に「敬意」を払っている。彼の管理原則は時間のテストを受け、1920年代と30年代の不確かな内容から始まり、イギリスの人たちが管理についての改良されたイメージを支える新しいモデルと管理の新しい成果を捜し求めるようになるにしたがって、1950年代と60年代に開花したイギリスの管理の発展に対して影響を及ぼしたという彼の立場は明白である。しかし、ファヨールがイギリスで出版された最も現代的な管理の入門テキストで言及され続けているのに、この国で最も重要な評論家であるリンダール・アーウィックについては、しばしば何の言及もないというのは、いささか皮肉なことである。

注
(1) アーウィックは第1次世界大戦中の積極的な働きとして、テイラーの『工場管理』に出くわした。いささか異常ではあるが、1917年、アーウィックはコマントリー炭鉱グループの事務所に配属されていた。この時、彼はこの上なく楽しく、後に彼自身の考えに重要な影響を及ぼすことになるファヨールの管理の著作を知らなかった。アーウィックが1920年代初めに、ある国際会議でファヨールに会ったというのはありそうなことではあるが直接の証拠はない。ファヨールの「小さな著書」についての彼の言及は、1925年あるいはその少し後であったといっているが、彼が『産業ならびに一般の管理』を始めて読んだのはいつのことであるかについても正確な証拠はない。
(2) 国際管理研究所（International Management Institute: IMI）。
(3) IMIのその委員会の2人のメンバーがアルベール・トマ（Albert Thomas）とシャルル・ドゥ・フレマンヴィル（Charles de Fréminville）であったというのは興味のあることである。
(4) グレイ（I. Gray）による第3回目の英訳は1984年にアメリカで出版された。これは大幅な改訂を加えた、原書の完全な再訳であった。本書は一般読者層を対象にした、現代的な論議を避けるべく、旧式の用語法と参照を極力避けようとした。
(5) 「マネジメント」という用語は1960年代の中頃においても、フランス・アカデミーによって受容されていなかった。
(6) レン、ブリーズ（Breeze）ならびにベディアン（Bedeian）は最近の論文（2002）で、1908年にサン・テチエンヌで行われたファヨールの講演を英訳した（本書、第6章参照）。このテキストのなかで、ファヨールは「アドミニストレーション」を定義している。彼らはこの定義

を支持して，ファヨールの意味での「アドミニストレーション」という用語と「マネジメント」という用語は明らかに互換性があるといっている。彼らは「もしその訳者たちが1908年のこの定義を知っていたなら，われわれはアドミニストレーションとマネジメントの語義上の争いに加わることはなかっただろう」と結論付けた。
(7) ファヨールはたった5つの要素を考えただけだが，アーウィックはファヨールの「予測」という用語を使って，ファヨールは予測することと計画することの2つを別の要素として考えたと，多くの著述家は考えている。アーウィックは，フランス語ではこの言葉は両方の概念を含んでいるが，英語ではそれらの意味はまったく別であって，1つの要素としてよりは，むしろ2つの要素として取り扱われるべきであると主張した (Urwick, 1974, p.16)。しかしながら，アーウィックの見解は，彼のかつての研究助手で，一時は協力者であったE.F.L.ブレックによって批判された。ブレックは，計画化は必然的に重要なデータを収集し吟味すること，すなわち予測することを意味しているのであるから，それらは1つの要素であるという反論を支持した (Brech, 1963, p.20, fn.2)。
(8) デールのテキストは20年間に7回，再版された。
(9) Urwick, Orr Management Consultant 会社では，かつてビドウ (Bedaux) のエンジニアであったオール (Orr) に工場レベルの組織問題に関心を寄せ，アーウィックは全般的な経営組織と事務組織の問題に集中した。彼の勧告は，おそらくファヨールの著作に影響されていた。
(10) 中間試験修了証書は管理の実務に焦点を合わせたのに対して，学士号は管理の理論の研究に焦点を合わせた。そして，学生たちは，ファヨールやその他のテイラーやフォレットといった人たちのことを勉強させられた (BIM, 1951, p.11, 22)。
(11) しかしながら，アーウィックは，1960年代中頃に，アメリカの大学発のいわゆる管理研究の90%は「ほとんど完全に価値がない」といって，大学支持者ではなかった (Urwick papers, 3/3, f.10)。彼はファヨール主義者のアプローチを採用するように，すなわち実務的な経験にしっかりと基礎付けられた考え方を採用するように主張するようになった。

第1次資料

Urwick Papers, PowerGen Library, Henley Management College.

1/6　'The Function of Administration: With special reference to the work of Henri Fayol', paper read to the Institute of Industrial Administration on 13 November 1934.

3/3　Unpublished lecture, 'Scientific Management & Semantics - The Scholastic Counter-revolution', 30 June 1966.

3/5　Unpublished lecture, 'Great Names in Management: Henri Fayol, 1841-1925', presented to the University of New South Wales, Australia, 19 June 1968.

8/2/2　'Notes on life and work of L.F.Urwick', 1959.

参考文献

Benny M., *Over to Bombers*, Allen and Unwin, London, 1943.
BIM, *National Scheme for Certificates and Diplomas in Management Studies* (*Handbook of Courses and Examinations*), British Institute of Management, London, 1951.
Bowie J. A., *Education for Business Management*, Oxford University Press, 1930.
Boyns T., ≪Hans and Charles Renold, entrepreneurs in the introduction of scientific management techniques in Britain≫, *Management Decision*, 39(9), 2001, pp.719-28.

Brech E. F. L. (ed.), *The Principles and Practice of Management*, Longmans, London, 1953.
Brech E. F. L. (ed.), *The Principles and Practice of Management*, 2nd ed., Longmans, London. 1963.
Brech E. F. L., *The Management History: The Concept and Gestation of Britain's Central Institute of Management, 1902−1976*, The Institute of Management Foundation, London, 1997.
Brodie M. B., ≪Henri Fayol : Administration Industrielle et Générale−a reinterpretation≫, *Public Administration*, 40, Automne 1962, pp.311-17.
Brown W. B. P., ≪Some Basic Problems of Industrial Relationships≫, *British Management Review*, VI(2), 1947, pp.52-64.
Brown W. B. P., Raphael W., *Managers, Men and Morale*, McDonald and Evans, London, 1948.
Burns T., Stalker G. M., *The Management of Innovation*, Tavistock Publications, London, 1961.
Cadbury E., ≪Address of Welcome≫ in *Quakerism and Industry, Report of the Conference*, Society of Friends, London, 1928.
Casson H. N., *Handbook for Foremen*, London, Efficiency Magazine, 1928.
Chatterton A., Leonard R., *How to Avoid the British Disease Industry in the Eighties*, Northgate Publishing, London, 1979.
Child J., *British Management Thought : A Critical Analysis*, Allen & Unwin, London, 1969.
Collins D., *Management Fads and Buzzwords : Critical-Practical Perspectives*, Routledge, London, 2000.
Dale E., *Management : Theory and Practice*, McGraw-Hill, London, 1965.
Fells M. J., ≪Fayol stands the test of time≫, *Journal of Management History*, 6(8), 2000, pp.345-60.
Fores M., Glover I., ≪The British Disease : Professionalism≫, *The Times Higher Education Supplement*, 24 février 1978.
George C. S. Jr., *The History of Management Thought*, Prentice-Hall Inc, 1968.
Gillespie J. J., *Free Expression in Industry*, Pilot Press, London, 1948.
Gregg P., Machin S., Szymanski S., ≪The Disappearing Relationship Between Directors' Pay and Corporate Performance≫, *British Journal of Industrial Relations*, 31(1), mars 1993, pp.1-9.
Hales C., *Management Through Organisation : The Management Process, Forms of Organisation and the Work of Managers*, Routledge, London, 1993.
Handy C., *Gods of Management*, Pan London, 1978.
Keenoy T., ≪HRM : Rhetoric, Reality and Contradiction≫, *International Journal of Human Resource Management*, 1(3), 1990, pp.363-84.
Kotter J. P., *The General Managers*, Free Press, New-York, 1982.
Lawrence P., *Management in Action*, Routledge and Kegan Paul, London, 1984.
Lee J., *An Introduction to Industrial Administration*, Pitman, London, 1925.
Lee J., *Dictionary of Industrial Administration*, Pitman, London, 1928.
Mant A., *The Rise and Fall of the British Manager*, Pan, Londin, 1979.
Meigh A., ≪The Implications of Membership of a Professional Body≫, *British Management Review*, XII(3), avril 1954, p.132.

Mintzberg H., *The Nature of Managerial Work*, Harper & Row, 1973.
Nolan P., ≪Walking on Water? Performance and Industrial Relations under Thatcher≫, *Industrial Relations Journal*, 20(2), 1989, p.83.
Northcott C. H., ≪Moral Duty of Management≫, in J. Lee(ed.), *Dictionary of Industrial Administration*, Pitman, London, 1928, pp.502-505.
Pollard H. R., *Developments in Management Thought*, Heinemann, London, 1974.
Puckey W., *What is This Management?* Chapman and Hall, London, 1944.
Pugh D. S., *Organisation Theory*, Penguin Books, 1971.
Ray G., ≪Labour Costs in Manufacturing≫, *National Institute Economic Review*, mai 1987.
Renold C. G., ≪The British Institute of Management≫, in *Management Through Leadership*, Institute of Industrial Administration, London, 1948, pp.145-53.
Renold C. G., *Joint Consultation over Thirty Years*, Allen and Unwin, London, 1950.
Rose T. G., *Higher Control in Management*, Pitman, London, 1947.
Rose T. G., *A History of the Institute of Industrial Administration*, I. I. A, London, 1954.
Rowntree B. S., ≪A Constructive Policy for Capitalism≫, *Manchester Guardian, Supplement on Industrial Relations*, 30 novembre 1927, p.10.
Smith I. G., ≪Reward Management: A Retrospective Assessment≫, *Employee Relations*, 15(3), 1993, pp.45-59.
Storrs C., *General and Industrial Management*, Pitman, London, 1949.
Urwick L.F., *Rational Organisation* (papers published by the International Industrial Relations Association), I. I. R. A, La Hague, 1929.
Urwick L. F., ≪The Function of Administration, with Special Reference to the work of Henry Fayol≫, a 1934 textes réédités dans L. Gulick and L. F. Urwick (eds.), *Papers on the Science of Administration*, Columbia University Press, New-York, 1937, pp.173-179.
Urwick L. F., *A Short Survey of Industrial Management*, Occasional Pager N°1, British Institute of Management, London, 1950.
Urwick L. F., *The Golden Book of Management*, Newman Neame, London, 1956.
Urwick L. F., *The Elements of Administration*, 2nd ed. (1st paperback version of second edition, first published in 1947), Pitman, London, 1974.
Urwick L. F., Brech, E. F. L., *The Making of Scientific Management*, vol.II, Management Publications, London, 1947.
Wallace W., *Prescription for Partnership. A Study of Industrial Relations*, Pitman, London, 1959.
Wilson J. F., *British Business History, 1720−1994*, Manchester University Press, 1995.
Woodward J., *Management and Technology*, H.M.S.O., London, 1958.
Woodward J., *Industrial Organisation: Theory and Practice*, Oxford University Press, 1965.
Wren D. A., *The Evolution of Management Thought*, Ronald Press, New-York, 1972.
Wren D. A., Bedeian A. G., Breeze J. D., ≪The foundations of Henri Favol's administrative theory≫, *Management Decision*, 40(9), 2002, pp.906-918.
Young E. J., ≪Lyndall F. Urwick (1891−1983), British management authority and his engineering management connection≫, *Engineering Management Journal* 2(1), mars 1990, pp.31-36.

第10章
日本への影響

佐々木恒男

　アメリカのF.W.テイラー（Frederick Winslow Taylor, 1856－1915）が経営学の父であるとするなら，フランスのアンリ・ファヨール（正確にはJules Henri Fayol, 1841－1925）は経営学の母である。母は豊潤にして多産であり，ファヨールの理論も後に多くの優れた経営の理論を生み出す母体となった。このファヨールの理論が，東洋の小さな島国である日本において，誰によって，いつ，どのようにして紹介され，導入され，受容されていったか。本稿は，この受容のプロセスを明らかにしようとするものである。

　ファヨールの主著『産業ならびに一般の管理』[1]が1930年にジュネーヴで英訳された[2]ことが，彼の管理の理論が世界に伝播して行く重要な契機となった。アメリカで工場のマネジメント問題に関心を抱いていた人たちのほとんどは実務に携わる技師たちであって，彼らはフランス語を理解できなかったであろう。

　第2次世界大戦で日本が敗れた1945年以前の日本では，経営学に関心をもつ大学の研究者のほとんどはドイツに留学し，彼の地の経営経済学（Betriebswirtschaftslehre）を学び，それを日本に持ち帰った。しかし，企業経営の実務に携わる人たちの多くはアメリカのテイラーの科学的管理（OST）に強い関心を寄せており，テイラー・システムの導入に非常に意欲的であった。経営学の研究者の多くも実務家もフランス語を知らなかった。ファヨールの主著が英訳され，誰もがそれを英語で読めるようになり，フランス語という言語上の大きな制約が解消されたことが，管理の理論の古典と

してのファヨール理論の地位を確立するのに貢献したのである。

1. 日本における経営学研究の前史

フランスにおける経営学研究の歴史を辿れば，ジャック・サヴァリー (Jaques Savary, 1622－1690) の『完全なる商人』[3]にまで遡るように，日本では，経営学研究の前史は，商業活動が非常に盛んになった江戸時代 (1604－1868) 中期にまで遡ることになる。この時期，商業の中心地であった江戸と大坂，京都で，良き商人になるための商人学が商業に携わる人たちの間で普及して行った。商業用語の解説や商業実務の教授が寺子屋で行われるとともに，商人の道徳論の普及が図られた。石田梅岩 (1685－1744) の石門心学がそれである。

石門とは，石田梅岩[4]をリーダーとするグループのことである。このグループが主張し，普及しようとするのは心理学ではなく，商人の心の学問，すなわち商業道徳論である。彼は1707年に京都の商家で奉公し始め，その傍ら神道に関心を持ち，修行を続け，ある日天啓を得て自らの思想を確立した。彼は1729年，自宅で無料の公開講座を開き，自身の思想の普及に努め始めた。

石門心学は利潤を追求する商人の社会的役割を積極的に評価し，そのために必要な商人の心得として正直と倹約を強調した。正直と倹約は全ての人間に求められる徳目であり，人間を含む万物を天の意志に従って正しく用いるのが倹約であるとされた。正直と倹約によって，商人の道と人の道，そして天の道は合一するとされた。正直と倹約という商人としての生き方を反省し，それを自覚した意識が町人道であり，ここにおいて利潤追求は初めて天の摂理に適うとされた。

社会的身分が士農工商に峻別されていた江戸中期，商人は最下層の最も卑しい身分とされていた。この時代に，商人の社会的役割を明確にし，その意義を鮮明にすると同時に，商人とその利潤獲得行動のあるべき姿を説き起こしたのが石門心学であった。石田の門下から手島堵庵 (1718－1786) という

優れた弟子が出て活躍し，幕府の保護も得て，石門心学は日本全国で庶民階級だけではなく，武士階級にも広まって行った。

2．日本におけるマネジメント研究の曙

　日本では明治時代の後期（1904－1912）になると，商業資本に代わって工業資本が重要な地位を占めるようになった。企業が大規模化し始め，マネジメントの問題が注目されるようになった。丁度この頃，アメリカでは能率技師たちによる工場管理の合理化の研究が展開されており，その中心がテイラーの科学的管理の研究であった。彼の主張は1911年3月に刊行された主著『科学的管理の原理』[5]に述べられている。

　本書は，当時のジャーナリストの1人である安成貞雄（1885－1924）によっていち早く『実業之世界』誌上で非常に詳しく紹介された。テイラーの科学的管理についての情報を日本に初めてもたらしたのは，この記事[6]であった。1912年4月，加島銀行（現在の大和銀行）の取締役であった星野行則はアメリカ旅行記[7]を出版し，その中でテイラーの科学的管理法を紹介した。同じ1912年の11月，横河橋梁や横河電機の創業者である横河民輔はテイラーの主著を翻訳し，非売品ではあるが出版した[8]。翌12月には，ギルブレス（F. B. Gilbreth）の『動作研究』[9]が大壁早治によって翻訳され，出版された[10]。さらに，1913年1月には，星野行則によって，テイラーの主著が再度，翻訳された[11]が，この翻訳書にはテイラー自身から星野に宛てた書簡と同書のフランス語訳の訳者アンリ・ルイ・ルシャトリエ（Henry Louis Le Chatelier, 1850－1936）の訳者序文が収められていた。同じ1月には，池田藤四郎によって，テイラー・システムのわかり易い解説本[12]が出版された。また，1912年10月には，工場管理技師である神田孝一によるテイラー・システムの実践についての書物[13]も出版された。このように，明治末の日本では，テイラーの科学的管理に関する研究[14]は非常に盛んであった。

　大正時代（1912－1925）になると，多くの研究者が輩出し，日本における経営学研究が本格的に展開し始めた。そのような研究者の1人が井関十二郎

(生年不詳—1932)であり，彼がファヨールの理論を日本に初めて紹介した。井関は雑誌記者としてアメリカ滞在中にテイラーの科学的管理のことを知った。帰国後，彼は明治大学に教授の職を得，雑誌『実業界』を主宰する傍ら広告や販売の問題を研究し，『小売経営法』(1916年)や『新式工場管理法精義』(1916年)など，多くの実務書を著した。クーブローによってファヨールの主著が英語に翻訳された1930年に，井関はこの英訳版に基づいて，明治大学の紀要『明治大学商学論叢』に「Fayolの経営技術論」と題する論文[15]を掲載した。これがファヨール理論を日本にはじめて紹介した論文である。しかし，紹介者である井関は経営の実務に関心があり，経営学の理論研究者ではなかったので，残念ながら彼によるファヨール理論の紹介が適切なものであったとはいい難い。

　日本における経営学研究者の学術団体である日本経営学会は1926年7月に創立されたが，ファヨール理論が日本に紹介された1930年代の研究者の関心は依然として企業経営の能率の問題に向けられていた。さらに30年代後半からの戦時体制に入るとともに，統制経済下の企業経営問題に関心が向けられるようになった。このように，ファヨール理論に特別の関心が寄せられることは第2次世界大戦以前にはなかった。

3．ファヨール研究のはじまり

　ファヨールの主著『産業ならびに一般の管理』が都築栄によってフランス語の原著から日本語に翻訳された[16]のは1958年のことであった。
　この時期，第2次世界大戦での敗戦国日本の経済はようやく復興を遂げ，戦前状態を回復し，いよいよ新しい成長を目指しはじめた時期であった。1945年8月以降，アメリカ占領軍とともに，アメリカの文物が怒涛のごとく日本に流れ込んできた。戦前の日本の経営学研究の主流であった敗戦国ドイツの経営経済学はすっかり影を潜め，アメリカの経営管理論が主流となった。この時期のアメリカ経営学は，英訳によってアメリカに導入されたファヨール理論を基礎理論として，そのいっそうの展開を図ろうとする管理過程

学派の管理論であった。

　戦前の旧体制下の日本企業の管理システムから俄仕込みの戦後の「民主」化された企業の管理システムへの転換が急務であったこの時代には，アメリカの管理論は格好の手引書であった。このようにして，それまでほとんど省みられることのなかったファヨールの理論に対して，次第に関心が向けられるようになった。

　このような状況の中で，ただ1人，例外的な研究者がいた。それは山本安次郎（1904－1994）[17]であった。彼は西田幾多郎（1870－1945）の哲学[18]に立脚して独特の科学方法論をもち，ドイツ経営経済学とアメリカ管理学との統合を目指す，独自の経営理論を構築しようとしていた。アメリカで生成し発展してきた管理学の源泉として，テイラー以上にファヨールを高く評価していた彼は，外国語に堪能なこともあって，早くからファヨールの著書・論文を読み，深く理解していた。彼がファヨール理論のことを知ったのは1934年頃であり，1936年にはファヨールについての最初の論文，「フランス経営学について：フェーヨリズムに関する一考察」[19]を発表している。満州の建国大学教授であった山本は，第2次世界大戦末期の混乱の中でソヴィエトの捕虜となり，収容所での苦労を重ねたが，無事生き延びて生還し，滋賀大学，京都大学の教授に就任した。彼が次にファヨールに関する論文「フェイヨール管理学説の研究」[20]を発表したのは1954年であり，翌年続いて「フェイヨールの組織論」[21]と題する論文を発表した。これら3本の論文を基に，再考して一書に纏めたものが1955年10月に刊行された『フェイヨル管理論研究』[22]であった。ファヨールの主著の日本語訳よりも前に刊行された本書は，世界で初めての本格的なファヨール理論の研究書であった。

4．ファヨール研究の本格化

　アメリカから導入された管理論の基礎理論としてファヨールの理論が必ず取り上げられていること，山本安次郎の本格的なファヨール研究書が刊行されたこと，都築栄による日本語訳が出版されたことが契機となって，1960

4. ファヨール研究の本格化

年代以降になると，日本におけるファヨール研究はいよいよ本格化することになった。雲嶋良雄や中村瑞穂による優れたファヨール研究が発表されるなか，1970年にはファヨールの第2の主著ともいうべき『公共心の覚醒』[23]が佐々木恒男の編訳によって刊行された[24]。また，都築訳の欠陥を正そうとして，1972年には佐々木恒男による主著の翻訳書が刊行された[25]。さらに，1985年には，日本におけるファヨール研究を切り拓き，主導してきた山本安次郎が，1979年のモラン（P. Morin）による序文を付したファヨールの主著の新版[26]を翻訳した[27]。このように，日本では，ファヨールの主著は3回，日本語に翻訳されている。さらにまた，ファヨールの第3の著作『国家の産業的無能力』（*L'incapacité industrielle de l'État: les PTT*）[28]も佐々木によって編訳されている[29]。このようにして，ファヨールの著作は主要著書3冊だけではなく，管理問題に関するフランス語論文は全て日本語に翻訳され，読まれている。

ファヨールの著書3冊全てを日本語に翻訳した佐々木は，1983年から1年間パリに滞在し，その間に当時生存していたファヨールの遺族全てに面会し，インタビューするとともに，ファヨールの個人史に関する各種の公文書の入手に努め，ファヨールの先祖から曾孫までの7代にわたる姻戚関係を明らかにした[30]。さらに，パリの公文書館（Archives nationales）に保管されているコマンボール（Comambault）社関係の100年間の資料を読破し[31]，同社に関連する地方の工場跡も実地に検分した。このような調査研究の成果を取りまとめたものが，佐々木の『アンリ・ファヨール：その人と経営戦略，そして経営の理論』[32]である。

以上のような過程を経て，今日の日本では，ファヨール理論は経営学の古典中の古典として，テイラーの科学的管理の理論とともに受け入れられ，大学や社会人のマネジメント教育において，必ず言及され，教えられるようになっている。

結論

　1917年8月10日に妻アデレード・セルスト・マリー・ソーレ（Adélaïde Céleste Marie Saulé）を亡くした後のファヨールの面倒を見ていたのは次女マドレーヌとその嫁ぎ先のグランジェ家の人たちであった。彼は，パリの住まいとパリの北30キロに位置するプレル（Presles）の邸宅との間を往復しながら，生活していた。1925年11月19日にファヨールが亡くなった後，彼の遺産は法に基づき，3人の子供たちに均等に分けられ相続された。プレルの邸宅は売却された。

　彼の蔵書を引き取り，後々まで大切に保管していたのはファヨールの次女の3男ルイ・グランジェ（Louis Grangé）であった。彼は亡くなる前年の1985年に，この蔵書をFondation Nationale des Sciences Politiquesに寄贈した。これら資料は，Science-Po管轄下の機関「20世紀ヨーロッパ史センター」（Centre d'Histoire de l'Europe du Vingtieme Siecle）の「現代史資料館」（Archives d'Histoire Contemporaine）に「ファヨール文庫」（Fonds Fayol）として収められている。

注

(1) Fayol, J. H., *Administration industrielle et générale : prévoyance, organization, commandement, coordination, contrôle*, extrait du *Bulletin de la Société de l'Industrie Minérale*, 3e livraison de 1916, book form publication by Dunod et Pinat, Paris, 1917.

(2) Coubrough, J. A. trans., *Industrial and General Administration*, Geneva, International Management Institute, 1930.

(3) Savary, J., *Le parfait négociant, ou instruction général pour ce qui regarde le commerce de toute sorte de merchandises de France et des pays étrangers*, Paris, 1675.

(4) SASAKI Tsuneo, "ISHIDA Baigan," Witzel, M. ed., *The Biographical Dictionary of Management*, 2 vols, London, Theommes Press, 2001, pp.476-477.

(5) Taylor, F. W., *The Principles of Scientific Management*, New York, Harper & Row, 1911. Reproduction by Wren, D. A. and Sasaki, T., *Taylor and His Comrades*, Intellectual Legacy of Management Theory Series, Series 2-Part 1, London, Pickering & Chatto Publishers, 2002, pp.147-223.

(6) 安成貞雄「世界の実業界を革新するに足る科学的操業管理法の案出」，『実業之世界』第8巻第5号，1911年3月。
　　同，「科学的操業管理法の神髄」，『実業之世界』第8巻第6号，1911年4月。

(7) 星野行則『見学余禄』警醒社書店、1912年4月。
(8) 横河民輔『科学的経営法原理』、私家版、1912年11月。
(9) Gilbreth, F. B., *Motion Study*, New York, Van Nostrand Company, 1911.
(10) 大壁早治『手数省略新式工場管理法全』大倉書店、1912年12月。
(11) 星野行則『学理的事業管理法』崇文館書店、1913年1月。
(12) 池田藤四郎『無益の手数を省く秘訣』エフィシエンシー協会、1913年1月。
(13) 神田孝一『実践工場管理』杉本光文館、1912年10月。
(14) 日本における初期マネジメント研究の文献資料については、次を参照せよ。
   ① 間宏監修『日本労務管理史資料集』、第1期第8巻『科学的管理法の導入』五山堂、1987年。
   ② 奥田健二・佐々木聡編『日本科学的管理史資料集（図書編）』、第1巻『初期翻訳書・翻案』五山堂、1995年。
   ③ 佐々木聡『科学的管理法の日本的展開』有斐閣、1998年。
(15) 井関十二郎「Fayolの経営技術論」、『明治大学商学論叢』第9巻第2・3・4号、1930年。
(16) 都築栄訳『産業並びに一般の管理』風間書房、1958年4月。
(17) SASAKI Tsuneo, "YAMAMOTO Yasujiro," Witzel, M. ed., *The Biographical Dictionary of Management*, op.cit., pp.1086-1087.
(18) SASAKI Tsuneo, "NISHIDA Kitaro," *ibid.*, pp.754-756.
(19) 山本安次郎「フランス経営学について：Fayolismに関する一考察」、『法と経済』第5巻第1号、1934年1月、同第5巻第2号、1934年2月。
(20) 山本安次郎「Fayol管理学説の研究」、『PR』第5巻第8号、1954年8月。
(21) 山本安次郎「Fayolの組織論」、『彦根論叢』（滋賀大学）第25号、1955年5月。
(22) 山本安次郎『フェイヨル管理論研究』有斐閣、1955年10月。
(23) Fayol, J. H., *L'éveil de l'esprit public : études publiées sous la direction de M. Henri Fayol*, extrait du *Bulletin de la Société de l'Industrie Minérale*, 4e livraison de 1917, book form by Dunod et Pinat, Paris, 1918.
(24) 佐々木恒男編訳『公共心の覚醒：Fayol経営管理論集』未来社、1970年。
(25) 佐々木恒男訳『産業ならびに一般の管理』未来社、1972年。
(26) Fayol, H., *Administration industrielle et générale*, edition présentée par P. Morin, Paris, Dunod, 1979.
(27) 山本安次郎『産業ならびに一般の管理』ダイヤモンド社、1985年。
(28) Fayol, H., *L'incapacité industrielle de l'État : les PTT*, extrait de la *Revue politique et parlementaire* du mars 1921, book form by Dunod, Paris, 1921.
(29) 佐々木恒男編訳『経営改革論』文眞堂、1989年。
(30) Sasaki, T., "Henri Fayol's family relationships," *Journal of Management History*, Vol.1, No.3, 1995, pp.13-20.
   Reproduced by Wood, J. C. & M. C. Wood eds., *Henri Fayol : Critical Evaluations in Busness and Management*, 2 vols., London & New York, Routledge, 2002, pp.84-92.
(31) Sasaki, T., "The Comambault Company revisited," 『経済集志』（日本大学経済学部紀要）第68巻第4号、1999年、pp.113-128。
(32) 佐々木恒男『アンリ・ファヨール：その人と経営戦略、そして経営の理論』文眞堂、1984年。

第11章

スペインへの影響

アルフォンス・カルロス・モラレス・グティエレス
ホセ・アントニオ・アリサ・モンテス

　本章では，ファヨールの思想のスペインにおける影響を分析する。一般に，あるメッセージは，公刊されたテキストが受け入れられ，利用され，再版され，他の言語に翻訳された場合に，その痕跡が明示的に現れたと考えられる。この明示的影響アプローチは，思想の非明示的な普及によって補完されなければならないものである。なぜなら，ある著者の貢献は，例えばそれが多少なりとも借用された場合にもその重要性が明らかになるのであり，また，その重要性がテキストの構造の中に現れる場合もあるからである。この点から見れば，ファヨールがあらゆる企業管理マニュアルにおける管理過程アプローチの父であることは明白である。

　このような見通しの下で，われわれは，まず理論レベルでファヨールの管理学説に取り組んだ。続いて，スペインの国立大学，図書館，経営学部のプログラムで，著述家としてのファヨールがどの程度普及しているのかについて調査した。最後にわれわれは，彼の思想が他の著述家の経営モデルほどには普及しなかった要因に注目する。これらの要因はスペインの制度的構造と組織の発展に関わるものであり，これらがスペインのコンテクストにおけるファヨール理論の採用を困難にしたのであるが，まずは，本題に入る前に，本研究で採用された方法論について，そして，著名な経営モデルがファヨール理論をどのように位置づけているかについて触れておこう。

1. 管理学説の企業への普及を研究するための方法論的戦略

(1) 概念的特徴戦略

　ある管理学説の思想が普及する可能性とその効力に関する分析は，さまざまな戦略を用いて行うことが可能である。最初に紹介する戦略は概念を対象とするものである。この戦略は，概念的，包括的，特定的といった言葉で特徴づけることができる。この戦略は，研究対象となる思想の関連知識領域への貢献や，この思想の現実解釈能力，そして現実を変えるための行動における利用法を強調している。この概念的分析は，以下の段階を踏む必要がある。

　① 領域内で関連するさまざまな思想の独創性のレベルを明らかにする。
　② 今日に至る思想の発展に対する影響の大きさを確認する。

　ここでは，当時の管理領域におけるファヨールの思想の独創性について説明しなければならない。そして，現在知られている企業組織論の著述家たちの思想の中にファヨールの思想がどのような痕跡を残したかを検討しなければならない。この分析はある程度徹底的に行われなければならない。著述家ファヨールの業績の全体像について，同様に，企業組織化に関する然るべき著述家たちのあらゆる文章について，そしてそれを出版をした著述家自身について理解しなければならないのである。

　ところが，ファヨールの思想を分析した研究は存在しない。彼のテキスト『産業ならびに一般の管理』には直接言及されるものの，彼の思想全体に関する批判的研究は出版されていない。ミンツバーグ（Mintzberg, 1974）はさまざまな古典的モデルの批判的総合に取り組み，これらのモデルの不十分さを明らかにしている。逆に管理モデルには，体系化された組織化論である概念的・包括的・非特定的分析が数多く存在する。これらは，時には経済的な見地から，時には管理的な見地から（Scott, 1978; Morales Gutiérrez, 1994; Guillén, 1994），さらには社会学的な見地から（Seguin et Chanlat, 1983）行われたものである。これらの著作はすべて，合理的管理モデル，閉

鎖的システム（Scott, 1978），構造分析（Guillén, 1994），機能主義（Seguin et Chanlat, 1983）の範疇にとどまりながら，明示的あるいは非明示的にファヨールに言及している。

　別のタイプの戦略も採用可能である。この戦略は，概念的・部分的・特定的分析と呼ばれるものである。ここでは，ファヨール学説の影響の深化が問題とされる。レンの著作（Wren, 1994）と，フェルズによって最近発表された論文（Fells, 2000）には，ファヨールの著作に対する徹底的な批評と彼の思想の分析が含まれている。とりわけレンは，コッター（Kotter）が提示したモデルがファヨールの思想からインスピレーションを得たものであることを明らかにしている。

　ミンツバーグ（1974）が定義した管理者の10の役割は，『産業ならびに一般の管理』におけるファヨールの管理学説の諸要素および諸原則によく似ている。さらにその後，フェルズ（2000）は，管理業務の性質に関するさまざまなモデル（Mintzberg, 1973; Kotter, 1982; Hales, 1986）と下位概念を関連付けている。これらのモデルは，ファヨール独自の思想の拡張として理解できるだろう。フェルズ（2000）はミンツバーグ，コッター，そしてファヨールの各モデルの諸要素の関係性を明らかにしている。図1はその関係を示したものである。これらの関係は，これらの概念が同一，あるいは類似していることを説明している[1]。これらの結果を踏まえ，フェルズは，ファヨールの思想がミンツバーグとコッターによって展開された管理モデルに極めて強い影響を与えたと結論しているのである。

(2) 文化的・制度的戦略

　われわれが採用する方法論的戦略を，文化的・制度的戦略と名づけよう。この戦略は，概念的性格分析と，文化的・制度的要素を強調するのに役立ついくつかの経験的局面，すなわちさまざまな思想を研究し，受け入れる社会の特定的局面（政治的な価値と思想）を結び付けるものである。動態分析はコミュニケーションの過程に注目するものである。この過程は間違いなく複雑，広範かつ多面的である。ここには，発信者，受信者，目的，フィル

ター，媒体等々が複雑に含まれている。この複雑さを認識しつつ，あるメッセージの影響を分析し，それに好ましい，あるいはそれを阻む諸要素を特定することが大きな課題となる。20世紀初頭に生まれたさまざまな思想に関わることに取り組むのは容易ではない。ここでは予備的考察だけに留めておく。

　何らかの思想の普及可能性とそのインパクトを分析するために，ある単純なモデルが構築されている。このモデルは，さまざまなレベルにおいてこの過程をコンテクスト化しながら充実させることを目的としている（図2参照）。

① 時間的レベルは，普及の開始時期とその持続時間を明確化する。
② 理論的レベルは，同時代の代替的な思想との関係性に関わる。
③ 空間的レベルは，思想の普及領域を明確化する。

　このモデルは組織的発展の諸要素（これらの思想を受け入れうる社会のタイプ）と制度的決定因子（政治的，経済的，文化的レベル）を統合するものである。

(a) 時間的レベルでのコンテクスト化

　ファヨールは，自身が管理学説と呼んだ概念の発展の必要性を個人的に強く確信していた。これらの概念は，彼の時代には存在していなかったものである。新たに知られるようになったこれらの思想の影響は，論理的には，まずは原語による普及，そして他の言語への翻訳による普及によってしかありえない。ファヨールが自著『産業ならびに一般の管理』を書いたのはまさにそのためである。初版はフランスで1916年に出版された。最初の英訳は，ジュネーヴに本拠をおく国際管理研究所により1929年に行われた。この翻訳がイギリスで流通したのはわずかな部数であった。

　アメリカでは，1923年にはファヨールの著作への最初の言及がなされていた。サラ・グリアー（Sarah Greer）は彼の論文の1つを翻訳し，それが1937年に出版されたギューリック（Gulick）とアーウィック（Urwick）の選集に再録された。コンサルタントであり，管理領域に関する研究者でもあったアーウィックは，この中でファヨールの理論に言及している。『産業

ならびに一般の管理』は1949年に翻訳されている（本書第9章参照）。

(b) 理論的レベルでのコンテクスト化

　思想の普及に関する分析は，それが抽象的なレベルにとどまり，他の類似した思想の普及過程とそのインパクトに言及しない限り，常に貧弱なままであっただろう。同時代の類似した思想の普及と比較することが必要なのである。

　これらの類似した思想は，より科学的な受け手，とりわけ管理職，コンサルタント，教育者の関心を引くかもしれない。したがって，ファヨール思想の普及過程を，同時代人のさまざまな思想や管理モデルの普及と比較する必要がある。

　論理的には，いくつかの歴史的状況におけるある管理モデルの採用は，1つの複雑な過程である。この過程は，その規模から見ても，あるいは過程それ自体から見ても，国によって大きく変化するものである。各国のメンタリティ，外国の科学思想に対して多かれ少なかれ開かれた職業規範の成果，あるいは宗教思想によって決定された態度，これらの要素すべてが考慮される。われわれの分析は，そのうち特に2つの要素，すなわち，企業の管理者による評価[2]，そして，これら管理者の宗教的メンタリティーあるいは彼らに支配的な倫理観に的を絞って実施される。これらの要素の影響に関する研究はいくつか存在する（Guillén, 1994）。これらの研究は，仏教あるいは儒教の影響を受けた経営学者・理論家たちが労働の中に内在的な満足が存在すると考える傾向にあることを示している。キリスト教文化を有する人々は外在的な性格の報酬を強調する。儒教と仏教は共に社会を共同体であると定義した。反対にキリスト教は，一般に個人の努力を強調する。この対比は，キリスト教倫理観が人間関係論モデルよりも科学的管理法モデルに密接していることを示している。とは言うものの，カトリシズムとプロテスタンティズムはさまざまな管理と組織化の思想の受容と採用の方法に影響を与えた。そして，この2つの教義は完全に異なる結果を生み出したのである。

(c) 空間的レベルでのコンテクスト化

　ある著述家の思想の影響は，具体的な地理的領域にも及んでいる。本章で

は，スペイン領土におけるファヨールの普及に分析対象を限定する。この地域では，20世紀を通じて経済発展は均質ではなかった。産業はいくつかの大都市に集中していた。企業と経営の主たる発展の場は大都市であった。マドリード，バルセロナ，ビルバオがこのような都市として知られている。これらの都市では，いくつかの商業学校が宗教的性格を持つグループの私的な発意によって設立されている。ICADE（マドリード），ESADE（バルセロナ），デウスト（ビルバオ）がこれに相当する。この地理的枠組みは，政治的，経済的状況の産物である次の2つの要素の認識を余儀なくさせる。

① 組織発展のレベル。物質面に関わることはすべて，さまざまな組織の間での無意識な模倣によって普及する。反対に，思想は個人を通じて伝播する。思想の受け手たち，取締役，管理者たちはこれらの思想を完全に本来のまま受け入れるのである。彼らには，これを具体的に応用する可能性を調べる責任がある。したがって，彼らは優れた選択眼を持ったフィルターなのである。

② 制度的諸条件。領域の文化的土台，個人がアイデンティティーの拠り所とするイデオロギー的・宗教的価値観，政治的・経済的状況，これらすべてが思想の普及に影響を及ぼす。これらの制度的条件がいくつかの思想の普及を加速させたり，減速させたりし，さらには排除するのである。それ故，これらの思想は組織管理の改善，さらに最終的には経済的・社会的発展に貢献する可能性があったわけである。

(3) 分析の規模

これまで考察してきたことを照らし合わせると，スペインにおけるファヨールの思想の普及に関する調査の規模は制限されるべきである。とりわけ，次の事項については割愛する。

① スペイン企業における現実の経営へのファヨールの思想の実際の応用。これにはさまざまな組織内の機能に関する困難な調査が必要となるだろう。この調査はこの時代全体を対象にしなければならないものである。企業での出来事がどのように理論的思想に対応しているのかについては検討しな

② ファヨール公認の弟子たち (Haldane, 1923 ; Gulick, 1937 ; Urwick, 1943 ; Mooney, 1947)，あるいは彼のさまざまな思想にインスピレーションを得たその他の人々の思想の諸要素に対するファヨールの影響[3]。

③ 最後に，われわれは非明示的に行われうる言及の詳細な分析は行わなかった。それにふさわしい厳密さがなければ，これは単なる思索的行為に過ぎないだろう。この種の研究は本章末の参考文献に掲載されている。

2．ファヨールの思想と主要な管理モデルとの関係

経営史のさまざまな専門家たちによれば，企業家的な視点（包括的概念戦略）による組織発展の試みは，技術的，社会的，構造的３つの方向性を志向していた。

これは３つの伝統的なモデルである。すなわち，科学的管理法モデル（技術志向），人間関係論モデル（社会志向），そして，構造コンティンジェンシー（構造志向）である。この３つのモデルは，組織理論の専門家たちには周知のものである。これらについて，本章で改めて述べる必要はないだろう。

ファヨールの思想は，この３つのモデルのどこに位置付けられるのだろうか？　著述家たちの中にはファヨールの思想を，その管理アプローチの類似性ゆえにテイラーの思想と並べて位置付ける者もいるし (Benavides, 1990)，その思想の構造的・規範的特徴ゆえにファヨールをマックス・ウェーバー (Max Weber) に関連づけた者もいる (Suárez, 1990)。

われわれに関して言えば，われわれは，ファヨールの思想を選考するパラダイムの中に適切に位置づけるためには，これまで分析されてきたこれらのさまざまなモデルの代表的な著述家たちとの類似性と差異を分析する必要があると考えている（表１参照）。

一般化可能な原理に基づくこの演繹的な観点においては，そのアプローチが偶然に左右されるのは明らかである。例えば，ファヨールは，集権化の度合いは企業の従業員とその活動の相対価値に依存すると認識している。この

ことによって，彼のモデルは明らかに構造コンティンジェンシー・モデルに類似しており，また，2つの他のモデル，すなわち科学的管理法および人間関係論とは区別されるのである。

反対に，この2つのモデルは帰納的認識論に基づくものである。

その上，ファヨールの概念は階層的，規範的であり，規律と社会秩序に重点を置いている。それ故，彼は，概念が典型的に構造に集中しているウェーバーに類似している。もっとも，内部コミュニケーションに関しては，ファヨールの見解はウェーバーよりも柔軟である。さらにファヨールは，垂直的コミュニケーションに加えて，必要な時には，横方向コミュニケーションという，いわば渡り板のようなものを提案している。他方，彼は口頭コミュニケーションも最大限に賞賛している。「これによって速さ，明解さ，そして調和が得られるのである」（主著，p.45）。

ひと度この分析を行えば，ファヨールの思想が構造コンティンジェンシー・アプローチの明白な先例であると結論することが可能である。だから，彼の管理原則は管理過程の出発点なのである。

3．ファヨールの著作のスペインにおける普及

大学図書館にファヨールの著書が所蔵されているということが，彼の思想の明示的な普及プロセスの痕跡である。非明示的なレベルでは，ファヨールの思想は，講義の中で学び，感銘を受けた著述家たちを通じて存在し，彼らはファヨールに言及し，彼の思想を拠り所とし，この思想と密接したさまざまなモデルを奨励しているのである。

(1) スペインの図書館におけるファヨールの足跡

われわれは，明示的分析を行うために，スペイン大学図書館ネットワーク（REBIUN）の総合目録を参照する方法をとった。著者名で目録を検索し，現在所蔵されているすべての著作を取り上げた。そこには，1917年から1994年に至るさまざまな出版年の版が見出される。われわれはその版の日

付を記録した。この日付は図書館が購入した日付ではないが，それは購入日とそう遠く離れた日付ではないと考えられる。この調査の結果，スペインの38の大学図書館が，少なくとも1冊のファヨールの著書を所蔵しているということが示された。これらの大学図書館は全体で77冊のファヨールの著書を所蔵しているが[4]，その中で最も多かったのが，スペイン語版（44冊）とフランス語版（23冊）の『産業ならびに一般の管理』である。

何よりもまず，スペインでは外国語の原書を読む習慣がないことを知っておく必要がある。それにもかかわらず，フランス語版の『産業ならびに一般の管理』が23冊所蔵されていることが確認されたのである。ここには，1917年版から1979年版まで存在する。それぞれの版がいくつかの大学によって購入されたわけだが，中には同じ版を4つの大学が購入している例もあった。ファヨールのその他の2つの著書もフランス語版が所蔵されている。それは，『公共心の覚醒』（2冊）と，郵便電話局に関する報告書『国家の産業的無能力』（3冊）である。

さまざまな大学がこれらを購入した。バレンシア大学は，彼の3つの著書を1927年以前のフランス語版で所蔵している。また同大学は『産業ならびに一般の管理』のイタリア語版（1973年）を所蔵しているが，スペイン語版は1994年まで収蔵していなかった。カタロニア工科大学は，『産業ならびに一般の管理』の初版（1917年），1925年および1966年の再版，そして，ブエノスアイレスで出版された最初のスペイン語版（1946年）を所蔵している。アルカラ・デ・エナレス大学は，『産業ならびに一般の管理』の1918年版[5]，1970年の再版，『国家の産業的無能力』1921年版，そして1984年刊行のスペイン語版『産業ならびに一般の管理』を所蔵している。

このように，これら3つの大学は，それぞれファヨールの著書を4冊所蔵している。このことは，ファヨールの思想が古くから，そして比較的継続的に関心を持たれてきたことを示すものである。

『産業ならびに一般の管理』のイタリア語版は1冊であったが，英語版は4冊である。すなわち，1949年版（2冊），1961年の再版，そして，1984年のアメリカ版（グレイ Gray 訳）である。一方，最も冊数が多かったのは

スペイン語版である（44冊）。その総数のうち，37冊はアルゼンチン版である。まず，『産業ならびに一般の管理』の最初の翻訳書がスペインでは3冊所蔵されている。この翻訳書は，アルゼンチン財務省が，科学研究高等審議会の命令によりブエノスアイレスで1942年に出版し，1946年に再版されたものである。翻訳者はロベルト・ホセ・トラブッコ（Roberto Jose Trabuco）である。

1956年，ブエノスアイレスのエル・アテネオ出版社は，コンスタンティノ・ディミトリウ（Constantino Dimitriu）によるもう1つの翻訳版を出版した。これはスペインの大学図書館に計7冊所蔵されている（1956年版および1961年版）。1984年，この同じアルゼンチンの出版社はファヨールとテイラーの2冊の啓蒙書を合本で出版した。すなわち，ファヨールの方は『産業ならびに一般の管理』であり，テイラーの方は『科学的管理の原理』である。この本は，スペインの大学でも大きな成功を収めた。この初版は20部が大学図書館に所蔵され，1994年まで7回再版された。

バルセロナのオルビス社が自社による版を出版するのは1985年になってからである。これはほとんど売れておらず，7つの大学が購入しただけである。

さらに，公教育省によって編集された『組織論講義』の中に，シャフリッツ（Shafritz）の『組織論の古典』（1987）に収録されている，『管理の一般原則』の一部（pp.51-66）の翻訳が見られる。

この分析から結論できることは，ファヨールの思想のスペインの大学への導入は，外国から来た動きに追随したものだということである。最初の動きは，1920年代にフランスから直接やって来た微弱なものであった。第2の動きは，1984年にアルゼンチンから来た大きなもので，ここでは，ファヨールとテイラーが同じ客車に乗せられていた。微かな影響はすでに1940年代から示されていた。しかしそれは，別々の本の中で紹介されただけのことであった（30年間で11冊）。他の国の言葉（英語とイタリア語）による翻訳書は若干は所蔵されていた。スペインにおけるファヨールの思想の直接的影響の道程は，ファヨールが成功した頃のフランスから続く細い道であっ

たが，彼の思想は，次にアルゼンチンを通って到来し，そして，それがアメリカ人の著述家たちの中に見出されるようになった時，さらに広き道となったのである。ここでは非直接的影響が問題となる。

(2) 大学の教育プログラムにおけるファヨールの足跡

ファヨールの著書は，スペインの大学図書館にほとんど所蔵されていない。しかし，学生たちは図書館に行くことを奨励され，そこでさまざまな本を読む。その本がファヨールのものであるチャンスはほとんどない。しかし，それが他の著者の本であっても，そこでファヨールに言及されているとしたら，それはファヨールの思想の非明示的影響の痕跡だと言えるだろう。

具体的には，われわれは，企業経営管理学部の企業管理プログラムにおける推薦図書を検討した。まず，われわれはスペインの65大学のウェブサイトのページを閲覧した。これにより，16大学（25％）のプログラムを入手した。これらのプログラムの中で，われわれは，講義の推薦図書と図書館オリエンテーションを調査した。参考図書については大きなばらつきがあった。頻繁に登場するのは18冊の著作である。われわれはこの18冊のうち，各大学がどの本を学生に推薦するのかを示した表を作成した（表2）。

まず注目するのは，ファヨールの原書を推薦しているのは，バルセロナ大学の企業管理コースだけだということである。同大学の図書館には，1917年のフランス版，1984年のアルゼンチン版，そして1987年のバルセロナ版（オルビス社）の3冊が所蔵されている。他に文書でファヨールのテキストに言及している大学はない。このような状況から，経営教育におけるファヨールの影響はほとんどないと考えられるかもしれない。しかしそれは大きな誤りである。大学の教育プログラムで推薦されている教科書の多くがファヨールの理論に言及しているか，そこからインスピレーションを得ているからである[6]。

表2に見られるように，スペインの経営学部学生向けの主要推薦図書はスペインの著述家が書いたもの（7冊）か，外国の著作の翻訳（11冊）である。最も多く推薦されている本の著者は，ブエノ・カンポス（Bueno

Campos)（8大学），ミンツバーグ（7大学），ロビンス（Robbins）（6大学）である。

　これらの著作におけるファヨールの思想の影響に関しては，それぞれの内容と著者のアプローチを考慮する必要がある。ガルシア・エチェバリア（García Echevarría, 1993），セラ・ラモネーダ（Serra Ramoneda, 1993），ミルグロム，ロバーツ（Milgrom & Roberts, 1993）の教科書は契約の概念（取引費用の理論，Williamson, 1975）に基づいたアプローチに従っており，この枠組みの中で，彼らは古典的なアプローチから遠ざかっていく。彼らはファヨールの影響は受けていない。他方，さらに古典的なアプローチにとどまっているテキストは，それぞれのアプローチにしたがって，以下のように分類することができる。

　① 組織論アプローチ。ここでは著者たちはプロセスよりも組織の静態的現実を強調する。アルニャーダ（Arruñada, 1990），ブエノ・カンポス（1996），クゥエルボ（Cuervo, 1994），ダフト（Daft, 1998），ホール（Hall, 1996），ミンツバーグ（1994），スゥアレス・スゥアレス（Suárez Suárez, 1994），セリッリ（Zerilli, 1990）。

　② その他のアプローチ。このカテゴリーには，ファヨールを副次的なものとして位置付けている著作が分類される。これはとりわけ，チアベナット（Chiavenatto, 1992）のケースである。

　③ 管理論アプローチ。この教科書は，ファヨールの過程モデルを明示的に採用している。ディエス・デ・カストロ，レドンド（Díez de Castro et Redondo, 1999），ドネリー他（Donnelly et al., 1997），ハンプトン（Hampton, 1989），クーンツ，ヴァイリッヒ（Koontz et Weihrich, 1993），ロビンス（1994），ストナー他（Stoner et al., 1996）。彼らは，ファヨールによる管理過程の重要な局面の周辺に自らの著作を構成している。

　この6冊の著作は，企業管理プログラムを設置している16大学のうち9大学で，合計18回推薦されている。ここに，クゥエルボの教科書（1994）を付け加えることも可能である。この教科書は組織論アプローチを採用しているが，第2部はファヨールの重要な局面の周辺で構成されている。した

がって，7冊がファヨールの影響を受けていることになる。この7冊は，10大学の企業経営管理学部で21回推薦されている。このことが，総論の著述家たちを通じた，ファヨールの思想の影響力の大きさを説明している。

(3) 学術雑誌の参考文献の分析

　これらの思想は大学という処方者によって伝達される。教員がこの処方者の役割を果たしている。雑誌もまた，思想普及の強力な手段である。組織の機能に関する思想を普及させうる雑誌もいくつか存在する。ここでは4つの雑誌において，どんな論文がファヨールの思想に言及しているかを検討した。

　われわれは経営学分野で出版されているスペインの学術雑誌を調査した。それぞれの雑誌を，ある一定期間のすべての論文について，そのテーマがファヨールの思想の普及の分析に利用できるものかどうか判断するために，その要旨を参照した。これらの雑誌については，イエズス会付属の私立大学経営教育センターの協力を得た。具体的には，関連する雑誌は以下の通りである。

　① 『経済学研究』：デウスト大学（ビルバオ）。
　② 『ICADE』：ICADE（本拠地：マドリード）。
　③ 『経営研究』：高等経営研究学院（サイント・セバスティエン）[7]。
　④ 『社会発展』：イエズス会。同誌は教会の社会教義に関する公式見解を表明すると同時に，コルドゥエ大学経営経済学部（ETEA）の機関紙でもある。

　『経済学研究』（年3回発行）。雑誌の調査は，コンプルテンセ・デ・マドリッド大学のインターネットサイトで閲覧可能な要旨を，1946年以降分について閲覧しながら実施した。ここで明らかになったのは，同誌は刊行当初，マクロ経済学や，金融，財政，法律，応用経済などのテーマが主流であったということである。1950年代中頃，企業経営，とりわけ人間関係論と経営を統合する必要性に関する論文が散発的に登場した[8]。1960年代，方針転換が起こった。同誌は明確なテーマについて特集号を発行するように

3．ファヨールの著作のスペインにおける普及 343

なったのである。1961年の53号（経営関連論文6編），1966年の69号（同9編）がこれに該当する。1970年代には3つの特集号，すなわち1970年の81号（同8編），1971年の83号（同11編），同じく1971年の84号（同14編）が発行された。1980年代には，さらに3つの特集号が組まれ，中でも最後の号はリーダーシップ・スタイルによるものであった。1983年の120号（同5編），1987年の130号（同9編），そして1989年の136号（同8編）。1960年代から70年代においては人間関係論モデルが優位を保ち続けていたが，1980年代以降，いかなるアプローチも支配的ではなくなっている。そして数量的視点と戦略的思考が姿を現し始める。

『ICADE』（年3回発行）。1984年以降について調査した。同誌の編集方針は，社会問題，経済発展のための協力援助，欧州連合，法律など極めて多様な性質のテーマに向けられ，企業の経営管理もそこに含まれている。経営管理に関しては，さまざまな視点から経営について検討した論文が多数掲載されている。その大部分は人間関係論学派に近い社会的アプローチを採用している。これらの論文におけるファヨールの思想の存在は極めて限られたものである。ファヨールを参照しているのは3編だけである。最初のものは本誌第1号に掲載されている。フアン・マルティン・デ・ニコラス（Juan Martin de Nicolás）が1984年に発表した「不況期の企業経営」と題された論文がそれである。さらに同じ号の中で，コッターとミンツバーグの研究が言及されているが，彼らはすでに見たとおりファヨールの後継者である。この論文において，とりわけ管理過程の諸段階の名称においては，ファヨールへの言及は常に非明示的である。第2の明示的な言及も明らかになっている。1986年の『ICADE』第7号において，ロレンソ・ラモス・パウル（Lorenzo Ramos-Paul）の「取締役の業務」と題された論文が発表されている。この論文は，明解かつ完璧に，企業管理におけるファヨールとその弟子たちの歴史的重要性を認めている。最後に，1990年発行の第19号で，ホセ・ロペス（Jose Lopez）の「経営倫理，時代の象徴か，それとも流行か」と題された論文が掲載されている。この著者は，明示的にファヨールに言及している。彼によれば，管理原則は「計画，組織，統制という，経営過程の

3つの連続する古典的機能の研究をほとんど変わることなく中心的内容としている数多くの経営マニュアルによって」(p.132) 強固なものとなった，今日なお有効な不変の主張である

『経営研究』。われわれは，コンピュータ媒体で入手可能な最初の100号（1965－1998年分）のデータベースを閲覧した。このデータベースは，経営，組織，人的資源，教育・開発などの問題について参照可能である。大方の期待通り，検索によって得られた論文は人間関係論モデルの影響力が強いことを示し[9]，このモデルが支配的になっている。われわれは，エンリケ・ティクシド・リエラ（Enrique Teixido Riera）の「企業：システムと全体的構造」（同誌，No.27, 1973, pp.43-71）という論文の中に，ファヨールへの明示的な言及を一箇所見つけただけである。奇妙なことに，「組織発展研究の概要」（1986）という経営理論に関する研究において，ジャイメ・ガビリア・フェルナンデス（Jaime Gaviria Fernandez）はファヨールの学説に言及していない。われわれは，R.P.フアン・マルティン・デ・ニコラスの「企業の経営管理職」（同誌，No.8, 1967, pp.7-28）と，アベルストロー（Haberstroh）の「スペイン語圏における企業管理教育」（同誌，No.10, 1968, pp.7-22）を特に興味深いと感じたが，これらの論文もファヨールの著作に言及していない。彼らは同誌において，全世界の数多くの機関における経営教育プログラムを紹介している。彼らはアベルストローの論文を引用し，多くの教育の場で陳腐な管理理論が教えられていると批判している。

『社会発展』。同誌は教会の社会教義を表明するものである。同誌は1946年，『社会学・経済道徳季刊誌』として創刊された。しかしながら，その主要なテーマは経営ではない。同誌がこのように標榜しているのは，同誌の読者が企業の管理職に多いからである。実際，創刊当初，同誌は「実業家の本棚」というタイトルの特別欄を設けていた。この欄は，そのタイトルに見合うような経営関係の本が極めて少なかったにもかかわらず，10年間継続した。1991年以降，この雑誌は，コルドゥエ大学の関連機関であるETEA経営経済学部によって出資を受け，運営されている。われわれはここでは経営

に関する論文をほとんど発見できなかった。同誌の傾向は50年代の他の学術雑誌のそれと同様である。すなわち，ここでも人間関係論アプローチに依拠する傾向が見られるのである[10]。60年代初頭に，「企業経営に関する16のポイント」と題された，雇主社会活動国民委員会のメンバーであるJ.M.ゴンザレス・パラモの論文（J.M.Gonzalez Paramo, 1961）が掲載されている。この論文はファヨールについて明示的に言及していないが，非明示的には言及している。彼は企業主の使命を特徴付ける5つの動詞，すなわち「計画し，行動し，統制し，調整し，組織する」を結論として提示している。

(4) **ファヨールの思想への明示的な言及がほとんどないことについての仮説**

この分析から明らかになったことは，スペインでファヨールの思想は完全には知られていないということと，この知識が仲介者たちによってもたらされたということである。

ファヨールの著作は文献での引用を通じて知られるようになったが，その引用は多くの場合，間接的に経営思想史の著作から行われたものである。ここでは，ファヨールについて批判的であり（George, 1974 ; Kliksberg, 1978），とりわけ，彼の方法論的な欠陥と[11]，彼のアプローチの過度に規範的な性格に関して，その傾向が大きかった[12]。

時系列的には，ファヨールは人間関係論アプローチの前に位置している。その結果，多くの著者たちが彼の思想が不十分であることを強調している。後発のモデルが，彼と比べ改良されたものとして認識されるのである。以下の引用はこのような態度の好例である。「ファヨールが組織に対してとった過度に単純化された取り扱いは，フォーマルな組織の研究，そして組織そのものだけに狭く集中したものであり，組織のインフォーマルな側面や人間的側面を考慮に入れていないものである。ファヨールがそうしたように，完璧に組織された企業は正確に機能するといった考えから出発することは，人間集団の管理の現実を誤解した幻想なのである」（Benavides, 1990）[13]。

さらに，ドラッカー（Drucker）[14]やミンツバーグ[15]といった，ファヨールから距離を置いている組織理論の大家たちの影響が見られることも確かで

ある。他の著者たちは，その模倣を通じて，ファヨールに対する組織的な批判的視点を採用するのである。

4．スペインでのファヨールの著書の普及に関する制度的要因の分析

われわれはこれより，（ファヨールの思想は構造コンティンジェンシーに近いという）先ほどの仮定と，経営分野における思想普及モデルを基にして，スペインの制度的コンテクストにおけるいくつかの思想の浸透の条件について分析を行う。本章第1部で述べた通り，思想の媒介者としてのエリートや，彼らの宗教的信念の重要性を仮定するとしたら，この分析は前から知られていた結果を確認するものである。人間関係論アプローチは，制度的視点から見れば，スペインで普及するのに最適な組織モデルである。成功を収めたのはこれらの思想であり，ファヨールのそれではなかったのである。

第1の要素（エリートによる利用）に関しては，1940年代から50年代初頭にかけて，スペイン社会は，西側社会にありながら孤立していたという理由による不安定な組織構造にもかかわらず，すべて同じモデルを採用していた（Guillén, 1995）。陸海軍および民間の技師たちは，経営エリートの反テクノクラート的態度にも関わらず，独裁体制によって組織された国家組織や垂直的労働組合と共同で，科学的管理（テイラー）のモデルの採用を促進したのである。

第2の要素に関しては，スペインで支配的なカトリック文化[16]が，北アメリカの人間関係論モデルを地域の特性に適応させながら受け入れ，採用するための道を作ったのである。人間関係論は，複雑かつ官僚的な組織に労働者を容易に適応させる経営モデルであるとみなされている。これによって，緊張状態，対立のリスク，不信が減少するはずである。人間関係論のイデオロギーは，スペインの労働者にとって，そして，大きな対立状態やストライキの頻発によって労働者に追従している実業家たちにとっても魅力的だったのは明らかである。さらに，もう1つの理由が存在する。社会科学の分野に影響力を持っている諸大学と組織化コンサルタントたちは，このモデルを企業

対立の解決策として提案した。しかし，北アメリカとイギリスの会社だけがこのアプローチの影響を受けた。これらの会社は人間関係論モデルに対応する技術を実践した。おそらく，これらの会社だけが必要な組織的資源を有していたのである。同じ業種のスペイン企業は，人間関係論モデルに対して知識としては愛着を持っていたにもかかわらず，これを実行できなかったのである。

したがって，これまでの制度的分析が示すことは，構造コンティンジェンシー・モデルが，他の発展途上国と同じように，スペインではほとんどインパクトを持たなかったということである。1970年代末まで，製品の多様化と国際化は，スペイン産業にとって取り組むべき問題とはなっていなかったのである。

結 論

スペインでは，企業経営に関する思想の普及は，主に大学機関が担っている。教員が伝達経路として行動するのである。彼らは，海外のさまざまな思想を時には広め，時には遮断する。本研究は，制度的方法論アプローチを採用し，大学におけるファヨールの思想の需要を広範に検討した。これにより，ファヨールによって提案された考察とアプローチのスペインにおける普及が，とりわけ明示的なレベルにおいて極めて限定的なものであったことが示された。しかし，これはスペインに特有なことではない。ファヨールのテキストは1916年の出版以降，世界的に普及したわけではなかった。しかし，これとは反対に，翻訳は20世紀を通じて漸進的に行われていた。少しずつ，ファヨールは地位と名声を獲得してきたのである。

ファヨールの著作は，フランス語であれスペイン語であれ，1984年までスペインの大学図書館にはほとんど所蔵されていなかった。1984年というのは，彼の本がアルゼンチンでテイラーの本と一緒に出版され，大きな成功を収めた年である。同じくわれわれは，ファヨールのテキストがスペインの経営学部の教育プログラムの文献目録で常に推薦されているような本ではな

いことも確認した。そこからわれわれは，ファヨールの思想の直接的普及は，大学による経営教育においては極めて些細なものであったと結論することができるのである。

これまでの議論から，ファヨールの思想はスペイン企業の実践と経営モデルにほとんど影響を与えなかったと考えられるかもしれない。しかしそれは誤りであろう。非直接的な方法での影響力は強いのである。ファヨールの思想は，彼の独創的な思想からインスピレーションを受けて論文を書いたさまざまな著述家たちを通じて伝達されてきた。彼の原理は，組織部門や企業管理部門の教育の大部分の中に見出せるのである[17]。

ファヨール学説はスペインの大学によって普及したものではなかったが，大学の推薦図書の著者たちは彼の影響を受けている。とりわけ，例えばコッターとミンツバーグは最も推薦される著者たちである。彼らがファヨールの思想を自身の考察に統合したことは知られている（Fells, 2000）。スペイン企業のマネジメントの実態に適応する，現在のさまざまな企業経営モデルは，直感的にせよ，熟慮の末にせよ，ファヨールの思想の影響を受けてきたのである。より公正であるためには，ファヨールの貢献への言及がスペインにおいてもっと明示的になされるべきであった。スペインの作家エウゲニオ・ドルス（Eugenio D'ors）が言うように，「重要な思想はすでに思想になっているのだ，それについてもう一度考えることが大切なのだ」。

注
(1) 例えば，ミンツバーグによる管理者の役割と，コッターの長期的活力は，ファヨールが『産業ならびに一般の管理』において規定した予測の原則と極めて近い関係にある。
(2) 科学的管理法モデル，そしてある程度までは構造コンティンジェンシー分析も，「テクノクラート的近代化論者」の思想と並んで，歴史的発展を示した。
(3) 例えば，『教会の社会教義講座』（Biblioteca de autores critianos, Madrid, 1967）と題された著作は，『技術進歩と労働組織化，社会進歩の基礎』という本に言及している。この本はバルビエ神父（le Père Barbier）によって著され，マニュエル・ロペス・イ・ロペス（Manuel Lopez y Lopez）によってスペイン語に翻訳された（Ed. Taurus, Madrid, 1960）。ファヨールの基本的な思想が本書で展開されている。
(4) 77冊のさまざまな版とあるが，この情報システムは，図書館が同じ版を複数所蔵している場合を反映していない。したがって，これらの本の物理的な数はさらに多いと思われる。
(5) これは恐らくデータの誤りであり，1918年のフランス版というのは存在しない。「1917年」と理解すべきである。

(6) さまざまなスペインの著述家たちは，直接的または間接的にアングロ - サクソンの著述家たちを通じて，ファヨールを管理理論の父であると認識している (March et Simon, 1969; Casado, 1973)。また，彼を科学的管理法の父とは異なるアプローチをとる者 (Chiavenato, 1981 et Benavides, 1990)，あるいは，総合管理者の視点から組織の構造と機能を根本的に研究した者 (Casado, 1973; Benavides, 1990) として認識した者もいる。このようなことから，ファーヨリズムは実際に「管理者の学派」として正当に認識されていたのである (Suárez, 1991)。

(7) 現在，同校はサイント・セバスティエンのデウスト大学に所属している。

(8) これらの論文の中から，以下のものを取り上げておこう。E. de Mulder ≪La organización científica del trabajo y sus consecuencias económico-sociales≫, *Boletín de Estudios Económicos,* mais 1954; IX(32), pp.177-178; ≪Hacia unas relaciones humanas auténticas≫, *Boletín de Estudios Económicos,* mais-août 1956, XI(38), pp.29-47, Riccardi, Riccardo, ≪Las relaciones humanas en la empresa española≫, *Boletín de Estudios Económicos,* 1958; XIII(43), pp.3-12.

(9) 以下の論文を挙げることができる。Javier Tarres, ≪Direccion y grupos de trabajo≫, *Estudios Empresariales*, No.3, 1965, pp.9-35, Angel de Arín Ormazabal, ≪Dialogo y empresa≫, *Estudios Empresariales*, No.1, 1965, pp.129-132 ; Fernando Bianchi, ≪Esperanzas puestas en la nueva generación de dirigentes de empresa≫, *Estudios Empresariales*, No.6, 1966, pp.7-23.

(10) その他，以下の論文を挙げることができる。Arín, ≪Productividad y relaciones humanas en la empresa≫, 1955, pp.437-443 ; Alonso Busto, ≪Productividad y mando de hombres en las empresas en España≫, 1956, pp.160-193 ; F.Vazquez, ≪Relaciones humanas en la empresa≫, 1959.

(11) アシ・クリックスベルグ (Así Kliksberg, 1978) は，ペイロ (Peiró, 1986) を引用し，次のように指摘する。「ファヨールの方法論は2つの弱点を持っている。1つは，彼が依拠している科学的基盤が，恐らくテイラリズムのそれよりも不十分だということである。もう1つは，ファヨールの体系を司るプラグマティズムが，すぐに応用できるような結論を得るのに最も速くて簡単な方法を示しているとは言えないような直接的経験に依拠しているということである。価値体系の限界や，分析レベルの制約，方法論的な誤りと欠如が，ファヨールの仮定と技術的命題に見受けられる。これらの基本的欠陥すべてが，その科学的一貫性と現実の利便性に悪影響を及ぼしているのである」(Kliksberg, 1987)。

(12) このような批判はクラベール (Claver, 1994) にも見られる。彼は，ファヨールが，効率性を向上させるためにすぐに応用できるような原理を発展させようと腐心していたあまり，その理論の中で過度に規範的な特徴へと一般化されてしまっていた，自分自身の個人的経験の集合に基づいた方法論を採用してしまった，と主張している。セラ・ラモネーダ (1977) も同じ立場をとり (ペイロ，1986 を引用している)，ファヨールが具体的な道筋を作らずに理想を掲げていると主張する。「ファヨールのものに限らず，この種の論文は，企業のアド・ホックな構造化によって実現すべき目標を，それができるかどうか自問することなしに，要約してしまうのが常である。ところが，これがまさしく企業主の主たる関心である。かのファヨールの管理原則は，そのうちの1つたりとも企業の経営陣の間に議論を起こすことはないだろう。これらの原則はしかるべき権力のすべてを満足させるものである。ファヨールが，そしてアーウィックもまた直面する困難，それは，彼らが自分たちの原則をどうやって実施するかを示すことができていないということである」。

(13) ペイロ (1986) も同じ立場をとっている。

⑭ 例えば，ピーター・ドラッカーは，自著『マネジメント』(1985) の中でファヨールに言及している。彼はファヨールの理論装置の限界について次のように語っている。「機能主義は，それが着想された枠組みと同じタイプの企業には好ましい結果をもたらす。ファヨールは今世紀初頭の炭鉱からインスピレーションを得た。それは，当時としては巨大企業であったが，今日から見るとむしろ小さな企業である。労働は一部の技師を除き本質的に自らの腕力で働く労働者に立脚していた。炭鉱は，大きさ，そして洗浄と選別という作業以外には何の差異も存在しない単一産品に特化した企業である。石炭はそれほど多くの市場が存在する製品ではなく，少なくとも当時はほとんど市場が存在しなかった。すなわち，製鉄業，鉄道・海運会社，発電所，暖房ぐらいである。しかしこれらの市場で炭鉱は独占の地位を得ており，実態としては，ファヨールの時代，石炭産業の機械と工具は急速に変化したものの，生産過程はそれほど変化しなかった。この産業にとって革新は重要な要素ではなかったのである。この種の企業においては，機能原則は適合性のある組織の確立を可能にする。しかし，より複雑で，よりダイナミックで，より革新的な企業は機能原則が考慮しなかったようなさまざまな能力を必要とする。このことが意味するのは，ファヨールのモデルを実施しようとするとき，その構造がコストと効率性の点でほとんど経済的でないことが明らかになるということである。さらに，組織のエネルギーを浪費し，活力と実際の効率性を混同する危険もある。規模，複雑さ，あるいは革新への意欲において，ファヨールのモデルの範囲外にある企業が存在するのである。この種の企業にとっては，機能に関する記述は原則として存在するものであり，それは原則の1つにしか過ぎず，唯一の原則ではないのである。とりわけ，このモデルを採用した企業においては，上位の管理の目的と構造は，習慣的に，その他の原則によって規定されているのである」。

⑮ ミンツバーグ (1974) は，その冒頭で，ファヨールの，そしてアーウィックによって企業主の役割に関する自身のアプローチを発展させるために展開された，古典的なモデルの不十分さを示している。奇妙なことに，彼はピーター・ドラッカーを古典的アプローチの信奉者として位置付けている。

⑯ カトリシズムは，一般的に，共同体の重要性や，理想主義，家父長的温情主義，有機的な絆に理解を示した。反対にプロテスタンティズムは，個人主義，道具主義，各人の自律性，契約関係に重きを置いた。例えばドイツでは，プロテスタントの知識人たちは科学的管理法を支持し，カトリックの知識人たちは人間関係論学派を擁護している。イギリスでは，キリスト教人文主義の理想は，ある程度，カトリック教会によって擁護された理想と類似しているが，この理想が経営の理論家たちに人間関係論モデルの公準を採用させるよう導いたのである。

⑰ この点に関しては，マルティン・デ・ニコラス (1969) の『スペインにおける企業のための大学教育』に関する研究の中の引用が重要である。「企業の組織と管理に関する講義の内容は，ファヨールが管理することとは予測し，組織し，命令し，調整し，統制することであると主張したことをもって確立したのである。この一連の機能は，計画化または予測，組織，そして統制の3つに要約可能である。なぜなら，ファヨールが言っている命令と調整は，組織と言い換えることができるからである」。

参考文献

Arruñada B., *Economía de la empresa: un enfoque contractual*, Ariel, Barcelona, 1990.

Biblioteca de autores cristianos, *Curso de Doctrina Social de la Iglesia*, Bibliothèque des auteurs chrétiens, Madrid, 1967.

Barbier, *Le progrès technique et l'organisation du travail bases du progrès social*, Traduction de Manuel López y López, Taurus, Madrid, 1960.

Benavides C. A., *La organización industrial en la Teoría General de la Administración*, papier de travail, Faculté de gestion, Université de Malaga, 1990.

Bueno Campos E., *Curso Básico de Economía de la Empresa Un Enfoque de organización*, Pirámide, Madrid, 1996.

Casado D., ≪Taylor y la dirección científica≫, Documentación social, Numéro spécial sur la direction participative, Juillet-décembre, n°11-12, Fondation FOESSA, Madrid, 1973, pp.15-30.

Chiavenato I., *Introducción a la teoría general de la administración*, McGraw-Hill, 1981.

Chiavenatto I., *Introducción a la administración de empresas*, Cívitas, Madrid, 1992.

Claver E., Liopis J., Lloret M., Molina H., *Manual de administración de empresas*, Civitas, Madrid, 1994.

Cuervo A., *Introducción a la administración de empresas*, Cívitas, Madrid, 1994.

Daft R. L., *Teoría y diseño organizacional*, 6ᵉ édition, 1998.

Diez de Castro J., Redondo López C., *Administración de Empresas*, Pirámide, Madrid, 1999.

Donnelly J. H. Gibson J. L., Ivancevich J. M., *Fundamentos de dirección y administración de empresas*, McGraw-Hill Interamericana, Santa Fé De Bogotá, 1997.

Drucker P., *Management*, Harper Row, New York, 1985.

Fayol H., *General and Industrial Administration*, Sir Isaac Pitman & Sons, Ltd., London, 1949.

Fayol H., *Administration industrielle et générale*, Dunod, 1917, 1918.

Fayol H., *Industrial and General Administration*, Londres, 1929, republié dans March J. G., Simon, H. A., *Teoría de la organización*, Ariel, Barcelona, 1969.

Fayol H., *Administración industrial y general*, Argentina de Finanzas y Administración, Buenos Aires, 1942, 1946, 1956.

Fayol H., *General and Industrial Administration*, Sir Isaac Pitman & Sons, Ltd., London, 1949.

Fayol H., *Administration industrielle et générale*, Dunod, 1917, 1918.

Fayol H., *Industrial and General Administration*, Londres, 1929, republié dans March J. G., Simon, H. A., *Teoría de la organización*, Ariel, Barcelona, 1969.

Fayol H., *Administración industrial y general*, Argentina de Finanzas y Administración, Buenos Aires, 1942, 1946, 1956.

Fayol H., *General and Industrial Administration*, Sir Isaac Pitman & Sons, Ltd., London, 1949.

Fayol H., *General and industrial management*, Isaac Pitman & Sons, London, 1961.

Fayol H., *Administración Industrial y General*, Herrero Hermanos, Mexico, 1961.

Fayol H., *Administración industrial y general: coordinación, control, previsión, organización, mando*, Taylor F., *Principios de la administración científica*, El Ateneo Editorial, Buenos Aires, 1984.

Fayol H., *Administración industrial y general*, Taylor F., *Principios de la administración científica*, Orbis, Barcelona, 1985, 1987.

Fells M. J., ≪Fayol stands the test of time≫, *Journal of Management History*, Vol.6, n°8, 2000, pp.345-360.

García Echevarría S., *Teoría Económica de la Empresa*, Díaz de Santos, Madrid, 1993.

George C. S., *Historia del pensamiento administrativo*, Prentice Hall, 1974, pp.76-83.

Guillén M. F., ≪The Age of Eclecticism, Currents Organizational Trends and the Evolution

of the Managerial Models》, *Sloan Management Review*, automne 1994, pp.75-84.
Guillén M. F., *Guía Bibliográfica sobre Organización de la Empresa Española hasta 1975*, Document de travail 9502, Fundación Empresa Pública, 1995.
Gulick L., *Notes on the Theory of Organization*, Institute of Pblic Administration, New York, 1937.
Gulick L., Urwick L., *Papers on the Science of Administration*, Institute of Public Administration, New York, 1937.
Haldane C., *El mundo del hombre*, Aguilar, Madrid, 1923.
Hales C. P., 《GAT do managers do? A critical review of the evidence》, *Journal of Management Studies*, Vol.23, N°1, 1986, pp.88-115.
Hall R. H., *Organizaciones: Estructuras, procesos y resultados*, Prentice Hall, 1996.
Hampton D. R., *Administración*, McGraw-Hill, Mexico, 1989.
Klíksberg B., *El pensamiento organizativo: del taylorismo a la teoría de la organización*, Piados, Buenos Aires, 1978.
Koontz H., O'Donnell, *Administración. Una perspectiva global*, Mc Graw-Hill, Mexico, 1974.
Koontz H., Weihrich H., *Administración*, 9e édition, McGraw-Hill, Madrid, 1993.
Kotter J. P., *El poder gerencial: cómo reconocerlo, obtenerlo y usarlo*, Interamericana, Mexico, 1982.
March J. G., Simon H. A., *Teoría de la organización*, Ariel, Barcelona, 1969.
Martín de Nicolás J., *La formación universitaria para la empresa*, Ariel, Barcelona, 1969.
Milgrom P., Roberts J., *Economia, Organización y Gestión de la Empresa*, Ariel, Barcelona, 1993.
Mintzberg H., *La naturaleza del trabajo directivo*, Ariel, Barcelona, 1973.
Mintzberg H., *La estructuración de las organizaciones*, Ariel, Barcelona, 1994.
Morales Gutiérrez A. C., 《Diez formas de concebir las organizaciones: una valoración》, *Revista de Foment Social*, N°193, 1994, pp.23-65.
Mooney J. D., *The Principles of Organization*, Harper & Brothers Publishers, New York, 1947.
Peiró J. M., *Psicología de la organización*, Universidad Nacional de Educación a Distancia, Madrid, 1986.
Robbins S. P., *Administración, teoría y práctica*, 4e édition, Prentice Hall, Mexico, 1994.
Scott W. R.,《Theoretical Perspectives》, dans Meyer, M.W., *Environments and Organizations*, Jossey Bass, San Francisco, 1978.
Seguin F., Chanlat J. F., *L'analyse des organisations: une anthologie sociologique*, Gaëtan Morin, Montréal, 1983.
Serra Ramoneda A., *La Empresa : Análists Económico*, Labor, Barcelona, 1993.
Shafritz, J. M. OTT, J. S., *Classics of Organization Theory*, Dorsey Press, Chicago, 1987.
Stoner J. A. F., Freeman R. E., Gilbert, D. R., *Administración*, 6e édition, Pearson Education, Mexico, 1996.
Suárez A. S., 《Nacimiento y desarrollo de la moderna administración de empresas》, Cuadernos, 21, 1991, pp.13-27.
Suárez A. S., *Curso de Economía de la Empresa*, Pirámide, Madrid, 1994.
Taylor F., *Scientific management*, Harper and Row, 1947.
Urwick L., *The elements of administration*, Harper and Bros, New York, 1943.

Williamson O., *Markets and hierarchies: Analysis and antitrust implications*, Free Press, New York, 1975.
Wren D. A., *The Evolution of Management Tought*, 4e édition, John Wiley & Sons, New York, 1994.
Zerilli A., *Fundamentos de Organización y Dirección General, Deusto*, Bilbao, 1985.

354　第11章　スペインへの影響

図1　ファヨールの古典的モデルと，コッターおよびミンツバーグの現代的モデルの関係

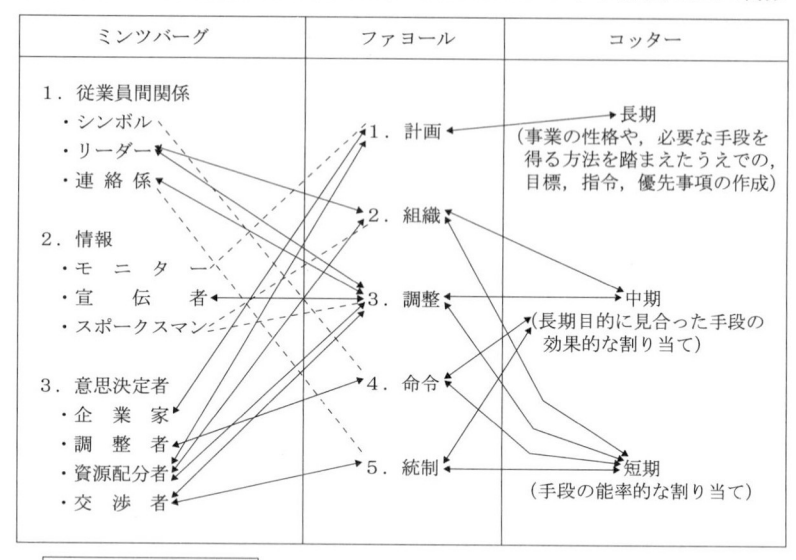

ミンツバーグ	ファヨール	コッター
1．従業員間関係 ・シンボル ・リーダー ・連絡係 2．情報 ・モニター ・宣伝者 ・スポークスマン 3．意思決定者 ・企業家 ・調整者 ・資源配分者 ・交渉者	1．計画 2．組織 3．調整 4．命令 5．統制	長期 （事業の性格や，必要な手段を得る方法を踏まえたうえでの，目標，指令，優先事項の作成） 中期 （長期目的に見合った手段の効果的な割り当て） 短期 （手段の能率的な割り当て）

――――　強い関係
--------　弱い関係

出典：Fells（2000）より作成。

図2　プロセスとして認識された，さまざまな経営モデル間の影響力

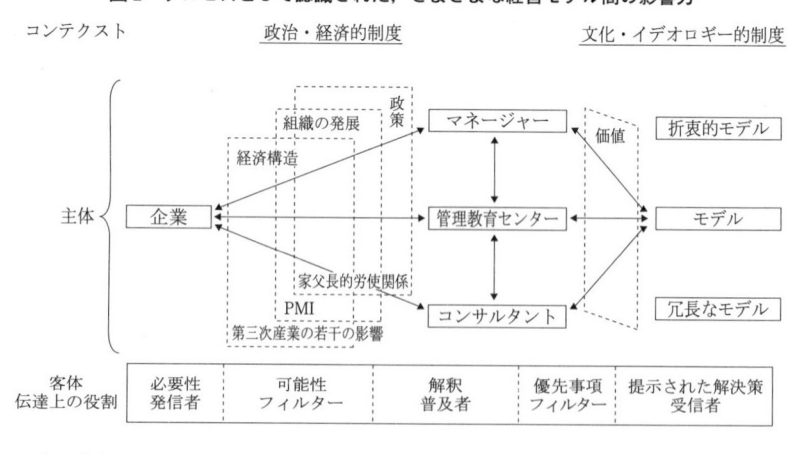

コンテクスト　　　政治・経済的制度　　　文化・イデオロギー的制度

主体｛企業　→　組織の発展／政策／経済構造　→　マネージャー　←価値→　折衷的モデル
　　　　　　　　　　　　　　　　　　　　　管理教育センター　　　　　モデル
　　　　　　　家父長的労使関係／PMI／第三次産業の若干の影響　　コンサルタント　　　冗長なモデル

客体
伝達上の役割：必要性発信者　｜　可能性フィルター　｜　解釈普及者　｜　優先事項フィルター　｜　提示された解決策受信者

出典：筆者

表1 さまざまな組織論学派の類似点と相違点

	ファヨール	テイラー(科学的管理法)	人間関係論	構造的コンティンジェンシー
組織に関する現実の視野とアプローチ	管理者は組織の中で，上位から下位に向けて権限を行使する（下降するミクロ的視野）。	管理職は労働者の仕事を，下位から上位に向けて知る（上昇するミクロ的視野）。	インフォーマルな組織が，下位から上位にかけて自然に組織される（上昇するミクロ的視野）。	グローバルなシステムの機能が，上位から下位にかけて，最良の組織形態に到達する（マクロ的視野）。
調整システム	分業化と，統制および管理単位による専門化：従業員は単一の計画の中で関連付けられた明確な目的をもって雇用される。	分業化と，統制による専門化	グループ内の調整	明確に区別された責任を伴う分業化と，規律，網羅的かつ合理的，合法的な，そして明文化された規則による専門化
明示的あるいは非明示的な階層構造（権限の関係）	階層的関係。統制単位の原則：部下はすべてただ1人の長を持つ。なぜなら，共有された統制は絶え間ない対立の源泉だからである。	機能的階層構造：部下は，彼が行う職務に対応する長に従わなければならない。	グループの中で活動が行われる；階層は限定的であり，多くのコミュニケーションを伴う参加型命令のスタイルをとる。	階層のピラミッドが，監督者の責務を保証する。
コミュニケーション	言葉によるコミュニケーションは，より速く，より明確に，そしてより調和的に。コミュニケーションは階層のラインに従って下降していくが，横のコミュニケーションも，「速く実行すればうまくいく場合には」欠かせない。	直接的かつ下降的なコミュニケーション		文書による，人を介さないコミュニケーション
組織のメンバーの選考	秩序，すなわち，各人のための位置が用意され，各人は自分の位置についている。社会秩序は，社会の需要と社会的資源に関する正確な知識と，これらの需要と資源との間の恒常的なバランスを必要とする。	科学的選考	労働者の選考は，候補者の適性や能力に基づいてではなく，社交的性格，人格，振る舞い，同化・適応力に基づいて実施される。	賃金生活者の雇用と昇進は，長所，技術的能力に基づいて実施され，決して個人的な好みに基づいて行われることは無い。
研修	従業員の安定。仕事を効果的に達成するために，研修期間は必要である。研修は企業の成功のための一要因である。			プロフェッショナル化と，組織メンバーの課業への常なる愛情
統制と規律	従うべき規律と義務は既存の慣習に基づく。			従業員はすべて，1つの監視・統制・懲罰システムに従う。
意思決定システム	状況適合的な分権化。集権化の度合いは任務と人々の能力による。	集権化	限定的な分権化	集権化。権力は就いている職務に由来する。

出典：筆者

356　第11章　スペインへの影響

表2　スペインの経営研究において推薦されている，組織に関する主な著作

著作	アルフォンソ X エル・サビオ	アウトノメ・デ・マドリッド	カルデナル・エレラ-CEU	カルロスⅢ・デ・マドリッド	ハエン	ラ・リオハ	ナバラ	サン・パブロ-CEU	サラゴサ	エウロペア・デ・マドリッド	ミゲル・エルナンデス	ピュブリカ・デ・ナバラ	バルセロナ	バレンシア	オベルタ・デ・カタルーニャ	ポンペウ・ファブラ	合計
その他								X			X						2
チアベナット(1992)				X						X	X						3
セラ・ラモネーダ(1993)			X	X	X												3
ミルグロム, ロバーツ(1993)				X												X	2
エチェバリア(1993)							X							X			2
ストナー(1996)										X		X					2
ロビンス(1994)		X		X	X		X			X	X						6
クーンツ, ウェーリッヒ(1993)		X		X									X				3
ハンプトン(1989)				X							X						2
ドネリー他(1997)			X			X											2
ディエス・デ・カストロ, レドンド(1999)				X						X							3
セリッリ(1990)				X		X											2
スゥアレス・スゥアレス(1994)									X	X							2
ミンツバーグ(1994)		X	X		X	X	X			X							7
ホール(1996)			X							X							2
ダフト(1998)			X							X							2
クゥエルボ(1994)	X			X						X							3
ブエノス・カンポス(1996)	X	X		X		X	X		X	X				X			8
アルニャーダ(1990)			X		X										X		3

第12章
ファヨールとアクション・リサーチ[1]

ジャン-ルイ・ポーセル

　1900年6月23日，初めて，ある1人の経営者が「管理問題」に関する帰納的な考察に彼の仲間たちを招き寄せた。ファヨールのこの講演から1世紀後に，彼が称賛した方法を突き止めることは興味深い。これは，アクション・リサーチに近い実験的方法である。ファヨール学派の挫折は，おおざっぱにいうと，このアプローチの難しさと弟子たちがそれを放棄したことによると解釈されるだろう。

　ファヨールの思想は，1916年に出版された『産業ならびに一般の管理』という著作によって知られている。この著作は，理論的なものと思われる。現実とのつながりはなく，「管理原則」をたたきつけているように思われる。しかし，ファヨールは，彼の進め方について科学的性格を主張している。

　まず初めに，彼とその学派の著作では，実験的な進め方を呼びかけていることを目印にしておこう。次の部分では，ファヨールの実験的な進め方に関するいくつかの事例を選択した。彼が再生した事実と，そこから彼が引き出した推論である。こうして，彼の実験的方法はより鮮明となると思われる。この方法に対する批判的な考察は，アクション・リサーチの進め方全体に対する教訓となる。

1．実験的な科学性に関するファヨールの主張

　19世紀末，決定的な科学の進歩は，あらゆるところで科学的方法を適用

することを強いている。クロード・ベルナール（Claude Bernard）は医学において科学的方法を理論化し，オギュスト・コント（Auguste Comte）とデュルケーム（Durkheim）は社会学においてそれを行った。フレデリック・ル・プレー（Frédéric Le Play）は，数多くの地域にわたる労働者の生活条件に関する膨大な調査から「社会問題」に彼の考察を基づかせている（Le Play, 1855, 1866）。企業へのアプローチにおいて，技術者として物理学を学んでいるテイラーとファヨールは，科学的方法論に準拠することは避け難いだろう。テイラーの「労働の科学的組織化」についてはよく知られているが，ファヨールが自ら収集した事実をどのように活用したかはそれほど知られていなかった。ここで論じるのは，ファヨールの進め方に関する科学的な側面についてである。

　1900年の彼の講演以来，ファヨールは，管理問題について共同研究を呼びかけている。「われわれは，管理機構の組織と機能をできる限り完全なものにする法則を発見して，応用するための工夫を凝らさなければならない。どうして，すべての人々の利益のために，われわれの観察，経験，研究を共有化しようとしないのでしょうか」[2]。こうした呼びかけは，当時，鉱山のエンジニアには理解されなかった。

　1908年，鉱業協会の会議で，ファヨールは，その呼びかけを繰り返した。彼は，会議が開催されたサン・テチエンヌ地域では重要なコマントリー・フルシャンボー・エ・ドゥカズヴィル社の社長をしていた。当然，彼に話をしてもらうことになった。彼は，彼の原則と会社との歴史を織り交ぜた長い講演において，管理問題に立ち戻っている。このテキストは，その他の講演者はその話の全体が発表されたにもかかわらず，その要約が鉱業協会の出版物に発表されただけであった[3]。ファヨールは，ここでも以前の自らの講演を引き合いに出しながら，共同研究への呼びかけを繰り返している。

　1916年，『鉱業協会誌』は，『産業ならびに一般の管理』の最初の2部を出版した。ファヨールは，そこでも彼の研究計画を繰り返している。彼は，新たに自らの方法を説明している。「方法としては，事実を観察し，収集し，分類する。事実を解釈し，必要があれば実験を設けて，責任者の推進力に基

づいて事業の実践に入るような基準をこうした研究全体から引き出すことにある」[4]。

　1917年には，再び『鉱業協会誌』の支援を活用して，ファヨールは，科学的推論を再び主張している。「私は，実証的方法という名でオギュスト・コントによって推奨された方法に直感的にしたがっていたことに喜びを感じます。この方法は，クロード・ベルナールによっては実験的方法という名で呼ばれており，私がデカルト（Descartes）の原則に基づいて科学的と考えていたものであります」[5]。

　この同じ号で，理工科学校卒のポール・ヴァヌクセムは，ファーヨリズムの進め方の科学性について再び主張している。「産業企業へと適用される調査，観察，体系だった実験は，体系の支柱として素材を提供してくれる採石場である」。それは，管理原則という体系のことである。彼は，この領域における偉大な革新者たちに言及している。「ル・プレーやオギュスト・コントのように，テイラーやアンリ・ルシャトリエ氏のように，ファヨール氏は，事物と人間の理解に基づく確固とした支えをもってしか人間と事物に対して制御することはできないと応じている」。彼は，さらに，「堅固な支点を構成する事実から出発して，最終的に，管理機能はそれが制御する使命をもっている事実と結合される」と続けている。彼は，部分的な結論として，「したがって，仮説という形で明確化されるようないくつかの考え方を実験的なテストによって強化することは，興味深いし，役にも立つ。実証的法則になれば，こうした考え方が広く認められるだろう」[6]と付け加えている。

　こうした引用は，ファヨールが管理問題について経験的研究をすることに配慮していることを示しており，彼はこうした要請を弟子の1人に伝えていることを心得ていた。「原則」になるまでは，ファーヨリズムは，帰納的な進め方をしている。こうした意味で，ファーヨリズムは，100年前に管理科学を打ち立てようとする最初の試みとして，今日でもわれわれにとって興味深い。ところが，こうした事実との照合は，ファヨールの思想が伝承されるなかで消えてしまっている。

2. ファヨールの個人的な観察と実験

『産業ならびに一般の管理』の最初の2部までのテキストしか知られていないために、科学的方法に関するファヨールの宣言は、原則の請求であるかのように見える。「管理原則」を言い立てることで、権威的な議論を強化するための見せかけだと考えてしまう。しかし、この中心的なテキストの周辺には、ファヨールの科学的方法に関する数多くの手がかりがある。

ノース・キャロライナ大学のドナルド・リードは、19世紀末に中部地域におけるフランスの産業の生活について研究をしてきている。彼にとって、コマントリー・フルシャンボー・エ・ドゥカズヴィル社で社長をしているファヨールを欠かすことはできなかった。

リード（1986）は、ファヨールがエンジニアの経験、それに続く経営者の経験を詳しく物語るテキストを発掘している。彼は、こうした事実と来るべき理論の要素との結びつきを織り上げている。「管理原則」という格言は、ファヨールの企業における日常生活、彼が直面した問題、彼が適用した解決から生まれてきている。「管理原則」は、事実に基づいて確立された。こうした事実は、ファヨールと彼の弟子たちとの結合においてもたらされた。これらの事実がさまざまなテキストに撒き散らかされていることがわかる。こうした事実のうちの1つを取り上げて、事実が「原則」との関係においてどのように扱われているかを検討してみよう。

(1) 足を痛めた馬

コマントリー鉱山は、地下50メートル以上の長い切り通しを通じて採掘されている。この切り通しは、古い露天掘りの代わりである。当時、切り通しの奥から、採掘現場に通じる坑道がゆるやかに傾斜して来ている。この坑道は、坑夫のための入り口として使われており、馬によって引っ張られるトロッコで石炭を運び出すために使われていた。したがって、馬は、生産の重要な要素である。

2．ファヨールの個人的な観察と実験　361

　ファヨールは，足を痛めた馬（本書第5章を参照）に関する逸話から『産業ならびに一般の管理』の第3部を始めている。この逸話は，ファヨール自身にもヴァヌクセムにも取り上げられている(7)。ファヨールは，この時期を管理に関する考察の始まりと位置づけている。彼はある問題を体験していたが，組織の解決策がそのことを繰り返されないようにしてくれるだろう。「管理原則」は，次の過ちを避けるために先行する過ちから生まれる。しかしながら，距離をとって，この小さなテキストを見てみよう。

　ファヨールは20歳であった。彼はエネルギーにあふれ，善行を施すという心づもりでコマントリーにやってきた。しかし，ファヨールは調子を狂わされた。鉱山会社に身を落ち着けるのは，彼にとって未知のことであり，必然的に驚きに見舞われた。社会的な事象は，技術的な事象とは異なり，講義のなかで学んだ理論で叙述されるようなものではなかった。そこで働く人々は，いくつもの「テスト」に合格させることで，彼らのところにやってくる新人を取り込んでいく。これらのテストは，社会集団の決まりごとであり，とても古い決まりごとであり，時代遅れのものである。それらは，通過儀礼であり，青年期から大人へと移行する儀礼に属する。フランスの高等教育にも同じような「いじめ」の痕跡を見ることができる。

　厩舎番は，他の坑夫に助けられながら，自発的に行動したのは間違いないであろう。新人を「教育」することが問題であり，書かれていないが社会組織を構成している物事を学ぶことが問題なのである。理解もしておらず，課されているこうした非公式なものに対して，ファヨールは，公式に補強されたもの，より一貫性のある規則に基づく処置で反応してしまった。

　私も1963年に鉱山学校で同じような経験をした。われわれは，2カ月間実地研修に派遣された。私は，ブルネ-アナールトワ（Bruay-en-Artois）（フランス北部）の炭鉱に行った。持ち場が変わる度に，私が所属するチームは，新しい坑道を結ぶ中間坑道の作業場へと坑道から坑道へと行かされた。こうした坑道は全て，主要なものであれば，高さはだいたい3.5メートルはある。ある朝，われわれのチームは，いつも使っている大きな坑道に並行している高さ70センチの細長い坑道を通らされた。このとき，大きな坑

道は，安全のために通行禁止になっていると聞かされていた。私は，30キログラムのダイナマイトでいっぱいになった荷物袋を首に巻きつけて持っていた。われわれは，通常なら5分で行ける道のりを30分かけて進んだ。私は心のなかではあえいでいた。チームの坑夫たちは，しばしば上から来る馬鹿げた命令や横暴に耐えなければならないという事実を力説していた。

　研修の終わりに，坑夫たちは，あの日，監督の命令が労働者に対して影響を及ぼすのであり，命令を出す前にそのことを判断しなければならないことを学ばせるために，坑内監督（現場監督）の命令で主要な坑道をふさいだのだと私に言った。「労働者全体」が将来のエンジニアが馬鹿げたことをしないようにするために，彼らを「教育」するという望みから参加していた。参与観察は，中立的なものではない。社会システムは，その観察者の目の前に提供される。観察者は，少なくとも研究者ならその領域で選ばないような事実を選択して，事実を構成する。

　したがって，ファヨールは，それぞれの事実がいろいろな観点から考察できるにもかかわらず，事実に関して1つだけの解釈を行っている。一義的な解釈は，事実のなかに含まれる豊かさ，深さ，曖昧さを隠してしまう。理論的な形式下にある結論は，事実に取って代わる。われわれは，それぞれの事実が一般性を生み出し，こうして，理論的な要素が相互に矛盾するという科学を作り出す危険を冒す。例えば，代理という問題に対して，ファヨールの弟子で，ファヨールの孫娘と結婚したロベール・デゾーブリオは，初めて前線に出された若い将校に差し向けられた別の事例を取り上げている。

　「1915年9月25日，アートワで，血みどろで虚しい最初の攻撃の後，大隊は，出撃した塹壕に引き返した。ほとんどすべての将校が戦死し，弾丸を手にしていないほとんどすべての人は戦意を失っていた。そこへ，夕方ころに，監視兵がやってきた。階級章もない一兵卒で，後方に逃げる途中のドイツ兵に気づいており，よく響く呼び声を上げた。「ドイツ兵はずらかった。銃剣を前にすれば，ドイツ兵など何でもない」。叫んだ兵士は，とうに胸土に飛び移っていた。他に何の合図もなかった。襲撃は再開された。大隊のうちで残っていたものが塹壕の第2列目を占領した。さあ，規定にかなった権

限と道徳的な権限間にあるニュアンスがどのようなものか，おわかりになっただろうか」。

さらに，彼は，別の事実について詳しく述べている。「アートワで，129小隊の曹長であるブリュメンフェルト（Blumenfeld）は，第1大隊の第2中隊の指揮をとって，勝手きままな陣地を編成した。他に将校はいなかった。曹長のなかで，ブリュメンフェルトは，年長者でも，古株でもなかった。彼は，性格の強さ，確かな判断，責任をもつ勇気をもっていた。指揮をとるべきなのは，彼でなかったのだから，彼は規則に背いたことになる。確かにそうである。（中略）ブリュメンフェルトは賞賛され，少尉の称号を授与されている」[8]。

この2つの話は，公式に用意される代理に関するファーヨリズムの観点とは矛盾しないだろうか。戦闘という諸条件のなかでは，ハイアラーキーが予想され，代理が公式に準備されている。しかしながら，それでは，十分ではない。自然発生的に，指揮者が現れうる。したがって，非公式性は公式性に対して正当性をもち，公式性を確立することに適している。

同じ問題に対して，異なる事実が矛盾する教えを導くということがありうる。ファーヨリズムの方法は，蓄積された事実のおもむくままに，拡散していくというリスクを孕んでいる。

(2) コマントリー・フルシャンボー社の再建

ファヨールにとっては，またより根本的なもう1つの推論が企業の成功に関係している。彼の「管理原則」は，彼がよい経営者であったために，正当化されている。経営について書かれた数多くのものに，古典的な推論が見いだされる。企業の利益は，そこで活用された方法，すなわちその経営者の方法の効果を正当化する。利益がその状況を特徴づける管理理論の正しさの証拠となる。

1898年以来，この推論は明白である。ブランパン（Blancpain）（1974）は，以下のテキストを引用し，ドナルド・リード（1986）は，その引用を強調している。「私がドゥカズヴィルを再建する責任を引き受けたとき，私は，

自分の技術的な卓越性も私の協力者の卓越性も当てにしていなかった。私は，自分の組織者としての，人々を操縦する能力を頼りにしていた。私がつきしたがっている原則や基準のおかげで，数多い私のすべての協力者を得られると思っていた。数年もたたないうちに，熟練と規律がないと考えられていたドゥカズヴィルの労働者3,000名は，（鉱山や他の）施設を最も繁栄した水準にまでするために，十分な価値をもっていることを証拠づけた。同じ人間が，これだけ短い期間で，衰退の道具にも革新の道具にもなりうるというのは，不思議なことである」[9]。

1898年の推論は，1892年にドゥカズヴィルの状況に応用されている。1908年には，1888年のコマントリー・フルシャンボーの状況が取り上げられている。「1888年に，コマントリー・フルシャンボーは，経営に変化が来たときには，工場を廃棄し，鉱山は枯渇してしまって，あきらめて消え去ろうとする時点にあった。そのときから，会社は，再び繁栄するようになった。会社の話は，この失墜と再興がただ採用された管理方法に負っていることを明らかにするだろう。

同じ鉱山で同じ工場，同じ財務的な資源，同じ営業的な状況，同じ取締役会，同じ従業員で，会社は，この時点から始まって立ち直っている。

したがって，ある管理方法は，会社を破滅へと追い込もうとしていた。別の方法は，繁栄をもたらしている。仕事，経験，知識，多くの人々のやる気を欠陥のある管理方法はだめにして，他の管理方法はこれらの力すべてを価値あるものに戻す」[10]。

このテキストは，第5章に採録されている『産業ならびに一般の管理』の第3部のなかに完全に取り込まれている。配当金の図表は，本書の176ページの図1にある。それは，1918年にファヨールによって公表されている[11]。ファヨールは，前任者の管理と対応する配当金のない時期を示している。彼は，政治的な状況と結びついた1871年のケース以外は，軍事的な敗北以降で多額の，以前に支払われた配当金の理由については沈黙を守っている。

ファヨールの企業と競合する企業，クルーゾ社の元従業員ジャン・シュバリエ（Jean Chevalier）は，テイラーに対して好意的である。彼は，管理

の成功に関するファヨールの議論を批判している。「ファヨールの経験は，テイラーの原理に対してファヨールの原則の方が優越していることを示しているように思われる。ファヨールの弟子たちは，それを証明することができていない。実をいうと，利益を取り戻したのは，コマントリー・フルシャンボー社を経営しているファヨールの存在によるわけではなかった。1888年に57フランだった鋼鉄が1890年には70フランに相場が上昇したことによるのであり，世紀末の最後の20年間に最低の水準にとどまっていた給与額と比べて織り込まれた相場の上昇によるのであった。（中略）鋳鉄は，1895年には一時的に1886年に下落していた55フランの相場に戻っただけで，結局すぐに1900年には82フランまで到達する相場に向かって高騰している」[12]。

　よきテイラー主義者であるシュバリエは，利益がいつでも組織の優越性からもたらされるものではないと考えている。彼の批判は厳しいものである。ファヨールは，経済情勢の方向転換の恩恵を被っているだけだとされる。そのことを判断するためには，この時期の価格を取り上げなければならない。図1では，この価格の動きを示している。実際に，金属製品の価格は，循環をたどっている。セズヴァール（Sessevalle）がコマントリー・フルシャンボーを経営していた年（1884－1888年）は，価格が低い時期である。製鉄業は危機にあった。それに対応して，コマントリー・フルシャンボー・エ・ドゥカズヴィルの生産は減少した（図2を参照）。

　この価格と生産の二重の下落が総売上高の崩壊を引き起こし，ファヨールに経営を担当させることになった1888年の危機をもたらした。1895年に同じような相場の下落が起きたとき，ファヨールが対処して，利益は継続している。1895年から1898年の新たな価格の下落は，176ページの図1で見られるように，同じような利益の低下を伴っていない。せいぜい利益の停滞が見られるだけである。1899年から高まっている利益は，この危機の終焉と対応している。

　したがって，シュバリエの指摘は，一部の真実を含んでいる。セズヴァールは，悪い時期に失脚した。しかし，ファヨールも同じような性格をもつ時

期を経験している。彼の方は，そこからうまく抜け出ている。したがって，ファヨールの推論は，見かけにもかかわらず，人を欺くものではない。もっとも，相場の持ち直しは，確かに彼に企業をより急速に改革することを可能にした。

　このように生産量に変化がありながらも恒常的に利益を出していることは，しかもファヨールが利益の最大化を追求していたわけではなく，株主が希望する水準に到達するように利益を制御していたことの表れである。制御の方法は，新しい労働力と投資に振り向けられた総額である。ファヨールは，年間の利益を増加させることを特権化していた。したがって，彼は，できるものには全て投資していた。

　1945年というジャン・シュバリエが批判をした時期は，そうしたことを表明する好機であった。第2次世界大戦後の数年は，ヨーロッパの経済力を急速に再構築するために，産業を強化するテイラー主義の時代である。ファヨールの敵対者が勝利しているが，彼らは，戦前の勝利者をつぶそうとしていたのでもある。ジャン・シュバリエは，フランス管理協会の理事長をしていた。彼は，1925年にCNOFが誕生するときに行われた妥協を断ち切ろうとしていた。この妥協において，ファーヨリズムとテイラリズムは，それぞれの原理を適用する領域を分離することで共存を図っていた。

　この論争の果てに，こうした議論は，同じ事実に基づいて，多様な解釈が可能であることをわれわれに思い知らせている。アクション・リサーチは，往々にして観察とそれを説明する多くの理論との関係をはっきりさせない傾向がある。

(3)　管理研究所（CEA）と事実の収集

　ファヨールは，管理研究所（CEA）に弟子たちを集めて，彼の思想の成功を構造化しようとした。CEAは，1919年から1925年までパリ，ヴォジラール街100番地に設立された交流機関であった。

　ポール・ヴァヌクセムは，その組織化を任されたCEAの中心人物であった。ファヨールの指導に基づいて1917年に出版された『公共心の覚醒』に

おいて，ヴァヌクセムは，すでに見てきたようにファヨールの科学的な配慮について繰り返している。彼は，詳細に研究活動の機構について述べている。「管理研究所，CEA は，原理を練り上げていく共同的な努力を組織している。（中略）科学的な仕事を育て，推論の働きを可能とするために事実を必要とする。研究所の資料のなかに蓄積され，扱いやすくするためにカード化されて記された事実は，内部の原理的な仕事にとって第一次的な材料となる」。ヴァヌクセムは，CEA の目的が「事実を収集して，分類すること，実験的な観察と推論の架橋となること」にあることを主張している。（図2）

CEA は，共同研究の仕事を連携させる働きをしている。一方で，事実を観察する仕事があり，他方で，それらを分類して，解釈する処置がある。「日常的に＜実行する＞仕事としては，観察，読解 - 注釈，カードの作成，分類があり，完全に分けられたチームに委ねられている。それぞれのチームには貴重な専門化された仕事が割り当てられる」。

「1　＜観察の仕事＞をし，継続的に，あるいは単に臨時的なやり方で現実を探索する往々にして離れて仕事する協力者に対しては，クロード・ベルナールの方法や規則を尊重する以外には何も要求することはないだろう。（中略）秘訣は，（中略）彼らの側からすぐに許可が得られれば別ではあるが，＜情報提供者＞に対して決して名前が公表されないことを保証してやることである」。

「2　より近くで仕事する協力者のチームは，伝えられたそれぞれの観察に含まれている＜原理的な貢献を見定めること＞を請け負う。（中略）注釈を行う読み手は，文書に目を通し，いくつかの言葉を強調し，他にいくつかのシンボルを書き留めておく」。

「3　最後に，専従している協力者のチームが（中略）カードとして示唆的なあるいは引き寄せられた注解を作成して，カードを整理していく」[13]。

調整は，ヴァヌクセムのその後のテキストの本質を構成するカードの分類によって保証される。管理研究に関する共同研究を組織化することが問題であった。この研究計画がどこまで実現されたかを発見するためにはより掘り下げた研究をすることが適当であろう。その実例としては，最も重要なもの

として5回以上は活用されている足を痛めた馬の例がヴァヌクセムによって提供されている。そうした例のなかで，事実への参照があたかも純粋に文学的なものになっているかのように，テキストが＜教訓劇＞として飾られている極端なものを取り上げてみよう。事例は，寓話と化している。それらの事例は，道徳的な理論を飾るためのレトリックを作り出している。

「X社の研究所では，（所長の）秘書がほとんど同じ時間に迅速に現れることが知られている。（中略）彼は，経営者と親しくつき合っている横柄な成り上がり者である（しかし，政治的なことはやらない）。彼には，自分の肩書きに研究所のコントローラーの肩書きを付け加えている。彼は，乱暴に引き出しを開け，検閲すべき大きな紙を引き裂き，しわくちゃにし，それをポケットのなかに突っ込み，入ってくるときと同じように大きな音をたててある場所に向かっていく。5分後には，検査係の1人が濾過用の紙のストックを犠牲にして，彼のパロディをすることを大いに喜びとしている。

教訓：自分の部下の前で，部下に禁止すべきことはやるべきではない」[14]。

ヴィルボアとヴァヌクセムは，1920年の彼らの本において，ファヨールの仕事の実験的な性格について再度強調している。『産業ならびに一般の管理』で出された原則へ大々的に立ち返りながら，彼らは8つの新しい事例を提示している（pp.112-122)[15]。3つは（フランスか外国の）軍隊に関連し，4つは管理について関わり，1つだけが企業に関するものである。3つの事例は，悪いものと思われている規則について明示している。2つの事例は，責任の分担が欠如していることを示している。1人が階層上の責任者を複数抱えている。最後に，2つの事例は，架橋（階層上のラインの外にある直接的なコミュニケーション）によって解決すべき階層上のラインにおけるコミュニケーションの難しさに関係している。

いずれの事例も失敗の事例であり，管理が欠如している事実である。実験的な進め方は，KLMの事故に関してずっと後にカール・ワイクがやったような過ちの分析を志向しているように思われる[16]。

3．アクション・リサーチ

　ファヨールの方法は，何らかの実例に基づいて明らかになるものであり，アクション・リサーチという方法論的な流れに属する。アクション・リサーチについて述べているルネ・バルビエ（Rene Barbier）の定義を取り上げよう。「そこに現実の変容を決定する行動が存在するような研究が重要である。二重の目的をもつ研究であり，現実を変容させること及びこの変容に関する知識を生み出すことである」[17]。組織運営のなかで利害関係をもつか，あるいは，その変容に参加する人が観察をして，その物語のなかで観察を説明する。ファヨールにとって，こうした物語は，しばしば簡潔なものである。物語は，より長いもので，モノグラフのスタイルをとりうる。この物語は，続いて既存の理論によって解釈される。それが可能でなければ，新しい理論的な格言がそれを説明するために作り出される。

　ファヨールの進め方に関する関心は，科学的な仕事をするためのこうした方法のあらゆる難しさをわれわれに示してくれる。

　ファヨールにおけるアクション・リサーチの方法に対して提示される問題は以下のようなものである。

　① どういう基準に基づいて，観察の機会が選ばれるか。組織が持続的に運行していく展開のなかで，観察者は，自分にとって意味がある時期を選択している。観察者は，始まりを検出して，終わりを突き止める。観察者は，付属的な要素を排除した物語を選択する。こうした選択は，われわれの目に生き生きとしたものと見せるフィクションを作り上げる小説家の選択のようなものなのだろうか。そうである。物語を作ることは，より納得できるように，レトリックの法則に従っている。

　② 状況のなかの行動者として，観察者はどのような役割をしているのか。ファヨール学派の物語には2種類ある。1つは，権力をもたない行動者である部下によって体験される物語である。それは，批判の物語である。それらの物語は，うまくいっていない組織を示している。したがって，管理原

則は，誤りの整流器として介在する。もし，力をもつ人がそれを適用すれば，浪費が存在しなくなる。もう1つは，ポジティブな物語がある。ファヨール自身が主人公となる物語である。それらの物語は，どのような「管理的手法」が活用され，成功を導くかを証明するものである。物語のこのような2つのタイプは，科学的な観点から非常に異なる推論に対応している。

③　観察者によって知覚される事実と理論あるいは理論の要素との間には，どのような関係があるのか。どのようにして，多様な理論が，事実あるいは行動者の1人による知覚を解釈するために，同時に動員されるのか。このように作り出された理論は，どのようにして行動を生み出させるのか。勧告は，行動者ではない「他者」に向けられた敬虔な誓いになる危険はないか。

④　状況のなかに組み込まれた観察者と行動者の二重の立場はどのように接合されるのか。行動者の役割が支配的なもので，したがって，観察は，知的で個人的な関心で行われる二義的な活動でしかないのか。反対に，観察者であることが支配的なのか。そして，企業に参入していることは，アカデミックなキャリアに関係する一時的なものでしかないのか。観察が職業的なキャリアを促進することを可能にすることで，あるいは，職業的なキャリアがその後アカデミックにうまく参入することを可能にすることで，2つの役割は相互に助け合うことはないのか。

この4つの観点を次に掘り下げる。

(1)　時間性のなかでの事実の選択

事実は，観察者によって企業での生活という継続的な展開から引き出される。ファヨールとその弟子たちによって描かれた全ての事実は，ある状態の記述ではなく，反対に，企業の物語の一部である。このダイナミックなビジョンは，ある一時期，労働者の状況を記述したル・プレーのモノグラフの仕事とは対立する[18]。しかしながら，ル・プレーをアクション・リサーチの先駆者として見なす人々もいるだろう[19]。というのは，観察がその後の行動を，その方法自体という領域の外で，もたらしうるからである。ファヨール

についていえば，彼は，現実の観察を事実の継起，原因と結果というパースペクティブに位置づけている。この意味で，ファヨールは，物語，さらには，小説により接近しているが，ある時の単なる状態よりも豊かなリアリティーの側面をもはっきりさせている。

ファヨールは，通時的なパースペクティブを主張している。彼は，自らが経営している企業に関する壮大な物語が大好きである。1908 年に彼が同僚たちの前に示したのは，コマントリー・フルシャンボーの物語である。ファヨールは，同僚たちに過去を回顧することに関心を抱かせるのに失敗している。それは，彼らがとりわけ未来，技術に関する最新の発展，達成すべき進歩に関心があるからである。同じように，1916 年にファヨールは，『鉱業協会誌』に当時の責任者であるレヴェックにドゥカズヴィルの物語を発表させている。

ファヨールは，時間の次元を特権化させている。彼は，先行する科学的研究によって影響されている。彼は，石炭の鉱床の形成に関する理論（本書の第 3 章で示されたデルタの理論）に対して主たる貢献をしている。時間の長い尺度に基づいて，石炭の形成以後の経過がその開発のやり方について短期的には影響を及ぼす。

時間は，また企業の経営者の計画化（予測）においても現れてくる。予測は，管理機能に属する。企業の経営者として，彼は，長期を見据えている。中部の鉱床が掘り尽くされるのを予測して，すぐにドゥカズヴィル鉱山の権利を取得し，それから東部と北部の権利を取得している。

さて，ファヨールが，事実についてどのようなやり方で時間の次元を動員しているかに戻ろう。可能な全ての物語のなかで，観察者は，始まりと終わりとともに，ある場面を分離する。例えば，「責任者が不在になっている」，「馬が足を痛める」，「エンジニアが新しい馬を注文する」，「馬小屋の番が拒否する」というように。この選択には，すでに結果に対する理論的な仕事が見られる。ファヨールは，責任者が戻り，人が彼にその出来事を話したときにどのように対応したかを語ることもできただろう。彼はまた，エンジニアが不在になっている同じような出来事がどのように展開したのかを知ろうと

することもできただろう（ファヨールは，新たに着任して，そこにいるエンジニアに取って代わっていなかった）。それは，歴史的な深さはない。彼の着任以前には，何も存在していない。物語の終わりは，現実における終わりによって決定されている。

　この時間的な選択は，われわれによく知られていること，つまり，事実は自然のままに存在しているわけではなく，観察された世界と観察者の相互作用の結果であるということを示している。観察者の立場と観察者の概念枠組みが，事実の選択と観察者が記述する際に採用する観点に介在している。

(2)　観察者-行動者

　ファヨールは，「企業のグローバルな機能についての理解は，関わりや観察が親密に混ざり合った特定の仕事を通じて得られる」とするジャン-クロード・モワドン（Jean-Claude Moisdon）の考えを共有している[20]。引き合いに出される事実は，「内部」の状況を知り，そこで利害関係者である観察者によって報告される。ファヨールとその学派によって報告された事例では，主要な2つの立場が存在している。最初のものは，世間知らずで若い新人のエンジニア，少尉候補生あるいは少尉，本当の責任を負っていない幹部に配備された人員の立場である。それは，足を痛めた馬の物語におけるファヨールの立場である。また，それは，戦争におけるロベール・デゾーブリオの立場でもある。ファヨールの弟子という特権的な立場は，まだ産業における生活において責任をもたせていない。

　第2の立場は，1888年にコマントリー・フルシャンボー社の社長になった際のファヨール自身の立場である。彼は，その成功を記述している。したがって，彼は，責任ある人であり，報告される事実は，彼が実行している「管理」手法の正当性を示している。

　このように，観察者の立場によって，2つのタイプの事実が現れていることがわかる。責任ある人のそばで，自分は責任者ではない情報提供者（その人は責任者になることを熱望している）によって語られる失敗談と，責任ある人によって語られる成功談である。この分類は，おそらくは大変大雑把な

ものであるが，事実を選択するメカニズムを明らかにしてくれる。事実は，観察者自身に高い価値を与える。中立であるどころか，観察者は，現実に留まって，当事者の戦略に含まれることへと介入する。失敗に取り組んだ責任のある人によって語られる失敗談と，観察者ではない責任者に帰せられるべき成功談を聞きたいのだろうが，ファヨール派の流れにはそれがない。

　失敗の逸話は，もし「管理原則」を尊重しないと，馬鹿げた，役に立たない状況，浪費，支離滅裂へと向かってしまうことを示している。それは，数学的な表現でいう意味での背理法である。しかし，行動の主体に関わる曖昧さは存在する。観察者は，無力と見なされている。変化させる力は，他の人々に属する。あたかも原則という法則が道徳的で規範的な価値であるかのように，原則に背いた他者の過ちとされる。

　したがって，ファヨールは，教育を通じた行動を奨励している。グラン・ゼコールで「管理原則」の講義を受けて，国家のエリートは，民間あるいは軍事に関わる大きな組織で責任をもつようになったときには，尊重すべき原則を理解することになる。こうしたテーマは，1900年以来，ファヨールの講演に現れている。彼は，まったく理解されなかった。さらに，こうした行動は，有効ではないだろう。犯罪を減らすために公民教育ではたいしたことはできないし，国民全体を高潔にするために教理問答ではたいしたことはできない。

　ファヨールによって語られた「成功談」は，「管理原則」においては調和のとれた役割を果たしている。それらは，原則と「管理手法一式」の有効性を示すものと見なされる。しかし，全体的に考えを受け止める必要はないのか。「手法一式」で十分なのか。

　技術の普及についてわれわれが知っていることから，理論の歩みは，解決策を借り受けるのとは独立であることを示している。理論を参照することなく，他の経営者たちが実用的に「管理手法一式」を採用したいということもありうるだろう。組織図，「職能記述」，「周期的な報告」，月次会計，「活動計画」，「週単位の部局長会議」について話すときに，誰がファヨールのことに思いを寄せるだろうか。こうした管理のテクニックは，ファヨールによっ

て勧められたが，それらは，彼の原則にまったく触れられることなく，普及していった。したがって，「管理手法一式」と「管理原則」とのつながりを示すことは，それらの目的ではあるが，取り上げられる事実によっては妥当性が確かめられるわけではない。

　ミシェル・リュー（Michel Liu）は，アクション・リサーチのオリジナリティーを「研究（研究者）の意図と改革の意思（利用者）との出会い」と定義している[21]。したがって，「利用者の問題を解決することと基礎的な知識を前進させること」という二重の目的がある。ファヨールは，この二重性を理解していない。彼は，行為する人間は，また研究者であると考えている。何の代償もなく，この付属的な責務が与えられる。こうして，彼は自分を助ける研究者も観察者も見つけることができない。このような研究に対して無償奉仕を申し出る価値は与えられない。

(3) 推　論

　レスウェバー（Resweber）は，アクション・リサーチを多くのタイプに分けている。この分類に照らすと，ファヨールの研究は，分析に関して実験的な意図をもっている。彼にとって，事実は，理論に先行するものである。事実から出発して，彼は，推論を通じて，それらを解釈しうる理論へと登っていく[22]。しかし，ポパー（Popper）がわれわれに，それがそう単純ではないことを教えてくれている[23]。事実の全体は，多様な理論によって解釈されうる。多様な理論は，同じ事実を解釈するための候補者であるから，科学者は，他の多くの理論ではだめで，ある1つの理論によってだけ十分解釈される実験や事実を研究していく。これらの事実が，多くの理論をはっきり区別するために重要になる。

　ファヨールは，そうしたことを全て知っている。石炭の形成に関する科学的研究において，彼は，コマントリーの鉱床に関する観察を蓄積した。彼は，湖でそこへ流れ込む河川によって運ばれる土や植物の分離についてシミュレーションするための実験を行っている。彼は，競合する理論の支持者によって北部炭鉱で行われた観察を再活用している。しかし，1898年に

ファヨールが「管理問題」に関する考察を始めたときには、彼は1人であった。彼の考察は孤立していた。適用すべき理論も攻撃すべき理論も存在しなかった。その結果，唯一の理論，つまり自分の理論によってしか事実の解釈を知ることができなかった。ファヨールは，1913年にフランスでテイラーのテキストが出版されたときに驚いただろう。彼は，いつも自分にとってどのような点で彼の理論が優れているかを理解しようと努めていただろう。残念なことに，彼は，こうした目的では実験的な進め方に近づくことができないのだろう。

テイラー派とファヨール派の間の議論は，1916年から1925年にかけて大変活発に展開された。この論争が，事実から出発して科学的に行われたかは確かではない。おそらく，それは，それぞれの組織者の力関係や権威のぶつかり合いであり，彼らの実践と社会的な立場のぶつかり合いであった。1925年のCNOF（フランス管理協会）の設立は，テイラー派の勝利を示しており，フレマンヴィル（Fréminville）とファヨールの息子がそこで要職につくという妥協によるものである。

(4) 行　動

アルマン・アチュエル（Armand Hatchuel）が述べているように，「解釈を生み出すことは，すでに処方を準備している」ことである[24]。テイラリズムは，明らかに科学的な進め方と「ワン・ベスト・ウェイ」として行動の処方を結びつけている。ファーヨリズムは，この統合を十分に保証することができずに苦しんでいる。事実は，原則を育てる。原則は，どのようにして行動を助けるのか。ファヨールの回答は，（彼がPTTについて特に1921年に語っている時のように）上層部によって公表される改革と管理者の育成の2つである。将来のエンジニアに対する彼の助言は，この主題に関して傑出したものである。ところで，「管理手法一式」は，管理に関する彼の概念において重要な位置を占めている。彼は，この「手法一式」を外部からの助言者の行動として勧めることもできたであろう。改革の推進者は，支持者となったであろう。

ファヨールは，改革の推進者という役割を理論化することができなかった。ここに，彼は，個人的な経験に囚われてしまった。彼にとって管理手法を配置したときには自分は経営者であったので，改革は上層部からしか来ることができないだろうとした。経営者が改革を望まないと，何もすることができない。管理がうまくいかないとき，管理を改革するのは政治である。それができないなら，外部からの助言が失敗した後は，抵抗行動，外部からの批判しか残っていない。改革の意思は，こうして失敗に終わる。

　事実の観察者に，ファヨールは，出世主義の妥当性以外に，事態を改革するための行動手段を何も提供できなかった。ファヨール派が命令という手段を手に入れるまでは，何も改革することはできないだろう。弟子のグループに属するという評判は，もっともそのことを助けたであろう。1925年以前には彼らのうちの何人かがコマントリー・フルシャンボー・エ・ドゥカズヴィル社に入社している。ファヨールの息子は，父の名声との関連で，1920年から1939年までフランス金属企業においてさまざまな経営者ポストについている。

4．実験的な進め方の放棄

　ファヨールの死後，彼の弟子たちは，職業的なキャリアをうまく送っていない。この思想の流れは，1925年以降フランスでは挫折している。ファヨールは，今日ではアーウィック（Urwick）がファヨールをして彼独自の考えを先取りした理論家と特徴づけたということしか知られていない（第9章を参照）。この挫折の理由は何だろうか。まずは，その回答としては，テイラリズムの成功が関係していると思われる。理論的な競争において，テイラー派が社会的に認められた。彼らは，実践と熟練，工場の組織者としての熟練を構築することができた。それがテイラー派の理論の有効性を取締役会に対して示すことになっている。

　しかし，テイラー派自身も失敗を被っている。ファヨールの思想がドグマティックになったと同じように，テイラー派の実験への参照は霞んでいっ

4. 実験的な進め方の放棄

た。このように，われわれに興味深い問題は，管理の科学において，この2つの思想の流れがいずれも「科学的」であることを主張し，新しい事実の解釈によって刷新していくことを責務としていたにもかかわらず，硬直化していくことに関係している。

帰納的な進め方において，事実は二重の立場を占めている。とりわけ，事実が理論の起源となっていること，事実が理論に先行していることを主張している。事実は，理論の提示において強調されて前面に押し出される。しかし，事実は，この理論の提示においてレトリックとして議論に使われるために，その価値を失っていく。

いったん理論が見出されると，教えられ，事実をまとめ，「法則」，特に「原則」となるのは，理論である。帰納は理論を生み出すが，忘れられてしまう。伝播していくなかで，最終的に見出された理論が支配的な立場を占める。学派は，方法ではなく，理論的な帰結のまわりに集まる。事実がもつ設立者としての立場は，理論に従属し，補助的な立場と引き換えに消えてしまう。

反対に，カール・ポパー（Karl Popper）は，急進的に帰納的な進め方の優位を主張している。彼は，理論の優位性を拒絶する。彼は，理論が決して真実ではないことを示している。ポパーにとっては，理論は，現実の事実に対して一貫性をもつ一時的な概念枠組みという立場しかもたない。他の事実は，おそらくそれらの概念枠組みを次第に弱めるだろう。ある時代に科学によって受容された理論は，他の理論に取って代わられるまでの一時的なものにしか過ぎない。

ファーヨリズムとテイラリズムは，多くの研究者と同じように，このような急進的な認識論では居心地の悪さを感じている。相対的で，一時的な性格が分かっている理論をどのように支えていくというのか。どんなときにも概念的な体系を壊すことができる事実に対するこのような極端な立場は，たとえ，それが唯一科学的であるとしても，保持することはとても難しい。ファーヨリズムとテイラリズムは，彼らに対して反論する危険のある事実から身を守ろうとした。彼らは，ドグマティックになったのである。彼らは，

理論と適合する新しい事実しか受け入れないか，時には新しい事実を何も受け入れなかった。一連の経営者を動かしていた科学的な進め方は，設立者たちが彼らの思想を再度問題にするのを避けようとしていたので，弟子たちの間で消え失せた。

　こうした共通して確認されたことに，ファヨールに固有の特質が付け加わる。彼は，科学的な作業の分業を組織した。事実の収集は，外部の協力者たちによって蓄えられ，CEAの責任者がそれらを解釈し，理論に取り入れる権利を留保している。おそらく，CEAは，決して多くの事実を収集することに成功していないだろう。観察者という下位の役割を果たすという求めは，理解されなかった。観察者の仕事には，おそらく，指導者がそれを使って観察者たちを支配するための理論を構築するのを助けるという匿名の名声以外に，価値を認められない。新しい事実がなく，経営者たちは基盤をもはやもてず，「原則」は，これ以上進歩しない。原則は初めに獲得されたものをくどくどと繰り返す。

　実験的なファーヨリズムの挫折は，管理研究において役割分担の不可能性を示している。観察者は，理論を練り上げる人と同一人物でなければならない。理論家自身が事実の収集に参加しなければならない。現象の測定と観察を引き受け，研究者を支援する仕事がある他の科学には存在しないこの制約をどのように解釈したらいいのか。おそらく，役割の分離は，観察するという本質的な行程に対するモティベーションをなくしてしまったのだろう。より根底的には，観察方法という概念の最初の段階から観察の具体的な実現，つまり結果自体の解釈の実現までに実り豊かな往復がある。企業の現実を測定し，観察するわれわれの方法は，それらの基底にある理論的要素から独立して導くことができるようにするには，十分確かなものではなかった。現場との照合という調査活動が最初の結果からひっくり返さなければならないということがしばしば起きる。最後に，間接的な解釈は，最初の観察者によってすでに行われたフィルターをかけられているために，いつもその豊かさを失っていることを付け加えておこう。分業は，管理研究において，少なくとも，数多いわれわれの現実的研究のためには，不可能である。

4．実験的な進め方の放棄　379

　ファヨールは，おそらく産業的方法以降のこのような分業を組織した。彼は，他の人に観察をやらせるフレデリック・ル・プレーの進め方に引かれた。彼自身は，コマントリーの労働者集団の傍らでこの枠組みにしたがって観察を進めていった。彼は，結果が当時の彼の階層上の上司によって公表されることでかなり困っていた。ル・プレーのように，直接的な知的系譜をもたないことを余儀なくされてもいた。

　最初から，ファヨールが事実を収集する以前から理論化しようとする傾向があったことを述べることで締めくくりをしておこう。例えば，彼は，『産業ならびに一般の管理』で，企業におけるさまざまな人材に関して「能力」（今日，われわれがコンピタンスと言っている）の問題に取りかかっている。彼は，階層的な地位によって「能力」を振り分けることを主張している。「この題材は，数量的な評価になじまないけれども，被雇用者と企業経営者の価値に関してそれぞれの能力の相対的な重要さを見積もろうと思う」[25]。しかし，いかなる事実もこの結果を強化するようにはなっていない！　ファヨールは，最低でも自らの主張の妥当性を確かめるために必要な研究を記述できただろう。彼は，権威をもった議論で自らの直感を示すことを好んでいる。彼は，真の管理研究を打ち立てる努力を全て台無しにしている。

　テキストを読むことから，テイラーとファヨールが交差する実験的な研究という，欠如しているもう１つの機会があることがわかる。ヴァヌクセム（1917，p.176）は，テイラーの実験的な進め方に敬意を表している。「テイラーの出版物は，震えを与え，『科学的組織』というラベルのもとで，われわれを没頭させる角度から検討する当を得た産業研究の豊かな開花を引き起こす」[26]。ヴァヌクセムは，テイラー派によって収集された事例についてファヨール派的分析を宣言しているように思われる。このことは，２つの思想の流れの間にある対立という観点からすると，非常に面白いだろう。しかし，ヴァヌクセムは，それ以上は進んでいない。この進め方に対応するテキストはない。残念なことである。

結　論

　ファヨールとアクション・リサーチの実際の支持者を照合することは，いささか期待はずれのように考えられるだろう。それらの理由は，とりわけ，この研究の流れに関して異なったものが多くあることから来る。言葉それ自体が固定されていない。多くの人が参与的観察について語っている。多くの研究者は，社会的グループのなかで生み出される現象の観察に関する制約にしたがって，アクション・リサーチへと向かっていった。彼らは，アカデミックな世界と研究されている組織への二重帰属を生き，理論化しなければならなかった。それは，簡単なことではない，

　この困難は，科学的調査を希望していたファヨールによって体験された。彼自身は，自らの方法について反省し，知識を更新する科学的メカニズムに基づく「管理の科学」を設立することはできなかった。この挫折は，われわれにいつも研究方法と思想の生産を判断する手段を反省することの重要性を示している。

注
(1) この章の以前のバージョンは，*Gérer & Comprendre*, décembre 2000, N°62, pp.73-87 に発表されている。
(2) *Administration industrielle et générale*, p.130（佐々木恒男訳『産業ならびに一般の管理』未来社，1972年）．
(3) 1908年のこの講演に関する全体のテキストは，第6章に転載されている。
(4) *Administration industrielle et générale*, p.74．
(5) H. Fayol, ≪Préface à Administration industrielle et générale≫, *Bulletin de la Société de l'Industrie Minérale*, N°12, 1917, p.146（佐々木恒男編訳『公共心の覚醒』未来社，1970年）．
(6) P. Vanuxem, ≪Introduction théorique et pratique à l'étude de l'administration expérimentale≫, *Bulletin de la Société de l'Industrie Minérale*, 1917, p.174, 180, 182, 184（佐々木恒男編訳『公共心の覚醒』未来社，1970年）．
(7) H. Fayol, ≪De l'importance de la fonction administrative dans le gouvernement des affaires≫, *Bulletin de la Société de l'Industrie Minérale*, 1917, pp.264-265 et P. Vanuxem, ≪Introduction théorique et pratique à l'étude de l'administration expérimentale≫, *ibidem* p.193（佐々木恒男編訳『公共心の覚醒』未来社，1970年）．
(8) R. Désaubliaux, ≪Conférence aux aspirants≫, *Bulletin de la Société de l'Industrie Minérale*, N°12, 1917, p.332, 334．

注 381

(9) ファヨール文庫, 整理番号 HF4 DR3, note du 29 octobre 1898。
(10) H. Fayol, ≪Le cinquantenaire de la société Commentry-Fourchambault et Decazeville≫, *Bulletin de la Société de l'Industrie Minérale*, 1908, p.241.
(11) H. Fayol, ≪L'administration positive dans l'industrie≫, *La Technique Moderne*, 1918, pp.73-75 (佐々木恒男編訳『公共心の覚醒』未来社, 1970 年).
(12) J. Chevalier, *Organisation du travail*, Flammarion, 1946, p.64.
(13) P. Vanuxem, ≪Introduction théorique et pratique à l'étude de l'administration expérimentale≫, *Bulletin de la Société de l'Industrie Minérale*, 1917, p.186 à 191.
(14) *Ibidem* p.222.
(15) J. Wilbois, P. Vanuxem, *Essai sur la conduite des affaires et la direction des hommes. Une doctrine française : l'administration expérimentale*, Payot, 1920, pp.112-122.
(16) K. Weick, K. Roberts, ≪Collective Mind in Organizations: Heedful Interrelating Flight Decks≫, *Administrative Science Quarterly*, 38, 1993, pp.357-381.
(17) R. Barbier, *La recherché action*, Anthropos Économica, 1996.
(18) F. Le Play, *Ouvriers européens*,1855 et *La réforme sociale en France, déduite de l'observation comparée des peuples européens*, 1866.
(19) R. Hess, ≪Histoire et typologie de la recherche-action≫, *Pour*, N°90, 1983, pp.9-16.
(20) J.-C. Moisdon, *Du mode d'existence des outils de gestion*, Seli Arslan, 1997.
(21) M. Liu, *Fondements pratiques de la recherche-action*, L'Harmattan, 1997.
(22) Resweber, *La recherche-action*, PUF, Collection Que sais-je ?, 1995.
(23) K. Popper, *La logique de la découverte scientifique*, Payot, 1973 (大内義一・森博訳『科学的発見の論理』上・下, 恒星社厚生閣, 1971 年, 1972 年).
(24) A. Hatchuel, ≪Les savoirs de l'intervention en entreprise≫, *Entreprises et histoire*, N°7, 1994, pp.59-75.
(25) *Administration industrielle et générale*, p.9.
(26) P. Vanuxem, ≪Introduction théorique et pratique à l'étude de l'administration expérimentale≫, *Bulletin de la Société de l'Industrie Minérale*, 1917, p.1786.

図1 鉱業協会によって鉱業統計が確立された以後の鉄と鋳鉄の価格推移

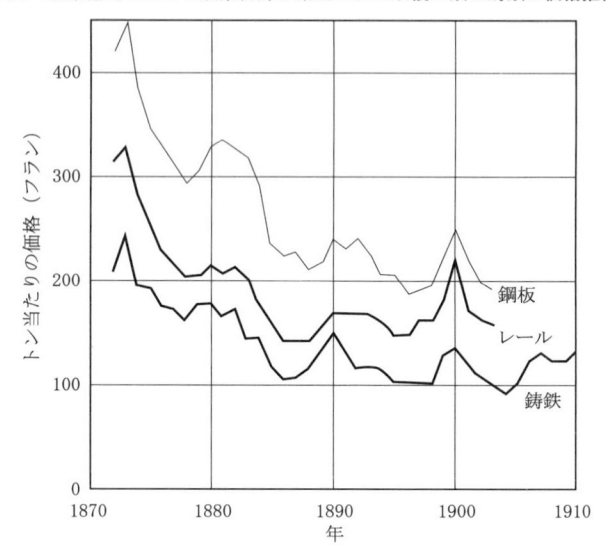

鋼板
レール
鋳鉄

図2 佐々木(1987)とアンリ・ファヨール(第5章)による
コマントリー・フルシャンボー・エ・ドゥカズヴィル社の鉄の生産量

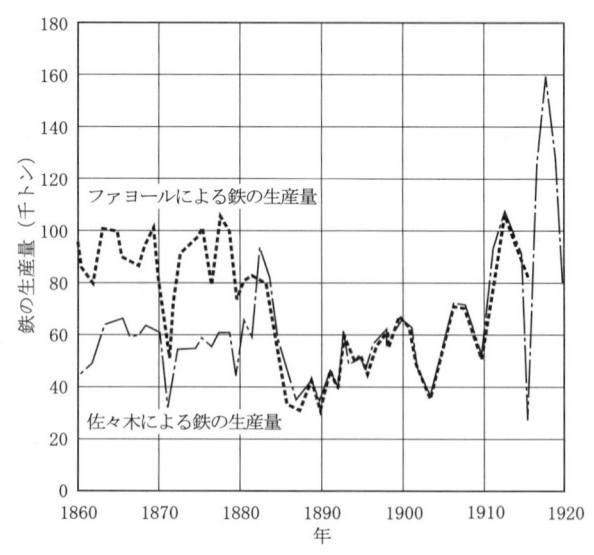

ファヨールによる鉄の生産量
佐々木による鉄の生産量

参考文献

1. ファヨールの著作一覧

Fayol H., « Note sur le boisage aux houillères de Commentry (emploi du fer et des bois préparés) », *Bulletin de la Société de l'Industrie Minérale*, 2e série tome III, 1874, p. 569.

Fayol H., « Guidage des puits de mine », *Bulletin de la Société de l'Industrie Minérale*, 2e série tome VI, 1877, p. 697.

Fayol H., « Note sur le boisage, le déboisage et le remblayage dans les houillères de Commentry », *Comptes rendus mensuels de la Société de l'Industrie Minérale*, juin 1878.

Fayol H., « Études sur l'altération et la combustion spontanée de la houille exposée à l'air », *Bulletin de la Société de l'Industrie Minérale*, congrès de Paris 1878, médaille d'or, 2e série tome VIII, 1878, p. 487-746.

Fayol H., « Étude sur le terrain houiller de Commentry », *Comptes rendus des séances de l'Académie des Sciences*, 16 mai 1881.

Fayol H., « Sur le terrain houiller de Commentry, Expériences faites pour expliquer la formation », *Comptes rendus des séances de l'Académie des Sciences*, 30 mai 1881.

Fayol H., « Étude sur le terrain houiller de Commentry, sa formation attribuée à un charriage dans un lac profond », *Comptes rendus des séances de l'Académie des Sciences*, 20 juin 1881.

Fayol H., « Sur l'origine des troncs d'arbres fossiles perpendiculaires aux strates du terrain houiller », *Comptes rendus des séances de l'Académie des Sciences*, 18 juillet 1881.

Fayol H., « Note sur la suppression du poste de nuit dans le remblayage des grandes couches », *Comptes rendus mensuels de la Société de l'Industrie Minérale*, octobre 1882.

Fayol H., « Note sur les mouvements de terrain provoqués par l'exploitation des mines », *Bulletin de la Société de l'Industrie Minérale*, 2e série tome XIV, 1885, p. 805.

Fayol H., Launay L. de, Meunier S., « Lithologie et stratigraphie, Étude sur le terrain houiller de Commentry », *Bulletin de la Société de l'Industrie Minérale*, 2° série, tome XV, 1886, réédité en 1887 en ouvrage séparé, tome I de trois portant le titres commun : *Études sur le terrain houiller de Commentry*. Le volume II (1890) porte le sous titre *Flore fossile* par Bernard Renault et René Zeiller. Le volume III (1888) porte le sous titre *Faune ichtyologique et entomologique*, par Charles Brongniart, Émile Sauvage.

Fayol H., « Résumé de la théorie des deltas et histoire de la formation du bassin de Commentry », *Bulletin de la Société Géologique de France*, août 1888.

Fayol H., *Bassins houillers de Commentry et Decazeville, Excursion sous la conduite de M. H. Fayol*, 1900.

Fayol H., « Séance solennelle de clôture du congrès de la Société de l'Industrie Minérale à Paris », samedi 23 juin 1900, *Bulletin de la Société de l'Industrie Minérale*, N° 15, 1901, p. 759-768.

Fayol H., « Le cinquantenaire de la société Commentry-Fourchambault et Decazeville », *Comptes rendus mensuels des réunions de la Société de l'Industrie Minérale*, congrès de Saint Étienne, 16 juin 1908, p. 240-242.

Fayol H., « Administration industrielle et générale », *Bulletin de la Société de l'Industrie Minérale*, N° 10, 1916, p. 5-164.

Fayol H., *Administration industrielle et générale*, rééditions du texte de 1916, Dunod, 1917, 1925, 1931, 1941, 1947, 1950, 1956, 1962, 1966, 1970.

Fayol H., *Administration industrielle et générale*, rééditions du texte de 1916, avec une préface de Pierre Morin, Dunod, 1979, 1981, 1999.

Fayol H., « De l'importance de la fonction administrative dans le gouvernement des affaires », conférence faite à la Société d'encouragement pour l'industrie nationale (séance du 24 novembre 1917), *Bulletin de la Société de l'Industrie Minérale*, N° 12, 1917, p. 225-267.

Fayol H., « Discussion sur l'enseignement technique supérieur », extrait des procès verbaux de la Société des Ingénieurs Civils de France, séance du 30 mars 1917, 16 pages, et *Bulletin de la Société de l'Industrie Minérale*, N° 12, 1917, p. 272-321.

Fayol H., « Préface à Administration industrielle et générale, l'éveil de l'esprit public », études publiées sous la direction de Henri Fayol, *Bulletin de la Société de l'Industrie Minérale*, N° 12, 1917, p. 145-152. édité en livre sous le titre *L'éveil de l'esprit public* chez Dunod et Pinat en 1918.

Fayol H., « La réforme administrative des administrations publiques », *Commerce et Industrie, revue pratique des méthodes modernes en affaires,* janvier, 1918, p. 3-9.

Fayol H., « L'administration positive dans l'industrie », *La Technique Moderne*, février, 1918, p. 73-75.

Fayol H., *Notice sur les travaux scientifiques et techniques*, Gauthier Villars, Paris, 1918.

Fayol H., « L'industrialisation de l'État », conférence faite le 24 octobre 1918, *Bulletin de la Société de l'Industrie Minérale*, N° 15, 1919, p. 237-274.

Fayol H., *L'incapacité industrielle de l'État : les PTT*, Dunod, 1921.

Fayol H., Préface à l'ouvrage de Albert Schatz *L'entreprise gouvernementale et son administration*, Grasset, 1922.

Fayol H., *Conférence sur l'Administration industrielle et générale*, École supérieure de guerre et Centre des Hautes Études Militaires, 5 et 14 mai 1923.

Fayol H., *La réforme administrative des PTT*, tiré à part, Dunod, 1923.

Fayol H., « La doctrine administrative dans l'État », conférence au 2° congrès international de Sciences Administratives, réédité en 1966 dans *Revue Internationale des Sciences Administratives*, Vol. XXXII, N°2, 1923, p. 114-133.

Fayol H., « Un entretien avec M. Fayol, la gestion des entreprises et l'outillage administratif », signé L. M. du Crouzet, *La Chronique Sociale de France*, janvier 1925, p. 10-26.

Fayol H., « Note de M. Fayol sur le Rapport présenté par M. André Citroën au nom de la commission chargée d'étudier les questions concernant l'organisation et le fonctionnement du monopole des tabacs et des allumettes », Annexe C du rapport de André Citroën, 1925, p. 163-174.

2．ファヨールの主著の各国語での翻訳一覧

Administration industrielle et générale

英語訳

Fayol H., *Industrial and general administration*, traduit par J.A. Coubrough, International Management Institute, Pitman & Sons, Genève et Londres, 1930.

Fayol H., *General and Industrial Management*, traduit par Constance Storrs, préface de L. Urwick, Pitman, Londres, 1949, 1961, 1967.

Fayol H., *General and industrial management,* traduction révisée par Irwin Gray, New York Institute of Electrical and Electronics Engineers, 1984.

Fayol H., *General and industrial management,* traduction révisée par Irwin Gray. Pitman, Londres, 1988.

スペイン語訳

Fayol H., *Administración industrial y general*, traduit par Roberto Jose Trabuco, Ministère des finances, Buenos Aires, 1942, 1946.

Fayol H., *Administración industrial y general : previsión, organización, mando, coordinación, control*, traduit par Constantino Dimitru, préface de Oreste Popescu, El Ateneo, Buenos Aires, 1956, 1961.

Taylor F., Fayol H., *Principios de administración científica ; Administración industrial y general,* El Ateneo, Buenos Aires, 1961, 1964, 1969, 1972, 1973, 1975.

Taylor F., Fayol H., *Principios de administración científica ; Administración industrial y general : coordinación, control, previsión, organización, mando,* El Ateneo, Buenos Aires, 1979, 1980.

Fayol H., Taylor F., *Principios de administración científica ; Administración industrial y general*, El Ateneo, Buenos Aires, 1984.

Fayol H., Taylor F., *Administración industrial y general ; Principios de administración científica*, El Ateneo, Buenos Aires, Mexico, 1984.

Fayol H., Taylor F., *Administración industrial y general ; Principios de administración científica*, El Ateneo, Buenos Aires, 1987, 1991, 1994.

Fayol H., *Administración industrial y general : previsión, organización, dirección, coordinación, control,* traduit par A. Garzón del Camino, Herrero Hermanos, Mexico, 1961, 1966, 1968, 1970, 1971.

Fayol H., *Administración industrial y general : previsión, organización, mando, coordinación, control,* Universitaria, Santiago, 1966, 1968, 1970, 1971, 1974, 1978, 1981, 1985, 1987, 1988, 1992, 1995.

Fayol H., Taylor F., *Administración industrial y general*, traduit par Constantino Dimitru, *Principios de administración científica*, Orbis, Barcelona, 1985, 1986,

1987.

ポルトガル語訳

Fayol H., *Administração industrial e geral : previsão, comando, organização, coordenação e controle*, traduit par Irene de Bojano et Mario de Sousa, São Paulo, Atlas, 1950, 1954, 1964, 1965, 1968, 1970, 1984, 1996.

イタリア語訳

Fayol H., *Direzione industriale e generale : programmazione, organizzazione, comando, coordinamento, controllo*, Franco Angeli, Milan, 1961, 1964, 1968, 1970.

Fayol H., *Direzione industriale e generale : programmazione, organizzazione, comando, coordinamento, controllo,* avec un extrait de *L'Éveil de l'esprit public* (p. 267-275), présentation de Giuseppe Luraghi, préface de Alberto Galgano, Franco Angeli, Milan, 1973.

ドイツ語訳

Fayol H., *Allgemeine und industrielle Verwaltung*, traduit par von Karl Reineke, édition de l'Institut pour la Rationalisation Internationale (Internationalen Rationalisierungs-Institut), Munich, 1919.

Fayol H., *Allgemeine und industrielle Verwaltung*, traduit par von Karl Reineke, Oldenburg, Berlin, 1929.

スウェーデン語訳

Fayol H., *Industriell och allmän administration*, traduit par Éric Rhenman, préface de K.F. Göransson, Ljus Förlag, Stockholm, 1950.

Fayol H., *Industriell och allmän administration*, traduit par Éric Rhenman, Norstedt, Stockholm, 1965.

ポーランド語訳

Fayol H., *Administracja przemyslowa i ogólna oraz nauka o administracji w zastosowaniu do panstwa*, Institut de l'organisation scientifique, Varsovie, 1926.

ヘブライ語訳

Fayol H., *Minhal haroshati u-khelali*, Hamadpis Hamimshalti, Jérusalem, 1955, 1963.

フィンランド語訳

Fayol H., *Johtamisen perusteet,* traduction de Silva Lehtinen, Rastor-julkaisut, Helsinki, 1990.

ラトビア語訳

Fayol H., titre inconnu, Association des fonctionnaires d'État de Lettonie, Riga, 1930.

チェコ語訳

Fayol H., *Zásady správy všeobecné a správy podniku*, Orbis, Prague, 1931.

ギリシャ語訳

Fayol H., Χαριτακης, Θ., *Η εν τη βιομηχαμια διοικησης και γενικωτεραι αυτης εφαρμογαι κατα τον Η. Fayol* (Charitakès Th., *Ce qui est dans Administration Industrielle et Générale*, adaptation d'après H. Fayol), Athènes, 1924, Oke.

日本語訳

Fayol H., *Sangyou narabini Ippan no Kanri*, traduit par Tsuzuki S., Kazama Shobo, 1958.

Fayol H., *Sangyo narabini Ippan no Kanri*, traduit par Sasaki T., Mirai-sha, Tokyo, 1972.

Fayol H., *Sangyou narabini Ippan no Kanri*, traduit par Yamamoto Y., Diamond Company, Tokyo, 1985.

日本語に訳されたその他の著書

L'éveil de l'esprit public

Fayol H., *Kokyo-shin no Kakusei : Fayol Keiei Kanri-ron Shu*, traduit par Sasaki T., Mirai-sha, Tokyo, 1970.

L'incapacité industrielle de l'État

Fayol H., *Keiei Kaikaku-ron*, traduit par Sasaki T., Bunshin-do, Tokyo, 1989.

3．ファヨールに関する一般的な参考文献

Blancpain F., « Les cahiers inédits d'Henri Fayol », *Bulletin international d'Administration Publique*, N° 28 et 29, juin 1974.

Boyns T., « Hans and Charles Renold: entrepreneurs in the introduction of scientific management techniques in Britain », *Management Decision*, 39 (9), 2001, p. 719-728.

Breeze J.D., « Henri Fayol's Basic Tools of Administration », *Proceedings of the Academy of Management*, août 1981, p. 103.

Breeze J.D., « Harvest from the archives: the search for Fayol and Carlioz », *Journal of Management*, Vol. 11, N°1, 1985, p. 43-54.

Breeze J.D., « Henri Fayol's Centre for Administrative Studies », *Journal of Management History*, Vol. 1, N°3, 1995, p. 37-62.

Brodie M.B., « Henri Fayol : Administration Industrielle et Générale - a re-interpretation », *Public Administration*, 40, Automne 1962, p. 311-317.

Bursaux Lieutenant-Colonel, *Des méthodes modernes d'administration et d'orga-nisation du travail*, brochure distribuée par Lyautey dans l'armée française au

Maroc, 1919.
Carlioz J., *Étude des associations industrielles et commerciales*, 1900.
Carlioz J., *Les comptoirs de vente en commun*, 1905.
Carlioz J., *Administration et organisation commerciale*, Dunod et Pinat, 1918.
Carlioz J., *Le gouvernement des entreprises commerciales et industrielles. Leçons professées à l'école des Hauts Études Commerciales*, Dunod, 1921.
Carlioz J. « Le Fayolisme », *Chimie et Industrie*, février, Vol 15, N°2, 1926.
Chevalier J., *Organisation du travail*, Flammarion, 1946.
Chevalier J., Pehuet L., *L'organisation du travail en France depuis 100 ans*, communications au centenaire de la Société des Ingénieurs Civils de France, CNOF, 1949.
Déré A.-C., Duffaut, F., De Liège G., 1996, « Cent ans de science et d'industrie », inroduction historique à *Les alliages de fer et de nickel : cent ans après la découverte de l'INVAR* de Gérard Béranger, Lavoisier, 1996, p. 1-23.
Désaubliaux R., « Conférence aux aspirants », *Bulletin de la Société de l'Industrie Minérale*, N° 12, 1917, p. 325-356.
Doncœur P., S.J., *Une école de chefs, le fayolisme, des chefs, il nous en faut, comment les former*, Éditeur Action Populaire, 51 Rue Saint Didier, Paris, 1921.
Fayol A., *88 ans de souvenirs vécus*, édité par l'auteur, 1963.
Fayol H. (fils), « Allocution », in *Henri Fayol, 1841-1925, Le cinquantenaire de la doctrine administrative*, CNAM, 1967.
de Fréminville C., « Le système Taylor », *Société d'encouragement pour l'industrie*, mars 1914, p. 1-24.
Fells M.J., « Fayol stands the test of time », *Journal of Management History*, Vol. 6, n° 8, 2000, p. 345–60.
Flachat I., *Société anonyme de Commentry-Fourchambault, réponses au questionnaire de la commission de l'Exposition Universelle de 1878*, imprimerie Dupont, Paris, 1878.
Fridenson P., « Un tournant taylorien dans la société française (1904-1918) », *Annales Économies Sociétés et Civilisation*, 1987, p. 1031-1060.
Gulick L., *Notes on the Theory of Organization*, Institute of Public Administration, New York, 1937.
Gulick L., Urwick L., *Papers on the Science of Administration*, Institute of Public Administration, New York, 1937.
Lamarque A., *Le monopole des tabacs, office d'État ou liberté ?*, imp. Bière, Bordeaux, 1927.
Lemarchand Y., Zimnovitch H., « Les prix de cession interne, le cas de Commentry-Fourchambault et Decazeville », *10ème rencontres « Histoire de la Gestion », Marché(s) et Hiérarchie(s)*, Toulouse, 29 et 30 novembre, 2001, à paraître in Lemarchand Y., Cailluet L., *Histoire et gestion*, Vuibert.
Lévêque M., « Historique des forges de Decazeville », *Bulletin de la Société de l'Industrie Minérale*, N° 9, 1916, p. 5-97.
Longevialle (de) M., *La Société Commentry-Fourchambault et Decazeville, 1854-1954*, Introduction du baron Pierre Hély d'Oissel, conclusions de Louis de Mijolla, Office de propagande générale à Paris, 1954.

Mazerat R., *La doctrine administrative - L'administration expérimentale - le Fayolisme*, Communications faites à l'académie de Marine le 9 février 1923 et le 8 février 1924.
Mihlaud J., *Chemin faisant (tranches de vie)*, Édition Hommes et Techniques, 1956.
Mijolla (de) L., « Lettre de M. de Mijolla », *Bulletin de la Société de l'Industrie Minérale*, N° 12, 1917, p. 349-356.
Montusès E., *Le député en blouse*, Édition Horvath, 1982.
Mony S., *Étude sur le travail*, Hachette, 1877.
Palewski J.-P., *Le rôle du chef d'entreprise dans la grande industrie*, PUF, 1924.
Palewski J.-P., *L'organisation scientifique du travail*, Préface de G. Béquart, président du CNOF, PUF, collection Que sais-je ?, 1944.
Peaucelle J.-L., « Laisser du temps au temps », par Paul Vanuxem, présenté et commenté par J.-L. Peaucelle, *Gérer & Comprendre*, N° 63, 2001, p. 56-63.
Peaucelle J.-L., « Les combats d'Henri Fayol », Colloque Histoire et Gestion des Organisations, Toulouse, novembre 2002.
Pesnel M., 1986, « Quand Fayol mettait les PTT sur la sellette », *Cahiers d'histoire des PTT*, N°1, 1986, p. 59-63.
Pouydraguin (Général de), *La fonction administrative dans le domaine militaire*, 1920.
Reid D., *The miners of Decazeville, a genealogy of deindustrialization*, Harvard University Press, 1985.
Reid D., « Genèse du fayolisme », *Sociologie du Travail*, N°1, 1986, p. 75-93.
Reid D., « Fayol : excès d'honneur ou excès d'indignité ? », *Revue française de Gestion*, septembre-octobre 1988, p. 151-159.
Reid D., « Fayol: from experience to theory », *Journal of Management History*, Vol. 1, N°3, 1995, p. 21-36.
Reid D., « Reading Fayol with 3D glasses », *Journal of Management History*, Vol. 1, N°3, 1995, p. 63-71.
Rials S., *Administration et organisation, de l'organisation de la bataille à la bataille de l'organisation dans l'administration française*, Éditions Beauchesne, 1977.
Sasaki T., 1984, *Henri Fayol : Sono Hito to Keiei Senryaku, soshite Keiei no Riron (Henri Fayol : sa vie et son oeuvre, et le management stratégique)*, Bunshin-do, Tokyo, 1984.
Sasaki T., *Le pionnier du Management contemporain : Henri Fayol, sa vie, son management stratégique et sa théorie du management*, Ronéo Tokyo en français, 1987, fonds Fayol cote HF7.
Sasaki T., compiled and trans., *Keiei Kaikaku-ron (Administrative Renovation Theory)*, Bunshin-do, Tokyo, 1989.
Sasaki T., « Henri Fayol's Family Relationships », *Journal of Management History*, Vol. 1, No. 3, 1995, p. 13-20, reproduit par Wood, J.C. et M.C. Wood, *Henri Fayol: Critical Evaluation in Business and Management*, Vol. 2, Routledge, London & New York, 2002, p. 84-92.
Sasaki T., « The Comambault Company Revisited », *Keizai Shu-shi (Journal of Economics)*, Faculty of Economics, Nihon University, Vol. 68, No. 4, January 1999, p. 113-128.
Saussois J.-M., « Henri Fayol ou l'invention du directeur général », in J.-P. Bouilloud

et B. Lécuyer, *L'invention de la gestion, Histoire et pratiques*, L'Harmattan, 1994, p. 45-52.
Thépot A., *Les Ingénieurs des mines du XIXe siècle : histoire d'un corps technique d'État*, Eska, 1998.
Urwick L., *Rational Organisation* (papers published by the International Industrial Relations Association), I.I.R.A, La Hague, 1929.
Urwick L., *The elements of Administration*, Harper and Row, New York, 1944.
Urwick L., *A Short Survey of Industrial Management*, British Institute of Management, Occasional Paper No. 1, British Institute of Management, London, 1950.
Urwick L., *The Golden Book of Management*, Newman Neame, London, 1956.
Urwick L., *The Elements of Administration*, 2e édition, Pitman, London, 1974.
Urwick L., Brech, E., *The Making of Scientific Management*, vol. II, Management Publications, London, 1947.
Vanuxem P., « Introduction théorique et pratique à l'étude de l'administration expérimentale ». Dans L'éveil de l'esprit public, études publiées sous la direction de Henri Fayol, *Bulletin de la Société de l'Industrie Minérale*, N° 12, 1917, p. 153-223.
Verney H., *Le fondateur de la doctrine administrative, Henri Fayol, Discours prononcés au banquet du 7 juin 1925*, Dunod, 1925.
Wilbois J., Vanuxem P., *Essai sur la conduite des affaires et la direction des hommes. Une doctrine française : l'administration expérimentale*, Préface de H. Fayol, Payot, 1920.
Wood J.C., Wood M.C., *Henri Fayol: Critical Evaluation in Business and Management*, Vol. 2, Routledge, London & New York, 2002.
Wren D.A., *The Evolution of Management Thought*, Ronald Press, New York, 1972.
Wren D.A., « Henri Fayol: learning from experience », *Journal of Management History*, Vol. 1, N°3, 1995, p. 5-12.
Wren D.A., Bedeian A.G., Breeze, J.D., « The foundations of Henri Fayol's administrative theory », *Management Decision*, 40 (9), 2002, p. 906-918.
Young E.J., « Lyndall F. Urwick (1891-1983): British management authority and his engineering management connection », *Engineering Management Journal*, 2 (1), mars 1990, p. 31-36.

4．公文書館の資料

Fonds Fayol, Centre d'Histoire de l'Europe du Vingtième Siècle (CHEVS), Fondation des Sciences Politiques, Paris
Centre des Archives du Monde du Travail, Archives Nationales, Roubaix, Société de Commentry, Fourchambault et Decazeville
Dossier de la légion d'honneur (Archives Nationales)
Archives de l'enregistrement du département de la Seine (Aubervilliers)
Archives de l'Académie des Sciences, Paris
Archives Militaires (Vincennes)

事項索引

[ア]

ISO9000 規格　277
ICADE　335, 342
アーウィック報告　313
アヴェロン
　——工場　138
　——社　165
　——炭鉱　124, 126
　——炭鉱・製鉄新社の営業権　165
　——の鉱石　168
　——の製鉄所　130
アクション・リサーチ　ii, 7, 357, 366, 369, 370, 374
アシェット社　148, 175
アートワ　362, 363
アメリカ管理学　326
アリエ　124
　——炭鉱　126, 165, 167
　——のグループ　123
　——の鉱山労働者　142
アルカラ・デ・エナレス大学　338
アルビ炭鉱　27
安全性　28
アンバー　13
アンフィー　14, 86, 96, 120, 125, 174, 202
　——鉱山　276
　——工場　123, 130, 168, 174
　——製鋼所　168
『アンリ・ファヨール：その人と経営戦略，そして経営の理論』　327, 329

[イ]

ESADE　335
イエズス会　342
イギリス
　——管理会議　311
　——管理研究所（BIM）　307, 311, 313
　——病　315
意見の一元性　244
イスタンブール　9, 10, 18
ETEA 経営経済学部　344

[ウ]

ウィンチェスター連発銃会社　32
ヴォジラール街 100 番地　366

[エ]

HEC（高等商業学院）　192, 207
『エコー・デ・タバ誌』　258
エコノミック・エンジニアー研究所　313
エスペランス断層　58
エル・アテネオ出版社　339

[オ]

応用研究　23
オルビス社　339, 340

[カ]

会計　205, 206
階層　202, 206, 209, 212
　——性　29
科学
　——アカデミー　iii, iv, 3, 15, 18, 51, 57, 100, 188
　——アカデミー委員会　50
　——的管理　288, 305, 324, 327, 346
　——的管理学派　304
　『——的管理の形成』　310
　『——的管理の原理』　100, 324
　——的管理法（OST）　31, 304, 334, 336, 337, 348, 349, 350
　——的研究　371, 374
　——的精神　31
　——的方法　21, 358, 360
カタロニア工科大学　338

392　事項索引

活動計画　114
カトリシズム　196, 197, 334, 350
カトリック　196, 350
株式合資会社　123
家父長的温情主義　198, 278, 350
ガラタ橋　10
カルモ（炭鉱）　27, 210
間接労働力　27
『完全なる商人』　323
監督費用　27
ガント・チャート　272
カンパニャック（炭鉱）　130, 166
管理
　――学説　211, 213, 331-333
　『――学説の創設者：アンリ・ファヨール』　47
　――過程　268
　――過程学派　325
　――機能　133, 184, 205, 219
　――教育　130, 182, 203, 207, 312, 313
　――教育委員会　312
　――教育財団　314
　――業務　184, 185, 188, 205, 206, 220, 332
　――研究所（CEA）　16, 289, 366, 367, 378
　――（の）原則　91, 99, 103, 147, 182, 203, 290, 291, 305, 306, 315, 318, 337, 343, 357, 359-361, 363, 369, 373
　――原則（14の管理原則）　208
　――原則論　15, 16
　――思想　316, 318
　――手段　265, 268, 271
　――手法　128, 130, 190, 191, 370, 372, 376
　――手法一式　373, 375
　――に必要な能力　197
　――の一般原則　203, 208
　――能力　128-130, 191, 204
　――の機械　212
　『――の計画と統制』　309
　――の定義　203, 204
　――の歯車　212, 290
　――（の）用具　1, 18, 37, 213, 215, 216, 265-267, 287-291
　――の用具一式　5
　――の要素　203, 206, 244

　――要素（5つの管理要素）　211
　『――の要素』　306, 307
　――の理論　316

[キ]

機械化　28
技師学校　208
技術
　――研究　22
　――最適化　25
　――的能力　128
協同組合　193
規律　209, 244, 337
ギルバート三角州　65
金属
　『――学雑誌』　82, 100
　――加工職　24
　――切削　24
『近代的技術』　82

[ク]

グラン・ゼコール　114, 208, 373
グル（教祖）　287
クルーゾ社　364
クレルモン・フェラン　202
グロスーヴル　174
軍事学校　183, 207
軍事高等学院　217

[ケ]

経営
　『――改革論』　261, 294, 329
　――管理論　325
　――経済学　322, 325
　――情報システム　ⅱ
計画　209, 343, 345
検閲　77, 93, 95
原価の基準　31
権限　209
原則　145
現代史資料館　328

[コ]

鉱業協会　79, 82

事項索引 393

『鉱業協会誌』 55, 78, 98, 100, 101, 120, 173, 186, 240, 241, 358, 359, 371
『公共心の覚醒』 104, 293, 327, 329, 338, 366, 380, 381
公共部門 292
工作機械 33
鉱山
　──学校 54, 208
　『──協会誌』 96
　──局 45
　『──年報』 82
『工場管理』 22, 47, 90, 99, 100, 318
工場管理の合理化 324
構造コンティンジェンシー 209, 336, 337, 346-348
高速度鋼 25, 33
行動 345
高等経営研究学院 342
行動の一元性 243
行動理論 314
坑夫職 24
国営企業 2
国際管理科学大会 302
国際管理研究所（IMI） 301, 310, 333
国立工芸院（CNAM） 7, 47, 207
雇主社会活動国民委員会 345
『国家の産業的無能力』 250, 254, 327, 338
コマントリー
　──社 51, 54, 55, 58, 147, 148, 153, 167, 171, 183, 187, 188, 193, 194, 197, 199, 202, 210, 218, 361, 374, 379
　──鉱山 50, 127, 128, 150, 151, 186, 201, 360
　──社の営業権 163
　──・シャティヨン 241
　──炭鉱 13, 22, 46, 53, 108, 118, 120, 123-126, 130, 163, 165, 167, 173, 184, 185, 241
　──炭鉱会社 164
　──炭鉱の火災 173
　──とモンヴィックの最高意思決定 172
　──の鉱山労働者 142
　──のストライキ 141
　──の炭鉱労働者世帯 175, 184

　──・フルシャンボー社 12, 127, 133, 136, 137, 164, 165, 190-193, 195, 202, 364, 365, 371, 372
　──・フルシャンボー社の株主総会 169
　──盆地 51, 54, 58, 187
コマンボール社 327
コミュニケーション 283
コール・デ・ミーヌ 194, 195
コルドゥエ大学 344
　──経営経済学部（ETEA） 342
コレージュ・ドゥ・フランス 15, 45, 100
コンティンジェンシー・モデル 309
コンピタンス 220, 221
コンブ鉱山 199
コンフリクト 18, 283
コンプルテンセ・デ・マドリッド大学 342

[サ]

再活性化 285
サヴォイ・グループ 314
作業組織 26
作業標準 30
ザール鉱山 103
三角州 53, 58, 62, 64, 67
　──理論 51, 53, 58, 66
産業
　──経営研究所（IIA） 306, 307, 312, 313
　『──経営辞典』 305
　──民主主義 304
サン・シモン主義者 18
サン・テチエンヌ ⅲ, 109, 265, 318, 358
　──鉱山 96
　──鉱山学校 11, 45, 58, 127, 207
サン・デドモン 109
参謀 213, 215-217
　──本部 90
参与観察 362, 380

[シ]

シェール川 174
時間測定 28, 269, 291
指揮の一元性 132, 204, 209, 243
資材調達計画法（MRP） 277, 293
指示価格 133, 134

394　事項索引

『実業界』　325
『実業之世界』　324, 328
実験研究　24
実験的方法　357, 359
社会主義　138, 139
　——者　142
シャティヨン・コマントリー・ヌーヴ・メゾン　190
ジャン-ギローム・ファヨール　9
シャンティイー　215
集権化　192, 209, 336
集団精神　42
柔軟性　26
ジュドルヴィル　175, 241
　——鉱山　13, 87, 125, 130, 189
　——の営業権　169
　——の鉄鉱石生産　169
シュネーデル社　86, 189
上位権限者　134
正直と倹約　323
小集団作業　44
商人の社会的役割　323
商人の道　323
消費協同組合　135, 136
職位明細書　265
職能別階層制度　29, 40
職務　28
　——給　277
　——の細分化　32
　——明細書　279, 280
初原地層水平堆積　54, 58, 63, 66
自律性　29
新古典派　309
　——の理論　308
人事管理研究所（IPM）　307, 313
人的資源管理（GRH）　277
　——論　315

[ス]

「スクラップ・アンド・ビルド」戦略　189
スタッフ　18, 281
スダン　93
ストライキ　140, 141, 166, 197, 200, 257, 259, 278, 346

スペイン大学図書館ネットワーク（REBIUN）　337

[セ]

生産性基準　31
生産性向上　31
製鉄工場　22
石門心学　323
切羽作業　28
1902年のゼネスト　142, 143
選挙　138
『前進する産業！』　305
戦争の教訓　77, 88, 89, 92
全般的管理　21
専門化　28
専門労働者　32

[ソ]

側生コミュニケーション　283
組織　148, 205, 207, 209, 211, 244, 343, 350
　——化　203, 265, 269, 289, 345
　——学説　31
　——再編成　25
　——図（組織表）　265, 279, 280, 288
　——論　314

[タ]

代理人　113
多能性　26, 30
タバコ
　——国民連盟　253
　——専売　5
　——専売公社　220, 243, 253
タビストック研究所　242
タルン炭田　27
　——委員会　46
炭鉱
　——火災　13, 111
　——技師　22
　——の枯渇　187

[チ]

秩序　209, 337
中央管理研究所　311

調整　203, 205, 209, 218, 282, 345, 350
町人道　323
長の資質　213, 215, 216
重複階層制度　44
直接労働力　27

[テ]

テイラー
　　――協会　102
　　――・システム　101, 212, 322, 324
　　――主義　100, 210, 366
　　――主義者　6, 91, 288, 291, 292, 365
　　――派　81, 375, 376, 379
テイラリスト　17, 311
テイラリズム　15, 349, 375-377
低炉　125
デウスト　335
　　――大学　342, 349
出来高給　277
出来高払　143
鉄鋼協会　240
デュノ社　32, 182, 204, 240
デルタの理論　3
天の道　323

[ト]

ドイツ経営経済学　326
ドゥカズヴィル　124, 130, 134, 135, 169, 363, 371
　　――鉱山　371
　　――工場　87, 166
　　――社　190, 191, 193, 195, 198, 200, 210, 215
　　――製鉄所　125, 126, 146
　　――炭鉱　165, 166
『動作研究』　324
統制　32, 203, 205, 218, 284, 289, 343, 345, 350
特殊性　27
トマス法　126, 167
取り決め　214
取締役会　123, 144
　　――報告書　169
トルトロン　123, 174, 202
ドレース賞　iv, 13, 45, 50

[ニ]

ニエーヴル　124, 125
　　――のグループ　123
20世紀ヨーロッパ史センター　182
日給　277
日本経営学会　325
人間関係論　334, 336, 337, 342, 344-346, 350

[ヌ]

ヌヴェール　174

[ノ]

能率技師　324
「ノート1頁」　268, 269, 271, 276, 286
「ノート5頁」　268, 271, 277, 279, 286, 291

[ハ]

配当金　364
バテール鉱山　125, 169
バテールの営業権　168
パ・ドゥ・カレー県　175
パドル炉　125
ハーバード・ビジネス・スクール　313
パリ
　　――・カトリック学院　46
　　――鉱山学校　45, 201, 208
　　――自然史博物館　17, 187
　　――の公文書館　327
　　――万国博覧会　33
バルセロナ大学　340
バルデンブルグ鉱山学校　173
バレル　199
バレンシア大学　338
ハンス・レーノルド会社　310
万能労働者　32

[ヒ]

POCCC　265, 289
PTT　4, 5, 247, 375
『――の経営改革』　268, 293
ビジネス・スクール　314
『ビジネスならびに一般のアドミニストレーション』　303

事項索引

ビジネス・プラン　272
必要最少時間　37
人の道　323
日雇い　143
ピュイ・ドゥ・ドーム　126
ビルバオ　335
ピレネーの鉱石　168

[フ]

ファイナンシャル・エンジニアリング　277
ファーヨリスト　81, 103, 265, 311, 349, 359, 363, 366, 375, 377, 378
ファヨール
　——主義者　iii, 293, 319
　——派　78, 260, 369, 373, 375, 376, 379
　——文庫（Fonds Fayol）　i, 7, 18, 182, 243, 328
『フェイヨル管理論研究』　326, 329
フォラールド　174
　——溶鉱所　123
不規則性　29
普遍主義　309
普遍性　31
プラグマティズム　349
ブラサック　124
　——鉱山　124, 130, 202
　——炭鉱　164
　——の営業権　165
フランク委員会　314
フランス
　——・アカデミー　318
　——管理協会（CNOF）　7, 44, 311, 366, 375
　——管理研究所（IFG）　7
　——石炭中央委員会　190, 199
　——組織研究所（COF）　6
　——・タバコ製造総労働者国民連盟　257
　——地質学会　64
　『——地質学会誌』　51, 55
ブリー・アン・ムールト・エ・モーゼル　189
ブリエ鉱床　126
ブリエ台地　175
ブリー郡　169
フルシャンボー　174, 202
　——・グループの最高意思決定　172

　——鉱山　122
　——工場　123, 166
　——社　188
　——製鋼所　167, 201
　——製鉄所　120, 122, 124, 126, 127, 130
　——鋳造所　129
ブルネ-アナールトワ　361
プレル　16, 18, 328
不連続性　29
プロダクション・エンジニアー研究所　313
プロテスタンティズム　197, 334, 350
プロテスタント　196, 350
分業　27, 208
分権化　192

[ヘ]

ベスレヘム・スチール会社　15, 25
ベッセマー鋼　168
ベッセマー転炉　168
ペラ　10
ベリー　124, 125, 174
　——運河　125
　——鉱山　124, 167
　——鉱石　125
　——の露天掘り鉱区　168
ヘンレイ・マネジメント・カレッジ　313

[ホ]

補佐の規則　185
ボーナス　277
ポリテクニーク（理工科学校）　11, 195, 208
ボワグ・ランブール合資会社　108
ボワグ・ランブール社　123
ポンタ・ヴァンダン　189, 241
　——工場　126, 169, 202
　——の製鉄会社　130
　——の製鉄工場　87, 125

[マ]

マネジメント・コントロール　285
マルタン鋼　168
マルタン法　126

事項索引　397

[ミ]

ミシュラン　101
ミッドヴェイル製鉄会社　25
民主的リーダーシップ　304

[ム]

ムールテ・モーゼル（県）　87, 88, 175

[メ]

名誉心の満足　277
命令　203, 205, 209, 217, 220, 350
　──一元性の原則　132, 192
　──の一元性　30, 132, 185, 204, 209, 213

[モ]

木材の腐食　23
木炭精錬炉　125
モンヴィック　202
　──鉱山　123, 141
　──炭鉱　130, 164, 173, 241
モンマロー　154
モンリュソン　120, 167, 202, 240
　──工場　86, 110, 125, 130, 145, 167
　──高炉　125, 126, 133
　──製鋼所　123
　──鋳造所　141
　──のストライキ　143
　──の鋳造工　144

[ヤ]

夜間授業　116

[ユ]

友愛　142
優位性　27
UMK　ii

[ヨ]

要素時間研究　37
予測　148, 203, 205, 207, 209, 211, 244, 350

[ラ]

ラ・グェルシュ　123, 174
ラ・クロニーク・ソシアール・ドゥ・フランス紙　267, 293
ラ・コンベルの営業権　165
ラ・シエール社　169
ラ・ピーク　174, 202
　──工場　123
　──鋳造所　129
ラ・マリアンヌ　194
ランス　87, 175, 189
　──鉱山　126

[リ]

利潤参加　277
リノタイプ・機械会社　310, 311
リヒター　173
リモージュ　217
リュイリー製造所　262

[ル]

坩堝炉　168
ルノー　101

[レ]

連結の役割　90
連帯　142, 145
　──性　30

[ロ]

労働
　──組合　138, 139, 142-144, 146-148, 200, 206, 220, 257-259, 346
　──者協同組合　278, 293
　──条件　27
　『──に関する研究』　175
ロスチャイルド銀行　261
露天掘り　23
ロレーヌ地方　88
ロントリー学派　304
ロントリー社　301, 309
ロンドン・ポリテクニーク　306, 312

[ワ]

渡り板（架橋）　192, 209, 283, 337

人名索引

[ア]

アーウィック　iii, 5, 243, 300-302, 304-313, 316-319, 333, 349, 350, 376
アチュエル　375
アベルストロー　344
アルニャーダ　341
安成貞雄　324, 328
アンダーソン　305

[イ]

池田藤四郎　324, 329
石田梅岩　323
井関十二郎　324, 329

[ウ]

ヴァイリッヒ　341
ヴァヌクセム　98, 102, 185, 359, 361, 366-368, 379
ヴィルボア　98, 368
ウェーバー　196, 214, 336, 337
ヴェベール　85
ヴェルネー　81
ウォーラス　302, 308
ウッドワード　308
ウンベール　94, 95

[エ]

エチェバリア　341
エルボーン　312

[オ]

大壁早治　329
オシェ　171
オファーソン　32
オーベルチュール
　　アンヌ-マリー・オーベルチュール　12, 84
　　アンリ・オーベルチュール　102
　　ジョセフ・オーベルチュール　12, 84
オール　319

[カ]

カストロ　341
カブロル　165, 166
カルロス　6
神田孝一　324, 329
ガント　35
カンポス　340, 341

[キ]

キャブロル　139
キャルリオズ　80, 81, 102, 192, 207
ギューリック　302, 333
ギルスピー　302, 308
ギルバート　iv, 3, 64, 67
ギルブレス　324
ギローム　13, 174

[ク]

クゥエルボ　341
クノン　84, 85
アトン・ドゥ・ラ・グピエール　79, 204, 208
クーブロー　301, 325
雲嶋良雄　327
グラシャン　172, 188
クラベール　349
グランジェ　328
　　アンヌ-マリー・グランジェ　18, 19
　　ジョルジュ・グランジェ　13
　　マドレーヌ・グランジェ　13, 15, 197, 328
　　ルイ・グランジェ　328
グランドゥリー　57
グリアー　302, 333
クリスティー　ii
クリックスベルグ　349
クリップス　311
クルーゼ　293
グレイ　318, 338
グレイクナス　306

クーンツ 341

[コ]

コッター 316, 317, 332, 343, 348
コラドン 60
ゴンザレス 6
コント 358, 359

[サ]

サイモン 211
ザイラー 174
サヴァリー 323
佐々木聡 329
佐々木恒男 i, 6, 8, 9, 189, 197, 327
サッチャー 315
サバティエ 189
サン・シモン 19, 201
ザンノヴィッチ 192

[シ]

シトロエン 247-249, 261-263
シパー 80
シャフリッツ 339
シャルフィー 16
シュバリエ 43, 364-366
シュヴナール 13, 174
ジュシュー 58
ジョージ 312, 316
ジョゼフ 240
ジョッフル 83, 215, 217

[ス]

スゥアレス 341
ストーズ 302, 303, 307
ストナー 341
スミス 6, 208

[セ]

セラー 25
セリッリ 341

[ソ]

ソーレ 12, 328

[タ]

タウン 35
ダジー 171
ダフト 341
ダルシー 190, 241

[チ]

チアベナット 341
チャイルド 303, 306, 308, 316
チャタートン 315

[ツ]

都築栄 325, 326, 329

[テ]

ティヴリエ 174, 193, 194, 197
ティエリ 85
ディミトリウ 339
テイラー 2, 6, 7, 15, 18, 85, 90, 98, 99, 102, 182, 191, 204, 212, 213, 217, 219, 221, 239, 244, 288, 289, 291, 303-306, 308, 310, 318, 319, 322, 324, 326, 327, 336, 339, 346, 347, 358, 359, 364, 379
デカルト 359
手島堵庵 323
デシャンプ 247
デゾーブリオ 84, 94, 96, 97, 102, 268, 362, 372
テポ 195
デュフォー 139, 166
デュマス 13
デュルケーム 358
デール 19, 308, 319
テルミエ iii
デント 309

[ト]

ドヴィル 103
ドゥ・コレーニョ 63
ドゥ・ジェルヴェ 85
ドゥ・シャンクールトワ iii
ドゥ・セヴィニェ 47
ドゥ・セズヴァール 121, 122, 172, 173, 188, 240, 365

ドゥ・ダルビエ 85
ドゥ・プイドラガン 97
ドゥ・フレマンヴィル 318, 375
ドゥ・ボーモン 45, 57, 61, 64, 66
ドゥ・ミジョーラ 96, 102
ドゥ・ラ・グピエール 79, 204, 208
ドゥ・ラパラン 45, 57-59, 65
ドゥ・ラ・ベシュ 63
ドゥ・ラム 101
ドゥ・ラ・ロシェット 121
ドゥ・ローブロイ 19
ドゥ・ワグマン 61
ドカズ 139, 165
トーザン 79
ドース 60
ドネリー 341
トマ 86, 318
ドラッカー 345, 350
トラブゥコ 339
ドルス 348
ドレース 45
トレファル 173
ドンクール 286

[ナ]

中村瑞穂 327
ナポレオン 212

[ニ]

ニコラス 343, 344, 350
西田幾多郎 326

[ノ]

ノースコット 304
ノビリ 60

[ハ]

パウル 343
間宏 329
ハートネス 42
パラモ 345
バリュー 311
ハルシー 35
バルビエ

ルネ・バルビエ 369
バルビエ神父 348
パレウスキー 289
バロン 254
バーンズ／ストーカー 308
ハンプトン 341

[ヒ]

ビュフォン 58

[フ]

ファヨール
　アメデ・ファヨール 9, 10, 84, 279
　アンドレ・ファヨール 9-11
　ジャン・ファヨール 9
　フランソワ・ファヨール 9
ブーヴィエ 80
フェラン 241
フェルズ 332
フェルナンデス 344
フォッシュ 89
フォレット 303, 306, 308, 319
ブベ 64
ブラヴェ 62
ブラウン 302, 308
プラトン 316
ブランパン 19, 48, 99, 196, 242, 243, 266, 268, 363
ブリーズ 7, 81, 222, 318
ブリュメンフェルト 363
ブル 254
ブルソー 97
プレヴォ 58, 61
ブレック 302, 307, 308, 310, 319
ブロ 254
ブロディー 303
ブロンドー 256
ブロンニアール 174

[ヘ]

ペイロ 349
ペスネル 5
ベディアン 19, 222, 318
ベリー 266

人名索引　401

ベルナール　358, 359, 367
ベロン　208
ペロン　6

[ホ]

ポアンカレ　95
ボインズ　6
ボカノウスキー　261
星野行則　324, 329
ボードワン　3, 45
ポパー　374, 377
ボリュー　246
ホール　341
ボール　254
ポール　11, 12
ホールズ　316, 317
ポーレン　310
ホワイト　15, 25
ボワグ　139, 166
ポワロ　ii

[マ]

マゼラ　265, 288
マビーユ　37
マラール　iii, 46
マラルドゥ　263
マリュエジュール　196
マルタン　62
マンハイム　254, 257

[ミ]

ミルグロム　341
ミルラン　95
ミンツバーグ　209, 220, 281, 282, 316, 331, 332, 341, 343, 345, 348, 350

[ム]

ムゲ　12, 102
ムーニー／ライリー　305, 306
ムーラン　195

[メ]

メラール　89
メリアム　301

[モ]

モニー　19, 137, 139, 142, 147, 164, 170-172, 175, 183, 187, 188, 194, 201
モラレス　6
モラン　327
モルヴァン　256
モワドン　372
モンテス　6

[ヤ]

山本安次郎　326, 327, 329

[ユ]

ユージェニ　10

[ヨ]

横河民輔　324, 329

[ラ]

ライエル　62, 65
ラトウ　16
ラ・フォンテーヌ　285
ラフランス　33
ラマルク　264, 289
ラモネーダ　341, 349
ランブール　139, 171
　アリーヌ・ランブール　188
　エドモン・ランブール　188

[リ]

リー　305
リアル　6, 82, 101
リエラ　344
リード　7, 19, 183, 185, 188, 195, 198-200, 202, 210, 266, 360, 363
リュー　374

[ル]

ル・クルーゾ　189
ルシャトリエ　15, 33, 82, 100, 324, 359
ルソー　195
ルティエール　5
ルブラン　16

ル・プレー 147, 201, 248, 262, 358, 359, 370, 379
ルボン 242
ルマルシャン 192

[レ]

レイ 47
レヴェック 80, 102, 276, 371
レオナルド 315
レスウェバー 374
レドンド 341
レン 222, 316, 318, 332

[ロ]

ローザンバロン 263
ローズ 310
ロゼ 63
ロバーツ 341
ロビンス 341
ロペス
　ホセ・ロペス 343
　マニュエル・ロペス・イ・ロペス 348

[ワ]

ワイク 368
ワトラン 166, 193, 293

欧文人名索引

[A]

Arnault 262

[B]

Barbier 381
Beaulieu 261
Bellom 242
Benavides 336, 345, 349
Bertrand 46
Bianchi 349
Burguière 263, 264
Busto 349

[C]

Casado 349
Chanlat 331, 332
Cheu 262
Chevalier 48, 381
Chiavenato 349
Coubrough 328
Coueson 104

[D]

Dalbiz 104
de Arín Ormazabal 349
de Longevialle 46

de Montmollin 47
de Mulder 349
de Ram 105
Désaubliaux 104, 380
Doncoeur 294
Dubernet 47

[F]

Fells 348
Flachant 242
Friedenson 105, 264

[G]

Gambiez 104
George 345
Gilbert 67
Gokalp 46
Guillén 331, 332, 334, 346
Guitton 242
Gulick 336
Gutiérrez 331

[H]

Haldane 336
Hales 332
Hartness 47
Hatchuel 381

Hess 381
Humbert 104

[J]

Jolly 261

[K]

Kasulinski 262
Kliksberg 345, 349
Kotter 332

[L]

Laligant 46
Le Chatelier 105
Le Play 381
Lebrun 263
Legoff 263
Lévêque 241
Liu 381

[M]

Mannheim 264
Mansfield 262
Marabout 47
March 349
Mintzberg 332
Moisdon 381
Montusès 242
Mony 241, 242
Mooney 336

[N]

Nelson 47

[P]

Palewski 294
Pastre 47
Payot 46
Popper 381
Pouydesseau 261

[R]

Reid 261, 262
Resweber 381
Revel 263, 264
Rials 263
Riccardo 349
Roberts 381

[S]

Salais 262
Sasaki 188
Savary 328
Savoye 262
Scott 331
Seguin 331, 332
Simon 242, 349
Suárez 336, 349
Suire 104

[T]

Tarres 349
Taylor 47

[U]

Urwick 336

[V]

Vanuxem 241, 380, 381
Vazquez 349
Verney 47

[W]

Wahnich 262
Weick 381
Whiteside 262
Wilbois 241, 381
Williamson 341
Wren 222, 316, 318, 332

執筆者一覧

第 1, 2, 4, 6, 8, 12 章：ジャン−ルイ・ポーセル
第 3 章：ベルナール・ボードワン
第 5 章：アンリ・ファヨール
第 7 章：ジャン−ノエル・ルティエール
第 9 章：トレーヴァー・ボインズ
　　　　イアン・G. スミス
第10章：佐々木恒男
第11章：アルフォンス・カルロス・モラレス・グティエレス
　　　　ホセ・アントニオ・アリサ・モンテス

訳者一覧

佐々木恒男：日本語版への序文，第 1 章，第 8 章の一部（本書277-293頁），
　　　　　　第 9 章，第10章を担当
磯村　和人：第 4 章，第 5 章の一部（本書123-147頁），第 7 章，第12章を
　　　　　　担当
乗川　　聡：第 3 章，第 5 章の一部（本書147-173頁），第 6 章，第11章を
　　　　　　担当
小山　　修：第 2 章，第 8 章の一部（本書265-277頁）を担当
日高　定昭：第 5 章の一部（本書107-123頁）を担当

執筆者紹介

ジャン-ルイ・ポーセル（編著者紹介を参照）

ベルナール・ボードワン（Bernard Beaudoin）
　1941年生まれ。パリ鉱山学校地質学教授。1963年，パリ鉱山学校文官技師。1977年，理学博士。フランス堆積学協会元会長。国際堆積学協会元副会長。研究団体「堆積床の力学と資源」を設立。

アンリ・ファヨール（本書第1章第2節を参照）

ジャン-ノエル・ルティエール（Jean-Noël Retière）
　1952年生まれ。ナント大学社会学助教授。ナント社会学センター（CENS）に所属し，アンジュ・ゲパン・ナント人間科学館（MSH）に勤務している。社会学博士で，社会法に関する専門研究課程修了書も保持している。世界のなかで存在の多様性（カテゴリー化，文化的・政治的表出，加盟-脱退の様式など）において把握できる庶民階層に関心をもっており，『労働者のアイデンティティ』（1994年）という著書やこうしたテーマに関する論文を多数執筆している。歴史社会学的パースペクティブから，精力的に国営企業労働者の研究に取り組んでいる。

トレーヴァー・ボインズ（Trevor Boyns）
　1953年生まれ。1997年以降，ウエールズのカーディフ大学教授。同大学・商科専門学校の経営史研究センター研究員。経済学ならびに数学の修士。1982年，経済史の学位論文の公開審査を受ける。会計史とマネジメントに関する著書・論文を公刊。*Accounting, Business and Financial History* 誌の共同編集者。

イアン・G. スミス（Ian G. Smith）
　1943年生まれ。1980年以降，ウエールズのカーディフ大学・商科専門学校教授。1965年，工業経済学修士。1979年，戦略計画論の学位論文の公開審査を受ける。カナダの企業でキャリアを開始。国際経営，グローバリゼーション，労使関係，業績管理に関する著書・論文を公刊。

佐々木恒男（監訳者紹介を参照）

アルフォンス・カルロス・モラレス・グティエレス（Alfonso Carlos Morales Gutiérrez）
　1962年生まれ。経営経済学博士。コルドウエ大学経営経済学部，労務管理と企業組織論講座正教授。組織構想，組織分析，基礎概念とその応用，組織システム構築に関する著作を多数執筆。

ホセ・アントニオ・アリサ・モンテス（José Antonio Ariza Montes）
　1968年生まれ。経営経済学博士。コルドウエ大学経営経済学部，労務管理論講座正教授。総合労務管理に関する共著ならびに組織における権力と交渉に関する著書を執筆。

訳者紹介

磯村　和人（いそむら・かずひと）
1965年，徳島県美馬郡脇町で生まれる。
1992年，京都大学大学院経済学研究科博士課程単位取得。
経済学博士（京都大学）。
専攻分野：組織論。
現在，中央大学専門職大学院教授。
最近の主要業績：『組織と権威』（文眞堂，2000年），「組織コミュニケーションの基盤」『経営学パラダイムの探求』（文眞堂，2001年），「道徳と能力のシステム」『現代経営と経営学史の挑戦』（文眞堂，2003年）。

乗川　聡（のりかわ・さとし）
1972年，八王子市で生まれる。
専攻分野：西洋経済史・経営史。
現在，早稲田大学大学院商学研究科博士課程在学中。
最近の主要業績：「イヤサント・デュブライユ（1883−1971）の生涯と著作」（『商学研究科紀要』第53号，早稲田大学大学院，2001年）。

小山　修（こやま・おさむ）
1944年，金沢市で生まれる。
1973年，明治大学大学院経営学研究科博士課程単位取得満期退学。

経営学修士（明治大学）。
専攻分野：経営学史，比較経営学，生産システム論。
現在，札幌大学教授。
最近の主要業績：「スウェーデン・モデルの特質と動向」，宗像正幸・坂本清・貫隆夫編著『現代生産システム論－再構築への新展開－』第5章，ミネルヴァ書房，2000年4月。「アジア企業経営研究の課題と展望－「アジア企業経営のグローバル化」に関わって」，アジア経営学会『アジア経営研究』第10号，2004年5月。

日高　定昭（ひだか・さだあき）
1950年，宮崎県で生まれる。
1981年，亜細亜大学大学院経営学研究科博士課程単位取得。
商学修士（中央大学）。
専攻分野：経営管理論，経営学史。
現在，作新学院大学教授。
最近の主要業績：「経営管理職能の理論：ファヨールとバーナード」（『現代の経営学』，学文社，2003年所収），「経営管理論：テイラー・ファヨール・バーナード」（『経営学―企業と経営の理論―』白桃書房，2003年所収）。

編著者紹介

ジャン-ルイ・ポーセル（Jean-Louis Peaucelle）

1943年3月，パリに生まれる。1965年，ナンシー大学で鉱山土木技師の資格取得。1968年，パリ第10大学で社会学の修士資格取得。1973年，パリ第5大学で社会学第3課程の博士号取得。1977年，パリ第11大学で数理科学（情報科学）の博士号を取得。1982年，国家試験で管理科学の大学教授資格を取得。

研究教育歴としては，OR共同センター技師（1965-67），クロジエが主催する組織社会学研究センターの研究員（67-70），民間の化学会社ヘンケルの情報プロジェクト主任（70-72），産業省の情報委員会へ出向（72-74），コンピエーニュ大学非常勤講師（78-82），ピカルディー大学・企業管理研究所（IAE）教授（83-86），カシャン高等師範学校教授（87-90），国立テレコミュニケーション研究所付属管理学校指導のためフランス・テレコムに出向（90-93），カシャン師範学校（パリ地域）教授（93-98），パンテオン・ソルボンヌ大学・パリ企業管理研究所教授（98-2001），レユニオン島（フランス海外県）大学・企業管理研究所教授（01-現在）。その間，1983年以降，各種研究機関で管理職を歴任。2004年，レユニオン島大学学長に就任，現在に至る。

主要著書：*Henri Fayol : inventenur des outils de gestion*, Economica, 2003. *Systèmes d'information : le point de vue des gestionnaires*, Economica, 1999. *Informatique rentable et mesure des gains*, Hermes, 1997. *La gestion de l'informatique*, Editoins d'Organisation, 1990. *L'informatique pour gestionnaires*, Vuibert, 1986. *Les systèmes d'information : la représentation*, PUF, 1981. その他，共著，論文，学会報告等多数あり。

監訳者紹介

佐々木恒男（ささき・つねお）
　1938年10月，宝塚市に生まれる。1961年，中央大学第1法学部法律学科卒業。63年，同大学大学院商学研究科修士課程修了。66年，同博士課程修学年限満期修了。86年，商学博士（明治大学）。
　中央大学商学部助手，千葉商科大学商経学部講師・助教授，武蔵大学経済学部助教授・教授，日本大学経済学部教授を経て，青森公立大学経営経済学部教授。吉林大学商学院（在中国，長春市）客員教授。2003年4月より青森公立大学学長。
　経営学史学会理事長，日本経営学会理事，全国四系列教育会議理事，経営哲学学会理事。公立大学協会理事，国立大学法人弘前大学非常勤監事，大蔵省公認会計士審査会元試験委員。
　最近の主要研究業績："General Introduction" to *Elton Mayo* (Wren, D.A. and Sasaki Tsuneo eds., Intellectual Legacy of Management Theory Series, Series 4 : *Human Relations*, 7vols.), London, Pickering & Chatto Publishers, October 2004, Vol.1, pp.xi-xvi. "General Introduction" to *Fayolism : Selected Papers on the Writing of Fayol and Henri Fayol*, same series, Series 3 : *Henri Fayol and the Process School*, 7vols.), London, Pickering & Chatto, May 2004, Vol.1, pp.xi-xv. "Fayol et Commentry-Fourchambault," *Entreprises et histoire*, N°.34, Paris, Editions ESKA, septembre 2004, pp.8-28. "La theorie de Fayol au contact du Japon," Jean-Louis Peaucelle *et al.*, *Henri Fayol : inventeur des outils de gestion*, Paris, Economica, mai 2003, pp.256-266. Witzel, M. ed., *Biographical Dictionary of Management*, London, Thoemmes Press, July 2001 （日・米・独・仏の経営学者64名を執筆）。"Henri Fayol's family relationships," *Journal of Management History*, Vol.1, No.3, March 1995, pp.13-20.

アンリ・ファヨールの世界

2005年4月15日　第1版第1刷発行　　　　　　　　　　検印省略

編著者　　ジャン-ルイ・ポーセル

監訳者　　佐々木　恒　男

発行者　　前　野　眞太郎

　　　　　東京都新宿区早稲田鶴巻町 533
発行所　　株式会社 文　眞　堂
　　　　　電話 03 (3202) 8480
　　　　　FAX 03 (3203) 2638
　　　　　http://www.bunshin-do.co.jp
　　　　　郵便番号 $\binom{162-}{0041}$ 振替00120-2-96437

組版・モリモト印刷　　印刷・モリモト印刷　　製本・広瀬製本所

Ⓒ2005
定価はカバー裏に表示してあります
ISBN4-8309-4513-3　C3034